Astrid Julia Irrgang

**Leutnant der Wehrmacht
Peter Stölten in seinen Feldpostbriefen**
Vom richtigen Leben im falschen

ROMBACH WISSENSCHAFTEN · REIHE HISTORIAE

herausgegeben von Wolfgang Reinhard,
Ernst Schulin, Franz-Josef Brüggemeier, Dieter Mertens
und Peter Waldmann

Band 20

Astrid Julia Irrgang

Leutnant der Wehrmacht Peter Stölten in seinen Feldpostbriefen

Vom richtigen Leben im falschen

ROMBACH VERLAG

Auf dem Umschlag:
Paul Klee: Hauptweg und Nebenwege, 1929,
Rheinisches Bilderarchiv Köln

Gedruckt mit freundlicher Unterstützung der Wissenschaftlichen
Gesellschaft der Universität Freiburg i.Br.

Bibliografische Information Der Deutschen Nationalbibliothek
Die Deutsche Nationalbibliothek verzeichnet diese Publikation in der
Deutschen Nationalbibliografie; detaillierte bibliografische Daten sind im
Internet über <http://dnb.ddb.de> abrufbar.

© 2007. Rombach Verlag KG, Freiburg i.Br./Berlin/Wien
1. Auflage. Alle Rechte vorbehalten
Lektorat: Dr. Edelgard Spaude
Umschlag: typo|grafik|design, Herbolzheim i.Br.
Satz: Martin Janz
Herstellung: Rombach Druck- und Verlagshaus GmbH & Co. KG,
Freiburg im Breisgau
Printed in Germany
ISBN 978-3-7930-9486-9

Inhalt

Danksagung... 9

A Einleitung... 11

B Grundlagen... 23

    I.   Die autobiographische Quelle als sozialer Text............ 23

        I.1. Begriffe.. 23

        I.2. Wirklichkeit und ihre Rekonstruktion................ 24

        I.3. Allgemeingültiges im Einzelfall...................... 29

        I.4. Risiken autobiographischer Forschung............... 31

    II. Deutsche Feldpost als autobiographische Quelle.......... 35

        II.1. Korrespondenz als Massenphänomen in den
              Weltkriegen des 20. Jahrhunderts................... 35

        II.2. Kriegskorrespondenz im Ersten und Zweiten Weltkrieg.
              Ein Vergleich.................................... 37

        II.3. Feldpost im Zweiten Weltkrieg: Organisation,
              Zensur, Propaganda............................... 43

        II.4. Die ›Schere im Kopf‹: Überlegungen zur inneren Zensur. 48

        II.5. Quellenwert, Forschungsstand und Forschungslücken... 52

        II.6. Quellenfundus von und über Peter Stölten........... 60

C Die Korrespondenz Peter Stöltens als exemplarische
   Kriegsbiographie... 67

    I.   Peter Stölten... 67

        I.1. Stöltens Generation.................................. 67

        I.2. Zur Biographie Peter Stöltens...................... 71

        I.3. Das persönliche Umfeld Peter Stöltens.............. 78

        I.4. Stölten am Vorabend des Krieges gegen die Sowjetunion.. 105

	II.	Peter Stölten im Krieg gegen die Sowjetunion 1941-1942 ... 113
	II.1.	Unternehmen Barbarossa 113
	II.2.	Stöltens Kriegsinitiation 121

	III.	Heimatjahr 1943-1944 143
	III.1.	Die Lage im Reich 143
	III.2.	Stöltens neuerliche Ausbildung 151

	IV.	Krise: Das Invasionserlebnis 1944..................... 165
	VI.1.	Eine Bresche in die ›Festung Europa‹ 165
	VI.2.	Stöltens Bilanz im Lazarett....................... 170

	V.	Einsatz im Warschauer Aufstand 1944 193
	V.1.	Aufstand und Niederkämpfung 193
	V.2.	Stöltens Sinnsuche 204

	VI.	Das Ende: Der Zusammenbruch im Osten 1944-1945 223
	VI.1.	Die Wehrmacht im Endkampf 223
	VI.2.	Stöltens letzte Briefe 229

	VII.	Das Spektrum der Stöltenschen Briefe................... 243
	VII.1.	Zur Konstruktion der Studie 243
	VII.2.	Topoi 246

	VIII.	Peter Stölten und Heinrich Böll. Versuch einer Gegenüberstellung	263

D	Ergebnisse 287

	I.	Zusammenfassung................................... 287
	II.	Würdigung 291

E Anhang... 299

　　I.　Abkürzungsverzeichnis............................. 299

　　II.　Literaturverzeichnis................................ 303

　　III.　Text- und Bilddokumente.......................... 325

Danksagung

Die vorliegende Studie wurde im Wintersemester 2005/06 von der Philosophischen Fakultät IV der Albert-Ludwigs-Universität Freiburg als Dissertation unter gleichlautendem Titel angenommen. Für den Druck wurde nur wenig geändert.

Der der Arbeit zugrunde liegende Quellenfundus ist von den Angehörigen Peter Stöltens gesammelt und sorgfältig bis heute aufbewahrt worden.

Ihn mir zur Auswertung geöffnet und mich in der liebenswürdigsten Weise mit Rat und Tat unterstützt zu haben, dafür danke ich Peter Stöltens Schwester und Schwager, Frau Uta und Professor Dr. Albrecht Kessler, Horben, sowie Peter Stöltens Freundin, Frau Dorothee Ehrensberger, Traunstein.

Professor Dr. Bernd Martin, mein Lehrer und Doktorvater, hat nicht nur Zutritt zu den Briefpartnern Peter Stöltens verschafft, sondern auch die wissenschaftliche Orientierung der Arbeit vorgegeben und gefördert. Dafür werde ich ihm immer dankbar sein.

Die Graduiertenförderung des Landes Baden-Württemberg hat die Dissertation durch ein Promotionsstipendium unterstützt; viele Kollegen der Studienstiftung des deutschen Volkes, Bonn/Berlin, haben ihre berufsbegleitende Fertigstellung mit Wohlwollen und Interesse verfolgt.

In guter Erinnerung behalte ich die Sachkunde der Damen und Herren in den Archiven und Universitätsbibliotheken von Berlin, Bonn, Düsseldorf, Frankfurt a.M., Freiburg i.Br., Koblenz und Warschau.

Meinen Freundinnen Frauke Hermann-Wössner, Freiburg, und Stefanie Middendorf, Freiburg, sowie meiner Schwester Dr. Stephanie Irrgang, Berlin, verdanke ich vieles, was in diese Studie eingegangen ist.

Das Verdienst, mir generös das Studium ermöglicht zu haben, einschließlich der Drucklegung dieser Arbeit, geht an meine nachsichtigen Eltern.

Ohne die hartnäckige Ermutigung und die unnachahmlich herzliche Anteilnahme von Professor Dr. Tono Eitel, Münster, hätte ich die Dissertation nicht zu einem glücklichen Ende führen können.

Berlin, im Januar 2007
Astrid Julia Irrgang

A   Einleitung

Gegenstand dieser Arbeit ist die Kriegskorrespondenz des Leutnants Peter Stölten (1922-1945), der an den wichtigen europäischen Kriegsschauplätzen gekämpft, über diese Kämpfe nachgedacht und seine Gedanken mit den Seinen geteilt hat. Dieser Austausch auf hohem intellektuellen Niveau verdient die ausführliche Betrachtung nicht nur wegen seines Inhaltes, sondern auch deshalb, weil er der Kernbestand dessen ist, was uns von Peter Stölten noch erreichen kann. Seit dem 24. Januar 1945, seit Kämpfen um das ostpreußische Dorf Jadden, ist er vermißt.

Feldpost hat in jüngerer Zeit vermehrt das Interesse von Historikern gefunden.

Noch 1991 hat etwa Wilhelm Deist, damals leitender Historiker des Militärgeschichtlichen Forschungsamtes, in seiner Arbeit zum deutschen Angriff auf die Sowjetunion das Fehlen von Belegen für den Stand von Wissen und Wollen bei der kämpfenden Truppe bedauert.

Er schreibt:

> Auf ein Defizit der Forschung sei an dieser Stelle nachdrücklich hingewiesen. Wie der Soldat an der Front in der Masse und unter der Führung des Regimes diesen Krieg erfuhr und welche Wirkungen davon ausgingen, bleibt eine Fragestellung, mit der sich die Forschung erst punktuell auseinandergesetzt hat. Angesichts der ca. 20 Millionen Wehrmachtsangehörigen, die prägende Jahre ihres Lebens in den Streitkräften verbrachten und als Kriegsgeneration den Aufbau der Bundesrepublik bestimmten, bedarf die Forderung nach systematischen Untersuchungen wohl keiner besonderen Rechtfertigung.[1]

Martin Humburg hat sich seinerseits 1998 bemüht, die von Deist konstatierte Lücke zu schließen. Er hat Feldpostbriefe einer größeren Anzahl von Wehrmachtsoldaten von der Ostfront ausgewertet[2], gleichzeitig aber festgehalten, daß es (soweit zu beurteilen auch im internationalen Vergleich)

> bisher keine Studie zu einem größeren Feldpostbriefbestand gibt, in der Themenentwicklungen in Abhängigkeit von der Zeit und verschiedenen anderen Merkmalen der Schreiber und Empfänger systematisch untersucht werden.[3]

---

[1] Wilhelm Deist: Der deutsche Angriff auf die Sowjetunion, in: Ders.: Militär, Staat und Gesellschaft. Studien zur preußisch deutschen Militärgeschichte, München 1991, S. 369.
[2] Martin Humburg: Das Gesicht des Krieges. Feldpostbriefe von Wehrmachtssoldaten aus der Sowjetunion 1941-1944, Opladen/Wiesbaden 1998.
[3] Humburg: Das Gesicht des Krieges, S. 77.

Als dank der Großzügigkeit der Angehörigen von Peter Stölten Einblick in das reichhaltige, über mehrere Jahre geschlossene Textkorpus seiner Feldpostkorrespondenz genommen werden konnte, ergab sich die Chance, auf das von Humburg benannte Desiderat mit einer Einzelfallanalyse zu reagieren.[4]
Neben der Freigabe der Quellen ist ein weiterer Glücksfall die Reflexionshöhe und differenzierte Ausdruckskraft des jungen Wehrmachtsoldaten selbst, die seine autobiographischen Zeugnisse zu einer besonders interessanten Quelle machen. Stölten korrespondierte zudem während der Kriegsjahre mit mehreren Personen intensiv gleichzeitig, so daß sein adressatenorientiertes Schreiben ebenfalls Gegenstand der Untersuchung werden konnte.
Auch die geographische Spannweite seiner unterschiedlichen Erfahrungsräume im Krieg, die den zentralen Brennpunkten des militärischen Geschehens folgten und größtenteils Fronteinsätze waren, machen Peter Stölten zu einem ungewöhnlichen Zeugen. Seine persönliche Nähe zum historischen Ereignis ist ein zusätzliches Faszinosum der Quelle. Daß Peter Stölten diese Nähe schließlich das Leben gekostet hat und heutige Leser daher nun zu Zeugen einer privaten Korrespondenz werden, die einst andere Adressaten erreichte, muß bei aller geforderten Nüchternheit und Sachlichkeit einer Arbeit mit wissenschaftlichem Anspruch doch zu einer Einsicht in die Tragik führen, die dieser Quelle innewohnt.
Seit den 70er Jahren ist über die Rolle der Wehrmacht im Zweiten Weltkrieg eine Fülle von Fakten und Zusammenhängen publiziert worden, die das Militär als »Faktor der arbeitsteiligen Täterschaft«[5] der nationalsozialistischen Politik erkennen läßt.
Dies mag für die Art der Kriegführung (»ius in bello«[6]) noch mehr gelten, als für den Gehorsam der Militärs gegenüber einer Aggressionsweisung durch die politische Führung (»ius ad bellum«).
Obwohl die historisch-politischen Fakten anklingen, um die Briefe als Quelle

---

[4] Einen ersten Versuch habe ich bereits in meiner unveröffentlichten Magisterarbeit 1998, eingereicht bei der Philosophischen Fakultät IV der Albert-Ludwigs-Universität Freiburg i.Br., unternommen.

[5] Manfred Messerschmidt: Das Heer als Faktor der arbeitsteiligen Täterschaft, in: Hanno Loewy (Hg.): Holocaust. Die Grenzen des Verstehens. Eine Debatte über die Besetzung der Geschichte, Reinbek bei Hamburg 1992, S. 166-190.

[6] Dieser und der in der nächsten Klammer folgende Begriff grenzen im Völkerrecht das bei kriegerischen Handlungen zu beobachtende Recht gegenüber demjenigen zur Eröffnung solcher Handlungen ab. Vgl. hierzu die Ausführungen von Knut Ipsen: Einstimmung auf Vernichtungskrieg durch Rechtsverdrängung, in: Jochen Abr. Frohwein u.a. (Hg.): Verhandeln für den Frieden. Negotiating for peace. Liber amicorum Tono Eitel, Heidelberg 2003, S. 335-355.

angemessen einzuschätzen: Aufklärung über die Geschichte der Wehrmacht im Zweiten Weltkrieg kann und will diese Arbeit über die Feldpostbriefe Peter Stöltens nicht leisten. Aus militärhistorischer Sicht ist von den Briefen auch wenig Neues zu erwarten.

Die vorliegende Arbeit versteht den Feldpostbrief analog zu Humburgs These[7] als einen Privatbrief, der bei aller Unmittelbarkeit der Schilderungen immer auch eine Konstruktion von Wirklichkeit bedeutet, und dies unter noch näher zu bestimmenden äußeren und inneren zensierenden Bedingungen der jeweiligen Kommunikationspartnerschaft. Der Feldpostbrief war ein Medium, das Sinn, Halt und Motivation spenden konnte, gleichzeitig aber auch ein das Erlebnis zensierendes und disziplinierendes Instrument. Die Art und Weise, wie Peter Stölten seine Erlebnisse psychisch und sprachlich in der Kommunikation zwischen Front und Heimat zu bewältigen sucht, interessiert in der vorliegenden Einzelfallanalyse vorrangig. Von solcher Bewältigung könnte auch ein Licht fallen auf das, was bis auf den heutigen Tag im Freudschen Sinne »unerledigt« scheint:

Im gegenwärtigen gesellschaftlichen Diskurs ist das Wehrmachtsthema noch aktuell. Prominent ausgelöst durch die Ausstellung des Hamburger Instituts für Sozialforschung[8] oder die umstrittene Publikation Daniel Goldhagens[9] vergehen kaum Wochen, in denen auflagenstarke deutsche Zeitungen nicht über mit diesem Thema zusammenhängende Fragen publizieren, wie etwa über den bisweilen leidenschaftlichen Streit um die Bewertung von Teilnahmehandlungen an nationalsozialistischer Kriegsführung und -politik. Die Umbenennung des Traditionsgeschwaders »Mölders«[10] oder die Gedächtnispraxis des Auswärtigen Amtes nationalsozialistische Diplomaten betreffend dürften hierher gehören.[11]

---

[7] Humburg: Das Gesicht des Krieges, S. 18f.
[8] Vgl. dazu Hans-Günter Thiele: Die Wehrmachtsausstellung. Dokumentation einer Kontroverse, Bremen 1997.
[9] Daniel Goldhagen: Hitlers willige Vollstrecker. Ganz gewöhnliche Deutsche und der Holocaust, Berlin 1996.
[10] Aufgrund eines umfassenderen Bundestagsbeschlusses wurde vom Bundesverteidigungsminister dem Traditionsgeschwader »Mölders« im Frühjahr 2005 der Befehl erteilt, den Namen Mölders zu löschen, da dieser bei der »Legion Condor« im Spanischen Bürgerkrieg gedient habe. Vergleiche etwa Rainer Blasius: Wieviel Held braucht der Mensch? Fallschirmspringer und Fliegerasse: Potsdamer Traditionssuche für die deutschen Streitkräfte, in: FAZ vom 13. April 2005, S. 12.
[11] Im Frühjahr 2005 wurde bekannt, daß das Auswärtige Amt künftig in seiner Hauszeitschrift keine Gedenkanzeigen mehr für gestorbene Amtsangehörige veröffentlichen würde, die Mitglied der NSDAP gewesen waren. Hiergegen wendete sich eine Anzahl pensionierter und aktiver Amtsangehöriger. Vgl. etwa den Abdruck des Briefes des

Die öffentliche, oft bezeichnend unsachliche Kontroverse, belegt deren Brisanz. Das hat viele Gründe. Einer von ihnen liegt sicherlich darin, daß die Gruppe der unmittelbar Betroffenen nach wie vor groß ist: Insgesamt etwa 18 bis 20 Millionen Männer durchliefen den Sozialkörper Wehrmacht[12], und viele von ihnen haben sich mit diesem Teil ihres Lebens nur insoweit ihnen Verdrängung gelang, einrichten können. Gespräche mit ihnen waren deshalb häufig ergebnislos, gelegentlich aber auch eine der wichtigsten Quellen über den Verarbeitungsstand dieses zumeist als schwere Krise erfahrenen Teils ihrer Biographie.

Auf der Suche nach den Kriegserfahrungen deutscher Soldaten zur Zeit des aktuellen Erlebnisses gewinnen die Feldpostbriefe besonderen Quellenwert. Heute gelesen haben sie wegen ihrer Nähe zum Geschehen eine vergleichsweise hohe Authentizität, die ihren Verfassern über 60 Jahre später kaum mehr möglich ist. Hätte Peter Stölten den Krieg überlebt, hätte er mit hoher Wahrscheinlichkeit – wie das Gros seiner Kameraden – über das Erlebte geschwiegen. Er selbst gibt einen Hinweis darauf. So schrieb er in einem Brief vom 11. November 1944:

> Mit Udo möchte ich einmal sprechen. Die schwersten Erlebnisse dieses Jahres, die immer wieder einmal ihre blutige Fratze zeigen, die aber nie gleich, sondern in ständiger Bewegung vom harmlosen bis zum furchtbarsten Ausdruck die Seele immer wieder neu beschäftigen, möchte ich einmal mit in seine Freundeshände legen, indem ich sachlich und genau berichte, was ich weiß – (und es ist nur ein Teil, – was ich sah, was man mir sagte) – und was ich sicher in meinem Leben nicht mehr über die Lippen bekomme. Ob es ganz hülfe?[13]

Was aber hat er erlebt, und wie berichtete er darüber nach Hause?
Bis zu seinem Tod im Januar 1945 hielt Stölten über fünf Jahre hinweg von den Brennpunkten des Krieges aus Kontakt mit den nächsten Angehörigen. Die umfangreiche Korrespondenz erlaubt durch ihre Homogenität, den Schreibenden beim Erleben und Verarbeiten von Alltagserfahrungen im

---

protestierenden deutschen Botschafters in Bern, Elbe, an Bundesaußenminister Fischer: »Sie müssen den Ärger ernst nehmen«, in: FAZ vom 31. März 2005, S. 12.

[12] Zahl nach Deist, oben Fn 1 und nach Wolfram Wette: Deutsche Erfahrungen mit der Wehrpflicht 1918-1945. Abschaffung in der Republik und Wiedereinführung durch die Diktatur, in: Roland Foerster (Hg.): Die Wehrpflicht. Entstehung, Erscheinungsformen und politisch-militärische Wirkung, München 1994, S. 91-106, hier: S. 103. Andreas Kunz: Wehrmacht und Niederlage. Die bewaffnete Macht in der Endphase der nationalsozialistischen Herrschaft 1944-1945, München 2005, S. 1, spricht von »etwa 18 Millionen Wehrmachtsangehörigen.«

[13] Peter Stölten an Dorothee Ehrensberger, Brief vom 11. November 1944.

Krieg über einen langen Zeitraum fast täglich zu verfolgen. Ferner können Stabilität und Wandel von Sinninterpretationen seiner Kriegs- und Selbstsicht rekonstruiert sowie der Kommunikationszusammenhang mit den jeweiligen Adressaten mit berücksichtigt werden.[14]

Da sogar aus der Zeit der Vorkriegssozialisation in Form von Schulaufsätzen und Aufzeichnungen seiner Eltern aussagekräftige Quellen vorliegen, können die ›Ausgangskarten‹[15] bestimmt werden, mit denen Peter Stölten in den Krieg zog und den Sprung vom Notabiturienten zum Wehrmachtsoldaten schaffte. Sie bestimmen seinen Zugang zum sozialen Wissen, aus dem heraus er im Laufe der immer existentielleren Kriegserfahrungen die notwendigen Sinnstiftungen für seine Kriegsidentität zog, um auftretende Krisen bewältigen zu können.[16] Es soll folglich untersucht werden, wie Peter Stölten die ihn umgebende Lebenswelt erlebte und interpretierte, emotional mit ihr umging und sie sprachlich faßbar zu machen versuchte.

Ausgangsprämisse der Studie ist die These, daß autobiographische Texte allgemein und Feldpostbriefe im besonderen eine sehr ergiebige kulturhistorische Quelle sind. Sie sind soziale Texte, die durch ich-bezogenes Erinnern Gesellschaftliches widerspiegeln.

Nach einer Diskussion von mit autobiographischer Forschung verbundenen Fragen (z.B. nach ihrer Objektivität und Rekonstruktion sowie nach Möglichkeiten der Repräsentativität und Generalisierbarkeit einer Einzelfallanalyse) sollen diese Erkenntnisse auf die spezifische Quelle Feldpost übertragen werden. Dem folgen ein kurzer Abriß über deren Aufbau und Organisation im Zweiten Weltkrieg, ferner die methodische Berücksichtigung der äußeren und inneren Zensur sowie eine Diskussion des Quellenwertes von Feldpostbriefen.

Nach einer Vorstellung des gegenwärtigen Feldpost-Forschungsstandes wird unter Abgrenzung von diesem und der Art der Gesprächsführung im Ersten

---

[14] Damit liegt im vorliegenden Fall idealtypisch vor, was Kunz »für die Identifizierung und Analyse langfristig angelegter Sinnmuster« von Soldaten als »zwingende methodische Voraussetzung« benannte: »[das, A.I.] Vorhandensein einer sich kontinuierlich über einen längeren Zeitraum erstreckenden Quellenbasis.« Kunz: Wehrmacht, S. 255.

[15] Den Begriff der ›Ausgangskarte‹ wählte im Zusammenhang der biographischen Methode Anne Levallois. Vgl. dies.: Biographie, Psychohistory, Psychoanalyse. Der Stand der Forschung in Frankreich, in: Hedwig Röckelein (Hg.): Biographie als Geschichte, Tübingen 1993, S. 39-62, hier: S. 58.

[16] Diese Argumentation folgt der soziologischen Theorie der gesellschaftlichen Konstruktion der Wirklichkeit von Peter Berger und Thomas Luckmann. Vgl. dies.: Die gesellschaftliche Konstruktion der Wirklichkeit. Eine Theorie der Wissenssoziologie, Frankfurt a.M. 1980.

Weltkrieg die Präsentation und Deutung der Zeugnisse Stöltens begonnen. Dabei wird zunächst das persönliche Verhältnis Stöltens zu seinen Korrespondenzpartnern dargestellt, um die handelnden Personen einzuführen. Anschließend werden seine ›Ausgangskarten‹ bei Kriegsbeginn skizziert. Die Untersuchung der Briefe folgt den persönlichen Krisen seines Kriegserlebens, die mit dem chronologischen Kriegsverlauf korrespondieren. Für jede Phase seiner persönlichen Kriegsbiografie werden knapp die historischen Rahmenbedingungen skizziert, um Stölten in diesen zu verorten. Die Subjektivität seiner Zeugnisse wird über den gesamten Zeitraum mit anderen Quellen (z.B. Aktenmaterial des Bundesarchiv-Militärarchivs Freiburg) sowie mit Sekundärliteratur gegengelesen und gegebenenfalls verifiziert. Ebenso werden auch bisweilen Zeugnisse anderer Wehrmachtsoldaten vergleichend herangezogen.

In einem eigenen Abschnitt am Ende der Arbeit wird Peter Stölten einem prominenten Kameraden gegenübergestellt, der ebenfalls nahezu täglich nach Hause geschrieben und seine Eindrücke und Meinungen relativ freimütig mitgeteilt hat: der spätere Literaturnobelpreisträger Heinrich Böll.[17] Die Auswahl des Briefstellers Böll vor anderen Wehrmachtsoldaten für einen solchen Vergleich verdankt sich weniger der Prominenz des Autors als dem Niveau und dem Umfang seiner Korrespondenz.

Insgesamt soll mit dem Blick auf die Situation Peter Stöltens zu dem eingangs genannten Ziel der Erschließung von Individualquellen des Kriegserlebens beigetragen werden.[18]

---

[17] Jochen Schubert (Hg.): Heinrich Böll. Briefe aus dem Krieg 1939-1945, Köln 2001.
[18] Das Forschungsanliegen eines Blicks auf das Individuum in einer historischen Situation wird immer wieder formuliert. So schließt etwa Sönke Neitzel in seiner unlängst erschienenen Edition ausgewählter Abhörprotokolle von 22 deutschen Stabsoffizieren und 84 Generälen aus englischer Kriegsgefangenschaft in diesem Sinne: »Bei allen Unterschieden in ihrem militärischen und politischen Handeln ist unverkennbar, daß es ihnen – von Ausnahmen abgesehen – an der Courage fehlte, den besonderen Anforderungen der Zeit gerecht zu werden, sich von militärischen Ehrauffassungen zu lösen und im Sinne des eigenen Landes und des eigenen Volkes gegen eine verbrecherische Staatsführung zu handeln. Dieses Gesamturteil ersetzt die differenzierte und ausgewogene Analyse des Einzelfalls nicht, wofür diese Edition reichhaltiges Material liefert.« Vgl. Sönke Neitzel: Abgehört. Deutsche Generale in britischer Kriegsgefangenschaft 1942-1945, Berlin 2005, S. 84. Der Autor gewinnt seine Thesen aus der Konfrontation der Einzelaussagen der kriegsgefangenen Offiziere mit weiteren Quellen und Forschungen zum Zweiten Weltkrieg zu den vier Themenfeldern a) Perzeption von Politik und Strategie, b) deutsche Kriegsverbrechen, c) Reaktionen auf den 20. Juli 1944 sowie e) Kollaboration mit dem Feind. Mit Neitzels Edition ist eine individuelle oder gruppenbiographisch angelegte Motivanalyse zur differenzierten Betrachtung der Vorstellungswelt dieser deutschen

Über 60 Jahre später mit den Gedanken und Empfindungen eines Menschen konfrontiert zu werden, war unter der besonderen Voraussetzung seines Todes oft schwer. Stöltens Werte und die Opferbereitschaft, die er aus ihnen abgeleitet hat, erscheinen heute bisweilen fremd, uns Nachgeborenen häufig sogar fragwürdig. Sofern wir nicht den Totalitarismus unter einer anderen Maske erlebt haben, ist es für uns schwierig, Rolle und Möglichkeiten des Einzelnen in einem totalitären Staat abzuschätzen.

Carlo Schmid hat sich die Frage gestellt, wie man in einem totalitären Regime überleben konnte, ohne Verrat an dem zu üben, was für die eigene Selbstachtung unverzichtbar erschien.[19] Er hat sie für sich dahingehend beantwortet, daß es darauf angekommen sei, »nicht aufzufallen.« Diese Antwort zielt eher auf das »Überleben« als auf dessen ethische Grundlage ab. Für den Fall eines Krieges, »eines verbrecherischen Existenzkampfes«, sah auch Schmid voraus, daß »der totalitäre Staat [...] den seiner Gewalt Unterworfenen keinen Freiraum lassen [würde, A.I.]. Er würde klare Beweise der Bereitschaft verlangen, sich für das große Ziel einzusetzen.«

Schmid als Zivilist hat sich solchen »Freiraum« offenbar schaffen können, für einen Frontsoldaten war es schon vom Status her ausgeschlossen. Der unpolitische Stölten dürfte ihn auch nicht vermißt haben. Im Gegenteil, als Kriegsfreiwilliger hat es ihn gedrängt, »sich für das große Ziel einzusetzen«, das, von der Führung vorgegeben, für ihn Gesetz war.

Es wird im folgenden gezeigt werden, wie er durch Umfeld und Neigung zu einem Staatsverständnis gelangt war, in welchem die Führung gottgesandt oder schicksalhaft war. »Klare Beweise« für seine Einsatzbereitschaft lieferte er durch sein unerschrockenes Kämpfertum. Dieses hielt, wie wir sehen werden, bis zum Schluß an.

So sehr Stölten sich eine glückliche Nachkriegszeit erhoffte, so wenig hat er versucht, sich zu schonen. Dies gilt für den gesamten Spannungsbogen: Vom freudig in der Feuertaufe Angreifenden über den an der Invasionsfront in Zweifel Verfallenden, den in Warschau an seiner guten Sache irre Werdenden bis zum, seit Warschau, in der wachsenden Gewißheit einer endgültigen Niederlage nur noch seine Heimat verteidigen Wollenden – immer hat Stölten todesmutig gekämpft, ohne nach »wenn« und »aber«

Generäle und Stabsoffiziere möglich. Hierbei würde besonders auf den interessanten Befund einer erstaunlich einheitlichen Teilidentität der biographischen Erfahrung zu achten sein. Nahezu ausnahmslos waren die abgehörten Offiziere bereits Frontoffiziere im Ersten Weltkrieg gewesen.

[19] Carlo Schmid: Erinnerungen, Bern 1979, S. 175. Auch die folgenden Zitate finden sich dort.

zu fragen. Soldatischer Gehorsam begrenzte seinen Freiraum, und eine über diesen weit hinausgehende Einsatzwilligkeit füllte ihn aus.

Heideggers Diktum (*Sein und Zeit*, 1927), daß das »Geschick des Menschen im Geschehen der Gemeinschaft, des Volkes« liege[20], erfahren wir heute nur in weniger dramatischen, nicht-existentiellen Zusammenhängen. Die Anforderungen etwa, die der vom Reichspropagandaminister Goebbels im Januar 1943 ausgerufene »totale Krieg« an die »Volksgenossen«, Zivilisten wie Soldaten, stellte, müssen wir uns mit gewissem Aufwand vor Augen führen. Peter Stölten war einer von vielen Millionen Wehrmachtsoldaten, die von einem verbrecherischen Regime in den Krieg geführt wurden. Insofern fällt es leicht, im äußeren Hergang die von Heidegger postulierte Abhängigkeit des einzelnen Geschicks vom Geschehen der Volksgemeinschaft zu erkennen. Die Frage bleibt, ob auch im Inneren der reich angelegten Persönlichkeit Stöltens eine solche Abhängigkeit bestand und ob und wie weit er Anfechtungen wegen der engen Grenzen seines »Freiraums« ausgesetzt war.

Wie empfand Stölten sein in den Vernichtungskrieg gezwängtes soldatisches Leben? Gab es für ihn »ein richtiges Leben im falschen?«

Adorno hat die Behauptung gewagt, es gebe »kein richtiges Leben im falschen.«[21] Angesichts des Umstandes, daß er sich in die Emigration gerettet hatte, könnte man meinen, daß nur derjenige, der das Territorium des »falschen Lebens« verlassen hat, überhaupt die Chance zu einer »richtigen« persönlichen Existenz habe und daß im zurückgelassenen Schattenreich des Bösen ein lebendiges Gutes unmöglich sei.

Der hinreichend bekannte Ausspruch gehört indessen in einen anderen, nämlich ökonomischen Zusammenhang. Adorno setzt sich hier mit der vielleicht etwas gekünstelten Frage auseinander, ob ein Eigentümer angesichts der Massenproduktion ökonomischer Güter noch ein Interesse oder ein Recht auf Erhalt seines Eigentums haben könne, oder ob er nicht vielmehr durch ein schlechtes Gewissen bewogen werden müsse, sich dem ökonomischen Fortschritt anzuschließen.[22] Das oben zitierte Axiom, das schon für diese ökonomische Situation wohl von vielen abgelehnt werden dürfte, ist aber im moralischen Diskurs über das Verhalten Deutscher im

---

[20] Zitiert nach: Hans Ulrich Gumbrecht: Der Holzweggenosse. Völkisch und ragend: Heideggers Nähe zum Nationalsozialismus, in: FAZ vom 31. August 2005, S. N3.
[21] Th.W. Adorno: Minima Moralia. Reflexionen aus dem beschädigten Leben. Aphorismus 18, »Asyl für Obdachlose«, Berlin/Frankfurt a.M. 2001, S. 55-59, hier S. 59.
[22] Ebd., S. 58f.

nationalsozialistischen Regime nicht ganz ohne Grund mit einem ethischen Inhalt aufgeladen worden, der hier einschlägig ist.
In der »Zueignung« seiner Schrift stellt Adorno sie in den Bereich der »Lehre vom richtigen Leben«: »Wer die Wahrheit übers unmittelbare Leben erfahren will, muß dessen entfremdeter Gestalt nachforschen, den objektiven Mächten, die die individuelle Existenz bis ins Verborgenste bestimmen.«[23] Daß solche Nachforschungen »unter Bedingungen der Kontemplation« schwierig sind, hat auch Adorno gesehen: »Die Gewalt, die mich vertrieben hatte, verwehrte mir zugleich ihre volle Erkenntnis.«
Er glaubte aber an eine »Mitschuld [...], in deren Bannkreis gerät, wer angesichts des Unsäglichen, das kollektiv geschah, von Individuellem überhaupt redet.«[24] Diese »Mitschuld« sieht Adorno offenbar schon darin, daß sich jemand von dem »Unsäglichen, das kollektiv geschah« in den individuellen Bereich hinein distanziert. Solch puristische Haltung dürfte weitgehend Adornos ideologischer Ausrichtung geschuldet sein. Sowohl vom ökonomischen Hintergrund wie auch in ihrer Verurteilung von Individualität scheint sie, jedenfalls in ihrer Anwendung auf den vorliegenden Fall, mehr als problematisch. Stölten ist das beste Beispiel für die Bedeutung vorgegebener oder geschaffener Freiräume, genauer, ihrer Grenzen. Gleichwohl bleibt von der ethischen Ausdeutung des Adornoschen Axioms genügend übrig und aktuell, um am Falle Stöltens der Frage nachzugehen, inwieweit im falschen noch richtiges Leben möglich war. Dies ist ein movens der vorliegenden Arbeit, das »durch und über das Ganze geht.«[25]
Stölten selbst scheint sich dieser Frage zunächst kaum, in zunehmendem Maße mit dem Voranschreiten des Krieges jedoch immer stärker innerlich ausgesetzt gefühlt zu haben. Für die Auseinandersetzung hat er auch unter Belastungen wie Kampf, Zerstörung und Tod Kapazität und Zeit gefunden. Stölten hat es sich damit nicht leicht gemacht. Er hat das Böse gesehen, aber hat sich nicht berufen gefühlt, als Soldat gegen die politischen Instanzen Stellung zu beziehen. »Aber – ich bin Soldat!«, dieses Briefzitat von 1942, in kritischer Lage verfaßt[26], gibt das ethische Dilemma und die Stöltensche Beantwortung in dieser Phase prägnant vor. Es ist ein Schlüsselsatz. Mit der einleitenden Formulierung »Aber« will Stölten Distanz zwischen sich und ein

---

[23] Ebd., S. 7.
[24] Die vorgenannten Zitate ebd., S. 13.
[25] Vgl. Sebastian Haffner: Geschichte eines Deutschen. Die Erinnerungen 1914-1933, München 2002, S. 11.
[26] Peter Stölten an seine Eltern, Brief vom 10. August 1942. Unter C II.2 wird diese Passage ausführlich diskutiert.

erschütterndes Erlebnis bringen. Der Gedankenstrich trägt die unausgesprochene, von Stölten aber gefühlte Komplexität, die mit der Abstandssuche verbunden sein mag.[27] »Ich bin Soldat« ist eine Standortbestimmung, die der eigenen Person in schwerer Lage einen formalisierten, einen ›ordentlichen‹ Platz zuweist.

Die folgende Arbeit hat sich daher mit einer Reihe von Fragen zu befassen:

Wie tragfähig war Stöltens gedankliche Konstruktion? Welche praktischen Konsequenzen hatte diese für ihn, d.h. welche Zuständigkeiten und Pflichten, welche Nicht-Zuständigkeiten erwuchsen Stölten innerlich aus dieser Positionierung? Welchem Soldatenbild wollte er entsprechen und unter welchem inneren Ringen nahm er mit dem Aufsuchen eines distanzierenden »Aber« Abstand von einem Geschehen, das nicht nur dem zivilen Teil seiner Persönlichkeit moralische Schwierigkeiten machte? Wie hielt er die Ambivalenz, die ihn überhaupt zu der Formulierung geführt hatte, weiterhin aus? Schaut man sich diesen Schlüsselsatz näher an, so erkennt man in ihm ein starkes resignatives Element; Stölten scheint sich mit seinem Geschick im oben erwähnten Heideggerschen Sinne abzufinden und auch ihn umgebendes Böses – oder im Adornoschen Sinne »falsches« – zu akzeptieren, indem er den Keim einer Auflehnung mit seiner durch das »Aber« eingeleiteten Statusbeschreibung zu ersticken sucht. Aber diese Auslegung könnte es sich zu einfach machen, indem sie den Stöltenschen »Soldaten« auf einen willenlosen, im Kadavergehorsam agierenden Exekutor reduziert.

Wir werden in der Stöltenschen Korrespondenz Hinweise auf ein anderes, umfassenderes Soldatenbild finden, das seine Ehre nicht nur aus dem Gehorsam gewinnt, sondern, im Rückgriff auf höhere ethische Leitbilder, weitere Ansprüche an sich selbst stellt.

Stöltens Fall fordert darüber hinaus auch von uns das Nachdenken über die eigene Person. Beim Einlesen in seine Geschichte erweisen sich die von Nachgeborenen gern vermuteten Unterschiede zur Wehrmachtsgeneration in sensiblen Fragen von Wahrnehmung, Emotionen, Loyalitäten und Integrität häufig doch als geringer, als angenommene Selbstbilder es erwarten lassen würden.[28]

---

[27] In anderem Zusammenhang erklärte Stölten einen von ihm gesetzten Gedankenstrich in diesem Sinne: »Doch der Gedankenstrich besagt Undenkbares (wie ja Gedankenstriche in vielen Fällen Lückenbüßer für unaussprechliche Dinge sein müssen).« Peter Stölten an Dorothee Ehrensberger, Brief vom 11. November 1944.

[28] So urteilt auch Humburg in der zusammenfassenden Diskussion seiner systematischen Untersuchung. Humburg: Das Gesicht des Krieges, S. 269-273, hier: S. 273.

In der sorgfältigen Auseinandersetzung mit den Zeugnissen Peter Stöltens bestätigt sich insoweit das für die geschichtswissenschaftliche Methode und auch grundsätzlich wichtige Eingeständnis Detlev Peukerts: »[...] die Schemen, die uns aus dem erblindeten Spiegel der Historie entgegenblicken, sind letztlich [...] wir selbst.«[29]

Diese Brücke mag bei der Einsicht in die hier untersuchten Geschehensabläufe und ihre Motive hilfreich sein, sie dürfte aber die moralische Wertung vor dem Hintergrund hypothetischen eigenen Verhaltens nicht gerade erleichtern. Im Bewußtsein dieser Ambivalenz sei gestattet, Adornos Ausspruch, daß es »kein richtiges Leben im falschen« gebe, mit seiner apodiktischen Formulierung für den Untertitel dieser Arbeit in eine weniger rigide Form zu gießen, die nicht bei einem »Entweder – Oder« endet, sondern ein »Sowohl als auch« für möglich hält.

Der Untertitel »Vom richtigen Leben im falschen« soll daher insoweit auf Distanz zu der ethischen Überfrachtung von Adornos Ausspruch gehen, als er nicht ausschließt, daß in gelebten »moralibus« auch unaufgelöste Dilemmata ihren Platz finden können.

Diese durchlässigere Interpretation schließt auch die von Martin Seel in der Behandlung von Adornos Axiom zitierte zynische Konsequenz aus, daß es gleichgültig sei, wie man sein Leben gestalte, »da die Möglichkeit richtigen Lebens [im falschen, A.I.] nun einmal verstellt sei.«[30]

---

[29] Detlev Peukert: Die Weimarer Republik. Krisenjahre der klassischen Moderne, Frankfurt a.M. 1987, S. 272.
[30] Martin Seel: Das Richtige im Falschen, in: Die Zeit vom 22. August 2005 (www.zeit.de/archiv/2001/19/200119_ka-philo-.xml).

B   Grundlagen

I.   Die autobiographische Quelle als sozialer Text

I.1.   Begriffe

Als »Autobiographien« betrachtet Martin Doerry alle Texte, »in denen vergangenes Geschehen und Empfinden ichbezogen erinnert wird«, also etwa auch Memoiren, Tagebücher, Briefe, Reisebeschreibungen oder am eigenen Leben orientierte Romane.[1] Ichbezogenes Erinnern ist ein historisches Phänomen, das seit dem ausgehenden 18. Jahrhundert, in welchem das auch deshalb sogenannte Zeitalter der Empfindsamkeit begann, erstmals allgemein zu beobachten ist.

Damals entwickelte sich das Schreiben von Autobiographien, aber auch das Führen von Tagebüchern und der Austausch persönlicher Briefe[2] zu einem festen Bestandteil der entstehenden bürgerlichen Kultur.[3] Diese nahm sich emphatisch selbst wahr, was zu verbindenden Individualisierungsprozessen führte. Autobiographische Äußerungen können als typische Form der Selbstreflexion und Identitätsvergewisserung dieser selbstbewußt bürgerlichen Kultur gelten; jene war das ebenso anspruchs- und voraussetzungsvolle wie

---

[1]   Martin Doerry: Übergangsmenschen. Die Mentalität der Wilhelminer und die Krise des Kaiserreichs, München 1986, S. 10. Doerry ist einer der wenigen Historiker, der unter oben genannter Definition nahezu ausschließlich autobiographische Quellen zur Grundlage seiner Untersuchung über die Mentalität der Wilhelminer im ausgehenden Kaiserreich machte. Zu den literaturwissenschaftlichen Gattungsgrenzen der Autobiographik siehe u.a. Helmut Scheuner: Biographie. Studien zur Funktion und zum Wandel einer literarischen Gattung vom 18. Jahrhundert bis zur Gegenwart, Stuttgart 1979.

[2]   Im 19. Jahrhundert hat sich ein ausgeprägter postalischer Verkehr entwickelt, der, begünstigt durch die wachsende Alphabetisierung und die allmählich geregelte Organisation des Postverkehrs, immer weiter zunahm. Dafür mögen folgende Zahlen ein Beispiel sein: In den Gründerjahren, genauer zwischen 1874 und 1894, erhöhte sich der weltweite Briefverkehr von 3,3 auf 18 Milliarden Stück. Bernd Ulrich: Die Augenzeugen. Deutsche Feldpostbriefe in Kriegs- und Nachkriegszeit 1914-1933, Essen 1997, S. 30.

[3]   Autobiographische Forschung ist demzufolge besonders auf jene Epochen beschränkt, die Selbstzeugnisse in ausreichendem Maße hervorgebracht haben, also das 19. und 20. Jahrhundert. Aufgrund dessen, daß Autobiographien vor dem 19. Jahrhundert noch eine Ausnahmeerscheinung waren, erscheint das Spektrum möglicher Fragestellungen etwa für die frühe Neuzeit beschränkt; jedoch gibt es auch für diese Epoche Forschungsbeispiele, siehe hierzu etwa Michael Maurer: Die Biographie des Bürgers. Lebensformen und Denkweisen in der formativen Phase des deutschen Bürgertums (1680 bis 1815), Göttingen 1996.

auch folgenreiche Unternehmen einer dynamischen Leistungsgesellschaft, die auf der prinzipiellen Freiheit und Selbstverantwortung aller ihrer Mitglieder beruhte.[4] Je bewußter sich die Schreibenden ihrer selbst wurden, desto stärker reklamierten sie für sich die Kompetenz der Selbstdarstellung.[5]
Indem der Einzelne somit zum Autor seiner persönlichen Lebensgeschichte wurde, entstand ›Geschichte‹ in einem sehr konkreten Sinn. Hinter autobiographischem Schreiben stand und steht der programmatische Anspruch auf Erkenntnis. Dabei scheinen drei Vorstellungen beim Verfassen autobiographischer Texte grundlegend zu sein: Erstens die Möglichkeit einer schriftlichen Fixierung von Lebensmomenten, damit Vergängliches und Flüchtiges rekapitulierbar und zum möglichen Gegenstand des Überdenkens werden können; zweitens der Wunsch, Lebensmomente zusammenhängend darzustellen, damit das Episodisch-Vereinzelte eine Funktion in einem ›Kontext‹ bekommt und drittens die Hoffnung, einen ›Sinn‹ im Erlebensablauf auszumachen.

I.2. Wirklichkeit und ihre Rekonstruktion

Wer seine Lebensgeschichte erzählt, versucht in der Regel, Erfahrungen in Sinnzusammenhängen zu organisieren.
Der Autobiograph bemüht sich, »[...] eine gleichzeitig retrospektive und prospektive Logik zu entwickeln, Konsistenz und Konstanz darzustellen«[6] und sein Leben letztlich als eine Kette von Folgewirkungen, als Etappen einer notwendigen Entwicklung zu präsentieren. Was der Autobiograph wahrnimmt und beschreibt, ist nur der von ihm betrachtete und verarbeitete Ausschnitt seiner Lebenswirklichkeit, aus dem Rundum-Horizont des gleichzeitigen Geschehens sein nach Breite und Tiefe beschränkter Wahrnehmungsbereich. Der Soldat mag sich unter Trommelfeuer fragen, wie er dorthin gekommen ist und sich dann der Motivation erinnern, die ihn zur

---

[4] Siehe: Hans-Paul Bahrdt: Autobiographische Methoden, Lebenslaufforschung und Soziologie, in: Wolfgang Voges (Hg.): Methoden der Biographie- und Lebenslaufforschung, Opladen 1987, S. 77-85, hier: S. 81 ff. Zum Phänomen insbesondere des deutschen Bürgertums vgl. Ute Frevert: Gab es ein goldenes Zeitalter der deutschen Bürgerlichkeit? Bürgertum und Bürgersinn: Historische Annäherung aus aktuellem Anlaß, in: Frankfurter Rundschau, 10. Februar 1998, Nr. 34, S. 20.

[5] Vgl. Jürgen Habermas: Strukturwandel der Öffentlichkeit. Untersuchungen zu einer Kategorie der bürgerlichen Gesellschaft, Frankfurt a.M. 1990, S. 114 ff.

[6] Pierre Bourdieu: Die biographische Illusion, in: BIOS. Zeitschrift für Biographieforschung und Oral History 3, 1990, S. 75-81, hier: S. 76.

freiwilligen Meldung bewog. Von dieser Motivation aus, im vorliegenden Fall etwa Abenteuerlust, konstruiert er sich die Sinnhaftigkeit der folgenden Entbehrungen. Der Psychoanalytiker Claus-Dieter Rath beschrieb diesen Prozeß als »Produktion imaginärer Kontinuität.«[7] Köstlin erkennt in diesem Prozeß zu Recht den Akt eigener Geschichtsmächtigkeit, denn »im Biographieren wird das Objekt von Zwängen, der Geschichte ausgeliefert, tätiges Subjekt.«[8]

Es ist daher im Sinne Bourdieus tatsächlich eine »biographische Illusion« anzunehmen, es ließe sich aus einem autobiographischen Text Klarheit darüber gewinnen, wie das Leben des Betreffenden wirklich gewesen sei. Autobiographische Zeugnisse als »perfekt konstruierte soziale Artefakte«[9], die »sich in Form und Inhalt nach der sozialen Qualität des Marktes unterscheiden, auf dem sie angeboten werden«[10], geben demnach über Lebenswirklichkeit keinen Aufschluß. Dies sollte aber nicht bedeuten, daß die Geschichtswissenschaft auf lebensgeschichtliche Quellen verzichten muß, da in ihnen überhaupt kein Funke Wahrheit zu erwarten sei. Es bedeutet lediglich, daß nicht zwangsläufig eine Antwort auf Rankes Frage nach der Wahrheit im Sinne eines objektiven Berichtes ›wie es wirklich war‹, zu erwarten ist. Vielmehr kann es nur darum gehen, welche soziale Wirklichkeit, sowohl gesellschaftlicher wie individueller Natur, sich in einer autobiographischen Quelle widerspiegelt. Um diesen Zugang zu autobiographischen Texten freizulegen, müssen sie – wie Peter Allheit vorschlägt – als soziale Texte begriffen werden, denn »erzählte Lebensgeschichten haben [...] alle Eigenschaften sozialer Texte. Sie widerspiegeln gesellschaftliche Wirklichkeit. Sie interpretieren gesellschaftliche Wirklichkeit. Sie sind Teil dieser Wirklichkeit.«[11]

Hinter dieser Lesart steht der von Alfred Schütz entwickelte und von Berger und Luckmann weitergeführte Lebenswelt-Ansatz, der von einer gesellschaftlich konstruierten Wirklichkeit ausgeht. Demzufolge ist das

---

[7] Claus-Dieter Rath: Der Lebenslauf als Produktion imaginärer Kontinuität, in: Schweizerisches Archiv für Volkskunde, 84. Jg, (1988), Heft 3-4, S. 167-188, hier: S. 177ff.
[8] Zitiert nach: Klara Löffler: Zurechtgerückt. Der Zweite Weltkrieg als biographischer Stoff, Berlin 1999, S. 69.
[9] Bourdieu: Die biographische Illusion, S. 75ff. Zur Kritik an Bourdieus Position siehe Lutz Niethammer: Kommentar zu Pierre Bourdieu: Die biographische Illusion, in: BIOS, 3, (1990), S. 91-93.
[10] Bourdieu: Die biographische Illusion, S. 79.
[11] Peter Allheit: Wirklichkeitsrekonstruktion und Wirklichkeitskonstitution in biographischen Verläufen, in: Ders.: Alltag und Biographie. Studien zur gesellschaftlichen Konstitution biographischer Perspektiven, Bremen 1984, S. 231-251, hier: S. 249.

Verhältnis vom Menschen zu der von ihm gestalteten Wirklichkeit ein reziprokes: »Gesellschaft ist ein menschliches Produkt. Gesellschaft ist objektive Wirklichkeit. Der Mensch ist ein gesellschaftliches Produkt.«[12] Dieser gedankliche Dreischritt liegt auch den Arbeiten der Soziologin Gabriele Rosenthal zugrunde.[13]

Rosenthal geht analog zu Berger und Luckmann von einer dialektischen Wechselbeziehung zwischen Geschichte und Lebensgeschichte aus:

> Das Leben von Menschen spielt sich in einer historisch-sozialen Wirklichkeit ab, es ist einerseits in geschichtliche Strukturen und Prozesse eingebunden, und andererseits konstituiert das Leben von Menschen die soziale Wirklichkeit.[14]

Historische Ereignisse und gesellschaftliche Strukturen schlagen sich folglich in der individuellen Lebensgeschichte nieder und werden durch die Verarbeitung und Sinnintegration der Erfahrungen und den daraus resultierenden Handlungen der Menschen wiederum verändert. Hierfür steht dem Menschen eine Auswahl von kulturell spezifischen, gesellschaftlich bestimmten Wahrnehmungs- und Deutungsmustern zur Verfügung. Die individuelle Biographie wird damit zu einem sozialen Gebilde,

> das sowohl soziale Wirklichkeit als auch Erfahrungs- und Erlebniswelten der Subjekte konstituiert und das in dem dialektischen Verhältnis von lebensgeschichtlichen Erlebnissen und Erfahrungen und gesellschaftlichen angebotenen Mustern sich ständig neu affirmiert und transportiert.[15]

---

[12] Berger/Luckmann: Die gesellschaftliche Konstruktion der Wirklichkeit, S. 65.

[13] Anhand von 24 Interviews mit Angehörigen der von Rosenthal auf die Jahrgänge 1922-29 eingegrenzten Hitlerjungen-Generation gelingt der Autorin eine typenhafte Rekonstruktion des unterschiedlichen Umgangs von Individuen mit dem historischen Großereignis des 8. Mai 1945. Dabei gelangt sie zu der Beschreibung dreier empirischer Erfahrungstypen, dem des a) »enttäuschten Endes«, b) des »Neuanfangs in Frieden« und c) des »Neuanfangs in veränderten politischen Verhältnissen.« Ihre Studie ist ein herausragendes Beispiel sozialwissenschaftlicher Biographieforschung mit historischer Fragestellung. Vgl. Gabriele Rosenthal: Die Hitlerjungen-Generation. Biographische Verarbeitung als Vergangenheitsbewältigung, Essen 1986.

[14] Gabriele Rosenthal: Die erzählte Lebensgeschichte als historisch-soziale Realität, in: Berliner Geschichtswerkstatt (Hg.): Alltagskultur, Subjektivität und Geschichte, Berlin 1994, S. 125-138, hier: S. 128. Siehe auch: Dies.: Die erzählte Lebensgeschichte: Eine zuverlässige historische Quelle?, in: Wolfgang Weber (Hg.): Spurensuche: Dokumentation zur Internationalen Tagung über die Rolle der »Neuen« Historischen Methoden in der Regionalgeschichte, Regensburg 1992, S. 8-17, hier: S. 10f.

[15] Rosenthal: Lebensgeschichte als historisch-soziale Realität, S. 125f.

Erfahrungen zu machen, ist die zentrale Erlebnisdimension eines jeden Individuums.

Wir leben alltäglich in der natürlichen Selbstverständlichkeit, daß es einen vermeintlich in sich folgerichtigen Anschlußzusammenhang der Erfahrungen in unserem Lebensgang gibt. Dieser vorausgesetzte Zusammenhang bewahrt uns davor, in der Mannigfaltigkeit der Ereignisse in und um uns herum auseinanderzufallen. Durch diese vorreflexive Selbstverständlichkeit verstehen wir das individuelle Lebensgeschehen als subjektive Realität unseres Lebens, als ›mein‹ Leben. Dabei modelliert sich »das individuelle Leben [...] unmerklich nach der Struktur eines sozial anerkennungswürdigen Lebens.«[16] Demnach ist etwa von einem begeisterten Soldaten kaum ein zivil-pazifistischer Ansatz zu erwarten, sollte auch der Kriegsverlauf dies generell nahelegen. So können zeittypische Lebenskonstruktionen entstehen, die in einer bestimmten Epoche Konjunktur haben und danach wieder verschwinden, etwa die Idee der jungen Generation in der Weimarer Republik[17] oder der Lebensentwurf des Gründerzeittypus'.

Allerweltserfahrungen können in die eigene Lebenskonstruktion leicht integriert werden, wohingegen Grenz- oder Störerfahrungen die biographische Kontinuität durchbrechen und uns in eine ›Sinnkrise‹ stürzen.[18] Die an-sozialisierten Muster der Wirklichkeitsbestimmung greifen dann nicht mehr und werden in Frage gestellt. Erst wenn wir ›aus dem Gleis geraten‹, setzt eine kognitiv aufwendige Dekonstruktions- und Rekonstruktionsarbeit ein, an deren Ende (falls gelungen) eine veränderte Lebenskonstruktion steht, die über ein verändertes Leben bestimmt. Für autobiographische Texte bedeutet dies, daß das Sinnproblem zum »Zentralnervensystem autobiographischer Textbildung«[19] wird:

---

[16] Heinz Bude: Deutsche Karrieren. Lebenskonstruktionen sozialer Aufsteiger aus der Flakhelfer-Generation, Frankfurt a.M. 1987, S. 80.
[17] Zum Mythos der Jugend und zum Wertekanon dieses generationellen Lebensentwurfes in der Weimarer Republik siehe: Peukert: Weimarer Republik, S. 94f. sowie Barbara Stambolis: Der Mythos der jungen Generation. Ein Beitrag zur politischen Kultur der Weimarer Republik, Bochum 1982.
[18] Dabei sind nicht alle Formen von Störerfahrungen für die Historiker gleich interessant. Sie suchen im Gegensatz zu den Psychologen nach den kollektiven Krisen, die durch gesellschaftlich-historische Ereignisse und Entwicklungen ausgelöst werden, etwa Wirtschaftskrisen, Revolutionen, Umbruchzeiten oder nach der extremen Form einer kollektiven Grenzerfahrung: dem Krieg.
[19] Peter Sloterdijk: Literatur und Organisation von Lebenserfahrung. Autobiographien der zwanziger Jahre, München 1978, S. 250.

> Hier stoßen die psychologische Dimension (Selbstkonzepte, Identitätsbewußtsein, Gedächtnis, Selbstdarstellungsimpulse), die semantische Dimension (Wertbegriffe, Erzählschemata, weltanschauliche Kategorien usw.) und die kommunikativ-publizistische Dimension (angenommene Leseerwartung, kollektive weltanschauliche Interessen, Tabugrenzen, kollektives Gedächtnis usw.) in einem Punkt höchster Komplexität zusammen.[20]

Für jedes Individuum gibt es in seiner Alltagswelt einen in seinem Umfang schwer bestimmbaren Fundus an möglichen Erfahrungen. Innerhalb dieses Erfahrungsraumes liegt die biographische Handlungskapazität. Sie bestimmt das Ausmaß der Fähigkeit eines Menschen, durch eigene Handlungsbeiträge intentional seine Lebensbedingungen zu beeinflussen und neue Erfahrungsräume aufzuschließen. Weil Handlungen nicht veränderbar sind wie Sinnstiftungen, konstituieren sie einen irreversiblen Fakt in der eigenen Lebensgeschichte.[21]

Auch wenn Handlung nicht immer intentional erfolgt (etwa in Krisen oder Orientierungszusammenbrüchen, wo Formen des Geschehenlassens oder Überantwortens in einer vorgeformten Bahn überwiegen können), muß sie doch stets so, wie sie einmal vollzogen wurde, in einen Sinnzusammenhang integriert werden, wobei das Verdrängen einer Handlung sicherlich eine Möglichkeit darstellt. Dabei stellt der subjektiv zugesprochene Sinn seitens des Akteurs erneut eine Auswahl von gesellschaftlich vorgegebenen Sinnvarianten dar. Da auch eine Unterlassung Folgen hat, gilt der Begriff des Akteurs auch in einem solchen Falle.

Stölten etwa sieht sich dieser Integrationsaufgabe hinsichtlich des später erörterten lebensrettenden Motorradunfalls an der Invasionsfront 1944 gegenüber; er scheint diese Aufgabe als unlösbar empfunden zu haben – es sei denn, daß er aus seinem Versagen die ethische Konsequenz eines ihm besonders auferlegten Todesmuts gezogen hat.

Welche Sinnzusprechungen in der autobiographischen Selbstreflexion für welche Handlungen gewählt werden, macht einen Hauptanteil des Erkenntnispotentials der Quelle aus. Sinnloses und Sinnwidriges, etwa als unethisch empfundene Handlungen, Unterlassungen oder Beobachtungen, wie sie zum Vernichtungskrieg im Osten gehört haben, konnten etwa von der erinnernden oder berichtenden Verarbeitung selektiv oder perspektivisch

---

[20] Ebd. Daher unternahm Sloterdijk den Versuch, auf der Quellenbasis von Weimarer Autobiographien generelle autobiographische Sinnsysteme zu rekonstruieren.
[21] Wolfgang Fischer/Martin Kohli: Biographieforschung, in: Wolfgang Voges (Hg.): Methoden der Biographie- und Lebenslaufforschung, Opladen 1987, S. 25-49, hier: S. 36.

ausgeschlossen werden. Seit Sigmund Freuds bedeutenden Arbeiten über die Rationalität von Vergessen und Verdrängen[22] erkennt die Wissenschaft das ›Vergessen‹ als Zwilling des Erinnerns, als komplexe Identitätssicherung, mithin als Überleben-sichernde kulturelle Fähigkeit an. Dabei werden im Individuum neben psychischen Bedürfnissen auch kulturelle Schemata und Orientierungen einer Moral des Vergessen-dürfens und Erinnern-müssens wirksam.[23]

Autobiographische Texte können daher im folgenden arbeitshypothetisch als reine Konstrukte betrachtet werden, die keine ›objektive Wahrheit‹ enthalten müssen. Als soziale Texte spiegeln sie jedoch sowohl die gesellschaftlich-objektive, wie die individuell-subjektive Wirklichkeit wider.

Es soll nun zunächst das Problem der Repräsentativität und Generalisierbarkeit autobiographischer Forschung diskutiert werden, ehe nachfolgend Ergebnisse auf die spezifische Quelle Feldpost übertragen werden.

I.3. Allgemeingültiges im Einzelfall

Verallgemeinerungen vom Einzelfall aus müssen sich oft den Vorwurf wissenschaftlicher Unseriosität gefallen lassen[24], auch wenn – streng genommen – grundsätzlich jede noch so statistisch abgesicherte Generalisierung nie ein logischer Schluß, sondern stets nur Hypothese, also widerlegbare Vermutung ist. Muß dennoch bei autobiographischer Forschung auf den Anspruch wissenschaftlicher Verallgemeinerbarkeit verzichtet werden, weil das moderne Wissenschaftsverständnis Repräsentativität mit numerischer Häufigkeit gleichsetzt?

Der Biographieforscher Heinz Bude[25] hat sich auf philosophischer Ebene mit dieser Problematik auseinandergesetzt. Er greift auf die Überlegungen des amerikanischen Psychologen Kurt Lewin zurück[26], der die Frage nach

---

[22] Eine komprimierte Darstellung findet sich etwa in: Sigmund Freud: Die Traumdeutung, Frankfurt a.M. 2005, S. 504ff. sowie S. 576ff.
[23] Löffler: Zurechtgerückt, S. 68.
[24] Rosenthal: Lebensgeschichte, S. 126: »Ein weiterer Einwand ist der mangelnder Repräsentativität. Vereinfachend, aber zutreffend formuliert bedeutet dies: Was nicht häufig auftritt, hat keine wissenschaftliche Relevanz.«
[25] Bekannt wurde Heinz Bude u.a. mit seiner Untersuchung über die sozialen Aufsteiger der Flakhelfer-Generation (der zwischen 1926 und 1930 Geborenen) in der späteren Bundesrepublik Deutschland.
[26] Zum folgenden siehe Heinz Bude: Rekonstruktion von Lebenskonstruktionen – eine Antwort auf die Frage, was die Biographieforschung bringt, in: Martin Kohli/Günter

der Verallgemeinerbarkeit einer Einzelfallstudie als Resultat eines alten theoretischen Grundproblems begreift: dem des Verhältnisses von Individuellem zu Allgemeinem. Dessen erkenntnislogische Voraussetzungen sind zwei verschiedene Begriffe von Gesetzlichkeit. Nach aristotelischer Denkweise besteht Gesetzlichkeit in Häufigkeit. Dabei gilt der individuelle Fall als zufällig und einmalig. Erst die numerische Häufung gleichartig erscheinender individueller Fälle ist das Kriterium für Gesetzmäßigkeit. Demgegenüber verfolgt die galileische Denktradition einen strengen Gesetzesbegriff. Demzufolge steckt das Allgemeine in jedem einzelnen Fall, und das Gesetz erlangt Gültigkeit, wenn die innere Struktur des untersuchten Gegenstandes entschlüsselt werden kann. Daher folgert Bude, daß nicht die Entblätterung der Lebensgeschichte interessiere, »sondern die Entschlüsselung des Blattwerkes der Lebenskonstruktion.«[27]

Das Modell der Lebenskonstruktion nimmt im individuellen Leben regelmäßig die Ordnung einer sozialen Struktur an. Mit der Rekonstruktion der individuellen Lebenskonstruktion sollte deshalb das Typische im Individuellen entschlüsselt werden.

Am Ende einer Einzelfallanalyse steht als Erkenntniswert in der Regel ein fallspezifischer Typus, der *eine* Möglichkeit von Strukturgesetzlichkeit innerhalb der gesellschaftlichen Totalität repräsentiert und dadurch eine Allgemeinheit erhält, die nichts mit einer relativen empirischen Allgemeinheit gemeinsam hat.[28] Denn:

> das individuelle Leben variiert die typische Gestalt eines sozial möglichen Lebens. Jede individuelle Lebenskonstruktion stellt sozusagen einen Fall einer typischen Lebenskonstruktion dar, für die es zwar nicht notwendig, aber doch wahrscheinlich noch weitere Fälle gibt.[29]

Es ist die Schlüssigkeit der Rekonstruktion, nicht die Größe der Datenbasis, die demnach über die Seriosität einer generellen Aussage entscheidet. Die Frage nach der numerischen Häufigkeit eines Typus erscheint dann sekundär. Eine Antwort darauf ist zwar wünschens- und erstrebenswert, stellt jedoch keine Notwendigkeit für den Anspruch auf Generalisierbarkeit dar. Das Typische muß nicht als Häufiges nachgewiesen werden und unter

---

Robert (Hg.): Biographie und soziale Wirklichkeit, Stuttgart 1984, S. 5-28, hier: S. 23f. sowie Bude: Flakhelfer, S. 108ff.

[27] Bude: Deutsche Karrieren, S. 106.

[28] Rosenthal: Lebensgeschichte, S. 134 sowie Werner Fuchs: Biographische Forschung, Opladen 1984, S. 161ff.

[29] Bude: Deutsche Karrieren, S. 80.

dem Häufigen können sich verschiedene Typen verbergen.³⁰ Obwohl es im vorliegenden Fall ergiebig sein könnte, nachzuweisen, wie stark der soziale Typ Peter Stöltens innerhalb der Gruppe der Wehrmachtssoldaten verteilt war, konzentriert sich diese Arbeit auf die Frage nach seiner Genese und Gestalt.

I.4. Risiken autobiographischer Forschung

Autobiographische Texte sind meist fesselnde Quellen voller rekonstruierter Erinnerungen, Resultat subjektiver Auswahl und auch einer bewußten Amnesie: Fiktionale Botschaften, die streng genommen mehr über den Mechanismus der menschlichen Selbstvergewisserung zu einer bestimmten Zeit (der Erzählzeit) aussagen als über die gelebte Geschichte zum Zeitpunkt der Ereignisse. Wieviele haben es gewagt, ihr privates Leben aufzuzeichnen, ohne etwas zu verschweigen oder ohne Exhibitionismus? Ohne sich vor Bekenntnissen zu scheuen, durch die sie Dritte hineinziehen und Repressalien riskieren? Vermutlich wenige. Denn das Unsagbare ist nicht nur das, was der soziale Code zum Schweigen verdammt. Es ergibt sich auch aus dem Akt des Schreibens selbst, der als eine seinem Wesen nach verkürzende ›Übersetzung‹ des ›Innenlebens‹ gesehen werden kann, die zudem auch literarischen Konventionen folgt.³¹

Bei autobiographischer Forschung darf folglich aus diesem doppelten Grund nicht vom manifest Erzählten auf die historisch-soziale Wirklichkeit geschlossen werden, sonst käme man z.B. nicht umhin, aus Leerstellen entsprechender Quellen der NS-Zeit zu folgern, die Judenvernichtung habe ›auf einem anderen Planeten‹ stattgefunden.³² Das Schweigen als Verdrängung zu

---

[30] Der Begriff »typisch« wird hier analog zu »in sozialem Sinne folgenreich« verstanden.
[31] »Der einzelne Text folgt grammatikalischen und stilistischen Regeln, ist rhetorischen und ästhetischen Vorgaben verpflichtet, fügt sich ein in die formale Matrix, an die er durch seine Gattungszugehörigkeit gebunden ist.« S. Silvia Serena Tschopp: Das Unsichtbare begreifen. Die Rekonstruktion historischer Wahrnehmungsmodi als methodische Herausforderung der Kulturgeschichte, in: HZ, Bd. 280, H.1, 2/2005, S. 39-81, hier: S. 51f. Ausgehend von Überlegungen des Historikers Roger Chartier und am Beispiel eines exemplarischen Falles (eines 1580 in Mitteleuropa vielfach bezeugten Polarlichtes) diskutiert Tschopp die Möglichkeiten und Grenzen historischer Forschung, individuelle und kollektive Wahrnehmungsmuster methodisch überzeugend zu rekonstruieren und ihre jeweilige historische Relevanz zu bestimmen.
[32] Zu diesem Phänomen siehe Diners Warnung an die Alltags- und Erfahrungshistoriker vor dem normalisierenden Umgang mit Selbstaussagen aus der Zeit des Nationalsozialismus.

entlarven, ergibt sich nur aus der Kontrastierung autobiographischer Texte mit weiteren autobiographischen oder gänzlich anderen Quellentypen. Ein solches unbedingt notwendiges Gegenlesen birgt jedoch neue Risiken:

> Wenn wir die erlebte und erzählte Wirklichkeit an Realitäten messen, die außerhalb der Erzählung liegen, und sie damit nicht als eine Realität eigener Art verstehen, sondern als defizitäres Abbild von der ›objektiven‹ Wirklichkeit, so vergeuden wir […] die Chancen einer biographischen Forschung.[33]

Obwohl bei der Verwendung biographischer Selbstpräsentationen also textexterne Quellen herangezogen werden müssen, die die Funktion haben, ein bestehendes Defizit an weniger Subjektivem auszugleichen und damit das Subjektive erst sichtbar zu machen, besteht die Gefahr, das eigentlich konstituierende und interessierende Element der Quelle, die Subjektivität, tatsächlich zu verlieren. Die Suche nach den Realitäten außerhalb der Quelle kann also dazu führen, »sich wie kleine Kinder zu verhalten, die hinter dem Spiegel nach der Realität des wirklichen Menschen suchen. Das Ergebnis ist enttäuschend.«[34]

Eine weitere Falle auf dem Weg der autobiographischen Forschung ist der von Niethammer beschriebene »Enttypisierungs«-Schock[35]: Damit meint er, daß das detailverliebte Hineingraben in die Selbstzeugnisse eines anderen Menschen leicht dazu führen kann, weit hinter die Quelle selbst zurückzufallen, nachzuerzählen statt zu analysieren[36], weil in der Mannigfaltigkeit des verschriftlichten Lebens keine Klarheit mehr über das Verhältnis des Individuellen zum Gesellschaftlichen, des subjektiv Besonderen zum

---

[33] Dan Diner: Zwischen Aporie und Apologie. Über Grenzen der Historisierbarkeit des Nationalsozialismus, in: Ders. (Hg.): Ist der Nationalsozialismus Geschichte?, Frankfurt a.M. 1987, S. 62ff.
Rosenthal: Lebensgeschichte, S. 131.
[34] Ebd., S. 132.
[35] Dargestellt bei den in dieser Hinsicht ähnlich gelagerten Problemen der Oral-History-Forschung. Vgl. Lutz Niethammer: Fragen – Antworten – Fragen, in: Lutz Niethammer u.a. (Hg.): ›Wir kriegen jetzt andere Zeiten‹. Auf der Suche nach der Erfahrung des Volkes in nachfaschistischen Ländern, Berlin/Bonn 1985, S. 392-445, hier: S. 409-412. Auch Rosenthal beschreibt die Gefahr, sich in den Besonderheiten des einzelnen Falles zu verfangen und damit nicht »die Hürde der Verallgemeinerung zu nehmen«. Dies.: Lebensgeschichte 1994, S. 127.
[36] »Schlechtestenfalls«, so der englische Militärhistoriker John Keegan, »sind sie [Feldpostbriefe, A.I.] von Interesse, um reihenweise Anthologien von ›Augenzeugenberichten‹ unter Titeln wie ›Jedermann im Krieg‹ zu produzieren. Ehrlicher wäre: Der Historiker als Abtipper.‹ Vgl. John Keegan: Die Schlacht. Azincourt 1415, Waterloo 1815, Somme 1915, München 1981, S. 33f. Zitiert nach: Ulrich: Augenzeugen, S. 21f.

›objektiv‹ Allgemeinen gefunden wird. Dieses Problem stellt sich bei autobiographischen Untersuchungen grundsätzlicher als bei anderen Quellen, weil – wie im Falle der vorliegenden Arbeit – hier die Fragende leicht in einem identifikatorischen Kampf zwischen Nähe und Distanz zum Untersuchungsobjekt lavieren mag, und häufiger als beim Interpretieren etwa einer Wirtschaftsstatistik oder eines Kirchenregisters Gefühle querschießen.[37]
Das hermeneutische Grundparadoxon, daß Gegenstands- und Selbstverständnis im Forschungsprozeß ebenso unauflösbar wie auflösungsbedürftig zusammenhängen, wiegt hier besonders schwer. Erst wenn es mitbedacht wird, kann die Analyse einer autobiographischen Quelle zu theoretischen Verallgemeinerungen über die Wirkungsmechanismen erlebter und erzählter Wirklichkeit führen und ist nicht mehr in Gefahr, dem Bestätigen der Selbstdeutungen des Autobiographen oder denen seiner wissenschaftlichen Interpretin zu dienen. Die Kenntnis all dieser Risiken sollte helfen, sie – wie es nachfolgend versucht wird – zu umgehen.

---

[37] Für die Ethnologie ist das Phänomen der Emotionalität, etwa in Form der Selbstidentifikation, ausführlich unter dem Begriff des »Felderlebnis« beschrieben worden. Eine emotionsgeladene Begegnung mit dem Untersuchungsgegenstand wird in der Ethnologie anders als in der Geschichtswissenschaft sogar als förderlich angesehen, siehe Hans Fischer (Hg.): Ethnologie. Einführung und Überblick, Berlin 1992, S. 79ff. sowie Clifford Geertz: Dichte Beschreibung. Beiträge zum Verstehen kultureller Systeme, Frankfurt a.M. 1987.

II. Deutsche Feldpost als autobiographische Quelle

II.1. Korrespondenz als Massenphänomen in den Weltkriegen des 20. Jahrhunderts

In den Jahren vor Ausbruch des Ersten Weltkrieges ging der Glaube an eine Zukunft des idealisierten privaten Briefes, in dem die »freye, ungeheuchelte Sprache des Herzens oder der Seele« hörbar werde[1], verloren.[2] Der von Intellektuellen beklagte Verfall der Briefkultur schien in einer Epoche angelegt, in der »das Gefühl von dem rastlos aufstrebenden Verstande, die philosophische Redseligkeit von der exakten Wissenschaft zurückgedrängt« worden war.[3]

Es war der Erste Weltkrieg, der eine Erneuerung der Briefkultur auslöste. Mit der beispiellosen Frequenz des schriftlichen Austauschs in den beiden großen Kriegen beschränkte sich die Schreibpraxis – ob von Briefen, Tagebüchern oder anderen autobiographischen Texten – erstmalig nicht mehr nur auf Adel und Bürgertum.[4] Feldpostbriefe wurden zum Massenmedium. Zwischen 1914 und 1918 sowie von 1939 bis 1945 griffen Menschen unter den widrigsten Umständen zu Papier und Stift.

Die in beiden Weltkriegen über die gesamte Kriegsdauer propagandistisch aufbereiteten Schreibaufrufe fanden bei mitteilungs- und kontaktbedürftigen Briefstellern weit geöffnete Türen. Der stabilisierenden und damit psychologisch bedeutsamen Funktion des Feldpostverkehrs maßen die jeweiligen Verantwortlichen bei allen Kriegsparteien dieselbe große Bedeutung zu. Die Begründungen und Versuche der Einflußnahme auf die Kommunikation zwischen Heimat und Front im Deutschen Reich glichen sich in beiden

---

[1] Georg Steinhausen: Geschichte des deutschen Briefes. Zur Kulturgeschichte des deutschen Volkes, 2 Bde, Berlin 1889-1891, zitiert nach: Ulrich: Augenzeugen, S. 29.
[2] Albert Wellek urteilte noch 1960: »Der Brief ist mit der Neuzeit entstanden und groß geworden, und er geht mit der Neuzeit dahin, an deren weltgeschichtlichem Ende wir stehen«. Zitiert nach: Humburg: Das Gesicht des Krieges, S. 18. Welleks Einschätzung erscheint unzutreffend, wenn man die Wandlung des postalischen Verkehrs in die heute üblichen elektronischen Mitteilungen berücksichtigt.
[3] Steinhausen, zitiert nach: Ulrich: Augenzeugen, S. 29.
[4] Klara Löffler: Aufgehoben. Soldatenbriefe aus dem Zweiten Weltkrieg. Eine Studie zur subjektiven Wirklichkeit des Krieges, Bamberg 1992, S. 33. Vgl. auch Klaus Beyer/Hans-Christian Täubrich (Hg.): Der Brief. Eine Kulturgeschichte der schriftlichen Kommunikation, Frankfurt a.M. 1996. Hierin insbesondere den Aufsatz von Benjamin Ziemann: Lebenszeichen. Feldpostbriefe und ihre Zensur in den zwei Weltkriegen, S. 163-172.

Kriegen. Stellvertretend mag hierfür das folgende Zitat aus der Obersten Heeresleitung (OHL) stehen:

> Die Haltung der Truppen im Felde wird auf das stärkste beeinflußt durch die geistige Verbindung mit der Heimat. Es gibt nicht viele Einwirkungen, die so wohltätig über Gefahren und Mühsale hinweghelfen, die so kräftig die gesunkene Spannkraft zu heben vermögen, als ersehnte Nachrichten von daheim. Die erhöhte Stimmung, die der wechselseitige Verkehr mit der Heimat erzeugt, kommt der Schlagkraft des Heeres zugute.[5]

Feldpostbriefe wurden von Menschen verfaßt, denen in Friedenszeiten kaum eingefallen wäre zu schreiben und die heute mit keiner anderen Quelle als ihren Briefen oder Tagebüchern »sprechen« können. Ohne den Krieg, aus dem so viele Schreibende nicht zurückkehrten, wären diese Menschen dem forschenden Zugriff in der Regel spurenlos verloren gegangen.

Die Ausnahmesituation Krieg machte das Verfassen von Briefen zu einem Massenphänomen. Der Krieg konfrontierte die Soldaten mit der permanenten Erwartung des eigenen Todes bei gleichzeitigem allgegenwärtigen Sterben im engsten Umfeld. Damit durchbrach er sämtliche Alltagsroutinen und Kontinuitätsideale dramatisch und forderte eine Sinngebung des für den Einzelnen offenbar Sinnlosen.[6] Wollte man nicht auf die unmittelbare Umgebung – die Kameraden als Gesprächspartner – reduziert bleiben, mußte korrespondiert werden. Sei es, um die gerade jetzt so wichtige Verbindung nach Hause herzustellen oder sich selbst eine private Nische mittels Selbstdiskurs im Tagebuch zu schaffen: Schreiben wurde zum Surrogat für Gespräche, es hatte Entlastungsfunktion.

Gleichgültig wie banal oder hintergründig die Kommunikation geführt wurde: letztlich ging es darum, sich der eigenen Person unter Extrembe-

---

[5] Karl Schracke: Geschichte der deutschen Feldpost im Kriege 1914/18, Berlin 1921, S. 3. Aus den Erfahrungen des Ersten Weltkrieges, als die Briefe insbesondere der Frauen an die Männer mit fortschreitendem Kriegsverlauf immer drängendere Bitten um Frieden und ehrliche Schilderungen des Leides enthielten, erhöhte die NS-Propaganda später ihr Bemühen um Einflußnahme. Für den Ersten WK siehe Ulrich: Augenzeugen, S. 39f.; für den Zweiten WK vgl. Martin Humburg: Deutsche Feldpostbriefe im Zweiten Weltkrieg. Eine Bestandsaufnahme, in: Wolfram Wette/Detlev Vogel: Andere Helme – Andere Menschen? Heimaterfahrung und Frontalltag im Zweiten Weltkrieg. Ein internationaler Vergleich, Essen 1995, S. 13-36, hier: S. 13ff.

[6] Rosenthal: Biographische Verarbeitung von Kriegserlebnissen, in: Dies. (Hg.): »Als der Krieg kam, hatte ich mit Hitler nichts mehr zu tun.« Zur Gegenwärtigkeit des »Dritten Reiches« in: Biographien, Opladen 1990, S. 7-26, hier: S. 12f.

dingungen zu vergewissern und damit – metaphorisch gesprochen – das Überleben des einstmals zivilen Ichs zu sichern.[7]

II.2. Kriegskorrespondenz im Ersten und Zweiten Weltkrieg. Ein Vergleich

Organisation, Zielsetzung und Funktionsweise der deutschen Feldpost im Ersten und Zweiten Weltkrieg sind gut erforscht. Da die genannten Komplexe für die Untersuchung der Kriegsbriefe Stöltens bedeutsam sind, werden Forschungsergebnisse bezogen auf Feldpost im Zweiten Weltkrieg weiter unten ausführlicher vorgestellt. Für den Ersten Weltkrieg werden sie hier – soweit relevant – nur knapp resümiert. Als Ergebnis kann voranstehen, daß die staatliche Organisation dieser besonderen Form der Korrespondenz zwischen 1939 und 1945 und streckenweise auch ihr Inhalt, auf den Schultern jener zwischen 1914 und 1918 steht.

Auf 28,7 Milliarden wird die Zahl der versandten Feldpostbriefe im Ersten Weltkrieg geschätzt.[8] Dafür zuständig war während der gesamten Kriegszeit ein kleiner Personenkreis: Nicht mehr als ca. 8.000 Beamte und sog. Trainsoldaten. Wie auch im Zweiten Weltkrieg überwog deutlich die Korrespondenz aus der Heimat Richtung Front (ca. 9,9 Millionen Ausgänge täglich). In umgekehrter Richtung waren täglich »nur« ca. 6,8 Millionen Sendungen zu bearbeiten.

---

[7] »Nach solchen Wochen ohne Post merkt man, daß die Feldpost ebenso notwendig ist wie die Verpflegung und Munition, denn sie muß unserem Geiste die Nahrung, die Bewegung erhalten. Und den Soldaten als Mensch zu erhalten, ihn nicht zum rohen, entmenschten Kriegswerkzeug werden zu lassen, das ist die hohe Aufgabe der Briefeschreiber daheim.« Brief eines Soldaten, zitiert nach: Quellenangabe bei Klaus Latzel: Deutsche Soldaten – nationalsozialistischer Krieg? Kriegserlebnis – Kriegserfahrung 1939-1945, Paderborn 2000, S. 30 (StA Osnabrück, Slg. 55, acc. 19/1984, Nr. 3). Latzel untersucht in seiner Arbeit eine Auswahl von etwa 4.800 Kriegsbriefen von 39 verschiedenen deutschen Soldaten aus beiden Weltkriegen mit der Michael Geyer verpflichteten These, daß der Prozeß der ›Vergesellschaftung der Gewalt‹ auf eine wachsende Gewaltbereitschaft aus Teilen der Gesellschaft selbst zurückgreifen konnte (Latzel: Deutsche Soldaten, S. 15). Zum Begriff der Vergesellschaftung von Gewalt siehe Michael Geyer: Das Stigma der Gewalt und das Problem der nationalen Identität in Deutschland, in: Christian Jansen (Hg.): Von der Aufgabe der Freiheit. Politische Verantwortung und bürgerliche Gesellschaft im 19. und 20. Jahrhundert. Fs. für Hans Mommsen zum 5. November 1995, Berlin 1995, S.673-698.

[8] Die skizzierten Ergebnisse folgen im wesentlichen der Studie Ulrichs. Ulrich: Augenzeugen, S. 40ff.

Die bedeutsame Einschätzung der brieflichen Verbindung über die Trennung des Krieges hinweg fand einen Ausdruck in der Portofreiheit der Sendungen. Gleichwohl hielt der Postverkehr den entsprechenden Anforderungen an Zuverlässigkeit und Zügigkeit schon zu Beginn des Krieges nicht stand. Einfache operative Mängel, wie z.B. das Fehlen von Transportmitteln und mangelnder Überblick über die komplizierte Kriegsgliederung der Armeen[9], sind prominente Gründe hierfür. Auch um die 600 Postsperren von unterschiedlicher Dauer, etwa zu Beginn der letzten deutschen Offensive im März 1918 im Bereich der gesamten Westfront für mehrere Wochen, führten zu Unterbrechungen des Austauschs zwischen Heimat und Front.[10] Die Klagen hierüber sollten während der folgenden vier Kriegsjahre nicht zum Verstummen kommen.[11] Sie reicherten sich im Gegenteil mit weiteren Beschwerden über Fehlverhalten und Mißstände in der Etappe und insbesondere an den Fronten an.

Wie Ulrich in seiner Studie belegt, werden bereits in den Feldpostbriefen der ersten Monate all jene Übelstände und ihre Folgen deutlich benannt, die nach Kriegsende von wenigen Kritikern (wie etwa von dem Historiker Martin Hobohm im Untersuchungsausschuß des Deutschen Reichstages 1928 öffentlich ausgesprochen) als Ursache für den Zusammenbruch oder den Offiziershaß ausgesprochen wurden: sinnlose Befehle, mangelhafte Ernährung, erniedrigende Behandlung durch Vorgesetzte, ungerechte Soldunterschiede zwischen Mannschaften und Offizieren, rücksichtslose Verwendung älterer Familienväter auf besonders gefährlichen Posten, un-

---

[9] Die erste Feldpostübersicht vom 13. August 1914 notierte etwa für das Heer 2.677 Einzelverbände, von denen zahlreiche ihre Bezeichnung nicht weniger als neunmal im Laufe des Krieges wechselten. Verzögerungen in der Zustellung waren programmiert.

[10] Angekündigte Postsperren waren für die Frontsoldaten zuverlässige Anzeichen für militärische Operationen.

[11] Über das Auswärtige Amt erreichte bereits am 17. September 1914 den Staatssekretär im Reichspostamt, Kraetke, Beschwerde von höchster Stelle: »Seine Majestät beauftragten mich, Euer Excellenz mitzuteilen, daß die Leistungen der Feldpost immer noch mangelhaft sind und zu berechtigten Klagen Anlaß geben. Seine Majestät haben es selbst als peinlich empfunden, als z.B. ein Brief des Prinzen August Wilhelm, am 4. September in St. Quentin aufgegeben, erst am 16. September in Allerhöchste Hände gelangt sei (…). Sendungen, oft mit den notwendigsten Ausrüstungsstücken, scheinen von der Feldpost überhaupt nicht besorgt zu werden. (…) Das heldenmütige Benehmen der Truppen, (…) läßt es als eine Ehrenpflicht erscheinen, ihnen den Verkehr mit der Heimat durch äußerste Anstrengung und jede mögliche Maßnahme der Feldpostverwaltung zu ermöglichen«. Zitiert nach: Ulrich: Augenzeugen, S. 49.

zureichende Ruhe- und Urlaubszeiten, Korruption und Völlerreien in der Etappe, allgemeine Kriegsmüdigkeit, Elend und Friedenssehnsucht.[12] Ein Beispiel mag hier illustrierenden Charakter haben:

> Wir haben oft drei Tage nichts zu essen bekommen. In den Zeitungen steht zu lesen, dass die Verpflegung vorzüglich sei. Das kann vielleicht bei den Offizieren sein: es ist ja oftmals so, dass das Pferd, das den Hafer verdient, ihn nicht bekommt. Wenn ich am Leben bleibe, werde ich die Sache in die Öffentlichkeit bringen. Du kannst Dir also, (…) ein Bild machen, wie es im Kriege hergeht. Wir alle wollen den Frieden.[13]

Die Fülle der Beschwerden, der offene Umgang mit Kummer, wurde von der politischen Führung erkannt und richtig eingeschätzt:

> In den letzten beiden Monaten hat sich aber das Bild leider sehr geändert. Die Zahl der Klagebriefe ist stark gewachsen. Diese Klagebriefe wiegen um so schwerer, als sie vielfach, nicht immer, nicht nur von reifen, urteilsfähigen, mehr oder minder gebildeten und belesenen Männern ausgehen, sondern zum Teil auch von Personen, denen die Arbeit in patriotischem Geiste Lebensberuf oder Lebensbedürfnis ist.[14]

Trotz vorübergehender Stimmungsaufhellung mit Beginn der letzten deutschen Offensiven im Westen ab März 1918: Der über fast vier Jahre angestaute Druck hatte sich zu einem »Gebirgsmassiv eines unerträglichen sozialen Zustandes« aufgetürmt.[15] Es lag nahe, das öffentlich werdende Aufweichen der Moral durch Zensurregelungen aufzuhalten. Es ist charakteristisch für die eingangs erwähnte schwache Koordinierung bei Einrichtung des Feldpostwesens, daß es bis zum 29. April 1916 keine einheitliche Feldpostüberwachung gab. Blieb es bis dahin den Armeekommandos oder

---

[12] Ebd., S. 52ff.
[13] Feldpostbrief vom 17. Oktober 1914, in: Abschrift dem Bayerischen Kriegsministerium durch Dr. August Trendel zugezeichnet. Ulrich: Augenzeugen, S. 60.
[14] Ebd., S. 69. Hierbei handelt es sich um eine Eingabe des Deutschnationalen Handlungsgehilfenverbandes an das Preußische Kriegsministerium vom 12. Februar 1916. Aus dem gleichen Jahr, allerdings ein halbes Jahr später, zitiert Ulrich an gleicher Stelle den Brief des Vorsitzenden des Zentralverbandes christlicher Textilarbeiter Deutschlands an Finanzminister Erzberger und Staatssekretär Wahnschaffe, der zwar unwirksam blieb, gleichwohl aber die flächendeckende Kriegsmüdigkeit offenbart: »Die Stimmung an den Fronten und im Land selbst wird nicht nur nach eigenen Beobachtungen, sondern auch nach den Eindrücken zahlreicher anderer ernster Leute, die die Psyche unserer Krieger und der Daheimgebliebenen verstehen, von Woche zu Woche trüber. Seit Monaten erhält man keinen Feldpostbrief mehr, worin nicht nach Frieden gejammert wird.«
[15] Ebd., S. 71.

Armeeabteilungen überlassen, bei wem und in welchem Maß die Zuständigkeit der Zensur lag, erließ nun der Chef des Generalstabes des Heeres, Erich von Falkenhayn (2.OHL), eine allgemeine Ordre, nach der die Zensur von Briefen durch den nächsthöheren Disziplinarvorgesetzten abgeschafft und durch eine sog. ›Überwachungsstelle‹ ersetzt wurde.[16] Der private Charakter der Kommunikation zwischen Heimat und Front sollte möglichst unangetastet bleiben, um die stabilisierende Wirkung des Austausches nicht zu verlieren, doch »unzweifelhafte Schädigungen der Dienstinteressen, schwere Verstöße gegen die Manneszucht, aufreizende und in hohem Grade entmutigende Kundgebungen« sollten ebenso Strafen nach sich ziehen, wie »Nachrichten, die erhebliche Mißstimmung oder Beunruhigung im Inlande hervorrufen könnten.«[17] Möglichkeiten zur Bestrafung bei einem »Postvergehen« gab es an der Front und in der Etappe reichlich. Nicht selten waren die ergriffenen Maßnahmen lebensbedrohlich, etwa wenn Frontdienst in den vorderen Linien ohne Ablösung befohlen wurde.

Die Wahrscheinlichkeit, daß bei dem großen Umfang des täglichen Postaufkommens tatsächlich der eigene Brief »gezogen« und überprüft werden könnte, war gering. Dennoch entstand wie beabsichtigt eine Atmosphäre ständiger Furcht vor Briefkontrolle. Die äußere Zensur ließ die »Schere im Kopf sozusagen präventiv zuschnappen.«[18]

Als wie bedrohlich und verhaßt die Wahrscheinlichkeit der Zensur erlebt wurde, illustriert deutlich das unter »Kieler 14 Punkte« dokumentierte Sofortprogramm der revoltierenden Matrosen im November 1918. Die Forderung nach unverzüglicher Aufhebung der Zensur findet sich schon an dritter Stelle.[19]

In einer Untersuchung über Feldpostbriefe von Soldaten aus dem Zweiten Weltkrieg wurde ein Vergleich mit Feldpostbriefen aus dem Ersten Weltkrieg

---

[16] »In Fällen dringender Notwendigkeit kann zu gewissen Zeiten das Armee-Oberkommando durch Beschlagnahme aus der ausgelieferten Post, solange sie sich im Armeebereich befindet, eine Anzahl von Sendungen herausgreifen und durch eine ›Überwachungsstelle‹ prüfen lassen. Solche Stellen sind bei jedem A.O.K. [Armeeoberkommando, A.I.] durch Kommandierung von besonders verpflichteten Offizieren nebst Unterpersonal nach Bedarf einzurichten. Die von ihr geöffneten Sendungen sind alsbald durch sie wieder amtlich zu verschließen. Dass diese Stichproben gelegentlich stattfinden, ist allen Heeresangehörigen im vornherein bekannt zu geben«, zitiert nach: Ebd., S. 89. Offene Feldpostkarten waren von dieser Regelung ausgenommen.
[17] Ebd., S. 99.
[18] Ebd., S. 100.
[19] Reinhard Rürup (Hg.): Arbeiter- und Soldatenräte im rheinisch-westfälischen Industriegebiet. Studien zur Geschichte der Revolution 1918/1919, Wuppertal 1975, S. 42.

unternommen, »um zu erkennen, was die Wehrmachtssoldaten an Wissen im Vergleich mit ihren Vorgängern [...], dazugelernt oder auch verlernt hatten.«[20]

Auf diese Thesen wird in der vorliegenden Untersuchung zurückzukommen sein, insbesondere hinsichtlich ihrer Bedeutung für den Fall Peter Stölten. An dieser Stelle mag ein Hinweis auf zentrale Einsichten genügen: Das thematische Spektrum in den Korrespondenzen beider Weltkriege ist weitgehend identisch. Sie transportieren Standardthemen. In der Reihenfolge der Häufigkeiten geht es in den Feldpostbriefen vordergründig um Dienst, Essen und Verpflegung, ersehnte oder nacherlebte Heimaturlaube, Kämpfe, die Kriegslage und den Sinn und Unsinn des Krieges sowie – an letzter Stelle, d.h. selten – um Sterben und Tod. Es ist bezeichnend, daß die körperlichen Strapazen in der Korrespondenz des Ersten Weltkrieges signifikant häufiger auftreten, also freier kommuniziert werden, als in der des nachfolgenden Krieges. Gleichwohl leisteten auch diese Briefe ihren Beitrag zum Kriegsgeschehen und sind – wie sich Latzel nachzuweisen bemüht – Teil der Gewalt.[21]

Im Zweiten Weltkrieg kam es zu einer deutlich veränderten Gesprächsführung zwischen Heimat, Front und im Tagebuch. Die Sinnmuster zwischen Angehörigen und Soldaten unterschieden sich: Existierten im Ersten Weltkrieg vorwiegend noch traditionelle Sinnstiftungen, wie etwa die Religion, so »hielten die Soldaten im Zweiten Weltkrieg teils neue Identifikationsobjekte, teils neue Bedeutungen für hergebrachte Begriffe bereit«[22] und gingen allgemein »mit wesentlichen Bestandteilen nationalsozialistischer Wirklichkeitsdeutung konform.«[23] Die mentale Bindung an das nationale Kriegsprojekt war im Zweiten Weltkrieg stärker als im Ersten. Inwieweit die veränderte

---

[20] Latzel: Deutsche Soldaten, S. 16.
[21] An dieser Stelle darf nicht der Hinweis fehlen, daß im Ersten Weltkrieg eine Minderheit deutscher Soldaten bis zum Waffenstillstand hochmotiviert und ideologisiert kämpfte. Typischer aber war das Gegenteil. Gleiches gilt für die Zivilbevölkerung, deren Stimmung, insbesondere im Winter 1917, unübersehbar fatal für die militärische Führung war. Einen vergleichbar öffentlich demonstrierenden Stimmungseinbruch hat es im totalitären Dritten Reich nicht gegeben.
[22] Ebd., S. 367.
[23] Ebd., S. 368. Latzels Arbeitsergebnisse für die Kommunikation des Ersten Weltkrieges werden durch die frühere Arbeit von Gerd Walter Fritsche bestätigt. Es handelt sich dabei um eine vergleichende Feldpostbriefuntersuchung zweier einfacher Soldaten des Ersten Weltkrieges. Vgl. ders: Bedingungen des individuellen Kriegserlebnisses, in: Peter Knoch (Hg.): Kriegsalltag: die Rekonstruktion des Kriegsalltages als Aufgabe der historischen Forschung und der Friedenserziehung, Stuttgart 1989, S. 114-151.

Kommunikation nur Ergebnis äußerer Umstände war (etwa erzwungen durch äußere Zensur), oder nicht vielmehr – wie Latzel vermutet – eher selbst zu den Bedingungen zählt, unter denen dieser Krieg angetreten wurde[24], wird im Laufe der weiteren Ausführungen beschäftigen. Desgleichen die Frage, ob der Befund auch in den Feldpostbriefen Peter Stöltens nachgewiesen werden kann. Die verzweifelten Offenbarungen in so vielen Feldpostbriefen hätten zur Legitimation der Weimarer Republik gegenüber denjenigen dienen können, die ›Dolchstoß‹ und ›Versailler Schanddiktat‹ als Geburtsfehler des neuen Staates diesem zurechneten. Diese historische Chance wurde nicht genutzt; vielmehr wurden die Briefe im Kampf gegen eben diese Republik tagespolitisch instrumentalisiert.

Dies ist eindrücklich ablesbar etwa an den dem jeweiligen Zeitgeist angepaßten Vorworten zu den verschiedenen Neuauflagen der Feldpostbriefsammlung des Freiburger Germanisten Witkop.[25] Weder wird das in den Feldpostbriefen vorhandene kriegskritische Potential für die neue Republik eingesetzt, noch wird die den Briefen anhaftende Frage nach dem Sinn des traumatisierenden Kriegserlebnisses aufgenommen. Die demokratische Republik blieb damit Ergebnis der Niederlage. Solche Geburtsfehler[26] ließen Identifikation mit der neuen Staatsform nur schwer zu. Die überkommenen Loyalitäten konnten als verwundeter Patriotismus überleben und in der Remilitarisierung durch das Dritte Reich Heilung suchen.

Nicht nur der angepaßten Koordinierung der Feldpost im Zweiten Weltkrieg, mehr noch der Korrespondenz der in der Wehrmacht dienenden Söhne mit den Vätern, und auch umgekehrt, der fernen Soldatenväter mit ihren Kindern, wird dies abzulauschen sein.[27]

---

[24] Latzel: Deutsche Soldaten, S. 370ff.
[25] Je nach zeitgeschichtlichem Kontext – so arbeitet Ulrich (Augenzeugen, S. 233) heraus – »sprach aus den Briefen ›das Unpersönliche, das Überpersönliche: die Zeit, das Volk‹ (1916), das ›Vorbild (…) der Pflichterfüllung, des Opfermutes, der Liebe zu Volk und Heimat‹ (1918), aber auch der Ansporn ›zu neuem, weltversöhnenden Recht und Verständnis im Leben der Völker‹ (1928). 1933 schließlich wurden die toten Studenten zu ›Blutzeugen nicht eines verlorenen, sondern eines neuen Deutschland.‹« Die Zitate entnahm Ulrich den Vor- und Geleitworten der Ausgaben von 1928 bis 1933. Vgl. Philipp Witkop (Hg.): Kriegsbriefe gefallener Studenten, München 1928.
[26] Vgl. hierzu Ulrich Heinemann: Die verdrängte Niederlage. Politische Öffentlichkeit und Kriegsschuldfrage in der Weimarer Republik, Göttingen 1983.
[27] Vgl. hierzu Ute Benz: Generationenkonflikte im Nationalsozialismus. Briefwechsel mit Soldatenvätern im Zweiten Weltkrieg, in: Zeitschrift für Geschichtswissenschaft, 2004, Jg. 52, Nr. 6, S. 545-554, hier S. 554: »Die Korrespondenzen zwischen Kindern in der Heimat und Vätern im Krieg sind Beispiele für Millionen von Beziehungen, denen weder die Geschichtswissenschaft noch die Psychologie und Psychoanalyse genügend

II.3. Feldpost im Zweiten Weltkrieg: Organisation, Zensur, Propaganda

Nur vierundzwanzig Stunden nach dem Überfall des Deutschen Reiches auf Polen begann die deutsche Feldpost ihren Dienst.[28] Während der folgenden sechs Kriegsjahre versorgte sie im Zuge der Eroberungen anders als ihre Vorgängerin im Ersten Weltkrieg zuverlässig ein immer größeres Gebiet, das zeitweise »vom Nordkap und Eismeer bis zum Kaukasus, den Pyrenäen und Nordafrika reichte.«[29] Sie versah ihren Dienst auch noch, als die Wehrmachtsführung sich von Hitler auf seinem Weg in die Katastrophe hatte mitziehen lassen und unter Aufgabe jeglicher militärischer Verantwortung einen aussichtslosen Kampf um die letzten Quadratkilometer des »Großdeutschen Reiches« weiterführte.[30]

Es sollte eigentlich nicht unerwartet kommen, überrascht dann aber doch, daß es für einen solch riesigen Apparat noch ein ›Leben nach dem Tod‹ gibt; seine humanitäre Komponente hat die Katastrophe überlebt und arbeitet bis heute, jedes staatlichen lenkenden Einflusses entkleidet, in der Gestalt des DRK-Suchdienstes weiter, nach wie vor portofrei und mit dem Frankierstempel »Kriegsgefangenenpost«.

Aufmerksamkeit geschenkt haben. Die Beispiele [ihrer Studie, A.I.] zeigen Bedeutung und Möglichkeiten einer beziehungsanalytischen Betrachtungsweise, deren Ertrag historischen Fragestellungen ebenso zugute kommt wie psychotherapeutischer Praxis: Die Kinder des Zweiten Weltkrieges stehen jetzt am Ende von Karriere und Lebensweg, mit ihren Erfolgen und Problemen sind sie Handelnde der Zeitgeschichte geworden und haben mit ihrer individuellen Erfahrung die deutsche Gesellschaft nach 1945 geprägt.«

[28] Die folgenden Fakten sind dem Standardwerk zu Organisation und Ablauf der deutschen Feldpost im Zweiten Weltkrieg verpflichtet: Ortwin Buchbender/Reinhold Sterz (Hg.): Das andere Gesicht des Krieges. Deutsche Feldpostbriefe 1939-1945, München 1982, S. 13-34. Zur Geschichte der deutschen Feldpost im Zweiten Weltkrieg vgl. auch Martin Humburg: Die Bedeutung der Feldpost für die Soldaten vor Stalingrad, in: Wolfram Wette/Gerd Ueberschär (Hg.): Stalingrad. Mythos und Wirklichkeit einer Schlacht, Frankfurt a.M. 1992, S. 68-79, Bruno Schmitt/Bodo Gericke (Hg.): Die deutsche Feldpost im Osten und der Luftfeldpostdienst im Zweiten Weltkrieg, Archiv für deutsche Postgeschichte, Heft 1, 1969, Gericke: Die deutsche Feldpost im Zweiten Weltkrieg. Eine Dokumentation über Einrichtung, Aufbau, Einsatz und Dienste, Archiv für Postgeschichte, Heft 1, 1971 sowie Gerd Ueberschär: Die Deutsche Reichspost im Zweiten Weltkrieg, in: Wolfgang Lotz (Hg.): 400 Jahre deutsche Postgeschichte, Berlin 1989, S. 289-320. Zur Geschichte der deutschen Feldpost vor 1939 siehe Friedrich Stuhlmann: Die deutsche Feldpost in Geschichte und Tätigkeit, Berlin 1939.

[29] Buchbender/Sterz: Das andere Gesicht des Krieges, S. 13.

[30] Einen dichten Eindruck hierzu vermag die oben schon zitierte Arbeit von Kunz zu geben. Vgl. Kunz: Wehrmacht, S. 151ff.

Entgegen gängiger Vorstellungen bei der Nennung des Wortes ›Feldpost‹ betrug der »militärische männliche Anteil« (gemeint sind die Briefe von der Front in die Heimat) nur 24%. Die 400 Feldpostämter hatten vor allem den »zivilen, mehrheitlich weiblichen Anteil« (76%) zu bewältigen, also Briefe aus dem Reichsgebiet ›ins Feld‹ zu transportieren.[31] In der Regel erreichten die Sendungen nach 6 bis 30 Tagen ihre Empfänger, für die Kosten kam die Wehrmacht auf. Insgesamt wird die Anzahl von Feldpostsendungen während des Krieges auf über 40 Milliarden geschätzt. Das entspricht einem Tagesdurchschnitt von ca. 20 Millionen Briefen.[32]

Diese ungeheure Zahl führt vor Augen, weshalb die führenden Stellen in Staat und Militär den Feldpostbrief als »Waffe« verstanden, deren Wirkung nicht hoch genug eingeschätzt werden konnte und die unter allen Umständen unter Aufsicht des Staates bleiben mußte.[33]

Aus den Erfahrungen des Ersten Weltkrieges hatte man, wie im folgenden beispielhaft gezeigt wird, gelernt.

Die propagandistische Dimension fand etwa auch in der Organisationsstruktur Berücksichtigung: Die etwa 12.000 Angestellten der »Deutschen Feldpost« unterstanden fachlich zwar dem Reichspostministerium, in Organisation und Durchführung der Postzustellung jedoch der Wehrmacht selbst. Die stichprobenartige Zensurarbeit der Feldpostbrief-Prüfstellen wurde bereits in einer Dienstanweisung des Oberkommandos der Wehrmacht (OKW) vom 12. März 1940 geregelt.[34] Ebenso wie es heute unmöglich ist,

---

[31] Angaben nach Joachim Scherrible: »Der letzte Schliff«. Deutsche Feldpostbriefe 1940-1944 und Strukturelle Biographie, Esslingen 1990, S. 2. Zur Asymmetrie des Postwechsels im Krieg und den bisher ausgebliebenen Folgen für die Forschung siehe Teil B II.5 der Arbeit.

[32] Siehe die Ausführungen des ehemaligen Heeresfeldpostmeisters Karl Ziegler: Erinnerungen an die Feldpost im Kriege 1939-1945, Rundbrief 20 der Arbeitsgemeinschaft Feldpost, Mai 1980, S. 551. Zum Vergleich: Im Deutsch-Französischen Krieg 1870/71 betrug die Anzahl der deutschen Feldpostsendungen ca. 101 Millionen, im Ersten Weltkrieg schon ca. 28,7 Milliarden. Zahlen nach einer Auswertung von 1939: Unter flatternden Fahnen. Feldpost im Weltkrieg. Mit einem Geleitwort von Reichsminister Dr. Ohnesorge, Berlin 1939, S. 4. Angaben nach: Buchbender/Sterz: Das andere Gesicht des Krieges, S. 13.

[33] «Auch die Feldpostbriefe sind Waffen. Diese Briefe sind wichtige Nervenstränge unseres Volkskörpers. So hilfst Du mit, daß das deutsche Volk gesunde Nerven behält«. Aus: Mitteilungen für die Truppe, 174, Februar 1942, BA-MA RW 4/357.

[34] Die Dienstanweisung ist unter BA-MA RW 4/312 (Nr. 2193/40g Abw III N) einzusehen. Danach sollte besonders geachtet werden auf: 1. Angaben über dienstliche Vorgänge, die der Geheimhaltung unterliegen, 2. Verbreitung von Gerüchten aller Art, 3. Versand von Lichtbildern und Abbildungen aller Art, die der Geheimhaltung unterliegen, 4. Verschikkung von Feindpropaganda (Flugblätter), 5. Kritische Äußerungen über Maßnahmen der Wehrmacht und der Reichsregierung, 6. Äußerungen, die den Verdacht der Spionage,

die Anzahl der geöffneten Feldpostbriefe durch die den jeweiligen Armeeoberkommandos (A.O.K.) unterstellten Prüfstellen zu rekonstruieren, war den Soldaten damals die Wahrscheinlichkeit unbekannt, ob und wie sie von den dafür pro Prüfstelle zuständigen 19 Bediensteten (Leiter, 4 Offiziere, die die Post der Offiziere prüften und 14 Unteroffiziere) zur Rechenschaft gezogen würden. So entstand wiederum eine Atmosphäre der Unsicherheit und Vorsicht. Nach einer Schätzung bewältigte ein Prüfer durchschnittlich 160 bis 180 Briefe pro Tag.[35] Die Zensoren suchten nach »geheimzuhaltenden Nachrichten« oder »Nachrichten zersetzenden Inhaltes«[36], die nach den Rubriken »Haltung und Stimmung«, »Stand der Disziplin«, »Zersetzung«, »Spionage und Sabotage« sowie »Geheimhaltung« kategorisiert wurden.[37] Stillschweigen zu bewahren war

> von der Front in die Heimat, aber auch von der Heimat an die Front [...] über Zusammensetzung, Ausrüstung, Gefechtsstärke, Einsatz, Unterkunft usw. des eigenen Truppenteils oder anderer Truppenteile [...], ferner [...] über deutsche Kampfabsichten, Truppenverschiebungen, Einzelheiten der Stellung, Nachteiliges über Stimmung und Verpflegung der Truppe, Einziehung bestimmter Jahrgänge usw.
> All dies ist für den gegnerischen Nachrichtendienst von größter Bedeutung.[38]

Die Einflußnahme beschränkte sich jedoch nicht nur auf Hinweise auf das zu Verschweigende. Mit den im April 1940 erstmals aufgelegten ›Mitteilungen für die Truppe‹, versuchte das Oberkommando der Wehrmacht nicht nur vorbeugend, sondern auch empfehlend auf den Inhalt der Briefe Einfluß zu nehmen.[39]

---

[35] Sabotage oder Zersetzung erwecken.
Humburg: Das Gesicht des Krieges, S. 18.
[36] Buchbender/Sterz: Das andere Gesicht des Krieges, S. 14.
[37] Detlev Vogel: »... aber man muß halt gehen, und wenn es in den Tod ist«. Kleine Leute und der deutsche Kriegsalltag im Spiegel von Feldpostbriefen, in: Wette/Vogel: Andere Helme – Andere Menschen?, S. 37-58, hier: S. 37.
[38] Ebd., S. 16.
[39] Herausgeber der ›Mitteilungen für die Truppe‹ war die Abteilung für Wehrmachtspropaganda unter dem verantwortlichen Redakteur Dr. Ellenbeck. Die ›Mitteilungen‹ erschienen bis kurz vor Kriegsende und erreichten in je zwei Exemplaren jede Einheit bis auf die Ebene der Kompanien. Nach Buchbender/Sterz stellten sie »ein ganz besonders wichtiges Medium für die militärisch gesteuerte Propaganda innerhalb der Truppe dar«. Vgl. dies.: Feldpost, S. 26. Weitere Informationen über die ›Mitteilungen für die Truppe‹ finden sich bei Werner Stang: Organe und Mittel der militärischen Führung des faschistischen Deutschlands zur Meinungsmanipulierung besonders der Soldaten des Heeres 1939-1945, in: Militärgeschichte V. 19, 1980, Nr. 1, S. 53-66. Einflußnahme auf den Inhalt von Kriegsbriefen ist ein internationales Phänomen. Die englische Gender-Study-

Der Feldpostbrief als »unentbehrlicher Kamerad des Soldaten«[40] war ein »Herzstück der geistigen Kriegsführung.«[41] Ihn auch in bedrängtester Lage ›richtig‹ zu verfassen, wurde den Soldaten mit zunehmender Intensität über die gesamte Kriegszeit als »Kunst« vermittelt:

> Es gibt heute keine wichtigeren Briefe als die der Soldaten an ihre Angehörigen. Diese Briefe sind ein ganz wesentlicher Teil des Krieges […]. Ein Teil der Nervenstränge unseres Volkes wird ohne Zweifel aus den Briefen seiner Soldaten gespeist. Der Frontbrief ist der Allerwichtigste […]. Der Soldat mag überzeugt sein, sein Bericht wird nicht einmal sondern mindestens zehnmal gelesen […]. Darum soll der Soldat männliche, feste und klare Briefe schreiben […], daß sein Brief zu Hause ruhige Zuversicht, neuen Glauben, Kraft und Freudigkeit auslöst.[42]

Für alle möglichen Situationen, in die ein deutscher Soldat geraten konnte, gab es in den ›Mitteilungen für die Truppe‹ klare ›Hilfestellungen‹. Für zwei Stationen einer Soldatenkarriere werden sie an dieser Stelle ausführlich zitiert, da sie für die spätere Quelleninterpretation Peter Stöltens eine wichtige Rolle spielen:

> Briefe aus der Ausbildungszeit: […] In der Rekrutenzeit wird nun mal gehobelt, und da fliegen die Späne. Das war schon so bei den alten Spartanern […]. Das war so, als die Väter der heutigen Rekruten zuerst zum Kommiß kamen, das ist so, das muß so sein, und das bleibt auch so. Ein Zuckerlecken ist das nicht […]. Wer aber in diesen Wochen in seinen Briefen mit vielen Seufzern und mit lautem Stöhnen sein bitteres Los beklagt, der ist […] kein besonders hochwertiger deut-

Forscherin Margareta Jolly etwa untersuchte die Geschlechterideologie des britischen Militärs und ihren beabsichtigten Einfluß auf die Kriegsbriefe, der bis in die intimen Bereiche vorstieß und sogar Tips für Liebesbriefe »From Him To Her« und »From Her To Him« in Umlauf brachte: »Tell him that you love him, but tell him in a different way. He doesn't want to hear about the lilt in his voice, nor about the dewy rose-bud. But he likes to know that you are proud of him, that you think him clever (strong, wise, wonderful), that you need him, – and you can't tell him too often – that he is the only man for you.« Vgl. dies.: Briefe, Moral und Geschlecht. Britische und amerikanische Diskurse über das Briefeschreiben im Zweiten Weltkrieg, in: Wette/Vogel: Andere Helme – Andere Menschen?, S. 173-203, hier: S. 176f.

[40] Mitteilungen für die Truppe, März 1941, Nr. 82, BA-MA RH 4/357.
[41] Ebd., Februar 1942, Nr. 174, BA-MA RH 4/357.
[42] Ebd. Heinrich Böll, dessen Korrespondenz in Kapitel C VIII. jener Stöltens vergleichend gegenübergestellt wird, persiflierte diesen Anspruch in einem seiner ersten Feldpostbriefe an seine Eltern und Geschwister: »Was schreibt der deutsche Soldat nach Hause? Daß er sich unsagbar glücklich fühlt, dienen zu dürfen an diesem großen Werk, das Europa ein anderes Gesicht geben wird. Daß die Stimmung fabelhaft, das Essen reichlich und schmackhaft und die Löhnung bezaubernd ist. Das schreibt der deutsche Soldat nach Hause.« Brief Nr. 16, 29. Dezember 1939, S. 32.

scher Mann. Der hätte sich lieber eine Zeit vor vielen hundert Jahren aussuchen sollen, etwa Frankreich, als dort Schäferspiele in der Mode waren, so eine sanfte, schleimige, rosa Angelegenheit [...]. Und so müssen Briefe aus der Rekrutenzeit Humor haben, Humor zum ersten, zum zweiten und zum dritten.[43]

Briefe aus dem Lazarett: [...] Und dann muß ein Gruß aus dem Lazarett ein Selbstzeugnis des Soldaten sein, das bei dem Empfänger folgenden Eindruck auslöst: Dieser Soldat ist in den schweren Erlebnissen draußen gereift. Er hat im harten Kampf Gesundheit und Leben eingesetzt und einen Teil davon dem Vaterland geopfert. Er ist dabei ein innerlicher, gefestigter, ernster Mensch geworden. Es ist eine Freude, seine ruhigen, zuversichtlichen Gedanken zu lesen.[44]

Auch in der Heimat gab es jetzt, mehr als im Ersten Weltkrieg, Stellen, die sich intensiver um die Heimatfront kümmerten. Diese sollte nicht, wie etwa bei den Berliner Friedensdemonstrationen 1917, unter zusätzlichen Druck geraten. Das ›Amt des Beauftragten für die Soldaten- und Soldatenfamilienbetreuung‹ wurde 1942 von der NSDAP eingerichtet, die die seelische Betreuung der »Soldaten«- oder »Kriegerfrauen« zu einer ihrer zentralen Aufgaben gemacht hatte. Sogenannte Fürsorgerinnen gingen in die Familien, überprüften die »Haltung« der Frauen und verfaßten Berichte, um ihre Stimmung zu dokumentieren.[45] Der Begriff der Treue(gemeinschaft) spielte dabei eine ganz wesentliche Rolle. In einer Schulungsunterlage von 1942 wird das deutlich:

Für den *eingerückten Mann* ist die beste seelische Schulung die *gute Nachricht von zu Hause*, zuversichtliche und mutige Briefe. Der Mann muß die feste Gewißheit haben, daß er sich auf seine Frau trotz der langen Abwesenheit in jeder Hinsicht felsenfest verlassen kann [...]. Man bedenke immer, daß dem Mann draußen nichts Schlimmeres passieren kann, als daß er zu wissen bekommt, seine Frau hält es mit einem anderen. Man versetze sich in die Lage eines solchen Mannes, der aus der Ferne hilflos zusehen muß, wie sein bescheidenes Glück in der Heimat in Brüche geht.[46]

---

[43] Mitteilungen für die Truppe, Februar 1942, Nr. 174, BA-MA RH 4/357.
[44] Ebd., BA-MA RH 4/357.
[45] So heißt es etwa in einem Auszug aus einem im Februar 1943 von der Sozialbehörde Hamburg verfaßten Prüfbericht: »Es muß [...] vorausgeschickt werden, daß der weitaus größere Teil der Soldatenfrauen sich durchaus einwandfrei führt und alle Schwierigkeiten in der Haushaltsführung und Berufstätigkeit tapfer erträgt. Diese Frauen führen ihr persönliches Leben in treuer Verbundenheit mit dem im Felde stehenden Ehemann und tragen so zu ihrem Teil ganz wesentlich dazu bei, Front und Heimatfront zu halten.« Zitiert nach: Angelika Ebbinghaus (Hg.): Opfer und Täterinnen. Frauenbiographien des Nationalsozialismus, Frankfurt a.M. 1997, S. 174.
[46] Zitiert nach: Ute Benz (Hg.): Frauen im Nationalsozialismus, München 1993, S. 72-74.

Hier richten sich die präzisen Vorgaben für weibliche Angehörige ganz aus nach denen des Ersten Weltkrieges, wo etwa für den ›Mutterbrief‹ empfohlen wurde:

> Es ist ja für eine Mutter keine Kleinigkeit, einen Sohn ins Feld ziehen zu lassen, einen Sohn draußen zu wissen, wo Schwert und Kugel morden wie Sensen im reifen Aehrenfeld. Wenn sie's recht bedenkt, könnte sie aufschreien vor Schmerz und Weh. […] Aber, Sohn, du sollst nicht meinen, daß deine Mutter schwächlich sei in dieser Heldenzeit! Wenn auch Stunden kommen, wo das Mütterliche und Weibliche in ihr weich und zaghaft werden will: deine Mutter wird in dieser harten Zeit nicht schwächer sein als der Sohn, den sie geboren und großgezogen hat.[47]

Mit seinen Zensureinrichtungen versuchte das Regime im Dritten Reich, an Front und Heimatfront einen zuverlässigen Überblick darüber zu gewinnen, ob und wie seine Indoktrination erfolgreich war, oder ob die Erlebnisse des Kriegsalltages mit ihren starken Empfindungen wie Schmerz, Todesangst, Verzweiflung, Hunger, Kälte, Heimweh und bisweilen moralischen Bedenken stärker waren.

Die monatlich bei der Abwehr-Abteilung IV des OKW abzugebenden Stimmungsberichte der Zensurprüfstellen[48] sind bis heute eine aussagekräftige Quelle zur Einstellung der deutschen Soldaten und Zivilisten in bestimmten Phasen des Krieges geblieben.[49]

II.4. Die ›Schere im Kopf‹: Überlegungen zur inneren Zensur

Je nach »Zersetzungsgrad« des kontrollierten Briefes oder auch nur nach Gutdünken des Zensurbeamten konnten die Konsequenzen für betroffene Schreiber von einer Verwarnung über Gefängnisstrafe bis hin zum Todes-

---

[47] A. Heilmann: Mutterbrief ins Feld, Stuttgart 1915, S. 5f. Ulrich (Augenzeugen, S. 165) führt am Beispiel dieser Passage aus, daß Empfehlungen nach erfolgter katholisch-kirchlicher und militärischer Druckerlaubnis über Pfarrämter an Soldatenangehörige verteilt wurden. Damit nahm die Kirche im Ersten Weltkrieg nur das »Gott mit uns« vom Koppelschloß der deutschen Soldaten auf – eine Gewißheit, die im Zweiten Weltkrieg so nicht mehr erkennbar war.
[48] Buchbender/Sterz: Das andere Gesicht des Krieges, S. 16.
[49] So findet sich unter BA-MA RH 4/v.264 der Zwischenbericht der Feldpostbriefprüfstelle beim Panzer-Armeeoberkommando (Pz. A.O.K.) 4 über die letzten Feldpostbriefe aus Stalingrad. Auszüge veröffentlichten erstmals Buchbender/Sterz: Das andere Gesicht des Krieges, S. 16f.

urteil reichen.[50] Obwohl es etliche Untersuchungen zu den Terrorurteilen der NS-Justiz gibt, läßt sich nur schwer rekonstruieren, wie hoch der Anteil der ›Briefdelikte‹ unter den ca. 14.500 vollstreckten Todesurteilen gegen Wehrmachtsangehörige im Zweiten Weltkrieg war.[51] Trotz äußerer Zensur kommen Buchbender und Sterz nach einer Überprüfung von rund 50.000 Feldpostbriefen zu der Feststellung, daß die überwiegende Mehrheit der Soldaten ihre Ansichten erstaunlich freizügig äußerte und offensichtlich auf Lücken im Überwachungssystem vertraute[52], gleichwohl – wie der folgende Briefausschnitt belegt – die Furcht vor der Offenheit blieb:

> Ich wollte Dich schon öfter fragen, ob Du das, was ich Dir schreibe, immer auch daheim alles erzählst. Und ob das dann auch Lisl immer weiß. Ich will nämlich nicht, daß Artur das alles erfährt. Denn wenn Lisl das weiß und sie streiten wieder mal, dann sagt Lisl natürlich gleich, ja der Ludwig schreibt auch so und so. Du weißt doch, warum ich Dich da frage.[53]

Das einzige offizielle Verbot, an das sich die meisten Soldaten sehr lange hielten, betraf Angaben über wichtige militärische Geheimnisse oder den unverschlüsselt genannten Aufenthaltsort. Auskunft darüber zu geben, entsprach jedoch meist auch nicht dem tatsächlichen Mitteilungsbedürfnis der Soldaten.[54] Bemerkenswerterweise gestattete sich Stölten nur in einem

---

50 Buchbender/Sterz führen den Fall des Soldaten Stefan Könninger aus Ottersweier/Baden an, der für die Bemerkung »[...] Göring hat früher gebrüllt, es kommt kein fremdes Flugzeug über die Grenzen und wie sieht es jetzt aus?« denunziert und am 12. Juli 1944 vom Zentralgericht des Heeres in Berlin wegen »Zersetzung der Wehrkraft« zum Tode verurteilt wurde. Zum Fall Könninger vgl. Justiz und NS-Verbrechen. Sammlung deutscher Strafurteile wegen nationalsozialistischer Tötungsverbrechen 1945-1966, Amsterdam 1968ff, Bd. I, Lfd. Nr. 006, S. 63-68. Angaben aus Buchbender/Sterz: Das andere Gesicht des Krieges, S. 192, Anm. 17.
51 Vgl. dazu Scherrible: »Der letzte Schliff«, S. 56 sowie die bibliographischen Angaben zu Kriegsgerichtsuntersuchungen ebd., Fn 345.
52 Mit einem Zitat aus Goebbels' Tagebuch vom 22. Januar 1942 belegen Buchbender/Sterz diese Beobachtung: »Was unsere Soldaten aus der Front in die Heimat schreiben, ist überhaupt nicht mehr zu beschreiben. (...) Hier wirkt sich eine menschliche Schwäche aus, gegen die man machtlos ist.« Vgl. Buchbender/Sterz: Das andere Gesicht des Krieges, S. 28. Zur gleichen Einschätzung kommen auch Klara Löffler: Aufgehoben, S. 60 und Scherrible: »Der letzte Schliff«, S. 58.
53 Ludwig Bumke am 19. September 1941 an seine Frau. Zitiert aus: Humburg: Das Gesicht des Krieges, S. 103.
54 Humburg beschäftigt sich in seiner Studie mit zwei Themenkreisen, die trotz unbestreitbarer Bedeutung für die Soldaten in der von ihm untersuchten Korrespondenz aus dem Rußlandkrieg kaum vorkommen: Intimität, Erotik und Sexualität sowie Todeswunsch, Selbstverstümmelung und Wunsch nach Verwundung (Humburg: Das Gesicht des

Brief – seinem letzten – gegenüber seinen Angehörigen eine genaue Standortbestimmung.

Ein größeres methodisches Problem für die Authentizität von Feldpostbriefen als die, übrigens offen praktizierte[55], d.h. für den Adressaten später sichtbare äußere Zensur mit ihrem abschreckenden und vorbeugenden Effekt, ist das Phänomen der Selbstzensur. Oft befanden sich die Schreibenden in einem ständigen Konflikt ihrer Neigungen:
Die Sehnsucht nach Offenheit lag immer wieder in Widerspruch zu dem Wunsch, die Adressaten nicht zu beunruhigen, – ein Wunsch, der, wie später im Falle Stöltens zu belegen ist, auch unter hohem Mitteilungsdruck wirkte.
So mancher Soldat gibt selbst einen Hinweis hierauf:

> Gestern hatte ich für mich ein nicht ganz ungefährliches Erlebnis, von dem ich Dir dann später erzählen werde, da Du Dich sonst zu sehr darüber aufhalten würdest. Es kommt natürlich auch nur im Kriege vor und es schickt sich nicht, dass man es vom Felde heim schreibt. – Wie geht es Dir, mein liebstes Herzchen?[56]

Sachinformationen wurden häufig an den Wehrmachtsbericht delegiert: »Wie es bei uns wieder zugegangen ist, könnt ihr ja mehr oder weniger auch aus dem Wehrmachtsbericht erfahren, wenn es heißt: ›im Raume Bjegorod.‹«[57] Dieser Befund trifft vor allem auf die Briefe junger deutscher Soldaten an ihre Mütter oder die der Familienväter an die Ehefrauen zu. Die Briefe an männliche Adressaten waren meist weniger schonend formuliert, dafür oft um ›Mannhaftigkeit‹ bemüht.[58]
Der Filter Selbstzensur existierte aber nicht allein zur Schonung der Anderen, sondern auch zur Bewahrung des eigenen seelischen Gleichgewichts. Nicht alle Soldaten hatten die Kraft, sich traumatische Erinnerungen schrei-

---

Krieges, S. 110f). Der Kontrast zwischen der großen Bedeutung von Sexualität und Selbstbeschädigung im Frontleben und ihr nahezu vollständiges Ausblenden in den Briefen dient ihm als Indiz, »dass der Feldpostbrief zwar eine authentische Quelle, aber selbstverständlich kein authentisches Abbild der Realität ist, die den Soldaten umgibt und nicht einmal eines von seiner subjektiven Sicht dieser Realität« (ebd., S. 116).

[55] Eine nicht-öffentliche Zensur von Feldpostbriefen ist für den Fall des Hauptmann Jacoby dokumentiert, der aufgrund seiner jüdischen Abstammung ins Fadenkreuz der Zensoren geriet. Buchbender/Sterz: Das andere Gesicht des Krieges, S. 15 und S. 173ff.

[56] Christoph Banse am 7. Juli 1941 aus der Ukraine an seine Frau. Zitiert nach: Humburg: Das Gesicht des Krieges, S. 100.

[57] Ferdinand Melzer am 14. August 1941 an seine Eltern. Zitiert nach: Humburg ebd., S. 100.

[58] Zu Fragen des Einflusses von Alter und Familienstand auf Themen und Art der Korrespondenz vgl. Humburg ebd., S. 261ff.

bend ins Gedächtnis zu rufen, um sie damit vielleicht auch schreibend zu verarbeiten. Verdrängungsmechanismen um des Überlebens willen, Tabus (beispielsweise die persönliche Verstrickung in Schuld oder die Furcht vor dem eigenen Tod) oder ein unkommentiertes Arrangement mit dem ohnehin Unausweichlichen durch Einstellung von Reflexion über und Versprachlichung des Soldatseins[59], sind typische psychologische Konfliktbewältigungen, die nicht selten auch ideologisch verkleidet wurden.[60] Besonders in der Paarkommunikation führte die innere Zensur zum Aufbereiten der Wirklichkeit, bis sie dem Absender zumutbar erschien. Dies wurde schon zu Anfang des Ersten Weltkrieges von einem Fachmann gesehen:

> Wer möchte bei den Briefen aus dem Felde [...] von ›Lügen‹ sprechen? Es sind meistens keine absichtlichen Täuschungen, sondern überzeugte Selbstsuggestionen. Die Feldbriefe werden im allgemeinen weniger als historische Quellen, denn als psychologische Zeugnisse zu werten sein.[61]

Die vielschichtigen Formen dieser konstruierten Wirklichkeiten und ihrer Ursachen, die mit Peter Stöltens Zeugnissen nachgewiesen werden, müssen

---

[59] Verdrängung der Wirklichkeit durch Nicht-Auseinandersetzung beschreibt Gabriele Rosenthal als häufiges Phänomen. Vgl. dies.: »Wenn alles in Scherben fällt...« Von Leben und Sinnwelt der Kriegsgeneration. Typen biographischer Wandlungen, Opladen 1987, S. 89.

[60] Seitens der Führung wurde mit Hilfe der Propaganda alles getan, um die Vorgehensweise der Wehrmacht im Rußlandfeldzug zu einem traditionellen Sendungsauftrag zu historisieren und in einen übergeordneten Sinnzusammenhang zu stellen: »Der Krieg gegen Rußland ist ein wesentlicher Abschnitt im Daseinskampf unseres Volkes. Dieser Kampf muß die Zertrümmerung des heutigen Rußland zum Ziel haben und deshalb mit unerhörter Härte geführt werden. Jede Kampfhandlung muß in Anlage und Durchführung von dem eisernen Willen zur erbarmungslosen, völligen Vernichtung des Feindes geleitet sein. Insbesondere gilt keine Schonung für die Träger des heutigen russisch-bolschewistischen Systems.« Zitiert nach: Omer Bartov: Hitlers Wehrmacht. Soldaten, Faschismus und die Brutalisierung des Krieges, Hamburg 1995, S. 195. Diese Indoktrination konnte nach Bartov tief dringen, weil die Wirklichkeit spätestens ab Herbst 1941 kollektiv als derart grausam erfahren wurde, daß jeder ihr Ausgesetzte empfänglich war für äußere Sinnstiftungen. Die Betrachtung der russischen Bevölkerung als ›Untermenschen‹ konnte dabei genauso hilfreich sein, wie die Projektion der eigenen Gewalttätigkeit auf das Opfer. Damit konnte die eigene Gewalt als Präventivmaßnahme, bisweilen sogar als prosozialer Akt verstanden werden. So schrieb ein deutscher Unteroffizier am 17. November 1941 aus Rußland nach Hause: »Eine restlose Vernichtung ist alleine schon deshalb erforderlich, um dem russischen Elendsvolk bessere Lebensbedingungen zu geben. Wer das nicht gesehen hat, kann sich gar keinen Begriff davon machen«, siehe Buchbender/Sterz: Das andere Gesicht des Krieges, S. 87. Dieser Befund wird nicht auf den in der vorliegenden Arbeit untersuchten Peter Stölten zutreffen.

[61] Georg Wunderle: Das Seelenleben unter dem Einfluß des Krieges. Eine psychologische Skizze, Eichstätt 1914, S. 27.

bei der Quellenauswertung mitbedacht werden. Sie setzen nicht erst bei der Beschreibung von Erfahrungen ein, sondern prägen die Wahrnehmung des Geschehens selbst auf dem Weg zum Erlebnis.

II.5. Quellenwert, Forschungsstand und Forschungslücken

Feldpostbriefe erlauben wegen ihrer Nähe zum Kriegsgeschehen einen vergleichsweise authentischen Zugang zur jeweils aktuellen, ausschnitthaften Erlebniswirklichkeit und Lebensweltdeutung des Schreibenden. Weil der Erinnerung naturgemäß »das Bewußtsein von den vergangenen als gegenwärtigen Begebenheiten verloren geht, die sie doch einmal waren«[62], sind sie eine unmittelbare Quelle auf der Suche nach Kriegserfahrungen. Die späteren Erinnerungen von Kriegsteilnehmern etwa in den lebensgeschichtlichen Interviews der ›Oral History‹ geben aus diesem Grund eher Aufschluß über den Verarbeitungsstand des Kriegserlebnisses zur Erzählzeit denn über die tatsächliche Erlebniszeit selbst.[63] Nicht selten können die eigenen Briefe den oder die Betroffene deshalb – Jahrzehnte später gelesen – überraschen und einen dicken Strich durch die Vergangenheitskonstruktion machen. Das Wesen des beschönigenden Rückblicks charakterisierte Friedrich Nietzsche einst ebenso boshaft wie anschaulich: »›Das habe ich getan‹, sagt mein Gedächtnis. ›Das kann ich nicht getan haben‹, sagt mein Stolz und bleibt unerbittlich. Endlich – gibt das Gedächtnis nach.«[64]

---

[62] Lucian Hölscher: Geschichte und Vergessen, in: Historische Zeitschrift 249, 1989, S. 1-17, hier: S. 10, zitiert nach: Latzel: Deutsche Soldaten, S. 14.

[63] Vgl. Lutz Niethammer: Heimat und Front. Versuch, zehn Kriegserinnerungen aus der Arbeiterklasse des Ruhrgebietes zu verstehen, in: Ders. (Hg.): »Die Jahre weiß man nicht, wo man die heute hinsetzen soll«. Faschismuserfahrungen im Ruhrgebiet (Lusir, Bd. 1), Berlin 1983, S. 163-232, hier: S. 164. Zu Erkenntnisinteresse und Methodik der ›Oral History‹, siehe ders. (Hg.): Lebenserfahrung und kollektives Gedächtnis. Die Praxis der ›Oral History‹, Frankfurt a.M. 1985, S. 7-33. Ein Beispiel dafür, sich dem Bearbeitungsstand von ehemaligen Soldaten mittels autobiographischer Erinnerung zu nähern, ist das Projekt von Hans Joachim Schröder, vgl. ders.: Die gestohlenen Jahre. Erzählgeschichten und Geschichtserzählung im Interview. Der Zweite Weltkrieg aus der Sicht ehemaliger Mannschaftssoldaten, Tübingen 1992. Seine Ergebnisse resümiert der Autor in: Ders.: Das Kriegserlebnis als individuell-biographische und kollektiv-historische Erfahrung. Ehemalige Mannschaftssoldaten erzählen vom Zweiten Weltkrieg, in: BIOS, 1. Jg., 1988, Heft 2, S. 39-48.

[64] Friedrich Nietzsche: Jenseits von Gut und Böse. Aphorismus 68, Sämtliche Werke in 12 Bänden, Band VII, Stuttgart 1964, S. 78. Auch zitiert in: Gerhard Strube: Autobiographisches Gedächtnis: Mentale Repräsentation der individuellen Biographie, in: Gerd Jüttemann (Hg.): Biographie und Psychologie, Berlin 1987, S. 151.

Wären die letzten Feldpostbriefe aus Stalingrad der Nachwelt verlorengegangen, »würden wir vielleicht noch immer glauben, die 6. Armee habe unter den Augen des ganzen deutschen Volkes die Pflicht zum eigenen Opfer heroisch auf sich genommen und den Becher dieser bittersten Pflicht männlich bis zur Neige geleert.«[65]

Feldpostbriefe als Quelle vermögen aber mehr als nur den verschleiernden Vorhang beiseite zu schieben, der sich im Laufe eines Lebens unweigerlich auf Kriegserinnerungen legt, oder die Bedeutung eines Ereignisses auf Menschen auszuloten, das im nüchternen Sprachstil eines Aktenstückes (etwa eines Frontlageberichtes) nicht aufscheint (letzteres ist ein Phänomen, dem spätestens seit Remarques Titelwahl *Im Westen nichts Neues* für seinen Debütroman von 1928 ein bemerkenswertes literarisches Denkmal gesetzt wurde).[66]

In der Sprache der Briefe wird darüber hinaus ein vergangenes soziales Wissen virulent, über das die Schreibenden unbewußt verfügten.[67] »Die Soldaten teilten es mit der Gesellschaft, die sie verlassen mußten, um in den Krieg zu ziehen«.[68] Mit Hilfe der sozialen Wissensbestände verständigten sich Soldaten und Angehörige miteinander über sich selbst, den Krieg, ihren Standort darin oder etwa ihre Zukunftserwartungen. Für die gerade in der Extremsituation immer wieder notwendigen Sinnstiftungsprozesse wurde auf diesen in der Gesellschaft vorhandenen Vorrat an kollektiven Erfahrungen, Lebensentwürfen und Erklärungsmustern zurückgegriffen.[69] Sie dienten als Folie, auf der die Abarbeitung der Wirklichkeit von der

---

[65] Wolf-Dieter Mohrmann: Die Sammlung von Feldpostbriefen im Niedersächsischen Staatsarchiv in Osnabrück. Gedanken zu Genese, Quellenwert und Struktur, in: Peter Knoch (Hg.): Kriegsalltag 1989, S. 25-29, hier: S. 33.

[66] Erich Maria Remarque läßt seinen Protagonisten bezeichnenderweise an einem Tag sterben, »der so ruhig und still war an der ganzen Front, daß der Heeresbericht sich nur auf den Satz beschränkte, im Westen sei nichts Neues zu melden«. Indem er das für den Leser hochpersönliche Sterben des Romanhelden mit der unpersönlichen Sprache der Kriegsakten kontrastiert, demonstriert er eindrucksvoll die Aussagegrenze der Quellenform, in: Ders.: Im Westen nichts Neues, Berlin 1960, S. 203.

[67] Vgl. Klaus Latzel: Tourismus und Gewalt. Kriegswahrnehmungen in Feldpostbriefen, in: Hannes Heer/Klaus Naumann (Hg.): Vernichtungskrieg. Verbrechen der Wehrmacht 1941-1944, Hamburg 1997, S. 447-459, hier: S. 448. Den Begriff des »sozialen Wissens« entlehnt Latzel der unter B I.2. bereits erwähnten Theorie der gesellschaftlichen Konstruktion der Wirklichkeit von Berger und Luckmann.

[68] Dieser Gedankengang folgt dem von Latzel, vgl. ders.: Deutsche Soldaten, S. 16f. Er findet sich auch schon in der früheren Arbeit von Löffler, vgl. dies.: Aufgehoben, S. 51.

[69] Berger und Luckmann definieren diesen Vorrat als »Allgemeingut an gültigen Wahrheiten über die Wirklichkeit«, vgl. dies.: Die gesellschaftliche Konstruktion der Wirklichkeit 1980, S. 70.

Wahrnehmung über die Interpretation bis zur aktiven Handlung stattfand. So ist das jeweils individuelle und persönliche Gewebe des einzelnen Briefes aus einem überpersönlichen Garn gesponnen (dem ›sozialen Wissen‹). Insbesondere umfangreiche Feldpostbrieffunde ein und derselben Person erlauben dem Historiker heute, dem Schreibenden beim aktiven Verknüpfen der Fäden über einen längeren Zeitraum zu folgen, sein System zu verstehen, und damit dem Ort, an dem Erlebnisse zu Erfahrungen werden, nahe zu kommen. Damit kann ein komplexes mentales Zeitgespinst sichtbar gemacht werden, das selten sonst in gleicher Substanz enthalten ist wie in autobiographischen Texten.

In den Feldpostbriefen Stöltens kann nachgewiesen werden, wo er von seinen geknüpften Netzen in der Extremsituation sicher getragen wird, wo das Seil zum Überspannen von Widersprüchlichem dünn wird, er also mit seinem ›sozialen Wissen‹ nicht mehr weiter kommt und ›abstürzt‹, welche Alternativen aus dem Arsenal geholt werden, um weiter zu bestehen, woher neue Energien mobilisiert, wie Aktivität oder Passivität legitimiert werden, oder weshalb bisweilen nur Resignation bleibt.

Mit den Sammelaufrufen der Staatsarchive in Wolfenbüttel und Osnabrück sowie des Landeshauptstaatsarchivs Koblenz Anfang der 80er Jahre bekundete die Forschung ihr wiederentdecktes Interesse für Feldpostbriefe. Kriegsbriefe in Archiven organisiert zu sammeln, ist eine alte Forderung der Volkskundler aus dem Jahre 1910[70]; tatsächlich existieren Soldatenbriefeditionen bereits aus dem Siebenjährigen Krieg oder den Befreiungskriegen. Veröffentlichte Feldpostbriefe boomten in der Zeit des Ersten Weltkrieges und wurden damals und in der Weimarer Republik Teil einer nationalen Geschichtspolitik.[71] Diese hatte – wie bereits erwähnt – sehr wahrscheinlich

---

[70] Mohrmann, in: Knoch: Kriegsalltag 1989, S. 33.

[71] Ein ebenso berühmtes wie in seiner Intention zeitgeschichtlich aufschlußreiches Beispiel für die Veröffentlichung von Feldpostbriefen nach dem Ersten Weltkrieg ist die oben zitierte Edition von Witkop: Kriegsbriefe, 1928. Im Vorwort zur Ausgabe von 1933 begründet Witkop (seinerzeit Professor für Germanistik an der Freiburger Universität) die Neuauflage wie folgt: »In den Tagen, da Deutschland verjüngt und verantwortungsvoll sich auf seine nationale Würde und Erneuerung besinnt, wird eine Volksausgabe der Kriegsbriefe gefallener Studenten zur vaterländischen Forderung. Haben diese doch den Gedanken der nationalen und sittlichen Erneuerung in Schlacht und Grauen und Todesbereitschaft zuerst erlebt und verkündet.« Zur Bedeutung der Feldpostbriefe für die Öffentlichkeit des Ersten Weltkrieges ebenso wie für die nachfolgende, politisch instrumentalisierte Rezeption in der Weimarer Republik, siehe: Ulrich: Augenzeugen, insbesondere S. 106-306.

später einen großen Einfluß auf die Art der Gesprächsführung im Zweiten Weltkrieg.[72]

Ende 1941 erschien eine Edition von Kriegsbriefen als »Kronzeugen gegen den Bolschewismus.«[73] Dabei sollten die Briefe die »Notwendigkeit dieses Ringens« angesichts der die Heimat bedrohenden »bolschewistischen Walze von Kampfwagen und Mordbrennern«[74] aufzeigen. Das Geleitwort der Edition schrieb Propagandaminister Goebbels persönlich. Ganz im Stil der beginnenden 50er Jahre bemühten sich hingegen Walter und Hans W. Bähr in ihrer Veröffentlichung von Studentenbriefen des Zweiten Weltkrieges, »sichtbar zu machen, wie unsere gefallene Jugend den Wirklichkeiten des Krieges begegnet ist«, und um ihr »beständiges Suchen nach den tieferen Lebensgrundlagen« zu dokumentieren.[75] Feldpostbriefe als historische Quelle brachten Buchbender und Sterz mit ihrer Briefsammlung 1982 erstmals wieder auf den geschichtswissenschaftlichen Markt, jedoch genügt die Art der Bearbeitung nicht mehr dem heutigen Erkenntnisinteresse, und die Herausgeber vergeudeten viele Chancen des Quellenmaterials, indem sie die Quellen etwa an persönlichen Stellen kürzten oder orthographisch berichtigten. Der intendierte Blick auf das »andere Gesicht des Krieges« blieb beschränkt.[76]

Diesen persönlichen Mitteilungen als eigentlich konstituierender Qualität der Quelle versuchen spätere Arbeiten Rechnung zu tragen. Knochs Charakterisierung der Feldpost als einer »unentdeckten historischen Quellengattung« aus dem Jahre 1986 trifft heute weitaus weniger zu als damals.[77] Die

---

[72] Der Gedanke wird im Laufe der vorliegenden Arbeit wieder aufgegriffen, etwa wenn es unter CI.3.a um die Kommunikation von Peter Stölten mit seinem Vater Dr. Wilhelm Stölten geht.
[73] Wolfgang Dierwege (Hg.): Feldpostbriefe aus dem Osten. Deutsche Soldaten sehen die Sowjetunion, Berlin 1941, S. 10.
[74] Ebd.
[75] Walter Bähr/Hans W. Bähr (Hg.): Kriegsbriefe gefallener Studenten 1939-1945, Stuttgart 1952, S. 466.
[76] Die Leistung von Buchbender und Sterz besteht sowohl vor allem in der akribischen Rekonstruktion der Organisation der deutschen Feldpost im Zweiten Weltkrieg wie der Legitimierung der Quelle für die historische Forschung.
[77] Das Anliegen Knochs war ein idealistisches: »Ohne eine möglichst konkrete Rekonstruktion der erlebten Wirklichkeit bei den Männern an der Front, bei den Frauen, Kindern und alten Leuten in der Heimat bleibt die Antizipation eines künftigen Krieges bzw. der Wege seiner Verhinderung nutzlos«, vgl. Peter Knoch: Feldpost – eine unentdeckte historische Quellengattung, in: Geschichtsdidaktik 2/1986, S. 154-171, hier: S. 155. Lesenswert in diesem Zusammenhang ist auch sein Aufsatz »Kriegserlebnis als biographische Krise«, in: Andreas Gestrich/Peter Knoch/Helga Merkel (Hg.): Biographie – sozialgeschichtlich,

Forschung machte seither große Fortschritte: 1987 sichtete und kommentierte Joachim Dollwet im Auftrag des Landeshauptarchivs Koblenz 12.000 Feldpostbriefe einer neuangelegten Sammlung und konnte damit gängige Vorstellungen über die Einstellung von Wehrmachtssoldaten widerlegen.[78] Erstes herausragendes Beispiel einer Studie zur subjektiven Wirklichkeit des Krieges aufgrund einer homogenen Briefanalyse wurde die Examensarbeit der Volkskundlerin Klara Löffler über den Quellenfundus eines Offiziers aus dem Zweiten Weltkrieg. Der Autorin geht es im wesentlichen darum, den Kommunikationszusammenhang des Schreibenden zu rekonstruieren und in die Fallanalyse miteinzubeziehen.[79]

1988 analysierte Klaus Latzel mit Hilfe von Feldpost den Einstellungswandel zum Soldatentod vom Siebenjährigen Krieg bis 1945 und beleuchtete eindrucksvoll den Topos des Sterbens in verschiedenen Kriegen.[80] Drei Jahre nach Löfflers Arbeit liegt dank Joachim Scherrible ein weiterer mentalitätsorientierter Zugang zu Feldpostbriefen vor. Dem Autor gelingt in seiner Arbeit die vergleichende Beschreibung der persönlichen Erfahrungswelten zweier Wehrmachtssoldaten vor dem theoretischen Hintergrund der strukturellen Biographie.[81]

Mit der 1992 veröffentlichten Arbeit der Germanistin Isa Schikorsky liegen bis dato unverzichtbare Thesen zum Sprachstil von Kriegsbriefen und zur Kommunikation über das Unsagbare vor. Die Autorin vertritt die These, daß Feldpostbriefe vor allem dazu dienten, die emotionale Verbindung mit den Angehörigen aufrechtzuerhalten. Die Realität der Front vermochten

---

[78] Göttingen 1988, S. 86-108. Leider erlebte Knoch die Einlösung seiner Forschungsforderung durch nachfolgende Arbeiten nur noch zum Teil. Er starb 1994.
Joachim Dollwet: Menschen im Krieg, Bejahung – und Widerstand? Eindrücke und Auszüge aus der Sammlung von Feldpostbriefen des Zweiten Weltkrieges im Landeshauptarchiv Koblenz, in: Jahrbuch für westdeutsche Landesgeschichte 13, 1987, S. 279-322.

[79] Löffler: Aufgehoben, 1992.

[80] Klaus Latzel: Vom Sterben im Krieg. Wandlungen in der Einstellung zum Soldatentod vom Siebenjährigen Krieg bis zum Zweiten Weltkrieg, Warendorf 1988. In diesem Zusammenhang interessant ist auch sein späterer Aufsatz »Schlachtbank« oder »Feld der Ehre«? Der Beginn des Einstellungswandels gegenüber Krieg und Tod 1756-1815, in: Wolfram Wette: Der Krieg des kleinen Mannes: eine Militärgeschichte von unten, München 1992, S. 76-92.

[81] Scherrible: »Der letzte Schliff.« 1990. Eine in ihren methodischen Teilen redundante Einzelfallanalyse legte 2001 Gerald Lamprecht vor, der die Sammlung von Feldpostbriefen des Wehrmachtssoldaten G.H. an seine Verwandten untersuchte. Vgl. Gerald Lamprecht: Feldpost und Kriegserlebnis. Briefe als historisch-biographische Quelle, Innsbruck 2001.

sie nicht wiederzugeben, da »die Konversationsmaximen der Kriegsbriefe überspitzt ausgedrückt Fehlinformation, Lüge, Irrelevanz, Unklarheit, Undeutlichkeit« hießen.[82] Dies zog »fünf emotive Sprachhandlungsstrategien« nach sich: »Verschweigen, Verharmlosung, Poetisierung, Phraseologisierung und Imagepflege.«[83]
Sammlungen von edierten Feldpostbriefen gibt es mittlerweile ebenfalls reichlich. Stellvertretend für viele andere sollen in diesem Zusammenhang genannt werden: Die des Osnabrücker Regierungspräsidenten Wilhelm Rodenberg 1941-1944[84], der Band *Sehr selten habe ich geweint* von Ingrid Hammer und Susanne zur Nieden[85], die homogenen Quellenfunde Gieles[86] und Stehmanns[87], die sachkundig kommentierten Kriegsbriefe aus vier Jahren Ostfronterfahrung des bis dahin unbekannten Wehrmachtssoldaten Willy Peter Reese[88], die bedeutenden Aufzeichnungen Dr. Felix Hart-

---

[82] Isa Schikorsky: Kommunikation über das Unbeschreibbare. Beobachtungen zum Sprachstil von Kriegsbriefen, in: Wirkendes Wort. Deutsche Sprache und Literatur in Forschung und Lehre, Heft 2, 1992, S. 295-315, hier: S. 301.

[83] Ebd., S. 313. Ihre These wird im Rahmen der Quellenanalyse Peter Stöltens bestätigt werden.

[84] Wolf-Dieter Mohrmann (Hg.): Der Krieg hier ist hart und grausam! Feldpostbriefe an den Osnabrücker Regierungspräsidenten 1941-1944, Osnabrück 1984. Der Osnabrücker Regierungspräsident initiierte im August 1941, daß seine früheren Behördenangehörigen (jetzt Soldaten) Erlebnisberichte an ihn schickten. Die Qualität des Fundus besteht trotz dessen »halbamtlichem Charakter« darin, »einen Ausschnitt aus der Mentalität, der Stimmungslage, der Propagandaeinwirkung und auch der Selbsteinschätzung des öffentlichen Dienstes im Deutschland der letzten Jahre des Dritten Reiches« zu zeigen. Zitiert nach: Humburg: Deutsche Feldpost im Zweiten Weltkrieg, in: Wette/Vogel: Andere Helme – Andere Menschen?, S. 22.

[85] Inge Hammer/Susanne Zur Nieden (Hg.): Sehr selten habe ich geweint, Zürich 1992. Es handelt sich um insgesamt sechzehn mit autobiographischen Texten dokumentierte Lebensläufe im Zweiten Weltkrieg. Die Ergebnisse ihrer Studie spezifiziert Zur Nieden für die weibliche Seite in ihrem Aufsatz »Ach', ich möchte (…) eine tapfere deutsche Frau werden.« Tagebücher als Quelle zur Erforschung des Nationalsozialismus, in: Berliner Geschichtswerkstatt (Hg.): Alltagskultur, Subjektivität und Geschichte. Zur Theorie und Praxis von Alltagsgeschichte, Münster 1994, S. 174-186.

[86] Agnes Kanz-Gieles/Heinrich Kanz (Hg.): Josef Gieles. Studentenbriefe 1939-1942, Frankfurt a.M. 1992.

[87] Siegbert Stehmann: Die Bitternis verschweigen wir. Feldpostbriefe 1940-1945, Hannover 1992. Die kaum kommentierten Editionen Stehmanns und Gieles sind attraktiv wegen der geschlossenen Korrespondenz über mehrere Kriegsjahre bis zum jeweiligen Tod der beiden Soldaten. Jedoch fehlt der Kommunikationszusammenhang komplett.

[88] Stefan Schmitz (Hg.): Mir selber seltsam fremd. Die Unmenschlichkeit des Krieges. Russland 1941-44, München 2003. Die Aufzeichnungen des 1944 verschollenen Wehrmachtsoldaten Willy Peter Reese sollen den Kampf ums Überleben im Rußlandkrieg zeigen. Briefe und Notizen erwähnen nicht nur die Härten und Grausamkeiten, sondern

laubs⁸⁹, die Edition *Ich will raus aus diesem Wahnsinn*⁹⁰ oder der Briefwechsel zwischen Oberleutnant Fritz Hartnagel und seiner damals noch nicht prominenten Briefpartnerin Sophie Scholl.⁹¹

vor allem die ›Verheerungen der Seele‹. Eingeleitet und kommentiert werden die Dokumente vom Herausgeber, der zahlreiche Briefe, Gedichte, Spottlieder auf die politische Führung, Karikaturen, Tagebücher und Novellen von Reese ausgewertet hat. Der Prozeß der Entmenschlichung, der keinen Soldaten verschont, ist thematischer Mittelpunkt der Publikation.

[89] Gabriele Lieselotte Ewenz (Hg.): »In den eigenen Umriß gebannt.« Kriegsaufzeichnungen, literarische Fragmente und Briefe aus den Jahren 1939 bis 1945 / Felix Hartlaub, Frankfurt a.M. 2002. Insbesondere diese Kriegsbriefe sind lohnend, handelte es sich doch bei Hartlaub um eines – im Rückblick – der großen Erzähltalente der deutschen Nachkriegsliteratur, eine Doppelbegabung als Prosaist und promoviertem Historiker. Dr. Hartlaub wurde 1913 als Sohn eines Kunsthistorikers in Breslau geboren und studierte Romanistik, Geschichte und Kunstgeschichte in Heidelberg und Berlin. Im September 1939 wurde er zur Wehrmacht eingezogen. Ende 1940 arbeitete er bei der Historischen Archivkommission des Auswärtigen Amtes in Paris. Anschließend erhielt er eine neue Verwendung bei der Wehrmacht in Rumänien und wechselte Ende 1941 in die Abteilung »Wehrmachtsgeschichte« nach Berlin. Im Mai 1942 schließlich war Hartlaub zur Abteilung »Kriegstagebuch« im Führerhauptquartier ›Werwolf‹ bei Winniza/Ukraine und anschließend in die ›Wolfschanze‹/Ostpreußen abgeordnet. Hier entstanden seit September 1944 seine merkwürdig präzisen Aufzeichnungen aus dem ›Führerhauptquartier‹. Anfang Mai 1945 wurde Hartlaub zur Infanterie abkommandiert. Er wollte noch einmal Freunde in Berlin besuchen, traf dort aber nie ein. Seitdem gilt er – ebenso wie Stölten – als vermißt. Ebenso wie dieser bevorzugte er Literatur (im Fall Hartlaubs Schiller, Kleist, Büchner, Proust, Valéry), um die vielschichtige und schwierige Gegenwart zu verstehen. Siehe auch: »In den eigenen Umriß gebannt.« Felix Hartlaubs Kriegsaufzeichnungen als Vorabdruck in der FAZ von Durs Grünbein, 18. März 2002, Feuilleton. Grünbein findet für Hartlaub dort die zutreffenden Worte: »Dieser trotzig-kluge Beobachter am wandernden Abgrund war der einzige, der mir in avanciertester Prosatechnik die Maschinerie der Vernichtung aus nächster Nähe beschrieb. Ein literarischer Spion in Wehrmachtsuniform, zeichnete er auf, was ihm, der selbst unsichtbar blieb, ausgestattet mit der Immunität eines offiziellen Kriegstagebuchschreibers, im innersten Sperrkreis der Macht an Details begegnete […]. Unfreiwillig wurde er hineingerissen in diesen Weltkrieg wie ein Parzifal […]. Er beschloß, die Augen offenzuhalten noch dort, wo der Rest sich dem Suff ergab, dem Befehlsnotstand und dem Zynismus kläglicher Mitläuferei.«

[90] Anatol Golovchanski u.a. (Hg.): »Ich will raus aus diesem Wahnsinn.« Deutsche Briefe von der Ostfront 1941-1945. Aus sowjetischen Archiven, Wuppertal 1991. Diese heterogene Sammlung ist Ergebnis eines deutsch-sowjetischen Projektes anläßlich der Jährung des deutschen Überfalls auf die Sowjetunion am 22. Juni 1941. Aus bislang unzugänglichen sowjetischen Archivbeständen wurden 200 repräsentative Zeugnisse ausgewählt und in vier Zeitabschnitten mit einer knappen historischen Einführung vorgestellt. Männer und Frauen kommen bei dieser Veröffentlichung gleichermaßen im Originaldokument zu Wort.

[91] Thomas Hartnagel (Hg.): Sophie Scholl. Fritz Hartnagel. Damit wir uns nicht verlieren. Briefwechsel 1937-1943, Frankfurt a.M. 2005.

Dank der Veröffentlichung *Andere Helme – andere Menschen?* der beiden Herausgeber Wolfram Wette und Detlev Vogel aus dem Jahre 1995 liegt die wichtige Anregung vor, Heimaterfahrung und Frontalltag im Zweiten Weltkrieg international zu vergleichen. Das war bis dahin ein Forschungsdesiderat und ist trotz der sehr ergiebigen Studie noch weiterhin bearbeitungsbedürftig.

Zu wenig Berücksichtigung gefunden hat in der Forschung nach wie vor die Tatsache, daß in der Kriegskorrespondenz der Anteil der aus der Heimat kommenden Sendungen zwei Drittel ausmachte.[92] »Die Asymmetrie des Postwechsels *im* Krieg kehrte sich im gegenläufigen Sinne zu einer Asymmetrie der Überlieferung der Feldpost *nach* dem Krieg um.«[93] Diese Forschungslücke ist bis heute nicht geschlossen worden, obwohl genügend ›weibliche Quellen‹ vorhanden sind. Ebenso wie die Männer an der Front hielten auch die Frauen in der Heimat durch und leisteten mit ihrer psychischen Unterstützung einen unersetzlichen Beitrag, den Krieg weiterzuführen. Der Unterschied zur Kriegsmüdigkeit der Deutschen im Ersten Weltkrieg[94], aber auch der anderer Nationen im Zweiten Weltkrieg, ist signifikant. Eine Dialektik weiblicher Existenz im Krieg[95] wurde – wenn auch vielleicht nicht ganz so pointiert wie hier zitiert – in die Nachkriegsgesellschaft, vermutlich aber auch in die heutige Gesellschaft mithineingetragen:

> Die Entschuldungsarbeit der Frauen, ihre eigene Mythenbildung und ihr eigener Verdrängungsmechanismus setzten ein: Frauen stilisierten sich zu Opfern, Mißbrauchten des männlichen Zerstörungstriebes, sie räumten als ›Trümmerfrauen‹

---

[92] Eine seltene Ausnahme bildet der Aufsatz von Klaus Latzel: Die Zumutungen des Krieges und der Liebe – zwei Annäherungen an Feldpostbriefe, in: Knoch: Kriegsalltag, S. 204-221. In dieser Studie behandelt Latzel die Kommunikation zwischen Mann und Frau sowie zwischen Mutter und Sohn.

[93] Knoch, zitiert nach: Scherrible: »Der letzte Schliff«, S. 51.

[94] In seiner »Darstellung der kriegerischen Destruktion und des Umgangs mit zerstörenden Gewaltmitteln zwischen 1914/18 und 1939/45« bestätigt Knoch diese Beobachtung. Vgl. ders.: Gewalt wird zur Routine. Zwei Weltkriege in der Erfahrung einfacher Soldaten, in: Geschichtswerkstatt, Heft 16, 1988, S. 17-23, hier: S. 18. Die von Knoch mit dem Begriff ›Routine‹ unterstellte fraglose Selbstverständlichkeit der Soldaten im Verhältnis zur Gewalt findet den Widerspruch Latzels. Vgl. ders. Deutsche Soldaten, S. 374f.

[95] Exemplarisch untersucht in der unveröffentlichten, mir vorliegenden Seminararbeit »Verfehlte Wirklichkeiten oder ›Mir geht es auch soweit gut…‹.« Frauenbild und Paarkonstruktionen in Kriegsbriefen aus dem Zweiten Weltkrieg« von Franka Maubach im Rahmen des Seminars »Geschichte der Wehrmacht, Teil II: 1939-1945« bei PD Dr. Wette und Dr. Ueberschär im Wintersemester 1997/98 an der Albert-Ludwigs-Universität/Freiburg i.Br.

das weg, was der so verstandene ›männliche‹ Krieg übriggelassen hatte und wiesen so jede Schuld an dem Geschehen weit von sich.[96]

Mit der 1996 an der Universität Bielefeld eingereichten Dissertation Klaus Latzels über Kriegsbriefe und Kriegserfahrungen deutscher Soldaten des Zweiten Weltkrieges im Vergleich zum Ersten Weltkrieg wurde eine entscheidende Forschungslücke geschlossen.[97] Latzels 1997 veröffentlichter Aufsatz *Vom Kriegserlebnis zur Kriegserfahrung* lieferte bereits einen vielversprechenden Vorgeschmack auf seine Dissertation und bietet fundierte, methodisch und theoretisch anspruchsvolle Überlegungen zur erfahrungsgeschichtlichen Untersuchung von Feldpostbriefen.[98] Martin Humburg schließlich untersuchte 1998 in seiner Studie 739 Briefe von 25 Soldaten aus dem Krieg in der Sowjetunion 1941-1944.

Es ist sein besonderes Verdienst, die empirische Arbeit sowohl mit psychologischen wie auch historischen Methoden gewinnbringend vorangetrieben zu haben.

Insbesondere die beiden Autoren Latzel und Humburg haben Grundlagenforschung geleistet und die »terra incognita« vermessen, in der es die Koordinaten von Peter Stölten auszumachen gilt.[99]

II.6. Quellenfundus von und über Peter Stölten

Vor dem Hintergrund der zentralen Forschungsbeiträge zu Wesen und Funktion der deutschen Feldpost und ihres Wertes als historischer Quelle soll sich nun den Berichten der Person zugewandt werden, deren Wahr-

---

[96] Maubach: Wirklichkeiten, S. 20.
[97] Latzel publizierte die Dissertation unter dem bereits mehrfach genannten Titel »Deutsche Soldaten – nationalsozialistischer Krieg. Kriegserlebnis – Kriegserfahrung 1939-1945.«
[98] Klaus Latzel: Vom Kriegserlebnis zur Kriegserfahrung. Theoretische und methodische Überlegungen zur erfahrungsgeschichtlichen Untersuchung von Feldpostbriefen, in: Militärgeschichtliches Forschungsamt Potsdam (Hg.): Militärgeschichtliche Mitteilungen 56, 1997, S. 1-30.
[99] Ich danke Dr. Klaus-Heinrich Kohrs, Studienstiftung des deutschen Volkes, Bonn, für die Gelegenheit, im Mai 2002 in Bad Honnef die Tagung ›Kriegserfahrung im 20. Jahrhundert. Feldpost und Erinnerungsinterviews‹ ausgerichtet haben zu dürfen, an der neben Lutz Niethammer, Jena, und Alf Lüdtke, Max-Planck-Institut für Geschichte, Erfurt, diese beiden Autoren teilnahmen. So ergab sich für mich Gelegenheit zu zahlreichen anregenden Gesprächen. Da sich die vorliegende Arbeit mit einem einzelnen Soldaten und seinen Wahrnehmungen und Reaktionen beschäftigt, bestand zum Eingehen auf die ständig zunehmende Literatur zum allgemeinen Thema Feldpost keine Veranlassung.

nehmung in der Zeit des Krieges hier präsentiert und gedeutet werden soll.

Da ist zunächst Peter Stölten selbst, zu Beginn des Krieges einfacher Soldat, seit 1942 Leutnant, Verfasser der meisten Briefe, sowie eines Tagebuchs, einer Erzählung (*Gespräch* 1944), und einer Satire (*Kampf im Dschungel 1944*). Auch einige Schulaufsätze sind noch vorhanden. Weitere dramatis personae sind Stöltens Eltern, sein Vater Dr. Wilhelm Stölten, Soldat im Ersten Weltkrieg, Gymnasiallehrer, später Leiter einer gemeinnützigen Berliner Stiftung sowie dessen Ehefrau, Margarete Stölten geborene Krautwurm, vor der Heirat Lehrerin, dann Hausfrau und liebende Mutter. Auch an die Geschwister, Uta Stölten und, gelegentlich auftauchend, die jüngere Schwester Anna Katharina, genannt »Geigi«, schreibt Stölten.

Außerhalb dieser Familie lebt Dorothee Ehrensberger, von Stölten hoch verehrt in der Hoffnung auf eine spätere Ehe; sie ist seine wichtigste Briefpartnerin mit ihren beiden Schwestern Gudula und Renate, die ab und an ebenfalls mit Post bedacht wurden. Schließlich gibt es den Patenonkel, Dr. Victor Meyer-Eckhardt, mit dem eine etwas unregelmäßigere, aber geschlossene und wichtige Korrespondenz existiert und vereinzelt Austausch mit Schulfreunden. Außerdem korrespondierte Stölten mit seinem besten Freund Udo Schulz, zwei Jahre lang ebenfalls Soldat, während der gesamten Zeit seines Soldatenlebens.

Ganz entscheidend bereichert wurde die Arbeit mit den vorliegenden Quellen durch regelmäßige Gespräche mit der eben genannten älteren Schwester Peter Stöltens, Frau Uta Kessler (Horben), und der Stölten außerordentlich verbundenen Frau Dorothee Ehrensberger (Traunstein).

So konnten nicht nur bestimmte Insider-Informationen der Briefe decodiert werden, sondern der häufig schmerzhafte, erinnernde Rückblick der beiden Damen eröffnete – bei aller Rücksicht auf die Schwierigkeiten der praktizierten Oral History – ein hilfreich erweiterndes Verständnis der Texte. Den wesentlichen Hintergrund für die Arbeit liefert ein Textkorpus von ca. 1.400 Seiten abgeschriebener Originalbriefe[100] sowie Originalbriefe selbst. Dabei machen die Briefe Stöltens an die Eltern (zumeist entweder an Vater oder Mutter, seltener an beide gemeinsam) aus den Jahren 1941 (seinem Kriegseintritt am 22. Juni, dem Tag des deutschen Angriffes gegen die

---

[100] Es ist das große Verdienst Uta Kesslers, den umfangreichen Quellenfundus in monatelanger Arbeit akribisch entziffert, abgeschrieben und geordnet zu haben. Dies erforderte Mut und Kraft, sich den traumatischen Ereignissen noch einmal intensiv zuzuwenden. Hiervon profitiert die vorliegende Arbeit in besonderer Weise.

Sowjetunion) bis Ende Januar 1945 (seinem Tod in den Abwehrschlachten um Ostpreußen) den größten Teil aus. Von den Briefen aus der Reichsarbeitsdienst- und Ausbildungszeit der Jahre 1940-1941 sind nur wenige Originale vorhanden. Bei den Briefen an die Eltern von 1941-1945 handelt es sich um über 800 Schreibmaschinenseiten, was einem durchschnittlichen Tagespensum von einer halben Schreibmaschinenseite allein in der elterlichen Korrespondenz entspricht, die im übrigen auch Briefe an die beiden Schwestern Uta und Geigi einschließt.

Tatsächlich wandte sich Stölten fast täglich schriftlich an seine Familie. In Krisenzeiten nahm die Schreibfrequenz noch zu, auch wenn die kommunikationsverstärkende Krise selbst in der Regel nicht direkter Gegenstand der Gesprächsführung wurde und oftmals bis heute nur aus anderem Kontext erschlossen werden kann.

An seine Freundin Dorothee Ehrensberger sind vereinzelt Briefe aus den Jahren 1942, 1944 und 1945 erhalten, der Rest der wohl umfangreichsten und zugleich intimsten Korrespondenz ging in Berlin bei Kriegsende verloren. Aus der gesamten Kriegszeit liegen hingegen Stöltens Briefe an seinen besten Freund Udo Schulz vor, der ebenfalls als Soldat diente und den Krieg überlebte. Ein weiteres, geschlossen erhalten gebliebenes schriftliches Gespräch führte Stölten in unregelmäßigeren Abständen von 1938-1944 mit seinem Patenonkel, dem Schriftsteller Dr. Victor Meyer-Eckhardt. Ergänzt wird die Briefsammlung durch vereinzelte Briefe an Personen, die ihm entweder weniger nahestanden[101] oder an die nur ein einziger (wenn auch wichtiger) Brief erhalten ist (etwa an den Verlobten seiner Schwester Uta vom Oktober 1944, an die Schwestern Dorothee Ehrensbergers oder an Stöltens Berliner Zeichenlehrerin).

Sehr wichtig für die Rekonstruktion seines Kommunikationsnetzes wurde die (in der Feldpostbriefforschung selten zu findende) Existenz der Gegenbriefe seiner Adressaten: Wenn auch nur in Bruchteilen noch zugänglich, illustrieren sie doch deutlich die Beziehungen der Personen zueinander. Insbesondere das zeitbedingte Interpretieren seitens der Eltern und ihre Verarbeitung der Kriegszeit konnte durch Tagebucheintragungen des Vaters, Notizen der Mutter und vereinzelte Briefe mitberücksichtigt werden (geschlossen erhalten geblieben ist jedoch allein die Korrespondenz aus dem Jahr 1943).[102] Erwähnung verdient auch die Korrespondenz zwischen dem

---

[101] Es handelt sich etwa um zwei Briefe an seinen Klassenkameraden Jürgen Maßmann, der am 18. Februar 1942 in Federowka/Rußland fiel.

[102] 1943 befand sich Peter Stölten zu Ausbildungszwecken in Eisenach. Die elterlichen

Vater, Dr. Wilhelm Stölten und seinem Kriegskameraden aus dem Ersten Weltkrieg, Dr. Victor Meyer-Eckhardt, die seit Herbst 1918 bis zum Tod Dr. Wilhelm Stöltens im Oktober 1945 fortgeführt wurde.[103]

Neben den Briefe liegen der Arbeit noch die Tagebücher Stöltens aus den Jahren 1940-1942 zugrunde, die er anfänglich ausführlich, später immer fragmentarischer »theoretisch viel zu faul, aber in der Überzeugung, etwas nicht geradezu Überflüssiges zu tun«[104], führte. Sie entwerfen aufgrund des Selbstdiskurses eine aufschlußreiche Gegenwelt zur präsentierten Befindlichkeit in den Briefen. Aus der Zeit der Vorkriegssozialisation geben Klassenaufsätze Aufschluß über Stöltens Stellungnahmen zu Themen wie: »Welche Gesichtspunkte leiten mich bei meiner Berufswahl« (August 1939) oder zunächst weniger ergiebig scheinenden Fragen wie »Wieviele Menschen müssen arbeiten, damit ich mein Frühstück essen kann?« (März 1937). Abgesehen etwa von der Auskunft, welchen Beruf sich Stölten etwa einen Monat vor Ausbruch des Zweiten Weltkrieges als Zivilist erträumte (er wollte Maler werden), geben die wenigen Schulaufsatzseiten doch ein lebendiges Zeugnis seiner ungewöhnlichen Vorstellungskraft und eines Lebensentwurfes, dessen Veränderung im Krieg sich später Brief für Brief vollzog.

Erhalten geblieben sind ebenfalls zahlreiche Notizen (etwa über das ›Glück‹ aus dem Jahre 1940), essayistische Reflexionen (*Gespräch*) über das Invasionserlebnis von 1944, sein Testament von 1944, eine selbstverfaßte ›Satire‹ als Reaktion auf seinen Eindruck bei der Niederschlagung des Warschauer Aufstands 1944 und einige Listen mit Gedichttiteln, die Stölten mit Dorothee Ehrensberger zu verabredeten Zeiten gemeinsam – wenn auch durch Tausende von Kilometern getrennt – lesen wollte. Auch diese ausgewählten Gedichte eröffnen einen Zugang zu seinen jeweiligen Befindlichkeiten; es

---

Briefe überlebten ihn und den Krieg in einer Offizierskiste, die er bei Verwandten unterstellte.

[103] Der Nachlaß des Schriftstellers Dr. Victor Meyer-Eckhardt wurde im Heinrich-Heine-Archiv, Düsseldorf, wo er sich vollständig befindet, eingesehen. Zu ihm gehören auch wenige Briefe von Margarete Stölten an den Freund ihres Ehemannes. Teil dieses Nachlasses ist zudem eine Korrespondenz von Peter Stölten mit seinem Patenonkel, die nicht in der von der Familie gesammelten Überlieferung enthalten ist. Im folgenden zitiert als NL Meyer-Eckhardt, HHI, Düsseldorf.

[104] Peter Stölten, Tagebuch 1940, S. 1. Weiter heißt es dort : »Ja, durch Erfahrung mit dem ausgebuddelten ersten Tagebuch belehrt […] beginne ich in bisher noch nicht erreichter kommißfeindlicher Stimmung und auf der ganzen Linie unausgeschlafen und angeödet, eben zur Sau gemacht, urlaubsverhindert, im schönen Soldatenstädtchen Neuruppin, im zentral gelegenen Kaffee Langermann bei für Friedenszeiten ordentlichem Kuchen, eben auch nur, weil es einmal sein muß und wenn die große Lust kommt, die große Zeit doch nicht da ist.«

ist von Bedeutung, wann Stölten zu hoher Literatur, etwa Eichendorff, Hölderlin, George oder Goethe griff. Zum weiteren Quellenbestand gehören zahlreiche Photos aus der Vorkriegs- und Kriegszeit, die Stölten zum Teil selbst (etwa beim Vormarsch in Rußland oder dem Warschauer Aufstand 1944) machte. Mehr als mit der Kamera verarbeitete der ›Augenmensch‹ Peter Stölten[105] aber seine Welt und sich in ihr durch Malerei und Zeichnung. Zahlreiche Karikaturen noch aus der Schulzeit, Entwürfe seines zukünftigen Traumhauses, anspruchsvolle Aquarelle, Ölgemälde[106] und Skizzen befinden sich im Privatbesitz Kessler/Ehrensberger und geben auf sehr besondere Art Zeugnis seiner Auseinandersetzung insbesondere mit dem Krieg gegen die Sowjetunion.

An weiteren Dokumenten bis heute zugänglich sind die Geburtsurkunde aus dem Jahre 1922, Urkunden zur Verleihung des Verwundetenabzeichens und des Eisernen Kreuzes II. Klasse nach den Invasionsereignissen 1944, die Todesnachricht durch den zuständigen Kommandeur und die Todesanzeige der Eltern. Noch einmal wichtig für eine Einschätzung seiner Person durch andere wurden die Kondolenzbriefe zahlreicher Personen an die Eltern Stölten, auch wenn diese in der vorliegenden Arbeit nicht zitiert werden.

Um aus diesem vorhandenen Material das herauszuarbeiten, wonach und wie die jeweiligen Zeugnisse sinnvollerweise zu befragen sind, und welche Reichweite den jeweils gewonnenen Ergebnissen zukommen könnte, mußte es zunächst unter wechselnden orientierenden Begriffen wieder und wieder gelesen bzw. betrachtet werden. Die meisten der verwendeten Begriffe zielten auf Wahrnehmungen und Deutungen des Krieges und der Rolle des Autors. Sie richteten sich auf die Ebene der Gefühle und Stimmungen, auf die Verstandesebene, auf tiefer verwurzelte Mentalitäten, aktuelle Einschätzungen und Beurteilungen, Erlebtes und dessen Verarbeitung zu Erfahrungen sowie Zukunftserwartungen. Dabei mußte zwischen den einzelnen orientierenden Begriffen deutlich theoretisch differenziert werden. Gefühl und Stimmung etwa unterscheiden sich ihrem Wesen nach, ebenso kann von der Gefühlsebene nicht kausal auf die Mentalitätsebene geschlossen werden:

> Am historischen Beispiel: Aus *Kriegsbegeisterung* in Deutschland zu Beginn des Ersten Weltkrieges ließe sich so wenig auf eine entsprechende *Kriegsmentalität* schließen wie umgekehrt aus mangelnder Kriegsbegeisterung zu Beginn des Zweiten Weltkrieges auf eine vergleichsweise tiefer wurzelnde Distanz, eher war

---

[105] So in einem Gespräch charakterisiert von Dorothee Ehrensberger.
[106] Einige Gemälde befinden sich heute auch im Besitz des Heinrich-Heine-Instituts, Düsseldorf und des Deutschen Historischen Museums, Berlin.

sogar das Gegenteil der Fall [...]. Mag, grob vereinfacht, die *Stimmung* im Verlaufe des [Zweiten, A. I.] Krieges anfangs widerwillig, später durchaus begeistert und schließlich fatalistisch bis verzweifelt gewesen sein, so blieb ungeachtet dieser Konjunkturen die *Loyalität*, also eine tiefer verwurzelte Art von Bindung, der Wehrmachtssoldaten doch erstaunlich konstant und lange wirksam.[107]

Die Suche nach dem verallgemeinerbaren Subtext von Feldpostbriefen ist auch deswegen schwierig, weil die Mehrzahl der Briefe von Alltäglichem handelt. Wer über diese Alltäglichkeiten hinausgelangen will, muß sich von der Textgrundlage entfernen und ihre Leerstellen interpretieren. Kohut und Reulecke problematisierten dieses Dilemma in ihrem Aufsatz über die letzten Briefe aus Stalingrad und formulierten ihre Arbeit deshalb ehrlicherweise als Bemühen, »zwischen den Polen einer Konstatierung des Trivialen und einer nicht mehr vertretbaren Spekulation hindurchzusteuern.«[108] Dieses Dilemma wird ebenso im folgenden interpretativen Teil der Arbeit spürbar.
Er nähert sich der Person Peter Stöltens durch einen Blick auf seine Generation. Dem schließt sich ein Abriß der Biographie Peter Stöltens an. Diese aufgreifend wird das persönliche Verhältnis Stöltens zu seinen wichtigsten Korrespondenzpartnern skizziert und daran anschließend sein ›Ist-Zustand‹ am Vorabend des ersten Kriegseinsatzes charakterisiert. Damit scheinen die möglich erscheinenden Vorarbeiten für den Eintritt in die Kriegswirklichkeit Peter Stöltens geleistet.

---

[107] Latzel führt die Notwendigkeit einer klaren Begriffsklärung am Beispiel von Wettes Schlußbetrachtung zur Edition Andere Helme – Andere Menschen, S. 329-348, aus und bezieht sich auf dessen These von S. 335. Siehe Latzel: Kriegserlebnis, in: MGM 56, 1997, S. 5. Zur Kritik am Topos der allgemeinen Kriegsbegeisterung vom August 1914 siehe Michael Jeismann: Das Vaterland der Feinde. Studien zum nationalen Feindbegriff und Selbstverständnis in Deutschland und Frankreich 1792-1918, Stuttgart 1992, S. 301f.

[108] Thomas Kohut/Jürgen Reulecke (Hg.): »Sterben wie eine Ratte, die der Bauer ertappt.« Letzte Briefe aus Stalingrad, in: Jürgen Förster (Hg.): Stalingrad. Ereignis – Wirkung – Symbol, München 1993, S. 456-471, hier: S. 459.

C Die Korrespondenz Peter Stöltens als exemplarische Kriegsbiographie

I. Peter Stölten

I.1. Stöltens Generation

Peter Stölten gehört als Kind des Jahrganges 1922 einer Generation an, der bis zu Rosenthals Studie über die von ihr so benannte »Hitlerjugend-Generation« kein besonderer generationeller Stil zugeschrieben wurde. Wurde die ›Frontgeneration‹ (also die zwischen 1890 und 1900 Geborenen) als eine entwurzelte klassifiziert, »die vom Kriege zerstört wurde, auch wenn sie seinen Granaten entkam«[1], und kam der ›Kriegsjugendgeneration‹ (also den zwischen 1900 und 1910 Geborenen) nicht nur weil sie numerisch überlegen war, sondern auch wegen ihres spezifischen Erlebnishintergrundes die größte Bedeutung zu[2], so finden sich über die ›Nachkriegsgeneration‹ Stöltens wenig

---

[1] Erich Maria Remarque widmete seinen Roman *Im Westen nichts Neues* dieser Generation mit den oben zitierten Worten. Erich Kästners *Fabian* (1931) oder Hans Falladas *Kleiner Mann, was nun?* (1932) sind nur Beispiele, wie sich inhaltlich und formal das neue Lebensgefühl dieser Generation nach verlorenem Krieg, Wirtschaftskrisen und sozialen Umstrukturierungen in den Prosatexten der Weimarer Republik niederschlug. Vgl. in diesem Zusammenhang die Studie von Sabina Becker/Christoph Weiß (Hg.): Neue Sachlichkeit im Roman. Neue Interpretationen zum Roman der Weimarer Republik, Stuttgart 1995.

[2] Vgl. dazu die Ausführungen von Ulrich Herbert: Best. Biographische Studien über Radikalismus, Weltanschauung und Vernunft, Bonn 1996, S. 43f. Herbert bezieht sich hierbei auf die Studien von Günter Gründel: Die Sendung der jungen Generation. Versuch einer umfassenden revolutionären Sinndeutung der Krise, München 1932. In diesen schreibt Gründel der Generation der Kriegsjugend aufgrund des Zusammenbruchs »der Welt der Väter«, aber auch wegen der »frühen Erschließung der Kinderseele für das große Ganze, für völkische, gesellschaftliche und schließlich auch internationale Belange und für das gesellschaftliche Erleben überhaupt« einen Hang zur Versachlichung zu. Ein »ausgesprochener Sinn für rationelle Methoden und das Ökonomieprinzip überhaupt« habe das Gesicht dieser Generation geprägt. Herbert sieht im ›Intelligenztäter‹ Best (1903-1989) einen typischen Vertreter dieses generationellen Stils. Hierbei interessiert besonders Bests bürgerliche Sozialisation als Sohn einer Beamtenfamilie, seine akademischen Orientierung (Rechtswissenschaften) und dann, befördert durch frühe Partei- und SS-Mitgliedschaft (1930/31) seine Karriere und die mit den Ämtern verbundenen Aktivitäten. Deren wichtigste Stationen waren: Polizeipräsident der Provinz Hessen, Hauptabteilungsleiter im Geheimen Staatspolizei-Amt, Verwaltungsleiter im Hauptamt Sicherheitspolizei in Berlin, Leiter des Amt II (Recht und Verwaltung) im Reichssicherheitshauptamt, Ministerialdirektor beim Militärbefehlshaber in Frankreich, dann Verwendung im Auswärtigen Amt und schließlich Reichsbevollmächtigter in Dänemark (November 1942 bis Mai 1945).

aufsehenerregende Analysen. Als eine Generation, die an den Krieg keine persönlichen Erlebnisse knüpfen konnte, der auch der Vergleich zur Vorkriegszeit fehlte, spielte sie in entsprechenden Studien nur eine untergeordnete Rolle.[3] Im Gegensatz zur »verlorenen Generation« der Frontjahrgänge und der »vaterlosen Generation« der Kriegsjugendlichen gelten für Stöltens Generation zunächst Sozialisationsbedingungen, die trotz Aufwachsens in der unruhigen Weimarer Republik frei von den Spannungen der beiden vorherigen Generationen war, bis die objektiv vorgegebene Geschichte gleichsam eine Biographie auf Befehl hervorrief.

Die Verwendung des Begriffes ›Generation‹ ist analog zu dem des ›generationellen Stils‹ als historische Kategorie schwierig,

> weil weder exakt definiert werden kann, was eine Generation jeweils ausmacht und definiert, noch die Auswirkungen einer kollektiven Generationserfahrung einigermaßen präzise herausgestellt werden und als solche von anderen Einflüssen getrennt betrachtet werden können.[4]

Dennoch bemühen sich insbesondere die Disziplinen Soziologie und Geschichtswissenschaft, diesen Begriff für ihre Forschungen nutzbar zu machen. Es gibt zahlreiche verschiedene Ansätze, die sich im wesentlichen durch zwei gegenläufige Tendenzen charakterisieren lassen: Gemeinsam ist beiden Theorien die Vorstellung, Generation als ein Aggregat von benachbarten Altersgruppen oder Geburtsjahrgängen zu begreifen, das sich in seinen charakteristischen Verhaltensmustern zu einem bestimmten Zeitpunkt von anderen Altersgruppen und der Alterskategorie früherer oder späterer Zeitpunkte unterscheidet.

---

[3] Vgl. Barbara Stambolis: Mythos, S. 2-26. Stambolis rekonstruiert u.a. durch Heranziehung zeitgenössischer Literatur die Sozialisationsbedingungen der Kriegsjugendgeneration und bestätigt die in Fn 2 referierte These Gründels. Nach Stambolis war diese ›vaterlose Generation‹ eine zutiefst politisierte. Dagegen war die Nachkriegsjugendgeneration zunächst unauffällig, bis auch ihr Leben spätestens ab 1939 zur fremdbestimmten Biographie wurde.

[4] Herbert: Best, S. 42. Es ist jedoch anzumerken, daß Herbert selbst, ohne es weiter auszuführen, mit dem Mannheimschen Ansatz einer »erfahrungskonstituierten« Generation arbeitet, indem er an gleicher Stelle formuliert: »Als fruchtbarer erweist sich der Ansatz, wenn seine Verwendung auf solche Fälle begrenzt wird, in denen ›Generation‹ auf evidente Weise als historisch wirkungsmächtiger Faktor hervortritt, wenn nämlich besonders bedeutsame und langfristig folgenreiche Ereignisse und Entwicklungen die Erfahrungen einer zu dieser Zeit heranwachsenden Altersgruppe geprägt und dadurch scharf von den Erfahrungen anderer Altersgruppen unterschieden haben.«

Im Gegensatz zu Vertretern dieses Generationendiskurses[5], richtet der zweite Ansatz seinen Forschungsfokus darauf, ob eine Generation ein gesamtgesellschaftliches oder eher schicht- und milieuspezifisches Phänomen darstellt. Innerhalb dieses Ansatzes dachte und forschte der Soziologe Karl Mannheim (1893-1947). Seine Generationstheorie (1928) erscheint daher tauglich für diese Studie, weil damit der historisch wirkungsmächtige Faktor ›Generation‹ besonders gut analysiert werden kann.[6] In Analogie zur Klassenlage führte Mannheim den Begriff der Generationslagerung ein.[7]

Damit bezeichnet ›Generation‹ nicht mehr eine konkrete Gruppe mit ausgeprägtem und bewußtem Gruppenverständnis, sondern wird zu einer allgemeinen Bezeichnung für die Zugehörigkeit aller einzelnen Mitglieder einer Gesellschaft zu einer bestimmten altersmäßigen Lebensgemeinschaft, die durch gemeinsame soziale und geschichtliche Erfahrungen, Erziehungsstile und Lebensführungen gekennzeichnet ist. Durch diese Generationslagerung werden Individuen verwandter Jahrgänge »auf einen bestimmten Spielraum möglichen Geschehens«[8] festgelegt. Dieser wiederum beschränkt die jeweiligen Individuen auf »eine spezifische Art des Erlebens und Denkens, eine spezifische Art des Eingreifens in den historischen Prozeß«.[9] Parallel nimmt eine derartig gelagerte Generation am gleichen Abschnitt der kollektiven Geschichte teil und lebt damit vor einem vergleichbaren Erlebnis- und Erfahrungshintergrund.

Entscheidend ist, ob an diesen prägenden Erlebnissen bereits in der Jugend oder erst im Alter partizipiert wird, denn die in der Jugend meist unreflektierte Aufnahme von Einstellungsmustern hat die Tendenz, sich als »natürliches Weltbild«[10] festzusetzen. Von einem Generationszusammenhang, einer Generation als historisch wirkungsmächtigem Faktor, kann nach Mannheim erst dann gesprochen werden, wenn aus der gemeinsamen Erfahrungsschichtung gemeinsame Einstellungen, Verhaltensdispositionen

---

[5] Vgl. dazu Hans Jaeger: Generationen in der Geschichte. Überlegungen zu einer umstrittenen Konzeption, in: Geschichte und Gesellschaft, 3, 1977, S. 429-452, hier: S. 430ff. Der ausgeführte Generationsansatz läßt sich zurückführen auf Auguste Comte, der 1848 erstmals die Generationsfolge systematisch als Motor des historischen Fortschritts untersuchte.
[6] Vgl. dazu Herbert: Best, S. 42.
[7] Zum folgenden siehe Karl Mannheim: Das Problem der Generationen (1928), in: Martin Kohli, (Hg.): Soziologie des Lebenslaufes, Darmstadt 1978, S. 38-53.
[8] Martin Kohli (Hg.): Lebenslauf, S. 41.
[9] Ebd.
[10] Ebd., S. 47.

und Handlungspotentiale folgen. Letztere bezeichnet er als ›Mentalität‹. Weil sie durch das Leben von Individuen in der Gesellschaft zustande kam, kann sie auch nur unter Bezugnahme auf die gesellschaftlichen Bedingungen, in denen die Individuen leben, erklärt werden. Eine Generation kann in ›Generationseinheiten‹ zerfallen, wenn innerhalb einer gesellschaftlichen Gruppe die Verarbeitung der prägenden Ereignisse und Erfahrungen aufgrund zuvor tradierter Einstellungsmuster (etwa religiöser Art) zu einer gruppenspezifischen Variante der kollektiven Mentalität einer Generation führt. Weil die Mentalität eines gesellschaftlichen Subsytems ebenso wie die selten anzutreffende kollektive Mentalität meist eine unreflektierte Orientierung ist, fehlen ihr zumeist Systematik und innere Logik.

Welche Ereignisse sind es nun, die eine derart prägende Wirkung haben, daß eine Generationslagerung zur wirkungsmächtigen Generation wird? Jaeger vermutet, daß »ausgesprochene Generationsbrüche, die eine Gesellschaft im ganzen zu erfassen vermögen, [...] wohl nur im Gefolge von einschneidenden historischen Ereignissen wie Kriegen, Revolutionen und wirtschaftlichen Krisen großen Ausmaßes« entstehen.[11]

Peter Stölten erlebte einen solchen Generationenbruch und hat ihn in aller Deutlichkeit formuliert: »In jedem Fall scheint mir das Leben dieser [seiner, A.I.] Generation von Katastrophen bemessen.«[12] Generationenfragen haben ihn beschäftigt. Bei der Bewältigung seiner Krise an der Invasionsfront in der Normandie 1944 hat er Vorstellungen von Eigenheiten seiner Generation entwickelt, die im folgenden noch dargestellt werden. Dabei mögen Anregungen zu diesen Überlegungen aus dem ungewohnt nahen Zusammenleben mit Angehörigen anderer Generationen (und Schichten) in der Wehrmacht eine Rolle gespielt haben. Dies war eine gewöhnungsbedürftige Erfahrung für Stölten. Kritisch reflektierte er arrogantes Auftreten seiner eigenen Jahrgangsangehörigen gegenüber Älteren.[13]

---

[11] Jaeger: Generationen, S. 451.
[12] Peter Stölten an Dorothee Ehrensberger, Brief vom 31. Dezember/1. Januar 1944/45.
[13] »Wenn es dunkel ist, pflegt sich die Besatzung in Ruhe auf dem Turm zu unterhalten. Die Mischung ist nicht schlecht im Wagen: Der Fahrer Rudi, Typ des Westfalen, durch nichts zu erschüttern, von Beruf Schmied. Oskar, der Richtschütze, künftiger Gastwirt im Schwarzwald. Bubi, unser Ladeschütze, der noch ohne Stimmwechsel für 14 gehalten wird und ein hübsches, launisch-verwöhntes schlaues Früchtchen darstellt, ist Stuttgarter Autoschlosser. Die Perle ist ein selten hervorragender Leutnant, Hamann, gerade, gerecht, tüchtig. Er hat es als Volksschüler zu einem hervorragenden Bauingenieur gebracht, beim Kommiß ja auch recht weit und man merkt überall die solide Tüchtigkeit und Festigkeit, mit der er sich ein klardurchdachtes Leben aufgebaut hat. Die Stifte meines Jahrgangs, die sich etwas früh als Herren fühlen, wirken teilweise recht lächerlich

Die Altersschichtung unter den Wehrmachtsoldaten etwa erstreckte sich in der Endphase des Krieges von 16 bis 68 Jahren. Auch in diesem Sinne war die bewaffnete Macht heterogen. Ca. 1,5 Millionen Soldaten waren noch vor 1900, ca. 650.000 waren 1926 oder noch später geboren. Im Jahr 1944, Peters ›Katastrophenjahr‹, in dem die Lebenserwartung eines Leutnants statistisch gesehen nur neun Wochen betrug[14], setzte sich die Hälfte sämtlicher aktiver Wehrmachtssoldaten aus den Geburtsjahrgängen 1921 und jünger zusammen. Die vor 1904 Geborenen stellten nahezu genauso viele neue Soldaten wie die dazwischen liegenden Jahrgänge.[15]

Die Kampfkraft der Wehrmacht in der Schlußphase des Krieges litt u.a. auch unter der Einziehung sehr junger Jahrgänge, die in Beurteilungen – etwa für Angehörige des Jahrgangs 1926 im Bereich der 4. Panzerarmee im Mai 1944 – als »schlapp« bezeichnet wurden. Obwohl beratende Psychiater beim Armeearzt »hohes Schlafbedürfnis mit abnormen Schlaftiefen« und fehlende Einsatzfreude nach durchkämpften Nächten als altersgerechtes Verhalten erklärten und sogar aus medizinischen Gründen für eine spätere Abstellung dieses Jahrgangs an die Front plädierten, wurde diese Anregung vom OKW nicht aufgenommen. Im weiteren Verlauf des Jahres 1944 wurde sogar der Jahrgang 1927 zum aktiven Wehrdienst eingezogen.[16]

I.2. Zur Biographie Peter Stöltens

Peter Stölten wurde am 1. November 1922 als erstes Kind des Studienrates Dr. phil. Wilhelm Stölten (1890-1945) und der Lehrerin Margarete Stölten geb. Krautwurm (1897-1983) in Apolda geboren. Die Eltern waren als junge Leute Anhänger der Jugendbewegung[17] gewesen; der Vater hatte

---

daneben, wie z.B. Schlenzig, der einen KOB-Kollegen als Burschen genommen hat, der älter ist als er.« Peter Stölten an seine Familie, Brief vom 10. August 1942.

[14] Zahl nach Michael Salewski: Deutschland und der Zweite Weltkrieg, Paderborn 2005, S. 320.

[15] Zahlen nach Kunz: Wehrmacht, S. 255f. Zu den Folgen, etwa der Koordinierung der Einziehungen, siehe ebd., S. 159f.

[16] BA-MA, RH 2/8471, RH 20/485. Bericht Dr. habil Wilke vom 6. Mai 1944 sowie Anschreiben des Armeearztes vom 6. Juni 1944.

[17] Die Jugendbewegung in Deutschland ist ein singuläres Phänomen, das aufgrund der besonderen politischen und gesellschaftlichen Entwicklung seinerzeit weder Vorbilder noch Nachahmer im Ausland hatte. Vgl. hierzu: Werner Kindt (Hg.): Dokumentation der Jugendbewegung 3. Die deutsche Jugendbewegung 1920-1933. Die bündische Zeit. Quellenschriften, Düsseldorf 1974. Im vorliegenden Fall handelte es sich um den Bund

als Soldat – wenn auch aufgrund eines Herzleidens nur im Landsturm dienstfähig – den Ersten Weltkrieg mitgemacht.[18] Der Freundeskreis der Eltern Peter Stöltens umfaßte in der Apoldaer Zeit Angehörige akademischer und anderer Berufe. Hier begann die lebenslange Freundschaft zwischen

deutscher Jugendvereine (B.d.J.). Dr. Wilhelm Stölten gibt in seiner Schrift »Aus meinem Leben. Euch meinen lieben Kindern erzählt zur bleibenden Erinnerung« selbst einen Hinweis auf die – für bürgerliche Schichten zeittypische – Anziehungskraft der Jugendbewegung und Volkstumsarbeit: »Wir standen unter dem Zeichen einer neuen Zeit, welche die Älteren noch nicht begriffen […]. Etwas Neues wollte werden. Wir sahen, die ganze alte Bürgerwelt konnte es nicht geben. Wir suchten das Neue schon in der schlichten Kleidung. So sind wir damals losgezogen, Margarete im Kleid aus gröbstem weinroten Leinen mit grünem Muster, handbestickt, ich in kurzen Hosen und im Russenkittel mit goldbraunem Samtkragen. Wir sind heute geneigt, darüber zu lachen wie über eine Mode. Aber hinter dieser Tracht stand mehr. Diese einfachsten Kleider konnte ein jeder tragen, auch der Arbeiter, auch das Bauernmädchen. Durch nichts wollten wir anders sein. Nur in der Verbindung mit allen Schichten, in der Gleichstellung mit allen Brüdern und Schwestern des Volkes auch in den äußeren Dingen des Lebens schien uns ein Wiederaufstieg möglich. Das Bürgerkleid schien uns Sinnbild einer durch den Weltkrieg überwundenen Zeit, die nur zur Trennung der Volksschichten hatte führen können. […]. Hier war Jugend, bereit in Reinheit und Wahrheit einen Weg deutscher Zukunft zu finden« (S. 75-76). Vgl. weiterhin: Wilhelm Stölten: Der Bildungsbegriff in der evangelischen Jugendführung, in: Wilhelm Stählin (Hg.): Vierteljahresschrift für die Praxis der evangelischen Jugendarbeit, Jg. 1929, Heft 2, S. 33-43 (Privatarchiv Kessler). Obwohl Dr. Wilhelm Stölten die im Nationalsozialismus angestrebte Einebnung der Volksschichten in die Volksgemeinschaft eigentlich entgegenkam, war dieser Berührungspunkt mit den neuen Machthabern doch nicht groß genug. Im Gegenteil, schon früh nahm er deutlichen inneren Abstand zum Regime: »Wir standen in den letzten Wochen ganz unter dem Eindruck der politischen Vorgänge. Wie bei jeder grossen Wende werden einem die Augen aufgetan für vieles, was man bis dahin doch nicht richtig sehen konnte. Aber so sehr ich mich mühe, dem Nationalsozialismus gerecht zu werden, so sehr ich vieles bewundere, was er in Wochen schafft, während die anderen es nicht in Jahren zu Wege gebracht haben: Über eines komme ich nicht hinweg und empfinde es immer neu als trennende Wand: Das Zurückstellen des Menschlichen und Geistigen und die allzulaute Betonung, ja Verherrlichung der Gewalt. Es kann kein Staat ohne Gewalt leben, ja sie ist gewiß der Kern seines Wesens, aber es muss sein eine von den Gesetzen des allgemein Menschlichen gebändigte Gewalt. Es war wohl nur durch Gewalt ein neuer Boden zu schaffen, wie die Verhältnisse sich entwickelt hatten, aber Gewalt muss Dienerin bleiben der höheren Aufgabe, nie Kern, nie Idol!! Und da sehe ich die Gefahr des Neuen, das ich sonst in vielem als gesunden Gegenschlag gegen liberalistische, die persönliche Verantwortung scheuende, die harte Selbstzucht des in Verantwortung Stehenden wirklich übende Strömungen empfinde und begrüße! Ich denke, wir gehen da gleich!… Wie mag es Dir gehen?« Dr. Wilhelm Stölten an Dr. Victor Meyer-Eckhardt, Brief vom 27. April 1933, NL Meyer-Eckhardt, HHI, Düsseldorf.

[18] Am 23. Februar 1915 wurde Dr. Wilhelm Stölten eingezogen, war lange Zeit auf einem Dolmetscherposten (französisch) im Gefangenenlager bei Kassel tätig und zuletzt Vizewachtmeister bei einer Etappenfuhrparkkolonne in Rußland, wo er Zeuge der Revolution wurde.

Dr. Wilhelm Stölten und dem bekannten Theologen Moritz Mitzenheim, später Mitglied der Bekennenden Kirche und von 1949-1970 Landesbischof der Evang.-Luth. Kirche Thüringens sowie zu Wilhelm Stählin, 1926-1958 Professor für Praktische Theologie in Münster und von 1944-1952 Bischof der Evang.-Luth. Kirche in Oldenburg. Tätiges Christentum, Dienst am Menschen und Freude an gedanklichem Austausch hatte in der Familie Stölten Tradition.[19]

Zwei Jahre nach der Geburt des zweiten Kindes, Peters Schwester Uta, siedelte die Familie 1927 nach Berlin-Schlachtensee über, wo der Vater bereits 1926 die Direktion einer Heimfrauenschulstiftung[20] übernommen hatte, die er bis zu seinem Tod 1945 leitete.[21]

---

[19] Der Vater Dr. Wilhelm Stöltens, Lic. theol. h.c. Hermann Otto Stölten (1847-1928), war zunächst Pfarrer in Tautenburg bei Jena und von 1896 bis 1919 Superintendent in Gerstungen an der Werra gewesen. Hermann Otto Stölten hat sich in beiden Verwendungen durch große soziale Leistungen verdient gemacht; in Tautenburg etwa durch seine Beteiligung beim Bau der Kirche oder die Einrichtung einer ›Sommerfrische‹ als zusätzliche Erwerbsquelle für die Bauern des kleinen Ortes (prominenter Gast war 1882 Friedrich Nietzsche, der hier vergeblich Lou Andreas-Salomé zu gewinnen hoffte) sowie 1905 in Gerstungen durch die Gründung einer Schule. Insbesondere die Schulgründung in einer Phase, als die Gemeindeschulden Gerstungens auf die für damalige Verhältnisse erhebliche Summe von 26.000 Reichsmark gestiegen waren, setzte Verhandlungsgeschick und Initiative voraus. Die Abstufung des Schulgeldes nach Höhe des elterlichen Einkommens war seinerzeit beispiellos. Vgl. zu den genannten Ereignissen Gerhard Schaumann: Tautenburg bei Jena. Kulturgeschichte einer thüringischen Sommerfrische, Bucha bei Jena 1998, S. 59-86 sowie Gerhard Rösing: 1250 Jahre Gerstungen. Ein Heimatbuch, Ringgau-Datterode 1993, S. 170-176. In Gerstungen verbrachte Dr. Wilhelm Stölten auch seine Kinderjahre. Er war das jüngste von fünf Geschwistern. Sein Studium der Theologie, Germanistik und Geschichte absolvierte er von 1910 bis 1914 an den Universitäten in Jena, Heidelberg und Berlin. Diese Fächer lehrte er auch als Studienrat in Apolda, bevor er später in anderer Verwendung nach Berlin kam. Die nachfolgend zitierte Losung der Grabinschrift Hermann Otto Stöltens war auch Dr. Wilhelm Stölten innere Verpflichtung. Sicher ist sie ebenfalls für die Erziehung Peter Stöltens maßgeblich gewesen: »Wer ein Amt hat, der warte sein und diene nach seinen Kräften. Wer etwas weiss, was gut ist und lehrt es nicht, der begeht Sünde.« Grabinschrift zitiert nach: Rösing: Gerstungen, S. 3.

[20] Der Zweck der Mathilde-Zimmer-Stiftung war der eines modernen Pensionats. In vierzehn Einrichtungen, über das ganze Reich verstreut, sollten »junge Mädchen durch Gemeinschaft zu Gemeinsinn geführt werden, um die weibliche Jugend auf ein verantwortungsvolles Leben in Familie und Gesellschaft vorzubereiten.« Aus: Blätter aus der Mathilde-Zimmer-Stiftung, Dr. Wilhelm Stölten zu seinem 100. Geburtstag, 82. Jg., Nr. 4, Berlin 1990, S. 2 (Privatarchiv, Kessler).

[21] Zur Frage der Frauenbildung in der Stiftungsarbeit siehe »Die Aufgabe der Frauenoberschule. Ein Wort zur Klärung«, Dr. Wilhelm Stölten, in: Die Erziehung. Monatszeitschrift für den Zusammenhang von Kultur und Erziehung in Wissenschaft und Leben (Hg: A. Fischer), Leipzig, o.J., S. 171-183 (Privatarchiv, Kessler).

Der Sohn Peter wuchs behütet im Kreise dieser Eltern und (mit der Geburt seiner zweiten Schwester, Anna Katharina, ›Geigi‹, 1933) zweier Schwestern auf. Die Familie bewohnte von 1936 bis 1962 ein Haus mit großem Garten im bürgerlichen Stadtviertel Berlin-Zehlendorf. Peter Stöltens Erziehung war von Kindheit an sehr stark bildungsbürgerlich geprägt, so daß schon dem Neunjährigen Goethe ein Begriff war, und er anläßlich von dessen 100. Todestag im Jahre 1932 Familie und Nachbarskinder mit einer selbsterdachten Gedenkfeier überraschte. Noch ein Jahr vor Ausbruch des Zweiten Weltkrieges verbrachte er im Rahmen eines Schüleraustausches einen Sommer in Norwegen.[22] Zeitbedingte Konturen erhielt sein Leben mit dem Eintritt in die Marine-HJ.[23]

Mit Ausbruch des Zweiten Weltkrieges wurde Peter Stölten aus seinem häuslichen Milieu herausgerissen. Schon im September 1940 legte er vorzeitig freiwillig sein Notabitur ab und leistete anschließend zwei Monate lang Reichsarbeitsdienst in Iglau. Dabei teilte er mit seiner gesamten Gymnasialklasse die Furcht, der Krieg könne vorbei sein, ehe man selbst zum freiwilligen Einsatz kommen könne. Stölten begründet seinen Erlebnishunger mit »der Hoffnung auf manches Abenteuer und manches Erlebnis und moralischen Nutzen und auch, um das Abi zu sparen.«[24]

Ab Anfang Dezember 1940 wurde Stölten, gerade achtzehnjährig, bei einer Panzereinheit (3. Panzer-Ersatz-Abteilung 5)[25] in Neuruppin als Kriegsoffi-

---

[22] Aus dieser Zeit existiert ein mit zahlreichen Zeichnungen angereichertes Reisetagebuch, in dem Stölten humorig und pointiert seine Eindrücke in Norwegen schilderte (Privatarchiv Kessler).

[23] Die Marine-HJ war ein eher elitärer Teil der Hitlerjugend. Sie war in Stöltens Wohnviertel aus diesem Grund und wegen der Nähe zu den Berliner Seen beliebter als die gewöhnliche HJ. Peter Stölten empfand die Teilnahme als Dienst: »Die Wochen jetzt waren eröde, aber für die Ferien habe ich phantastische Hoffnungen. Denn ich hoffe, daß ich Zeit habe (selbst die allgewaltige HJ hat erstaunlicherweise auf ihren Dienst verzichtet). Und das ist das Beste, was man haben kann.« Peter Stölten an seinen Patenonkel Dr. Victor Meyer-Eckhardt, 23. Dezember 1939, NL Meyer-Eckhardt, HHI, Düsseldorf. Vgl. zur Hitlerjugend allgemein und ihrer Stellung im Gefüge von Partei und Staat die Studie von Arno Klönne: Hitlerjugend. Die Jugend und ihre Organisation im Dritten Reich, Hannover 1960, insbesondere S. 36ff.

[24] Peter Stölten im Rückblick auf diese Phase während seiner Rekrutenzeit in Neuruppin, Tagebuchnotiz, Dezember 1940.

[25] Diese Panzereinheit war Teil der 3. Berlin-Märkischen Panzerdivision. Zur Geschichte der Division und ihrer Einsatzorte im Krieg vgl. Georg Tessin: Verbände und Truppen der deutschen Wehrmacht und Waffen-SS im Zweiten Weltkrieg 1939-1945, Osnabrück 1973, Bd. II, S. 173 ff. Peter Stöltens jeweilige Einheit konnte durch die Erinnerungen von Uta Kessler und Dorothee Ehrensberger sowie durch die erhalten gebliebenen Feldpostnummern auf seinen Briefumschlägen nachfolgend rekonstruiert werden. Diese

ziersbewerber zunächst zum Funker, dann als Kradfahrer ausgebildet. Im Juni erlebte er mit seiner Truppe beim Marsch durch Polen den »Warthegau«, jedoch nicht wie erwartet als Funker in einem Panzerwagen, sondern als Beiwagenfahrer beim Kradmelderchef. Südlich von Brest-Litowsk war er am 22. Juni 1941 einer von 3,6 Millionen Soldaten, die den Vernichtungskrieg gegen die Sowjetunion führen sollten. Als Kradmelder war er nun Angehöriger der 4. Panzerkompanie des 6. Panzerregiments. Dieses gehörte zur 3. Panzerdivision unter Generalleutnant Model, die ihrerseits der Panzergruppe 2 unter Generaloberst Guderian unterstellt und damit Teil der Heeresgruppe Mitte war. Der Vormarsch erfolgte unter z.T. schwersten Gefechten südlich der sog. »Moskauer Rollbahn« (auf der Route Sluzk, Bobriusk, Rogatschew, Slobin, Mogilew, Kritschew, Roslawl, Klimowitschi, Starodub, Unedscha, Nowgorod-Sewersk, Krolewez, Konotop, Guchow) bis Orel. Im September 1941 begann die Schlammperiode.

In dieser Zeit erkrankte Stölten schwer an Furunkulose, die erst ab Mitte Oktober in einem Lazarett nahe Orel unzureichend behandelt wurde. Teils in LKWs, teils im Güterzug erfolgte sein Rücktransport ins Lazarett Neuruppin über Briansk, das komplett zerstörte Roslawl, Smolensk, Warschau, Salzburg und Berlin. In einer Genesendenkompanie wurde er zum Gefreiten und Ausbilder im Nachrichtenzug der Panzer-Ersatz-Abteilung 5 befördert.

Bis Anfang Juli 1942 blieb Peter Stölten jedoch überwiegend schwer krank und fand nach einem zweiwöchigen Erholungsurlaub in Berlin nur unter Schwierigkeiten seine ursprüngliche Einheit im Einsatzgebiet wieder. In einer längeren Irrfahrt reiste er ganz auf sich gestellt (über Przemysl, Lemberg, Kiew, Dnjepropetrowsk, Melitopol, Perekop, Alexandrija (Krim), Dschan-

meist fünfstellige Zahl folgte keinem sinnvollen Ordnungssystem und diente Tarnungszwecken. Siehe dazu: Norbert Kannapin: Die deutsche Feldpostbriefübersicht 1939-1945, Bd. I-III, Osnabrück 1982. Noch während des Krieges gegen die Sowjetunion schrieben Soldaten der Stöltenschen Division ohne offiziellen Auftrag über ihren Vormarsch im Sommer 1941 ein ›Gedenkbuch‹. Dieses bietet bei aller Versuchung zur Legendenbildung eine interessante Quelle von Stöltens Divisionskameraden, weil hier die Ereignisse, die auch Stölten beschreibt, aus einem anderen Winkel und in der Retrospektive von 1942 präsentiert werden. Zudem unterlegen viele Photos, z.B. von (ungeliebten) Vorgesetzten, die in Stöltens Berichten auftauchen, Namen mit Gesichtern. In dem Kreise ehemaliger Angehöriger der auch Berliner ›Bären-Division‹ genannten Stöltenschen Einheit entstanden in der unmittelbaren Nachkriegszeit Memoiren, Gedenkbücher und sogar eine monatlich erscheinende Zeitschrift, die ergiebige Quellen für die Kriegsrezeption ehemaliger Soldaten in der jungen Bundesrepublik sind. Vgl. Hilfsgemeinschaft der ehemaligen 3. Panzer-Division (Hg.): Mitteilungsblatt der Vereinigung Bärenfreunde e.V. Berlin, 1955f. sowie Traditionsverband der Division (Hg.): Geschichte der 3. Panzer-Division. Berlin-Brandenburg 1935-1945, Berlin 1967.

koj, Stalino, Sinielkowo, Artemowsk, Lisitschansk und Uspenskaja) bis in die Gegend von Nowotscherkask, wo er endlich auf seine Abteilung stieß. Die Suche, die länger als zwei Wochen dauerte, zeigt einerseits eine überraschende Unordnung der Verbände, andererseits aber war sie Auswirkung der militär-politischen Vorgabe, die Kohäsion in Einheiten auch über längere Zeit und Schwierigkeiten zu wahren, um den einzelnen Verband damit zu einer Kameradschaft zu formen.[26]

Mit seiner wiedergefundenen Einheit wurde Stölten im August 1942 an den Ilmensee (Nowgorod) verlegt. Wegen zweier Abszeßoperationen (vermutlich im bei Nowgorod gelegenen Lazarett Pordow)[27] als Folge der gerade verheilten Furunkulose kehrte er bereits Ende September in die Panzertruppenschule Zossen nach Deutschland zurück, wo er einen Offiziers-Anwärter-Lehrgang besuchte. Innerhalb kurzer Zeit wurde er dort mehrfach befördert, so daß er, gerade zwanzigjährig, bereits Leutnant war. Bei der Panzer-Versuchs- und Ersatzabteilung 300 in Eisenach[28] erprobte

---

[26] Weil die Größe der militärischen Verbände mit Anonymität einherging, wurde traditionell im deutschen Heer die Etablierung und Aufrechterhaltung von Bezugsgruppen gefördert. Die persönlichen Bindungen dienten der Kampfmoral des Einzelnen und sollten dem Soldaten in der Fremde einen sozialen Schutzraum gewähren, in welchem er sich geborgen und dem er sich zugleich persönlich verpflichtet fühlen sollte. Im Idealfall durchliefen die Männer nicht nur die gleiche Ausbildung, sondern dienten danach auch in derselben Einheit. Verwundete konnten darauf hoffen, nach ihrer Gesundung wieder zum gleichen Truppenteil zurückzukehren, auch wenn dies in der Praxis (wie im Falle Stöltens) oft auf erhebliche Schwierigkeiten stieß. Der von Shils und Janowitz in ihrer Primärgruppen-Theorie entwickelten und später zugespitzten These, die Kampfkraft des deutschen Heeres habe maßgeblich auf diesem inneren Sozialgefüge beruht (vgl. Bartov: Hitlers Wehrmacht, S. 57f.), widerspricht Bartov entschieden. Denn die Kampfkraft der Wehrmacht sei gerade in den Phasen hoch gewesen, in denen das innere Sozialgefüge wegen der hohen Verluste chaotisch war und sie aber eigentlich – folgt man der These Shils' und Janowitz – konsequentermaßen niedrig hätte sein müssen. Daß sich trotz fehlender Bezugsgruppe die Entschlossenheit zum Kampf im Verhältnis zu dessen offensichtlicher Aussichtslosigkeit steigern konnte, macht nach Bartov andere Erklärungsfaktoren notwendig, etwa die zunehmende Ideologisierung, die die fehlende reale Bezugsgruppe durch eine ideelle ersetzte. Es wird abschließend zu klären sein, ob sich für Bartovs These in den Zeugnissen Stöltens Anhaltspunkte finden lassen. Vgl. Bartov: Hitlers Wehrmacht, S. 59ff.
[27] Laut Schreiben des Landesamtes für Gesundheit und Soziales/Berlin, Abt. IV-Referat Krankenbuchlager vom 31. März 1998, liegen dort keine Krankenunterlagen über die Lazarettaufenthalte Peter Stöltens vor. Sie gingen vermutlich im Krieg verloren. Pordow scheint jedoch das einzige Lazarett bei Nowgorod gewesen zu sein, in dem Hautkrankheiten behandelt werden konnten.
[28] Zu Einsatzorten und Geschichte dieser Abteilung vgl. Georg Tessin: Verbände 1973, Bd. 9, S. 68.

Stölten die neu entwickelten Funklenk-Panzer[29] und wurde im Laufe des Jahres 1943 zum Spezialisten dieser technischen Neuentwicklung ausgebildet. Im Juni des gleichen Jahres räumte er mit schweren Fahrzeugen an der durch Bomben zerstörten Edertalsperre und wechselte im September zum I. Panzer-Lehrregiment auf den Truppenübungsplatz Fallingbostel. Dieses Regiment gehörte zur bekannten Panzer-Lehr-Division, deren Aufgabe es war, die zu erwartende alliierte Invasion aufzuhalten.[30]

Zu diesem Zweck hielt sich Stölten Anfang des Jahres 1944 u.a. in Verdun auf, bildete aber noch im Frühjahr im Burgenland Soldaten aus, diesmal an den neuesten Tiger-Panzern.[31]

Ab Mai war Stölten mit der Panzer-Lehr-Division bei Paris und im Département Eure-et-Loire und überlebte als einziger Offizier seiner Abteilung[32] die Invasion im Zentrum des Geschehens (Saint-Lô, Tilly, Caen). Bis Ende Juli lag er mit schweren Kopf- und Augenverletzungen im Lazarett von Le Mans[33] und kehrte erst Anfang August zur Truppe zurück. Mitte August 1944 gehörte er zu den eilends zur Zerschlagung des Warschauer Aufstandes zusammengezogenen Wehrmachtstruppen und wurde bis zur Kapitulation der Stadt nochmals schwer von eigenen fehlerhaft funktionierenden Waffen verwundet.[34] Danach diente er zunächst als Verbindungsoffizier bei einem Divisionsstab in Ostpreußen und später als Troßführer. Nördlich der Rominter Heide geriet er in schwere Kämpfe mit der vorrückenden Roten Armee, bis sich seine Einheit im November in der Nähe von Rasten-

---

[29] Die Funklenk-Panzer waren eine deutsche Erfindung, mittels derer 200 kg Sprengstoff ferngesteuert zur Explosion gebracht werden konnten. Sie kamen erstmals im Warschauer Aufstand 1944 unter dem Decknamen ›Goliath‹ zum Einsatz und erwiesen sich dort oft als technisch unausgereift.

[30] Vgl. Franz Kurowski: Die Panzer-Lehr-Division. Die größte deutsche Panzerdivision und ihre Aufgabe: Die Invasion zerschlagen, die Ardennenschlacht entscheiden, Bad Nauheim 1964, sowie Helmut Ritgen: Die Geschichte der Panzer-Lehr-Division im Westen 1944-1945, Stuttgart 1979.

[31] Die Produktion eines Tiger-Panzers kostete 1944 rund 350.000 RM. Diese Zahl verdeutlicht, daß die Kommandeure eines solchen Panzers besonders gut geschult sein mußten. Vgl. Helmut Knittel: Panzerfertigung im Zweiten Weltkrieg. Industrieproduktion für die Wehrmacht, Bonn 1988, S. 52.

[32] Dr. Wilhelm Stölten an Dr. Victor Meyer-Eckhardt, 23. August 1944: »Er ist als einziger Offizier der ganzen Abteilung mit dem Leben davon gekommen!!! Ist das nicht grauenvoll??«, NL Meyer-Eckhardt, HHI, Düsseldorf.

[33] Diese Verletzungen zog er sich bei einem nächtlichen Unfall während einer unerlaubten Fahrt mit einem Krad zu und fürchtete lange, für das Dienstvergehen vor ein Kriegsgericht gestellt zu werden. Dieser Unfall wird in die Briefanalyse ausführlich einbezogen. Vgl. C IV.2.

[34] Es handelte sich um die bereits vorgestellten ›Goliaths‹.

burg neu formierte. Seinen letzten Heimaturlaub verbrachte Peter Stölten vom 9. bis 20. Dezember 1944 in Berlin. Am ersten Weihnachtsfeiertag wurde er mit seiner 4. Panzerabteilung 302 von Ostpreußen (Korschen) nach Polen (Przasnysz) verlegt. Die Abteilung war Ende November dem Generalkommando des Panzerkorps »Großdeutschland« truppendienstlich unterstellt worden und gehörte als Teil des VII. Armeepanzerkorps zum Armeeoberkommando 4.[35] In jener Zeit erfolgte Stöltens Ernennung zum nationalsozialistischen Führungsoffizier (NSFO).

Bis Mitte Januar 1945 blieb die Korrespondenz mit Familie und Freundin erhalten. Vom 14. Januar datieren seine letzten Briefe in Erwartung des, wie ihm bekannt war, übermächtigen russischen Angriffs, der bei Przasnysz am nächsten Tag erfolgte. Unter schweren Gefechten zog sich seine Einheit nach Norden Richtung Wartenburg zurück. Beim Gegenangriff auf das kleine Dorf Jadden (heute Gady), das von der Roten Armee bereits besetzt war[36], soll sein Panzer am 24. Januar 1945 in Brand geschossen worden sein. Jedenfalls hat sein Kommandeur in einem Kondolenzschreiben an die Familie Stölten seinen Tod mit diesen Angaben nahe gelegt. Peter Stölten wurde 22 Jahre alt.

I.3. Das persönliche Umfeld Peter Stöltens

Wenn im folgenden die Kriegskorrespondenz dieses jungen Mannes ausgeleuchtet werden soll, dann mag zuvor interessieren, welche Rolle seine Briefpartner im Leben Peter Stöltens spielten und über welche Beziehungsstränge diese Korrespondenz lief.

a) Der Vater: Dr. Wilhelm Stölten

Der vom Vater seinem Sohn zugeeignete Vers für das von den Eltern gemeinsam angelegte Tagebuch über Peters Entwicklung war charakteristisch nicht nur für die Glaubensvorstellung Wilhelm Stöltens, sondern auch für das Verhältnis zu seinem Sohn: »Weiss nicht, woher ich bin gekommen. Weiss nicht, wohin ich werd' genommen, doch weiß ich fest, daß über

---

[35] Zur 4. Panzer-Abteilung (Fkl.) 302 siehe Tessin: Verbände, S. 76.
[36] Jadden wurde an diesem Abend für wenige Stunden von der Wehrmacht zurückerobert, nur um am nächsten Morgen unter erneuten schweren Verlusten wieder in die Hände der Russen zu fallen. Vgl. BA-MA RH 20-4/612.

mir ist eine Liebe, die mich nicht vergißt.«[37] Diesen festen Glauben an die immer gegenwärtige Liebe Gottes, die »unser Leben in ihren Vaterhänden trägt«[38], bemühte er sich zeitlebens, in seinem Sohn zu wecken bzw. am Leben zu erhalten.

Die Frage nach Gott und insbesondere nach Gott im Krieg zog sich als wichtige geistige Konstante durch das Vater-Sohn-Verhältnis und begründete viele väterliche Ratschläge zu Peters Entwicklung oder allgemeinere, auch weltpolitische Einschätzungen.

Unmittelbar nach Peters Geburt legte ihm der Vater mit der genannten Zueignung absichtsvoll sein eigenes (protestantisches) Glaubensbekenntnis in die Wiege:

> Vergiß dies eine [die Liebe zu und von Gott, A. I.] nie, und Du wirst im tiefsten Herzen reich und glücklich Deinen Pfad wandern, auch wenn Dich Dein Geschick äußerlich nicht so in das ›Glück‹ hineinstellt, wie wir es Dir in dieser Stunde aus heissem Herzen wünschen.[39]

Als mit dem Ausbruch des Zweiten Weltkrieges »eine Zeit des Gerichtes über die Welt hereinbrach«[40], wirkte die väterliche Mahnung aus dem Jahre 1922 trotz gänzlich anderer Verhältnisse weiter. Demnach wurde der Krieg zu einer Art göttlichen Prüfung, »die die im Gang befindliche innere Wandlung, die Zeit-Alter-Wende außerordentlich beschleunigen wird.«[41] Es galt, so formulierte Wilhelm Stölten nicht nur in der Korrespondenz mit Peter, die Herausforderung zu bestehen, »alles schicksalhaft und gottgesandt zu nehmen« und »sein persönliches Schicksal auch noch im Untergehen gläubig in Gottes Willen zu stellen, im tiefen Wissen, ob wir leben oder sterben, so sind wir des Herrn.«[42] Beispielhaft soll dies eine längere Passage belegen, die kurz vor dem Beginn des Krieges gegen die Sowjetunion entstand.

> Denn es sieht ja so aus, als ob der männermordende Krieg noch länger dauern solle. Englands Widerstandskraft scheint noch ungebrochen, unsere Siege im Mittelmeer nicht irgendwie kriegsentscheidend. Das bleibt ein Nebenkriegsschauplatz, so schwer die Opfer sind, die dort gebracht werden! Was will Gott mit diesem gewaltigen Schicksal? Gewiß etwas ganz anderes als wir jetzt meinen. Aber

---

[37] Tagebuch für Peter Stölten, geführt von Margarete Stölten 1922 bis 1930, S. 1 (Privatarchiv Kessler).
[38] Ebd.
[39] Ebd.
[40] So eine Interpretation des Krieges in einem Brief an den Sohn vom 14. November 1943.
[41] Tagebuch Dr. Wilhelm Stölten, Brief vom 31. Dezember 1941.
[42] Dr. Wilhelm Stölten an Peter Stölten, Brief vom 5. September 1944.

ob nicht das Zertrümmern der russischen Macht noch in seinem Willen liegt? Und ob er dann nicht Wege findet, an die wir gar nicht zu denken vermögen, um dem Morden Einhalt zu gebieten? Und der Erde den Frieden zu schenken, den er will, den sie ersehnt? Mir gibt dieses Nicht-Wissen, dieses sichere Bewußtsein, immer überrascht zu werden von den Geschehnissen und sie <u>nicht</u> denkend vorher ergründen zu können, eine große innere Ruhe. All unser Wollen, all unser Sorgen ist letztlich aufgehoben in Gottes Willen!
In ihm stille sein, das ist die große Kunst, die man nie genug lernen kann!"[43]

Häufig empfahl er dem Sohn, um dessen verwildernde Entwicklung in Richtung eines »Räuberhauptmanns« er sich in Anbetracht der Kriegserlebnisse besonders 1943 große Sorgen machte, als Trost und Lebensorientierung geistliche Lektüre. »Lies einmal wieder das Evangelium. Das Bild Jesu wird Dir trotz allem Erleben der Zeit, wunderbar und groß vor Augen treten.«[44] Der Austausch zwischen Vater und Sohn war liebevoll und ernsthaft, aber – wie sollte es anders sein – auch nicht immer konfliktfrei, zumal dann, wenn Wilhelm Stöltens Verständnis von Gott ihn zu allgemeineren Überlegungen etwa über Kunst anregte, über die der Sohn, jung, neugierig und aufgeschlossen, ganz anders dachte:

> Und ebenso spürte ich, wie fast alle moderne Musik mit ihrem Wühlen im Disharmonischen, ihrem nie zu einem Ende kommen und linienlosen Dahinwühlen mir im Innersten fremd ist. Damit hat mein Herz zumeist nichts zu tun. Es scheint mir Musik der Enterbten zu sein, die Gottes Heimat und sein Vaterhaus verloren haben.[45]

»Linienloses Dahinwühlen«, unzureichende innere Gradheit und Willensstärke als Wesenszüge, die dem Vater »im Innersten fremd« waren: Dies verstand Peter indirekt als väterliche Vorhaltungen im Hinblick auf seine eigene Entwicklung im Krieg. Sie waren eine Zeitlang häufiger Gegenstand der Vater-Sohn-Korrespondenz. Peter Stöltens starke künstlerische Ambitionen, die ihn nach dem Krieg eventuell ›unbehauster‹, unbürgerlicher leben lassen würden, als es die eigenen Eltern vorlebten und wünschten, verunsicherten häufig sein Zutrauen in die eigene Bestimmung, die irgendwann einmal ausleben zu können ihm im Laufe des Krieges selbst immer unwahrscheinlicher wurde. In diesem Kampf mit sich selbst wurden seine Freundin, bisweilen auch sein Patenonkel, die wichtigsten Vertrauten.

---

[43] Dr. Wilhelm Stölten an Dr. Victor Meyer-Eckhardt, Brief vom 29. Mai 1941, NL Meyer-Eckhardt, HHI, Düsseldorf.
[44] Dr. Wilhelm Stölten an Peter Stölten, Brief vom 5. September 1944.
[45] Dr. Wilhelm Stölten, Tagebucheintrag vom 6. April 1944.

Peters Liebe zum allseits beliebten Vater, der Respekt vor ihm und seinem breiten kulturellen Wissen (gewiß auch eine damals sicher noch übliche scheue Zurückhaltung zwischen Kind und Eltern), verboten eine offene Meinungsverschiedenheit; dennoch waren neben großen Übereinstimmungen auch Divergenzen deutlich. Mit den zivilen Maßstäben der elterlichen Erziehung war die Kriegswirklichkeit des Sohnes kaum zu messen. Der Vater erhielt sein Bemühen in jeder Kriegsphase aufrecht, wollte damit Orientierung geben und die zu erwartende schwierige Wiedereingewöhnung in ein bürgerliches Leben nach Ende des Krieges vorbereiten.

Peter wünschte den väterlichen Erwartungen zu entsprechen, zumindest diesen Eindruck zu machen, und begehrte gegen die Anregungen, bisweilen auch Mahnungen, niemals auf.

Zuviel liebende Besorgnis sprach aus allen Zeilen, zu wichtig war die klare Anordnung der Dinge im Elternhaus, gerade weil die unmittelbare Kriegswirklichkeit Perspektiven grundsätzlich verrückte. Ein Beispiel mag an dieser Stelle genügen:

> So bist Du nun in Frankreich und lernst einmal ein anderes Land kennen. Wie gut, dass Du nun noch einmal Gelegenheit hast, Deine immer so vernachlässigten französischen Sprachkenntnisse aufzubessern [...]. Frankreich ist das Land des lässigen Genießerlebens. Sieh zu, dass Du davon nicht angesteckt wirst. Du brauchst ja auch nicht alles mit Deinen Kameraden mitmachen. Gib also nicht zu viel Geld für Alkohol aus und recht viel für Bleibendes.[46]

Ein weiteres wichtiges Thema der Vater-Sohn-Beziehung im Krieg war die verständliche Sorge, die lange Kriegszeit mit ihren geringen geistigen Anforderungen könne Peters Begabungen brachliegen lassen und damit der persönlichen Entwicklung des Sohnes schaden. So gingen aus Berlin immer wieder Ratschläge an die Front, die Militärzeit als Schule des Lebens zu nutzen. Damit verband der Vater mehr, nämlich Überlebensmut und Lebenswillen wachzuhalten:

> Du hast eine große Begabung. Nur in Verbindung mit der Zucht eines starken Willens wirst Du ihr das Werk abringen, das Dir genügt und Dich befriedigt. Du kannst jetzt Deine Begabung kaum schulen. So benutze die große Möglichkeit, die Dir das Militär schenkt, Deinen Willen zu stärken, indem Du ihn beugst. Das ist das, was diese Zeit an Dir hier will [...]. Lebenskunst heisst ja nichts anderes, als für jede Lage des Lebens das frohe, das richtige *Ja* zu finden.[47]

---

[46] Dr. Wilhelm Stölten an Peter Stölten, Brief vom 25. Januar 1944.
[47] Dr. Wilhelm Stölten an Peter Stölten, Brief vom 30. März 1944.

Gelang dies (und Peter bemühte sich gegenüber allen Korrespondenzpartnern ausnahmslos um ein frohes Bejahen der eigenen Situation), kam offenes Lob: »Prachtvoll, wie Du Dir diese tapfere Haltung erworben hast. Ich bin stolz auf Dich, das darf ich Dir ruhig sagen, und daß Deine Leute so an Dir hängen, erfüllt mich mit größter Freude. Das habe ich 1918 ähnlich erlebt.«[48]

Seinem Tagebuch vertraute der Vater an, »es wäre unausdenkbar, wenn auch dieser Krieg enden sollte wie 1914-1918«.[49] Doch auch als er offensichtlich nicht mehr zu gewinnen war, konstatierte er: »Das unbedingte Vertrauen in die Führung ist zerbrochen«.[50] Dennoch blieb die Maxime gültig, analog der religiösen Kriegsinterpretation: »Durchhalten, ertragen«[51], »und nicht meinen, wir könnten richtiger disponieren.«[52]

Das Attentat vom 20. Juli 1944 kommentierte der Vater in seinem Tagebuch daher mit Besorgnis:

> Anscheinend sehen sie [die Attentäter, A.I.] den Krieg für verloren an und wollen retten, was zu retten ist oder ihnen als rettbar erscheint. Aber das Ganze […] kann in diesem Augenblick nur zum Bürgerkrieg und zur inneren Zerspaltung führen und es schafft eine neue Dolchstoßlegende.[53]

Peter lag in dieser Zeit im Lazarett Le Mans, wo der feindliche Durchbruch in der Normandie tatsächlich als sicheres Anzeichen für den verlorenen Krieg gewertet würde. Leider liegt von Peter Stölten kein eigener Kommentar zum 20. Juli 1944 vor. Er ging in seiner Korrespondenz auch nicht auf

---

[48] Dr. Wilhelm Stölten, Brief vom 13. Juli 1944. In einem Brief an Dr. Victor Meyer-Eckhardt vermag Dr. Wilhelm Stölten dies noch klarer zusammen zu fassen. »[…] Ja, wir dürfen es sagen, wir haben eine große Freude an dem Jungen. Er hat es nicht leicht mit sich gehabt. Die Leidenschaften seines Wesens gingen oft stürmisch auseinander und wollten sich nicht in eine gemeinsame Form fügen. Wir haben vor Jahren rechte Sorge gehabt, ob er zur Bändigung und damit zur rechten Fruchtbarkeit käme. Es ist erstaunlich, wie ihn die Zeit männlicher Bewährung im Krieg hat wachsen, durch ihre ganz andere Art hat zu sich selbst kommen lassen, wie sie ihn äußerlich gehärtet hat, ohne daß das Innere von seiner strömenden und bewegenden Kraft verloren hätte. Es wird nur durch die harte Schale nicht mehr so sichtbar. In den Augen wohnt aber auch jetzt noch die ganze Wärme, ja Güte seines Herzens.« Brief vom 23. Februar 1943, NL Meyer-Eckhardt, HHI, Düsseldorf.
[49] Dr. Wilhelm Stölten, Tagebucheintrag vom 4. September 1941.
[50] Ebd.
[51] Dr. Wilhelm Stölten, Tagebucheintrag vom 26. April 1944.
[52] Dr. Wilhelm Stölten an Peter Stölten, Brief vom 5. September 1944.
[53] Dr. Wilhelm Stölten, Tagebucheintrag vom 21. Juli 1944.

einen Brief seines Vaters ein, in dem dieser u.a. geschrieben hatte: »Wie kann man die Front so gefährden?«[54]
Während der gesamten Kriegskorrespondenz blieb der Vater in seinen fast täglichen Briefen ein Erzieher im Hintergrund. Durch seine eigene Kriegserfahrung und seine Rolle als Mann fühlte er sich solidarisch mit den Leistungen und Aufgaben der jetzigen jungen Soldaten. Typischerweise fand diese Solidarisierung Ausdruck in Gemeinsamkeit herstellenden Pluralwendungen, die die Mutter immer vermied: »Die Landung ist den Engländern gelungen. Hoffentlich wird es uns gelingen, sie zurückzuwerfen.«[55] Gleichzeitig mahnte der Vater im jetzigen Krieg jenen Geist an, der ihn selbst und seinen eigenen Kameradenkreis im Ersten Weltkrieg anscheinend gekennzeichnet hatte:

> In der DAZ [Deutschen Allgemeinen Zeitung, A.I.] war in diesen Tagen ein interessanter Leitartikel über die gegenüber dem Weltkrieg so geänderte seelische Haltung des Soldaten. Es käme kaum mehr vor, daß einer Faust und Nietzsche und das Neue Testament im Tornister trüge. Stattdessen suche man die leichte spannende Lektüre, das 2-Groschenheft und im Radio die Tanzmusik.[56]

Es ist für den Kontext der Arbeit wichtig, diese Verknüpfung von humanistischer Bildung mit der Moral im Schützengraben im Blick zu behalten, denn dahinter stand die zeitgenössisch nationale Interpretation der Texte durch das Bürgertum, in dem der junge Stölten – ebenso wie seine beiden Eltern – groß geworden war. Die Rezeption klassischer Texte und ihre Instrumentalisierung für die Deutung der jeweiligen Gegenwart in der deutschen Geschichte ist ein wichtiges Phänomen, das bisher nur für einzelne Epochen aufgearbeitet ist.[57]

---

54 Dr. Wilhelm Stölten an Peter Stölten, Brief vom 21. Juli 1944. Dr. Wilhelm Stölten stand mit dieser Einschätzung nicht allein. Weite Teile der Bevölkerung, auch parteiferne, teilten sie. Neben der Angst vor einem Bürgerkrieg sprach daraus vor allem der Glaube, niemand anderes als Hitler selbst könne den Krieg beenden. Als die Welle der Erregung nach einigen Wochen abgeklungen war, setzte sich zunehmend die Einsicht durch, eine Chance zur Abkürzung des Krieges verloren zu haben. Vgl. zu den Reaktionen der deutschen Bevölkerung auf das Attentat vom 20. Juli 1944 die Ausführungen von Ian Kershaw: Der Hitler-Mythos. Volksmeinung und Propaganda im Dritten Reich, Stuttgart 1980, S. 186-191.
55 Dr. Wilhelm Stölten an Peter Stölten, Brief vom 11. Juni 1944.
56 Dr. Wilhelm Stölten an Peter Stölten, Brief vom 6. April 1944.
57 Rolf Günter Renner etwa untersuchte die Grundzüge und Voraussetzungen deutscher literarischer Rußlandbilder während des Dritten Reiches, in: Hans-Erich Volkmann (Hg.): Das Rußlandbild im Dritten Reich, Weimar 1994, S. 387-419. So formulierte ein Standardwerk der NS-Literaturgeschichte: »Dichtung wird als psychische Anthropologie

Vater und Sohn teilten eine gewisse Skepsis vor Wert und Charakter psychologischer Ansätze: »So fesselnd die Psychologie ist, so sehr betrachte ich sie als Pestbeule der Bildungskrankheit.«[58] Beide bevorzugten andere Formen der Verarbeitung und Auseinandersetzung als die der Selbstbespiegelung und sahen in dieser eher die Gefahr einer wenig zielführenden Introspektive, denn die Hoffnung auf Entlastung. Tätiges Wirken nach außen schien beiden schwer mit »archäologischer Seelenarbeit«[59] vereinbar.

Mit dem suchenden Griff in den bildungsbürgerlichen Fundus blieb Peter ganz seiner Erziehung verhaftet, auch wenn er als Kind seiner Zeit statt zu Nietzsche oder dem Neuen Testament zu Hölderlin, George oder etwa Weinheber griff.[60] Der Vater schloß fast jeden seiner Briefe mit »Gott schütze Dich« und schrieb freimütig über eigenes Unwohlsein oder die schwierige allgemeine Lage[61], wohingegen Peters Briefe, auch bei seltenem Erwähnen eigener Schwierigkeiten, ganz die Briefe eines Kindes an Eltern blieben, die um jeden Preis vor Sorgen geschützt bleiben sollten.[62]

---

angesehen […], die positiven Fragestellungen beginnen mit der rassischen Zusammensetzung der verschiedenen Völker, mit den Zusammenhängen von Rasse und Seele, Rasse und Weltanschauung, Rasse und Stil und den aus Erhellung dieser Bindungen hervorgehenden Folgerungen für den Charakter des Denkens und Dichtens einer Nation.« Zitiert aus: Julius Petersen: Die Wissenschaft der Dichtung – System und Methodenlehre der Literaturwissenschaft, Berlin 1944, S. 49.

[58] Peter Stölten an Dorothee Ehrensberger, Brief vom 12. August 1944.

[59] Freud war fasziniert von der Analogie zwischen dem historischen Schicksal Pompejis, seiner Verschüttung und späteren Ausgrabung, und den Phänomenen, mit denen er sich befaßte: der Verschüttung psychischer Inhalte durch Verdrängung und deren Wiederentdeckung im Vollzug psychoanalytischer Arbeit. Im Rahmen seiner psychoanalytischen Literaturinterpretation von Wilhelm Jensens Novelle ›Gradiva‹ bezeichnete er »Psychoanalyse als Archäologie der Seele.« Vgl. Sigmund Freud: Der Wahn und die Träume, in: W. Jensens ›Gradiva‹, Frankfurt a.M. 1995, S. 77.

[60] Goethe hatte für Vater und Sohn die gleiche tiefe Bedeutung. So schrieb Peter Stölten am 18. August 1944 an Dorothee Ehrensberger: »Die letzten Wahrheiten die wir suchen, dürfen wir auch nur vom Leben selbst erwarten. Denk doch an den Anfang des Faust und glaube mir, daß jeder Mensch, jeder der diese Bezeichnung verdient von allen, die ich kenne, so oder ähnlich erlebt. Jeden Menschen, den ich kenne, kenne ich verzweifelt.« Dabei bezog sich Peter auf folgende Stelle: »Und fragst Du noch, warum Dein Herz sich bang in Deinem Busen klemmt? Warum ein ungeklärter Schmerz Dir alle Lebensregung hemmt?«, Johann Wolfgang von Goethe: Faust. Der Tragödie erster Teil, Fausts Eröffnungsmonolog, Leipzig 1988, S. 18.

[61] »Von uns ist nicht viel Gutes und Erfreuliches zu berichten«, Dr. Wilhelm Stölten an Peter Stölten, Brief vom 6. April 1944.

[62] Geradezu unzählbar sind Wendungen wie »Meinetwegen braucht Ihr Euch keine Sorgen zu machen« (Peter Stölten an seine Familie, Brief vom 25. Juli 1944) oder »Denkt dabei nicht, daß ich bedrückt bin« (Peter Stölten an seine Eltern, Brief vom 8. September 1944).

Neben der Sorge um seine Familie beschäftigte Dr. Wilhelm Stölten insbesondere in den letzten beiden Kriegsjahren der aufreibende Kampf um den Erhalt seiner Stiftungshäuser, die vom Staat nach und nach beschlagnahmt wurden.[63] Bei Kriegsende waren nur noch zwei von vierzehn Häusern arbeitsfähig.[64] Bereits unmittelbar nach Kriegsende befaßte sich Dr. Wilhelm Stölten mit Plänen zu ihrem raschen Wiederaufbau. Dr. Wilhelm Stölten überlebte seinen Sohn nur um neun Monate. Er starb am 20. Oktober 1945 auf einer Dienstreise in Eisenach an einer bakteriellen Infektion, die nicht rasch genug behandelt werden konnte.

b) Die Mutter: Margarete Stölten

Übernahm der Vater in seiner Gesprächsführung mit Peter traditionell den gesellschaftlich-öffentlichen Part, so war die Mutter-Sohn-Kommunikation intimer und zärtlicher. Peter selbst faßte die Korrespondenz zu den Eltern in einem undatierten Brief an beide (nach Papier und Stift vermutlich vom September 1941) wie folgt zusammen:

> Mutti bringt das zu Hause und Zehlendorf mit seinen netten Leuten im engsten Sinne, beschreibt auch noch die allgemeine Lage in militärischer Hinsicht mit einem prima Riecher und schreibt so liebevoll, besorgt und in allem verbunden, wie es bestimmt keine Mutter schöner tun kann. Vati, der unbestrittene Könner, ist nicht so stetig, erweitert dies nach der einen oder anderen Seite, erfaßt alles mehr problematisch und von allgemeinen Gesichtspunkten, geht genau auf den Krieg ein, wie der Mann am Stammtisch (wenn auch nicht mit demselben Jargon) und erweist sich als, wie gesagt – Könner, ohne dadurch als guter Vater zu verlieren.

Peter verehrte seine »junge Mutter«[65] und als einziger Sohn und erstes Kind, das ihr zudem äußerlich ähnlich war, nahm er bei ihr einen besonderen

---

[63] Vgl. hierzu etwa den Brief Dr. Wilhelm Stöltens an Dr. Victor Meyer-Eckhardt, 21. September 1943, NL Meyer-Eckhardt, HHI, Düsseldorf: »Wir hatten eine scheußliche Zeit. Mir wird eines unserer Häuser nach dem anderen beschlagnahmt, in Eisenach allein 3 für die SS. Ich kämpfe wie ein Löwe darum, sie zu behalten. Aber das sind Belastungen!«

[64] Schon am 9. Juni 1945 appellierte Dr. Wilhelm Stölten in einem Rundschreiben an seine Kollegen wegen des Wiederaufbaus der Mathilde-Zimmer-Stiftung: »Uns selbst geht es allen gut, wenn die Zeit auch nicht leicht war [...]. Wir beginnen den neuen und hoffentlich erfolgreichen und guten Abschnitt in der Geschichte der Stiftung mit dem Bewusstsein, dass wir das schwerste Stück überhaupt noch vor uns haben, aber im gläubigen Vertrauen auf Gottes Führung, der das Werk bisher so sichtbar gesegnet hat, und des zu Ehren all unsere Arbeit letztlich geschieht« (Privatarchiv Kessler).

[65] So von ihm in einem Geburtstagsbrief an sie genannt. Zu diesem Zeitpunkt lag er schwerverwundet im Lazarett Le Mans. Vgl. Brief vom 27. Juli 1944.

Platz ein. Sie war es, die er in seinem Testament befugte, gegebenenfalls ungeschickt gewählte letztwillige Verfügungen noch zu korrigieren. Typisch für die enge Beziehung ist eine Briefpassage aus Peters persönlichem Katastrophenjahr (Einsatz bei Invasion und Warschauer Aufstand) 1944. Am 7. August, dem Geburtstag der Mutter, hielt er sich in Chartres auf und erlebte einen Bombenangriff auf die Stadt. Statt in einen Luftschutzbunker zu flüchten, blieb er allein im Kirchenschiff der berühmten Kathedrale zurück, denn ihm war, »als könne an einem solchen Tag [...] nichts passieren.«[66]
Es war besonders ihre Liebe, von der er meinte, dass sie ihn durch die Zeit trug. Nahezu täglich schrieb die Mutter und wählte anders als das förmlichere »Lieber Peter« des Vaters Wendungen wie »Mein geliebter Petsch« oder »Mein liebes Peterchen«. Der Ton ihrer Briefe war warm, stark und sehr persönlich.[67]
Ihre Handschrift war groß, ihre Feder so rasch wie die des Sohnes und las sich offensichtlich leichter als die anspruchsvollen, wenn auch nicht minder

---

[66] Peter Stölten an Margarete Stölten, Brief vom 10. August 1944.
[67] Davon zeugt auch dieser Briefausschnitt an Dr. Victor Meyer-Eckhardt, in dem Margarete Stölten über den Jahreswechsel 1940/41 reflektiert: »[...] und haben in der Silvesternacht in alten schönen Briefen von Dir gelesen, um mit Dir zu gehen durch das dunkle Tor in dieses schicksalsschwere Jahr. Möge es uns allen gnädig sein! Es glitt heran wie ein nächtliches Schiff voll dunkler Lasten, und ich konnte mich des Grauens nicht erwehren. Aber der Engel sang ja an Weihnacht: Fürchtet Euch nicht! Die Botschaft gab uns Gott, so wird auch das Herz wieder getrost und der Stärkung gewiß bei Stern und Krippe und das Wort uns schenken, so wissen wir auch den Weg und dass es der rechte ist. Die Weihnachtsfeier war schön wie immer, nur unser Peter fehlte uns, das machte alles schmerzlich. Er, der das Christfest immer aus tiefstem Herzen und mit gläubiger Hingabe erlebt hat, mußte ohne rechte Feier und in Häßlichkeit den Abend in der Kaserne verbringen. Wir alle besuchten ihn am 1. Feiertag in Neuruppin und konnten nur verständnislos den Kopf schütteln. Er hatte auch keinen Ausgang, auch seine Kameraden nicht, bei der am 24. angesetzten Spindkontrolle fand man einen kleinen Riß im blauen Auslegepapier, darauf wurde ihm, den anderen Freiwilligen wegen anderer Geringfügigkeiten, der Ausgang entzogen. Auch sonst war vieles unerfreulich, nur er selber bewundernswert ruhig und gelassen, so mußten wir es auch sein. Hoffentlich bleibt ihm sein Humor und sein Gleichmut erhalten. Ich war tagelang gänzlich verstört von den Eindrücken, und es ist ja schon genug, den Jungen in Uniform sehen zu müssen und denken, dass Krieg ist: Behüt o Gott, die achtzehn Jahr, der Tod war fern, nun ist er nah. Ach, Viktor, denk es und denk auch meiner mal, ich bitte Dich. [...] Uta entbehrt ihren Bruder sehr, und wir empfinden alle das stille Haus, da er mit seiner Dynamik fehlt, uns allen schmerzlich fehlt. Wilhelm geht es gut, er ist fleißig, stetig und ruhevoll unter der Wolke. Wir sagen ja schon lange, es ist genug, doch wird uns immer noch zugemessen. Dankbar sind wir, gesund zu sein, wenn wir des bitteren Vorjahres gedenken, und haben allen Grund dankbar zu sein, dass wir beieinander bleiben durften [...., A.I.]. In Liebe, Deine Margarethe.« Brief vom 3. Januar 1941, NL Meyer-Eckhardt, HHI, Düsseldorf.

sehnsüchtig erwarteten Zeilen des Vaters. Vor allem durch die Mutter blieb er, wo immer er gerade war, auf dem laufenden über das Befinden der Geschwister, des Hauskaters Pelle, den Blütenstand der Rhododendronbüsche im Garten und andere Vertrautheiten des Zehlendorfer Lebens. Sie legte Wert darauf, ihm trotz seiner Abwesenheit Konstanz zu vermitteln und ihn seines Platzes zu Hause zu versichern, wenn es zu Veränderungen gekommen war: »Um Dein Zimmer muß Dir nicht bange sein. Es fällt Dir sofort wieder zu, sobald Du kommst. Geigi ist stolz, an Deinem Schreibtisch zu arbeiten.«[68]

Während der Vater zu Beginn der Invasion schrieb, »aber es ist doch auch ein schönes Bewußtsein, an Eurem Frontabschnitt die Pläne der Engländer zu vereiteln«[69] und nur seinem Tagebuch tiefe Sorge anvertraute, gab die Mutter in einem Brief an Dr. Victor Meyer-Eckhardt ihren Ängsten offener Ausdruck:

> Freilich, der furchtbare Gott ist uns näher denn je in diesen Tagen des erbarmungslosen Weltgeschehens, das sich an uns vollzieht und unter dem auch ich zittere Tag und Nacht. Wir bangen um Peter, der in den vorderen Linien ist, und von dem wir seit dem 18. Juni keine Nachricht haben. Gott sei uns gnädig. Denkst Du auch an ihn, den guten armen Jungen, der mitten hineingerissen ist in das schreckliche Schicksal![70]

Häufig wiederholte sich, was der Grundtenor ihrer Kommunikation mit Peter während der gesamten Kriegszeit blieb: »Mögest Du heil bleiben an Leib und Seele.«[71]

Nicht die Haltung, nicht ob er Groschenromane oder Hölderlin las, war ihr in der Kommunikation mit ihm wichtig (diese Überlegungen wurden, vielleicht ja sogar zwischen den Eltern abgesprochen oder einfach nur der traditionellen Rollenverteilung entlehnt, von der Seite des Vaters übernommen), sondern schlicht seine innere Intaktheit im Alptraum Krieg: »Mögen alle grauenvollen Bilder aus der Seele weichen und die Kraft Deines Herzens wieder neu erwachen und sich wappnen weiterzubestehen wie bisher.«[72] Dabei schonte ihn allerdings auch die Mutter nicht über die Kriegswirklichkeiten der Heimat, so etwa nach einem Luftangriff am 24.

---

[68] Margarete Stölten an Peter Stölten, Brief vom 21. Oktober 1944.
[69] Dr. Wilhelm Stölten an Peter Stölten, Brief vom 6. Juli 1944.
[70] Margarete Stölten an Dr. Victor Meyer-Eckhardt, Brief vom 2. Juli 1941, NL Meyer-Eckhardt, HHI, Düsseldorf.
[71] Margarete Stölten an Peter Stölten, Brief vom 9. Juli 1944.
[72] Margarete Stölten an Peter Stölten, Brief vom 31. August 1944.

November 1943 mit den Sätzen »Berlin ist hin«. Er dagegen, überzeugt, daß »Mütter vom Vertrauen ihrer Kinder, vom Lieben und Raten können leben«[73], schonte sie, wo er konnte, und bezog sie in Herzensangelegenheiten ein, wo immer es ging. Ebenso wie in den Briefen des Vaters finden sich auch in den wenigen erhalten gebliebenen Briefen der Mutter keinerlei Anzeichen dafür, Peters Sprachstrategie der Verharmlosung, Fehlinformation und Phraseologisierung aufbrechen zu wollen. Seine formulierte Bejahung aller Lebenslagen wurde wohl in dem Wissen um das, was sie kostete und verschwieg, von den Eltern in der offenen Kommunikation mit ihm stehengelassen.

Margarete Stölten hielt die Familie nach dem Tod ihres Mannes zusammen. Da sie lange Zeit keine Witwenpension erhielt und die Konten gesperrt blieben, arbeitete sie in einer amerikanischen Heeresschule und durchlebte alle Schwierigkeiten der Nachkriegszeit. Den Tod ihres Sohnes hat sie nicht verwinden können. Neben allen naheliegenden Gründen hierfür mag eine Briefnotiz aus den Kriegsjahren einen Hinweis geben, weshalb Friede mit dem Verlust Peters im Krieg so schwer zu schließen war. Seinerzeit war gerade ein junger Student, Ernst Victor, der mehrere Semester im Haus Stölten gelebt hatte und zur Familie gehörte, in Rußland gefallen.[74] Margarete Stölten erbat eine Erinnerung aus seinem bescheidenen Nachlaß und machte sogar einen konkreten Vorschlag, nämlich ein bei Stöltens liegengebliebenes Buch:

> Vielleicht wären die Briefe von Franz Marc geeignet, er [Ernst Victor, A.I.] hat sie mit allerlei Strichen und Randbemerkungen versehen, und wenn man folgende 2fach angestrichene Stelle liest »*Ich verwinde Augusts [Macke, A.I.] Tod nicht. Wieviel ist uns allen verloren; es ist wie ein Mord, ich komme gar nicht zu dem mir sonst geläufigen Soldatenbegriff des Tods vor dem Feind und für die Gesamtheit. Ich leide schrecklich darunter.*« Ist's nicht wie für ihn? Hätte er leben dürfen fürs Vaterland.[75]

Es spricht einiges dafür, daß Franz Marcs Einstellung auch jene Margarete Stöltens war (und auch blieb), als die Nachricht vom Tod ihres eigenen Sohnes eintraf. Sie starb 1983 in München.[76]

---

73   Peter Stölten an Dorothee Ehrensberger, Brief vom 22. Dezember 1944.
74   Bei dem Studenten handelte es sich um einen Neffen Dr. Meyer-Eckhardts.
75   Margarete Stölten an Dr. Victor Meyer-Eckhardt, den Onkel des gefallenen E.V., 26. Januar 1942, Heinrich-Heine-Archiv, Düsseldorf.
76   Am 7. Dezember 1949 schrieb sie an Dr. Victor Meyer-Eckhardt: »Und wir? Wir leben in Frieden und Eintracht, wir 3 armen Frauen; und da einer nach dem anderen geht [..., A.I] unterscheide ich sie nicht mehr so, die Lebenden und die Toten. So ist alles ganz

c) Die Freundin: Dorothee Ehrensberger

Sein von ihm inszeniertes »Hans im Glück«-Image[77] unterlief Peter äußerst vorsichtig und meist hinterher auch schuldbewußt nur einer einzigen Person gegenüber: seiner Freundin Dorothee. Damit kommen wir zu der Beziehung, die den größten Raum in Peters Phantasie ausmachte und in ihrer Bedeutung als Kraftreservoir für seine psychische Konstanz, seinen Überlebenswillen und seine Hoffnungen auf die Zeit nach dem Krieg nicht hoch genug eingeschätzt werden kann. Brüche in seiner Wahrnehmung oder auftretende Tiefs finden ihre Erklärung weniger in Kriegserlebnissen als etwa im Ausbleiben oder Verlust von Dorothees Briefen: »Post, Post, Post! Ich lerne es langsam, mir vorstellen zu können, wie das wäre, wenn ich überhaupt keinen Brief mehr von Dir bekäme.«[78] Während seines Einsatzes im Warschauer Aufstand äußerte sich Stölten hinsichtlich der Wichtigkeit ihrer Post noch deutlicher:
»Ich bin froh eben nichts zu haben als Deine Briefe. Wenn ich da hungern müsste – unvorstellbar! Ich käme mir sicher vor wie in eine Kiste vernagelt, dunkel, verstaubt und heutzutage entbehrlich.«[79]
Die Begegnung mit der drei Jahre jüngeren Tochter des hohen preußischen Ministerialbeamten Otto Ehrensberger und seiner Frau Charlotte[80] in privat organisierten Tanzstunden war eine Liebe auf den ersten Blick, die durch den Ausbruch des Krieges und die damit verbundene Trennung jäh auf die denkbar schwerste Probe gestellt wurde. Sie wurde in seltener Weise

---

anders geworden, fremd und merkwürdig vertraut, ich selbst mir am fremdesten, doch im ganzen von schwereloser, merkwürdiger Heiterkeit.« NL Meyer-Eckhardt, HHI, Düsseldorf.

[77] So von ihm selbst in einem Brief vom 29. August 1944 aus Warschau an Dorothee Ehrensberger formuliert. In der Korrespondenz mit seinem Patenonkel benutzte er einmal die Formulierung, »daß ich Hans im Glück und Münchhausen nun beide zu schön gearbeiteten Säulen einer meiner Seelen erwählt habe.« Peter Stölten an Dr. Victor Meyer-Eckhardt, Brief vom 10. August 1943, NL Meyer-Eckhardt, HHI, Düsseldorf.

[78] Peter Stölten an Dorothee Ehrensberger aus dem Lazarett Le Mans, Brief vom 1. August 1944.

[79] Peter Stölten an Dorothee Ehrensberger, Brief vom 30. September 1944. Auf diese Passage wird im Zusammenhang mit seinem Tod noch zurück zu kommen sein.

[80] Otto Ehrensberger war als Jurist in leitender Funktion im Reichsinnenministerium tätig. Das Ehepaar bewegte sich in den Kreisen der Attentäter vom 20. Juli und war persönlich befreundet mit Yorcks. Glücklicherweise blieb die Familie Ehrensberger im Zuge der Ahndung des Attentats verschont. Das Ehepaar Ehrensberger hatte vier Kinder: drei Töchter Dorothee, Renate und Gudula sowie einen Sohn. Leutnant Bernd Ehrensberger fiel schon in den ersten Wochen des Rußlandkrieges im Alter von neunzehn Jahren auf dem Vormarsch bei Mogilew (Buinitschi).

bestanden: Gegenseitige Zuneigung ließ alles erträglich erscheinen, mit dem abwesenden Anderen wurde schriftlich alles wesentliche – so unvermögend es bleiben mußte[81] – empfunden und über Jahre hinweg ein gemeinsamer Raum erschlossen, in dem sich beide, zum Teil mehrmals täglich, schriftlich miteinander bewegten. Die wenigen ›realen‹ Begegnungen in den Elternhäusern oder bei einzelnen Besuchen (in ihren RAD-Lagern während einer Ausbildung) waren heiß ersehnte, wochenlang vor- und nachbereitete Ankerzeiten. Die politische Situation, die Gefahr, in der Peter sich befand, der Schrecken, dem er ausgesetzt war und den er als kämpfender Soldat in Feindesland auslöste, dies alles ging in den emphatischen persönlichen Ausführungen Beider nahezu komplett unter: »Wir wollen uns den Krieg klein und das Leben groß und leicht machen, dadurch daß wir eins sind.«[82]
Typisch waren Wendungen wie »Hast Du gestern Abend nach der Goebbels-Rede die wunderschöne Aufführung der 9. gehört?«[83] Nicht der Reichspropagandaminister, sondern Beethoven und dessen Wirkung bestimmte den weiteren Brief. »Wunderschön«, »herrlich«, »prima« waren überhaupt zentrale Vokabeln, insbesondere in Briefen von ihr an ihn:
»Denn ich will nicht mit Sorgen an die kommende Zeit denken. Vielleicht ist es sowieso unnötig und unberechtigt. Den Augenblick, den herrlichen, will ich voll und ganz genießen und mich am Leben, wie es sich mir bietet, freuen. Denn es ist schön.«[84]
»Peter, Du sollst mich wirklich immer nur so sehen, froh und strahlend! Ich bin es bei jedem Gedanken an Dich und darum bin ich es sehr oft.«[85] Diese Haltung entsprach ihrem Wesen, war aber auch die Rolle, die sie übernahm, um ihm zusätzlichen Mut zu geben. Umgekehrt sah sie ihn »irgendwie immer so kraftvoll, siegessicher und entschlossen«[86] und bewunderte, »daß Du das alles so aushältst«. Hielt er es bisweilen schlechter aus, so öffnete er sich wohl, bemühte sich aber stets, der kraftvolle und entschlossene Freund zu bleiben, um sie nicht zu beunruhigen und ent-

---

[81] Das Begrenzende dieser, wie jeder Korrespondenz, wurde besonders deutlich, wenn es einmal zu einem Konflikt kam, der auch deshalb sorgsam vermieden wurde: »Einmal in die Augen sehen und alles wäre in Ordnung sonst – so können die verdammten Worte alles dehnen.« Peter Stölten an Udo Schulz nach einer brieflichen Unklarheit mit Dorothee, Brief vom 1. Juni 1942.
[82] Dorothee Ehrensberger an Peter Stölten, Brief vom 8. August 1943.
[83] Dorothee Ehrensberger an Peter Stölten, Brief vom 20. April 1943..
[84] Dorothee Ehrensberger an Peter Stölten, Brief vom 17. Januar 1943.
[85] Dorothee Ehrensberger an Peter Stölten, Brief vom 23. April 1943.
[86] Dorothee Ehrensberger an Peter Stölten, Brief vom 15. April 1943.

schuldigte sich stets im nachfolgenden Brief für seine schwache Stunde.[87] Dann wünschte sie ihm »so sehr ein bißchen Ruhe, damit Du, wie ich, Dich so ganz am Leben freuen könntest.«[88] Angst war ein selten gebrauchtes Wort, der Tod ein Tabu, gleichwohl wurden in wenigen Briefen doch die besonderen Zeitzeichen scharf analysiert, dann aber wieder verworfen, da die vielleicht richtigen Diagnosen doch zu fürchterlich waren um sie zu ertragen: »Ob wir je die Frucht und den Sinn all dieser riesigen Opfer erfahren und erkennen? Beim Gedanken an die Zukunft kann mir oft so bang werden. Man darf einfach nicht daran denken.«[89] An anderer Stelle wird deutlich, daß sich beide dem Abstraktum *Zeit*, nicht etwa einer fragwürdigen Führung schicksalhaft ausgeliefert sahen und die furchtbarste Schlußfolgerung im Irrealis beließen:

> Die Zeit in ihrer Sinnlosigkeit, die erfüllt von Haß, Befeindung und Zerstörung sich gegen alles erwachende Leben und Aufblühen stellt, erlaubt Dir nicht, ach' uns allen Jungen nicht – den eigenen Weg, den schönsten, zu gehen. Ob sie uns jemals eine Erfüllung des Lebens gewähren wird oder wir vielleicht nur als Werkzeuge für irgendeine sinnlose Sache gebraucht werden? Wer weiß es??? Das letztere wäre furchtbar.[90]

Abgesehen von häufigen gemeinsamen Zukunftsbeschwörungen und alltäglichen Plaudereien führten die beiden auf hohem Reflexionsniveau Diskussionen über Dies- und Jenseitiges. Er liebte und brauchte ihre Vitalität und unbedingte Lebensbejahung, öffnete ihr Wege zur Dichtung und lobte ihre literarischen Versuche. Dafür erkannte und bewunderte sie seine künstlerischen Talente. Sie inspirierte ihn zu Bildern und blieb bis zum Schluß seine freimütige, aber auch begeisterte Kritikerin: »Du sagtest einmal, es war auf der Schemannzeile kurz vor unserem Haus, Du seiest der Kunst etwas schuldig, und Du wüßtest um diese Deine Schuldigkeit. Oh, vergiß es doch nur ja nicht.«[91] Als es im Jahre 1943 zu nicht unkritischen Vorhaltungen des Vaters an Peter kam, war sie es, die ihm den Rücken stärkte.

---

[87] »Du, ich dachte eben, daß ich lange nicht genug darauf bedacht war, Dir nur Freude zu machen im Urlaub und nehme es mir übel. Dann habe ich etwas Angst, daß Du zuviel nachdenken könntest über den langen Brief, was Frieden, Gleichgewicht und Glück in Dir stören könnte. Es wäre nicht zu ändern, doch bitte ich, daß es trotzdem nicht so sei.« Peter Stölten an Dorothee Ehrensberger, Brief vom 30. Dezember 1944.
[88] Dorothee Ehrensberger an Peter Stölten, Brief vom 5. Mai 1943.
[89] Dorothee Ehrensberger an Peter Stölten, Brief vom 12. Mai 1943.
[90] Dorothee Ehrensberger an Peter Stölten, Brief vom 13. Mai 1943.
[91] Dorothee Ehrensberger an Peter Stölten, Brief vom 3. Juni 1943.

Wenn auch ihr unbedingtes Ja zu ihm subjektiv war, so ist die folgende Briefpassage an ihn – abgesehen von den 1945 eintreffenden Kondolenzbriefen anläßlich seines Todes – doch die ausführlichste Charakterisierung seiner Person, die zugänglich geblieben ist.
Sie wird an dieser Stelle bewußt in Originallänge zitiert, damit Peter Stölten nicht nur an einzelnen Sätzen über sechzig Jahre später festgemacht wird, sondern auch mit den Augen einer Person vorgestellt werden kann, die ihn kannte – und liebte:

> Sollte ich Dich mit einer Landschaft oder so etwas vergleichen, so könnte ich es am besten mit dem Meer, dem wildbrausenden, das in der Tiefe, einer endlosen Tiefe, noch wallt und brodelt, da aber ruhiger und in langen weiten Bewegungen, in manchen Buchten ist kaum etwas von der Wellenbewegung zu merken, da ist das Wasser tief und ruhig. Und alles zusammen ist eine schöne, große Einheit, wenigstens wenn man die Tiefe betrachtet. Denn hier und da sieht man kleine, kräuselige Spritzer und Wellen, die zum Bild nicht notwendig sind, aber irgendwie vielleicht doch dazu passen und es vervollständigen. Ich glaube, daß Dein Vater, als er die Bezeichnung Räuberhauptmann definierte, die Sache viel ernster nahm als sie mir schien. Es mag aber wirklich sein, daß Dein manchmal recht wüstes Benehmen, was Du zu Haus anscheinend recht gründlich die Anderen spüren läßt, Deinen Eltern auf die Nerven fällt und sie sich drüber ärgern. Das Gefühl hatte ich aber ziemlich stark, daß Deine Eltern bei Dir den Räuberhauptmann groß geschrieben sehen, während ich ihn mehr so nebenbei und des öfteren antreffe. Aber weil er unbedingt zu Dir gehört und Du ohne ihn nicht wärest, was Du bist, möchte ich auch gar nicht, daß Du ihn ›ablegst‹, weißt Du? Du bist nun einmal so und ich meine, das, was in Dir innerlich brodelt, muß auch ab und zu nach außen hin herausbrechen, und wenn es auf keine andere Weise geht, dann eben in dieser Form des Räuberhauptmanns. Ich fand nun diese Bezeichnung ganz passend, auch so im Ganzen, nicht nur auf die Wildheit bezogen. Deine Selbstbewußtheit, Dein Weg, von dem Du Dich in nichts abbringen läßt, Deine energische Art, so etwas erinnert wohl an den Räuberhauptmann. Aber es ist kein guter Vergleich. Ein Räuberhauptmann kann nicht so sanft und zart und empfindsam sein wie Du.[92]

Die Passage ist auch deshalb aufschlußreich, weil Dorothee Ehrensberger hier eine Wahrnehmung von Peter formuliert, der er wohl selbst entsprechen wollte, und die er mit seinen Briefen gleichermaßen evozierte wie zu bestätigen suchte. Im Krieg, abgesehen von ein paar »kräuseligen Spritzern«, jene »schöne große Einheit« zu bleiben, für die er sich von ihr geliebt wußte, war sicherlich oft schwer und mag sein stetes Bemühen um Fröhlichkeit und Tapferkeit mit erklären. Dies hat ihn jedoch nicht davon abgehalten,

---

[92] Dorothee Ehrensberger an Peter Stölten, Brief vom 18. Juli 1943.

ihr mehr als jedem anderen Andeutungen darüber zu machen, was er an Greueln sah oder hörte.[93]

Dorothee Ehrensberger erlebte das Kriegsende in Traunstein, wo sie als Rot-Kreuz-Schwester in einem – dem Familiensitz benachbarten – Lazarett eingesetzt war. Hier erhielt sie auch Nachricht vom Tod Peter Stöltens. Dorothee Ehrensberger arbeitete nach dem Krieg viele Jahre, zuletzt in leitender Funktion, in der Musikredaktion des RIAS, Berlin, und lebt heute als Philanthropin wieder in Traunstein. Für ihr kulturelles Engagement erhielt sie zahlreiche hohe Würdigungen.

d) Der Freund: Udo Schulz

Peter Stölten und der ein Jahr jüngere Udo Schulz schlossen als Jugendliche in Zehlendorf Freundschaft und wurden beste Freunde. Für die vorliegende Arbeit standen indessen leider nur die zahlreichen Briefe Peters aus den Jahren 1941 bis Neujahr 1945 an diesen Freund, nicht dessen Gegenbriefe, zur Verfügung.

Die vertrauensvolle Zugewandtheit einer langjährigen Freundschaft unter jungen Männern macht die Stöltenschen Briefe aus. Sie waren naturgemäß frei von der in der Korrespondenz mit den Eltern beobachteten Rücksichtnahme. Die Briefe waren auch nicht an eine geliebte Freundin gerichtet, wie dies für den Briefwechsel mit Dorothee gilt. Damit eröffnen sie eine weitere aufschlußreiche Perspektive.

Udo Schulz gegenüber, so scheint es, konnte Peter weitgehend »frei von der Leber weg« (und gelegentlich mit Kraftausdrücken[94]) schreiben – tiefgreifend, geistreich und meist witzig.[95] Scherzhaft und sich von der im Na-

---

[93] Vgl. Peter Stölten an Dorothee Ehrensberger, Brief vom 11. November 1944, Einleitung, S. 4.

[94] »Keiner weiß, was los ist, wanns losgeht, wie lange die Scheiße jetzt und überhaupt noch währt.« Peter Stölten an Udo Schulz, Nordabschnitt der Rußlandfront, Brief vom 8. September 1942. Oder etwa am 18. Dezember 1941: »Ich habe schon im Voraus die Schnauze voll.«

[95] »Lieber Udo! Du bist raffiniert, wenn nicht sogar von einer gewissen Herzlosigkeit. Bei Deinen ›kriegerischen, protzigen Händeln‹ verschlechtert sich Deine Schrift unrettbar und beim 1. und 2. Mal liest man die merkwürdigsten Sachen, bebt und schwebt zwischen Angst und Hoffnung, liest Lob und Tadel und manchen bedeutenden Ausspruch, den Du gar nicht getan hast, wittert furchtbares Erleben und ist beim 3. Mal zufrieden, wenn sich alles glaubwürdig und vernünftig entwirrt, ist stolz auf seine Leistung und muß nur oben gesagtes wiederholen, da Du dadurch Deinem Brief die 3fache Länge gibst und ihm eine Sorge und unablässige Beschäftigung sicherst, der sich kein erster Liebesbrief rühmen kann.« Peter Stölten an Udo Schulz, Brief vom 1. Juni 1942.

tionalsozialismus üblichen Grußformel distanzierend, unterschrieb Stölten Briefe übermütigen und besonders phantasievollen Inhaltes an Schulz gern mit »Heil, Udo!« oder »Dreifach Heil, mein lieber Udo!«

Stölten scheint sich gegenüber seinem Freund um das Image des guten und beratenden, beinahe etwas überlegenen Freundes bemüht zu haben. Er hing an Udo Schulz und teilte ihm dies auch häufig mit – sei es im Wunsch, Schönes gemeinsam zu erleben[96] oder Aussprache und Trost zu suchen.[97] Verabredungen und Verläßlichkeit waren wichtig, Vertraulichkeit war Ehrensache. Schulz und Stölten teilten 1941 die Erfahrung des Rußlandkrieges, wenn auch in unterschiedlichen Abschnitten und Funktionen. Zu persönlichen Begegnungen kam es nur noch während kurzer Heimaturlaube. Schulz wurde mehrfach schwer verwundet und konnte daher später als Gefreiter ein Medizinstudium in Berlin aufnehmen. So entging er einer weiteren Verwendung als Soldat.[98] Er überlebte den Krieg und arbeitete bis zu seiner Pensionierung als Chefarzt.

Einem Brief an Schulz kann entnommen werden, daß Stölten zu Beginn des Rußlandkrieges das etwas männlich ausgekleidete Diktum des Panzergenerals Guderian für zutreffend hielt, wonach sich der Soldat mit jedem Vorstoß in Rußland der Heimat nähere.[99] Daß dieser Weg nicht leicht war, konnte Stölten Schulz gegenüber zugeben:

> Auch diesen Tag haben wir hinter uns gebracht – – wohl der Gedanke, den wir jetzt gemeinsam haben. Ich allerdings nur verhältnismäßig erträglich: Du kennst das schöne Wort ›Matsch‹. Ich bin gutes Anschauungsmaterial dafür, da ich mir heute abgesehen von Zehe und Finger beim MG-Schießen die Backe erfroren

---

[96] »Ich wünsche mir einen Fahrradsattel unter den Hintern und Dich neben mich!« Peter Stölten an Udo Schulz, ohne Datum, vermutlich 1943.

[97] »Es ist zum Kotzen, daß Du nicht einmal herkommen kannst. Ich brauchte Dich verdammt einmal – mehr denk darüber nicht.« Peter Stölten an Udo Schulz, Brief vom 16. November 1944.

[98] Er hatte daher sehr viel häufiger als Stölten Gelegenheit, Dorothee Ehrensberger in Berlin zu treffen. Es ist bezeichnend für das Vertrauensverhältnis beider Männer (und Peters und Dorothees), daß es hierüber nie zu Eifersucht kam. Vgl.: »Dorothee berichtete sehr ausführlich und noch mehr erfreulich über die mit Dir gemeinsam verbrachten Stunden. Deine Blumen, Deine Vase usw. Nicht zuletzt darum und der Art dieser Schilderung wegen waren die Briefe, die mich für heute glücklich machten, sehr schön. In Gedanken bin ich dabei und Du weißt, wie ich Dich beneide.« Peter Stölten an Udo Schulz, Brief vom 16. September 1944.

[99] Peter Stölten an Udo Schulz, Brief vom vom 2. Oktober 1941: »[…] und wenn wir nicht wüssten, daß wir uns mit jedem Meter, den wir uns in Rußland vorarbeiten, auch der Heimat näherten.« Guderians Originalzitat lautete demnach »noch ein kurzes Stößchen, dann geht's zum blonden Mädchen.«

habe, die nun aufgeschwemmt ist und wie ein fauler Apfel näßt und fault. Die geschilderte Fratze erzählt Dir weiter mit kohldampfgesättigtem Odem (letzterer der neue ewige Mittelpunkt unseres Denkens) [...].[100]

Dieser Briefausschnitt kann Zweifaches belegen: Er bestätigt die von Schikorsky beobachtete ›Poetisierung‹ in Feldpostbriefen[101], die dem sprachmächtigen Stölten immer, und so auch an dieser Stelle, besonders gut gelingt, indem er seine erfrorene Backe mit einem faulenden Apfel vergleicht. Der Ausschnitt belegt weiter, daß Stölten adressatenorientiert schrieb. Weder Eltern noch seine Freundin erfuhren von dieser Erfrierung und dem dezenten, gleichwohl deutlichen Hinweis auf die schlechte Verpflegungslage. In diesen Korrespondenzen herrschte aus Rücksichtnahme das vor, was Schikorsky ›Verharmlosung‹ nennt.

Stölten resümierte in einem Weihnachtsbrief an Schulz das Überleben des ersten Kriegshalbjahres in Rußland: »Was uns beiden geschehen ist, können wir ohne den kleinsten Vorbehalt nur ein Riesenglück nennen«[102] und gibt einen wichtigen Hinweis auf die durchschaute, beabsichtigte Wirkung insbesondere der elterlichen Post aus der Heimat ins Feld:

> Übrigens ist es ungeheuer, jetzt noch die Rußlandbriefe, gleich von wem, auf sich wirken zu lassen, da ja der weite Abstand und unsere, der Russenkrieger etwas arme, unrasierte und bedürftige Lage die in der Heimat dazu ermutigte, jede Geste der Liebe und Sehnsucht, die ja sonst kaum die Zeit zu solchem Wachsen hatte, ins Übergroße zu steigern, um uns aufzurichten.[103]

Stölten führt im gleichen Brief weiter aus, daß die Briefschreiber aus der Heimat seine (und auch Udos) Anpassungsschwierigkeiten an den Krieg überschätzten, ja, daß sie vielleicht gar nicht begriffen, »wie wir unsere bedürftige Lage nahmen und automatisch meisterten.« Es ist zunächst erstaunlich, daß Stölten sich hierüber wundert. Wie er seine Lage in Rußland

---

[100] Peter Stölten an Udo Schulz, Brief vom 21. Januar 1942. Es ist möglich, daß die beiden recht unvermittelt gesetzten Gedankenstriche eine Leerstelle markieren, die nach einem verabredeten Code zwischen Stölten und Schulz von letzterem zu deuten war. Dies war in der Feldpostkorrespondenz beider Weltkriege häufige Praxis. Vgl.: »Liebste Fanny! Leb wohl u. bleib gesund jetzt geht es nach Serbien. Wenn es mir gut geht mach ich immer drei ... wenn schlecht –.« Ernst Block an Fräulein Fanny Schmalz, 17. September 1915. Zitiert in: Ulrich: Augenzeugen, S. 78. Es liegt jedoch für den Stöltenschen Fundus kein Hinweis vor, daß solche Verabredungen existieren.
[101] Schikorsky: Kommunikation, S. 313.
[102] Peter Stölten an Udo Schulz, Brief vom 23. Dezember 1941.
[103] Ebd.

nahm, genauer: seine Darstellung den Eltern gegenüber, konnten jene, wie noch aufzuzeigen ist, seinen Briefen gut entnehmen. Seiner Post weniger entnehmen konnten sie jedoch die Dürftigkeit und damit Bedürftigkeit der Lage, da er diese verschwieg, verharmloste oder humorig darstellte. Dieser Umgang mit der »Bedürftigkeit«, jedenfalls gegenüber den Eltern, scheint ihm beim Verfassen seiner Zeilen an Schulz nicht mehr gegenwärtig zu sein. Er entzieht sich, weil nicht rechtzeitig versprachlicht, offenbar einem erinnernden Zugriff. Interessant ist auch der Hinweis auf das »automatische Meistern«. Immerhin handelte es sich um den Übergang vom zivilen, behüteten Leben in die Gewalterlebnisse des Vernichtungskrieges in Rußland. Stölten meisterte diesen Übergang, aber sicher nicht »automatisch.«

Der Übergang machte ihm zu schaffen, weil er dramatische Erlebnisse einschloß. In seinem Tagebuch notiert er etwa aus der Zeit des Vormarsches (Juli 1941), der die Phase umspannt, die auch im Brief an Schulz rekapituliert wird: »Hier nun das Gefecht von Slobin, wo die Kp. aufgerieben wurde.« Stölten bricht an der Stelle ab und vollendet erst zwei Monate später: »Es fehlt wieder viel, 2 Monate Rußland. Am schweren 6. Juli, als ich das Tagebuch mit einem Tag, allein mit dem Angriff auf Slobin hätte füllen können, dachte ich, das vergisst Du auch so nie, laß sein, – schildern kannst Du es gar nicht. – Doch nun merke ich, wie so vieles versackt […]. (Rest des Satzes wegen Papierbeschädigung unleserlich, A.I.).«

Hier ist offensichtlich ein ganz neuartiges Belastungserlebnis erfahren worden, das sich der Versprachlichung des sonst so wortmächtigen Stölten entzogen hat und nur in knappsten Worten notiert wurde. Eine Belastung ist – psychologisch gesprochen – eine Voraussetzung, um mit einem Bewältigungsversuch zu reagieren. Was nicht als belastend erlebt wird, bedarf nicht der Bewältigung. Über den Verarbeitungs- oder Anpassungsprozeß dieses Belastungserlebnisses hat Stölten sich gegenüber niemandem wirklich geäußert. Er hat ihn mit sich selbst ausgemacht, und seine innere Reaktionskapazität auf diese Art von Streß[104] war in der Tat groß. Er brauchte dabei, anders als später, noch keine Hilfe. Brieflich mitgeteilt hat er nur das Ergebnis: die Bewährung. Der innere Weg dorthin »versackte« wie das Erlebnis selbst.

---

[104] »Streß ist der Zustand eines Organismus, in dem er sein Wohlergehen (oder seine Integrität) als gefährdet wahrnimmt und glaubt, alle seine Kräfte für den Schutz dieses Wohlergehens (oder dieser Integrität) einsetzen zu müssen«, Humburg: Das andere Gesicht des Krieges, S. 208.

So wird verständlich, weshalb Stölten in seiner Eigenwahrnehmung von einer »automatischen« Meisterung schreiben kann. Der in jeder Beziehung besondere und »weite« Erfahrungsraum Rußlands, der Ort seiner Kriegsinitiation, blieb für Stölten fesselnd. Er empfand Schulz' zeitgleichen Aufenthalt dort als verbindend: »Schreib auch, wenn Du irgendwie Deine allgemeinen Ansichten über Rußland irgendwie änderst. Rußland interessiert mich brennend.«[105]

Als Stölten nach einer längeren Genesungspause im Juli 1942 nicht wußte, zu welchem Kriegseinsatz er am kommenden Morgen kommandiert würde (die Alternative waren Rußland oder eine aktive Neuruppiner Einheit an noch unklarem Ort), wünschte er sich die Ostfront, bot sie doch bei allem Schrecklichen immerhin schon Vertrautes, in dem er sich zurechtfinden würde: »So steht der künftige Kriegsschauplatz noch offen. Es kann durchaus die ganze ›bekannte‹ Welt sein […]. Wäre da nicht die Last der unbekannten Birkenkreuze längs der Rollbahn besser zu tragen?«[106] Schulz gegenüber äußert Stölten auch offen »mehr denn je sehne ich aber den Sieg herbei und die einmal fällige Entlassung, die das einzige Entrinnen aus dem Desaster gewährt, die uns wieder in einen Kreis führt, der nicht nur bestenfalls relativen sondern unbestrittenen Wert hat.«[107]

Diese Äußerung fällt in eine für Stölten individuell hohen Streßphase, allerdings nicht bei Fronterlebnissen, sondern ihrem militärischen Gegenteil: dem stumpfsinnigen, öden Exerzieren und Wacheschieben unweit der Ostfront in einer kurzen kampffreien Phase, die manch anderer – etwa ein Soldat wie Heinrich Böll – wohl als erholend, da ohne unmittelbare Gefahr, erlebt hätte.

Es wird im weiteren Verlauf der Arbeit immer wieder deutlich werden, daß Stölten Ruhephasen mental schlechter vertrug, als Kampf und Einsatz. Diese vermochten seine Stimmungstiefs durch Aktivität zu vertreiben, wohingegen die Ruhephasen im Kriegseinsatz (nicht die der Fronturlaube) ihn schwächten.

Stölten fühlte sich in der genannten kampffreien Phase in seine Rekrutenzeit zurückversetzt, die ungute Erinnerungen weckte.[108] Zudem war der Postverkehr unzuverlässig (»wir sind weiter auf dem Marsch ganz woanders hin

---

[105] Peter Stölten an Udo Schulz, Brief vom 15. Juni 1942.
[106] Peter Stölten an Udo Schulz, Brief vom 7. Juli 1942.
[107] Peter Stölten an Udo Schulz, Brief vom 30. Juli 1942.
[108] Davon wird unter C I.4 die Rede sein.

und entgleiten so weiter der Post, die schon 6 Wochen nicht mehr kam«)[109], was die Nerven zusätzlich strapazierte und in Gestalt der oben erwähnten Äußerung ein Ventil notwendig machte.

Stölten suchte, insbesondere als er mit Schulz nicht mehr das Soldatensein teilte, weil dieser – von Stölten durchaus beneidet – ein Universitätsstudium aufnahm, stets das Verbindende der Freundschaft: »In solchen Fällen wünsche ich im tiefsten Gespräch Dich herbei, mit dem ich wohl ruhiger, aber tiefer und voller Übereinstimmung an all die Dinge denke.«[110]

Wie in den folgenden Kapiteln noch dargestellt wird, machte Stölten Schulz zum Zeugen seiner eigenen Entwicklung. Die Trennung durch den Krieg bekümmerte Stölten. Er sorgte sich um ihre Folgen und wollte sie klein halten: »Wir waren noch nie so getrennt, und wenn wir einmal zusammenkommen wieder, werden wir doch hoffentlich das Gute noch finden und uns eine Reise zusammenbringen aus dem beiderseits Erlebten, die uns dann doch eine Zeit gemeinsam werden lässt, die es nicht werden sollte.«[111]

Ob Stölten tatsächlich noch die »schwersten Erlebnisse dieses Jahres« in Schulz' »Freundeshände legen« konnte, so wie er es sich in einem Brief an Dorothee wünschte[112], bleibt offen. Viel Zeit dazu gab es nicht mehr, denn Stölten starb schon neun Wochen später. Ebenso offen bleibt Stöltens eigene Frage: »Ob es ganz hülfe?« Man mag annehmen, es hätte nur teilweise geholfen. Geradezu hellsichtig und erstaunlich vorausschauend ist jedoch der Passus »was ich sicher in meinem Leben nicht mehr über die Lippen bekomme.« Hier greift Stölten einem Phänomen vor, das für die große Mehrheit der heimkehrenden Soldaten, mehr noch, für die Gedächtnisarbeit der Deutschen gelten sollte und unter Publikationen wie *Die Unfähigkeit zu trauern* (Mitscherlich, 1967) gern (und wohl nicht immer zutreffend) auf einen Punkt gebracht wird.[113] Vermutlich hätte Stölten in der Tat aber ebenso wie viele seiner überlebenden Kameraden Schwierigkeiten gehabt, jene Furchtbarkeiten in seinem Leben noch einmal »über die Lippen« zu bringen. Gleichzeitig hätte er, wäre ihm ein langes Leben vergönnt gewesen, wohl in der schmerzhaften Alterserfahrung der überwiegenden Mehrheit der Kriegszeitzeugen keine Ausnahme gemacht, daß Verdrängen nicht von

---

[109] Peter Stölten an Udo Schulz, Brief vom 30. Juli 1942.
[110] Peter Stölten an Udo Schulz, Brief vom 11. November 1943.
[111] Brief vom 8. September 1942.
[112] Siehe den zitierten Brief Stöltens an Dorothee Ehrensberger in der Einleitung dieser Arbeit. Dort auch die folgende Frage Stöltens.
[113] Vgl. Alexander und Margarete Mitscherlich: Die Unfähigkeit zu trauern. Grundlagen kollektiven Verhaltens, Frankfurt a.M. 2004.

drängenden Erinnerungen zu erlösen vermag. Da die Feldpostbriefe mit ihrer besonderen verschweigenden Art der Kommunikation auch die Integration der Soldaten in die Nachkriegszeit vorbereiteten, hätte ein Mann wie Stölten wohl ebenso wie viele andere leichter erst als älterer Mensch sprechen können, dann nämlich, als mit den gesellschaftlichen Veränderungen der letzten drei Jahrzehnte allmählich auch die Nichtkommunizierbarkeit der Kriegstraumatisierung aufbrach. Doch dies muß Spekulation bleiben.

e) Der Patenonkel: Dr. Victor Meyer-Eckhardt

Der Lyriker, Erzähler und Übersetzer Dr. Victor Meyer-Eckhardt wurde 1889 in Westfalen geboren und starb 1952 am Niederrhein. Er war Sohn eines Kunstmalers und studierte Literaturgeschichte, Philosophie und Französisch in Bonn, Berlin, München und Leipzig. 1913 promovierte er über Platon. Im Ersten Weltkrieg diente Dr. Meyer-Eckhardt als Unteroffizier an der Westfront und als Dolmetscher in einem Infanterieregiment. Er lernte den nur ein Jahr jüngeren und in gleicher Funktion dienenden Vater Stölten als Wachmann eines Lagers für französische Kriegsgefangene in Kassel kennen und schloß mit ihm eine enge Freundschaft, deren Fundament das gemeinsame Interesse an Geistigem war.[114] Obwohl die beiden Männer sehr unterschiedlich waren, blieb dieses Fundament über die folgenden Jahre tragend und wurde neben selteneren Besuchen durch Korrespondenz gepflegt. Ihr verdanken wir nicht nur bedeutsamen Austausch über die wechselvollen gesellschaftlichen Ereignisse ab 1918, sondern auch über die Jahre des Zweiten Weltkrieges hinweg einen zusätzlichen Einblick in die häuslichen Verhältnisse der Stöltens. Hier findet sich gewissermaßen eine Metaebene zur Korrespondenz der Familienangehörigen untereinander, wenn Mutter und Vater etwa Peters Entwicklungen gegenüber dem Patenonkel kommentieren und sich Peter umgekehrt beim Patenonkel über das Verhältnis zu den Eltern vorsichtig äußert.

Nach dem Ersten Weltkrieg arbeitete Meyer-Eckhardt zunächst als Bibliothekar, ab 1923 als freier Schriftsteller in Leutherheide. Im Literaturbetrieb blieb er Außenseiter. Formal lehnte er sich nach seinen eigenen ehrgeizigen Angaben zunächst an Goethe, Hölderlin und Nietzsche an, in seinem Spätwerk an Homer und Aischylos. Mütterlichkeit und allbeherrschendes

---

[114] Dr. Victor Meyer-Eckhardt beschrieb in einem Brief an Peter Stölten dieses Verhältnis einmal so: »[...] Dein Vater, mein mir vom Schicksal zugeteilter, in jenem, was einzig notwendig ist, wahlverwandter Freund und Gefährte [...].« Dr. Victor Meyer-Eckhardt an Peter Stölten, 25. März 1938, NL Meyer-Eckhardt, HHI, Düsseldorf.

Daimonion waren seine Themen in der Lyrik, geschichtliche Epochen, besonders die Zeit der Französischen Revolution und des Stauferkaisers Friedrich II., die seiner Novellen und Romane.[115] Meyer-Eckhardt ordnete sich selbst gern in das geistige Umfeld Trakls und Georges ein. Er schwärmte für Mussolini und befand sich stets in chronischen Geldnöten, aus denen Dr. Wilhelm Stölten immer wieder heraus half.[116]

Die Wahl Dr. Meyer-Eckhardts als Patenonkel für Peter Stölten erwies sich in vielerlei Hinsicht als bedeutsam. Sobald Peter als junger Erwachsener kritisch und unterscheidend am Leben teilnehmen konnte, erwachte sein echtes und nicht nur der Konvention geschuldetes – und sich in artigen Dankesbriefen manifestierendes – Interesse für den ungewöhnlichen Onkel, der – obschon mit beiden Eltern in Freundschaft stehend – ein Gegentyp zum geordneten väterlichen Vorbild war.

Da die Korrespondenz zwischen beiden geschlossen erhalten geblieben ist, läßt sich der Moment des erwachenden echten Interesses festmachen. Es ist dies wohl der kurze Brief Peters vom Oktober 1938, in dem er dem Onkel neben schlechten Zeugnisnoten und Alltäglichkeiten des Elternhauses (»man hat mich zum Dienst an der Gemeinschaft herangezogen [...]. Ich mußte Teppiche klopfen«[117]) absichtslos schreibt: »Jeden Tag schreibe und male ich das Norwegen-Tagebuch weiter. Dabei schaffe ich jedes Mal bloß einen Tag im Tagebuch. Ein bedauernswertes Schicksal! Die Hälfte meines Lebens muß ich mit der Aufzeichnung der anderen Hälfte verbringen.«[118] Meyer-Eckhardt gab mit seiner Replik der Korrespondenz eine neue Qualität und machte dies auch schon in der doppelten und neuen Anrede deutlich:

> Mein lieber Freund und Patensohn Peter,
> es ist natürlich traurig, daß Du zur Zeit die eine Hälfte Deines Lebens damit zubringst, die andere Hälfte niederzuschreiben und aufzuzeichnen – aber ich fürchte sehr, daß in irgendeiner Form diese Not Dir auch in Zukunft immerzu aufliegen wird: sonst tätest Du's ja heute schon nicht. Ans Künstlertum bist Du ja doch

---

[115] Vgl. Walter Gödden (Hg.): Westfälisches Autorenlexikon, Paderborn 1997, Bd. 3, S. 483ff.

[116] Etwa: »Du lieber Freund! Dein Notschrei, der heute Morgen hier ankam, hat mich tief erschüttert. Ich konnte mir nicht denken, dass die Verhältnisse Dich so furchtbar treffen würden [...]. Ich schicke Dir selbstverständlich anliegend 100,- RM [...]. Das Geld geht gleichzeitig mit Postanweisung an Dich ab.« Dr. Wilhelm Stölten an Dr. Victor Meyer-Eckhardt, 9. Januar 1932, NL Meyer-Eckhardt, HHI, Düsseldorf.

[117] Peter Stölten an Dr. Victor Meyer-Eckhardt, Brief vom 15. Oktober 1938, NL Meyer-Eckhardt, HHI, Düsseldorf.

[118] Ebd. Peter hatte die vorausgegangenen Sommerferien durch einen Schüleraustausch in Norwegen verbracht.

verloren, aber diese törichten herrlichen Söhne der Schöpfung leben akkurat so, wie Du das in Deiner Klage skizzierst. Was ist denn heute Dein Tagebuchverfassen, was ist Dein Malen? Was über den Weg läuft, erscheint dem Künstler allemal ungeschliffen – und käme ein Rohdiamant dahergerollt. Denn wahrhaftig: er sieht grau aus wie ein gewöhnlicher Kiesel – neunhundertneunundneunzig ließen ihn liegen. Aber einer, der einstmals in Urtiefen mit dem Diamanten vor Millionen Jahren selbst jung und verbrüdert war, lässt sich nicht ›verkoksen‹, wie Eure Geigi sagt, sondern erkennt seinen alten Gefährten und macht aus ihm, was er ist. Das ist dann die ›Arbeit‹, die andere Hälfte. […] holder Halunke […] nur so weiter, mit der einen Hälfte des Lebens für die andere Hälfte des Lebens.[119]

Peter revanchierte sich mit einem Öl-Portrait des Onkels, über dessen Qualität dieser erstaunt war:

Nicht weiter erstaunlich, daß ich das Glas in östlicher Richtung auf das Wohl des jungen Meisters leerte – beim Bakchos, er hatte es wirklich verdient […]. Vom Plastischen halte ich den in meinem Gesicht höchst schwierigen Übergang der Augenpartie in die Schläfe (der für mein Äußeres und für mein Wesen so charakteristisch ist) für besonders gelungen. Über die Ähnlichkeit brauchen wir nicht zu reden: sie überwältigt mich geradezu. Diese Wendung ist nicht übertrieben, denn Du hast in der Tat da allerlei hineingemalt, das mich an längst verstorbene Ahnen erinnerte und darum tief bewegte. Meine Nachfahren (indirekte leider nur) dürfen dereinst sich glücklich schätzen, dieses dokumentäre Porträt von mir zu besitzen. Und wenn (was allerdings äußerst fraglich ist) nach fünfzig oder hundert Jahren die deutsche Nachwelt noch von mir redet, so wird sie sagen: damals, auf der Höhe, sah er so aus. Da ist nun mein Dank groß und tief, lieber Freund – aber was soll man machen. Wäre ich jetzt [reich, A.I.], ich stellte Dir gleich 1.000.- M. zur Verfügung, wenn ich auch wüßte, daß der Dank damit nicht abgetragen sein würde. So muß ich mir denn auf meine Weise helfen, indem ich die Zuneigung weiter pflege, die mich Deinem Sein und Werden innig verbindet. Ja, das will ich weiter tun – denn wo es in diesem hastenden unbestimmbaren äußeren Leben immer ungewiß bleibt, wann man sich einmal wiedersieht, so sollst Du der Partner desjenigen Briefwechsels werden, dem nur noch einer gleichkommt: der mit meinem anderen Malerfreund in Madeira.[120]

Nur zu gern erfüllte Peter diese Rolle. Meyer-Eckhardt schien als Künstler jenes Leben zu führen, das Peter ebenfalls anzog und auf das ihm zunächst die soldatische Existenz einen Vorgeschmack zu geben schien. Der Patenonkel war zudem, als ehemaliger Frontsoldat des Ersten Weltkriegs mehrfach knapp dem Tod entronnen, dem jungen Wehrmachtsoffizier ein besonders interessanter Korrespondenzpartner. Mit ihm konnte er sich über die Enge

---

[119] Dr. Victor Meyer-Eckhardt an Peter Stölten, Brief vom 23./24. Oktober 1938.
[120] Dr. Victor Meyer-Eckhardt an Peter Stölten, Brief vom 6. November 1938.

stumpfsinniger Kameradschaftsabende authentischer austauschen als mit dem Vater, der diese nie erlebt hatte. Als Meyer-Eckhardt im August 1941 die Familie Stölten in Zehlendorf besuchte, ließ er sich offensichtlich einige Feldpostbriefe Peters an die Eltern vorlesen und lieferte Peter anschließend eine wichtige Deutung seiner besonderen biographischen Phase:

> Lieber Peter, ich habe mir einige der gigantischen Bogen vorlesen lassen, auf denen Du derart lebhaft von Deinen Fronterlebnissen erzählst, daß man sogleich all diesem Wohl und Wehe fast in persona beizuwohnen glaubt. Wie ich Dich nun vor Augen sehe: bereit zu jeder Situation, sie angreifend, überwindend und dann schon von ihr berichtend, über Deinem innigen Herzen das klare kalte Auge der Betrachtung, darüber hinaus in Deinem fabelhaften Maltalent nicht nur intakt, sondern ins Außerordentliche, Dokumentarische und Verwegene gesteigert – da kann ich Dir nur sagen, daß Du mir ganz einfach imponierst. Und dabei bleibt es nicht – wir, die wir älter sind und doch noch nicht ›alt sein‹ <u>wollen</u>, erblicken in Euch Jungen die einzigen Vorbilder, denen nachzueifern sich heut noch verlohnt: wahrhaftig, in einem Sinne, der über die Phrase hinausgeht, empfinden wir den Dank an die ›Front‹: die dem Schicksal kühn zugewandte ›Stirn‹-seite des Lebens. Bleib weiter so frohgemut, bis Du in die Heimat zurückkehrst: das soll ein erlesener Tag sein, wenn wir Dich Guten Treuen in unserer Mitte haben und mit allen Kräften feiern! Und wenn Du dann erst zu erzählen anfängst: Dein ganzer Körper vom Scheitel zur Sohle tut ja mit dabei – wie werden wir lauschen und Deines Sieges uns freuen.[121]

Peters Zeilen aus den ersten Wochen des Rußlandkrieges haben in der Familie die gewünschte Wirkung erzielt: Von Zehlendorf aus kann sich die Familie Peter »frohgemut« und der Situation voll gewachsen, ja sie sogar »überwindend« vorstellen. Im folgenden Kapitel wird zu prüfen sein, inwieweit dieses Bild tatsächlich Peters Realität abbildete.

Peter war von der Wirkung seiner Post und der daraus entstandenen Huldigung »beschämt«[122] und hielt sie auch nicht in allem für zutreffend (»ich werde alle 3 Tage zum Skeptiker und der Kommiß umdüstert mein Gemüt, der die unmöglichsten Figuren die ›Vorgesetzten‹ nennt, welche ihre Launen aller Arten kostenlos an den Gemeinen abreagieren [...] und so unheimlich feige sind.«[123]). Die Reaktion auf seine Briefe bot ihm jedoch eine sinnvolle Deutung der eigenen Lage, die er wiederum aufzugreifen vermochte. Es kam dabei zu einer Synthese der gewünschten Künstlerexistenz mit der

---

[121] Dr. Victor Meyer-Eckhardt an Peter Stölten, Brief vom 13. August 1941.
[122] Peter Stölten an Dr. Victor Meyer-Eckhardt, Brief vom 30. August 1941, NL Meyer-Eckhardt, HHI, Düsseldorf.
[123] Ebd.

gegenwärtigen des Soldaten: »Es lebe das freie Leben, so wie Du es führst, und wenn da das Geld eine ungerechte Macht hat. Und wenn mich jetzt beim Kommiß nichts ziehen sollte, das tut es.«[124] Bemerkenswert ist hier, daß Stölten im Sommer 1941 sein Dienen in der Wehrmacht noch mit einem romantisierenden Begriff von Freiheit verbinden konnte. In seinen letzten Briefen im Winter 1944/45 wird das Gefühl der Freiheit völlig dem des Zwangs gewichen sein.

Wenn Meyer-Eckhardt zunächst für Peter das bewunderte Vorbild war, so glich sich die gegenseitige Bewunderung, je älter und reifer Peter wurde, mehr und mehr aus. Immer mehr geriet der Onkel in den Bann von Peters Persönlichkeit. Peter hat von dieser Bindung des Onkels an ihn profitiert und in der insbesondere im Krieg intensiv geführten Korrespondenz Ansporn, Ermutigung, Rat und Echo gefunden. Er konnte die ausgesuchte Aufmerksamkeit des Patenonkels unbefangen erleben und idealisierte ihn seinerseits:

> Du bist ein Künstler, lebst auch in der Enge der Wände und vergisst sie trotzdem, machst Dir Dein Dunkel zum Traum. Du hast ein halbes Leben am Rand aber mitten im Schoß des Lebens hinter Dir. Ich denke mir, daß Du wohl auch manchmal fragst, wofür, kann Dir auch nicht ein Versprechen geben für Unsterblichkeit oder nur Echo, sehe Dich in dieser Tragik des Künstlers – und bewundere Dich. Aber ›umsonst‹ wirst Du nie sagen können! Vielen Freunden warst Du, bist Du sicher der Mensch, gibst Du strahlend Unendliches, gibst ihnen Wärme und Kraft und bewahrheitest Hölderlins Wort von den besonderen Menschen: ›Sie können sich am Eise wärmen‹.[125]

Peter Stölten unterschätzte die Bedeutung von Meyer-Eckhardts Bindung, wenn er ihm im gleichen Brief schrieb:

> Der Ertrag einer Freundschaft mit einem Jüngeren ist ja meist nur Erfrischung – mit einem Älteren ist sie mehr Lehre und das Nehmen wird sichtbarer. So zeigt man dem Jüngeren die Stellen des Herzens, die Fülle sind, aus der man schenken kann, dem Älteren die Lücken, damit er stopfen helfe. Ich habe nun immer jeden Älteren gemieden. Erfahrung, Sicherheit, klare Linie waren Dinge, die ich wild verachtete.[126]

Die Zugewandtheit zum Patensohn vermochte Worte zu formulieren, die Peter in Zeiten der inneren Not um seine Zukunft wirklich erreichten, wo-

---

[124] Ebd.
[125] Peter Stölten an Dr. Victor Meyer-Eckhardt, Brief vom 27. Januar 1943.
[126] Ebd.

möglich auch in der Eisenacher Phase seines »Räuberhauptmanns« (1943), als er nicht wußte, wohin, in der Zeit in und nach dem Krieg, mit sich und seinen Begabungen.[127] Denn schon vorher hatte Dr. Meyer-Eckhardt dem Patensohn Mut zugesprochen:

> Liebster Peter, das sind Bagatellen, was Dich heute bekümmert an Dir. Du wirst es zu vielem, auch objektiv Außergewöhnlichem bringen – hier meine Hand, um es Dir zu versprechen! Als ich so jung war, wie Du heute, mein Freund – geschah mir denn anders? Blieb mir eines Deiner Bedenken erspart? ›Malte‹ ich nicht selbst ›innerlich‹ – und führte dabei noch weit weniger aus als Du? Bedrohlich wird dies innere Bilden erst sehr sehr viel später – aber bei Deiner Jugend ist es der größte Segen. Du bist doch sogar in einer sonst selten möglichen Situation: in erster Linie bist Du Soldat. Daß Dich dennoch Deine heilige Passion nicht verlässt, nein: Dich nur stärker durchwühlt – bis zu der Notwendigkeit, dem zeitlebens gefolterten, nur in seinem Willen unablenkbaren Meyer-Eckhardt Dich zu erklären – – das ist das ›stigma indelibile‹ der Berufung.
> Lieber: wir dürfen gar nicht fragen ›wozu‹? Denk Dir, es stünde ein köstlicher Baum über einer Wasserader in der Wüste, dazu an einer Stelle, die nie eines Menschen Fuß vorübereilt [sic]: er würde Früchte tragen, die wahrscheinlich nie einer genießt. Nie einer? Wirklich nicht? – Jawohl: Gott, der ihn wachsen ließ und – vielleicht: ein Geistesverwandter, der Freund.[128]

Wie sehr Peter von diesem und sicherlich auch anderen Gedanken Meyer-Eckhardts berührt wurde, kann belegt werden. In einer späteren, bei weitem existentielleren, Krise an der Invasionsfront 1944 wird Peter ein Gleichnis als literarischen Essay verfassen, in dem er Meyer-Eckhardts Metapher des einsamen Schönen, das ungeachtet seiner Schönheit und seines unbeachteten Fruchtbringens doch sinnhaft ist, aufgreifen und bestätigen. Darauf wird weiter unten zurück zu kommen sein. Verlassen wir damit die Skizzierung des persönlichen Umfelds Peter Stöltens und wenden uns den auf Stölten an Einfluß gewinnenden historischen Entwicklungen zu.

---

[127] »Für fast jeden Beruf reicht mein Selbstvertrauen, wie es einem Leutnant zusteht. Aber ich habe zuviel geträumt. Wäre selbst an der Seite einer schönen Frau immer unglücklich in Gedanken an die Malerei, fürchte ich, und würde mich vor mir selber schämen. Und anders: Ich habe keine Angst davor, daß ich verhungere, der Anfang, die ersten 10-20 Jahre werden ein hoffnungsloser Rausch sein (solche Stunden ausgenommen). Aber ohne Weib, ein Heim, einsam – und dies vielleicht umsonst. Denn wer wartet auf mich, wer gibt mir die Wände, die Aufträge, die ich brauche – habe ich nicht vielleicht in den 2 Jahren, in denen ich Soldat bin, zu sehr geliebt und darum zu unwirklich und unverwirklichbar geträumt? Wenn ich ein Programm hätte – aber ich habe nur Probleme!« Peter Stölten an Dr. Victor Meyer-Eckhardt, Brief vom 27. Januar 1943.

[128] Dr. Victor Meyer-Eckhardt an Peter Stölten, Brief vom 4./5. Februar 1943.

I.4. Stölten am Vorabend des Krieges gegen die Sowjetunion

Die totalitäre Überformung eines jungen Mannes durch den Nationalsozialismus beschrieb Adolf Hitler im Dezember 1938:

> [...] und wenn diese Knaben mit zehn Jahren in unsere Organisation hineinkommen und dort oft zum ersten Male überhaupt eine frische Luft bekommen und fühlen, dann kommen sie vier Jahre später vom Jungvolk in die Hitlerjugend und dort behalten wir sie wieder vier Jahre [...], dann nehmen wir sie sofort in die Partei, in die Arbeitsfront, in die SA oder in das NSKK und so weiter. Und wenn sie dort zwei oder anderthalb Jahre sind, und noch nicht ganze Nationalsozialisten geworden sein sollten, dann kommen sie in den Arbeitsdienst und werden dort sechs Monate geschliffen [...] und was dann nach sechs oder sieben Monaten noch an Klassen- und Standesdünkel da oder dort vorhanden sein sollte, das übernimmt die Wehrmacht zur weiteren Behandlung auf zwei Jahre. Und wenn sie nach zwei, drei oder vier Jahren zurückkehren, dann nehmen wir sie, damit sie auf keinen Fall rückfällig werden, sofort wieder in die SA, SS und so weiter und sie werden nicht mehr frei ihr ganzes Leben.[129]

Die Gleichschaltung der Biographien von Jugendlichen und jungen Erwachsenen im Dritten Reich war mit der Einführung der allgemeinen Wehrpflicht am 16. März 1935, der Arbeitsdienstpflicht am 26. Juni 1935 und dem ›Gesetz über die Hitlerjugend‹ vom 1. Dezember 1936 Wirklichkeit geworden. Am Ende des integrierenden Erziehungsstranges sollte der wehrhafte soldatische Mann stehen.

Am Vorabend des Rußlandkrieges hatte Stölten die ersten beiden Gleichschaltungsstationen weitgehend unbeeindruckt durchlaufen, die dritte bis dato nur vom Kasernenalltag her kennengelernt. In der Nacht zum 22. Juni 1941 endete mit seiner Feuertaufe für ihn die Vorkriegsphase, und es begann seine erste Kriegszeit. Daß er an der Ostfront statt etwa im Westen eingesetzt wurde, war von ihm weder plan- noch vorhersehbar. Der Zufall stellte damit endgültig die Weiche zu einem Erlebnisraum, der sich von anderen Kriegsschauplätzen prinzipiell unterschied und für seine weitere mentale Entwicklung bestimmend wurde, abgesehen davon, daß die Wahrscheinlichkeit, aus dem Krieg im Osten nicht zurückzukommen, ungleich höher war als etwa bei einem Einsatz im Westen.

Die wesentlichen Entscheidungen über den Verlauf seines Lebens lagen ab diesem Zeitpunkt nicht mehr bei ihm. Gleichwohl hatte er, wie andere,

---

[129] Das Zitat Hitlers findet sich vollständig in: Hannsjoachim Koch: Geschichte der Hitlerjugend. Ihre Ursprünge und Entwicklung 1922-1945, Percha 1979, S. 193.

trotz der Dominanz der großen (objektiven) Geschichte noch einen eigenen Spielraum, insoweit er den Ort der eigenen Person im großen Ganzen interpretativ bestimmen, sich selbst also mittels seines Vorrates an sozialem Wissen eine eigene Geschichte geben konnte. Diese Verortung soll für den Zeitraum bis zum ersten Kriegseinsatz betrachtet werden. Welche ›Ausgangskarten‹ (Anne Levallios) hielt Stölten in der Hand?
Die freiwillige Meldung zur Wehrmacht hatte er zu Hause gegen den elterlichen Willen durchgesetzt. Heilfroh, der Schulbank entronnen zu sein, zog er »stolz mit dem Wehrpaß in der Tasche«[130] los, zunächst allerdings in die Sommerferien. Seine »Hoffnungen auf manches Erlebnis und manchen moralischen Nutzen« waren groß, dennoch »schied [er, A.I.] ungern wie noch nie von zu Hause«[131], als er endlich in die Kaserne nach Neuruppin kommandiert wurde. Dort resümierte er rasch: »Es war nicht mehr eine so schöne übersichtliche RAD-Zeit, sondern eine drohende Mauer von 2 Jahren, eine Zeit, die einen für alles Gute verzweifeln lassen kann, mit Recht. Wird man nicht schnell stur, stumpf, roh, faul und ungelenk? Leicht. In diesem Zeichen stand auch der schwere Abschied von Dorothee.«[132] Die Eltern erreichten aus der Rekrutenzeit die von der Propaganda erwünschten, von ihm selbst auch intendierten humorigen Geschichten. Im Tagebuch hingegen sind die Schwierigkeiten des Einfügens in den drangsalierenden Kasernenalltag und der Druck von skurrilen Vorgesetzten deutlich nachzulesen:

> In Form war der alte Junggeselle nur bei gutem Wein und versoffener Musik. Geschmissen wurde die Sache jedoch von den Feldwebeln, dem langen knappen, hageren, der mich aber trotz seiner Ruhe einmal mit 150 Sachen und das andere mal dadurch, daß er mich unter der Gasmaske im tiefen Schnee an der marschierenden Kompanie mit Hinlegen nach jedem 2. Schritt entlanglaufen ließ, bis ich nur noch torkelnd und erstickend auf halber Strecke an der Gasmaske riß, nicht schlecht fertig machte. Das war Schwertzel, nach dem sich das geplagte Volk sehnte, denn es gab noch den Andern: unseren Rekrutendompteur Etzel, klobig, fett, stiernackig und großmäulig. In 2 Minuten Einschmieren, Rasieren und Rasierzeug sauber machen, eine Stunde lang, bis das zarte Antlitz wie ein Pavianarsch aussah, Kriechen und Gewehrübungen bis so mancher lag und nicht mehr konnte und weinte, wo er [der ›Spieß‹, A. I.] dann brüllen konnte mit überschnappender Stimme, denn die war von Natur nicht doll: ›Sie wollen Soldat sein? Ein Soldat sagt nicht, ich kann nicht mehr, der verreckt!‹ Und sonst raste das Ganze ununterbrochen um den Schießstand, den Schreckensplatz der ganzen Panzerspritzer. Wir sorgten uns schon ernstlich um unser Herz und selbst Orje

---

[130] Peter Stölten, Tagebucheintrag 1940, S. 2.
[131] Ebd., S. 3.
[132] Ebd., S. 4.

sagte: ›Ihr tutma leid, aba laßtman, wennet 1940 losjeht: ick ruf die Jurend der Welt, denn iß die janze 3. Kompanie bei, oda ihr liecht ins Sanatorium‹.[133]

Eine neue Erfahrung für Stölten wurde der Kontakt zu anderen sozialen Schichten. So kam er schlecht mit seinem direkten Vorgesetzten zurecht, in dessen Kradbeiwagen er den gesamten ersten Teil seines Rußlandkrieges erlebte.

> Wir beide haben uns schwer in der Wolle. Ursprung: Klassenhaß. Daran muß man sich gewöhnen. Er vergleicht mich stolz, ob des geistreichen Einfalls, mit einem Tisch:
> Stölten, hören Sie mal genau zu, verstehen se, können se sich vorstellen, sie sind wie ein Tisch, also ein Tisch und durch Schule und Erziehung von zu Hause – sie könnten so vielleicht ein prima Bengel sein, – leben sie eben überm Tisch. So die kleinen Dinge, die interessieren sie gar nicht.[134]

Nette Kameraden halfen über die schwere Kasernenzeit hinweg, doch vertraute er seinem Tagebuch an: »Herrgott, gib, daß ich die Bedingungen erfülle.«[135] Die Bedingungen, an die Front zu dürfen, um der Schleiferei und den »Rekrutendompteuren«[136] zu entgehen, von denen er einen einmal »in seiner Anwesenheit mit vollstem Recht ›olle Sau‹« tituliert hatte.«[137] Glücklicherweise blieb diese Qualifizierung ohne weitere Folgen. In seinem Tagebuch finden wir den Vorlauf. Stölten hielt den ordinären Gesprächsablauf eindringlich fest, und ihm verdankt sich ein auch nach 60 Jahren noch lebhafter Eindruck der Verhältnisse:

> Vielleicht ist der Tisch schon sauber – alles aufhörn mit Essen. Vielleicht ist die Nudelkiste schon an – Ries nehmen se den Besen und tanzen se. Wat, sie könn nich? Wat zahlense freiwillig? Wat, n Kopp ham se auch noch auf? Det is ihn doch woll klar? Hamse noch ne Frare? 1,50 in die Stubenkasse. – Stölten, sie beteilijen sich an den Aktien, damit der Taler voll wird ... Wat, sie wolln nich? ... Raus, marschmarsch ... Se machen sich allein fertig ... Hinlejn nach jeden Schritt ... Mensch, se habbe ne herrliche Vorel ... det jibt ne Flachrenne – bis zur Verjasung ... Wat, der Schönlein jrinst: nemme se sich ne Schemel und erzähle se schon: Es jibt Schmalz, Jott erhalts, das jibt Kräfte, das jibt Säfte, das jibt Mumm. Sommerlatte, sie jehn mit ne Schemmel jejeüber unn antworte, wenner nich mehr könnt, dann beteter: Ich bin Soldat, bin selbst dran schuld, drum bin

---

[133] Ebd., S. 5.
[134] Peter Stölten an seine Eltern, Brief vom 18. Juni 1940.
[135] Peter Stölten, Tagebucheintrag 1940, S. 5.
[136] Ebd., S. 8.
[137] Ebd.

ich's gern und möchte es lange bleiben! Vielleicht fangter schon an, sonst nehmter 2. – Hattendorf, zeige se mal ihr Koppel. Det soll Putz sein? Wie lange hamse jeputzt? Wat, ne halbe Stunde? – Mensch, sie Knallkopp, sie sinn dran wie Meier sein Hund, ick scheiß sie an, daß sie in kein Sarg passen. Sie putzen jetzt unter meine Auren eine Stunde mein Koppel, damitset lernen. Wat, ihr schreibt, wo die andern tun? Hamse mich schon mal schreiben sehn? Ein Rekrut schreibt nicht. Vielleicht kriechter schon um den Tisch unn betet: Herrgott, ich bin ein großes Dusseltier, mach einen vernünftigen Menschen aus mir. Zehn Runden!
Iß hier einer katholisch? – Na, ick bin auch bloß katholisch, wenn ick kein Jeld habe. Mer ham bald Weihnachten. Jetzt mache mer alle ne musikalische Einlare! Wat, det sollen Jesang sein? Sacht bloß, ihr könnt nicht Stille Nacht! Jeht auf Scheißhaus und übt! Wenners könnt, dann meldet Euch! Der Sommerlatte wird frech! Außer Sommerlatte alles aufs Scheißhaus. Sommerlatte; suchen se sichen schönes Eisenbette aus mit ner scharfen Kante. So, hier aufem Fußende übense nun Auf und Absitzen. Aufstehen, Absitzen, Aufstehen, Absitzen (50x). Alles reinkomm! Wat, ihr könntet immer noch nich? Vielleicht lernters in der U-Bahn! Los 2x Moritzplatz unn zurück. Die Fahrt wird jleich in die Stubenkasse jezahlt. – Hattenfor, sie sinn vom Land, sie brauchen keine U-Bahn. Jehn se schon aufen Spind und singense: Vom Himmel hoch [...]. Und wenn de Stube heut auffällt, denn ißes aus vonwejen Führerschein aufen Besen, denn seiter dran, wie Meier sein Hund, dann jehet rund, dann fechter alle mit de Zahnbürste. Von heut ab wird jeden Abend jescheuert!« – wie es denn auch geschah! Und er stand dabei, im Hemde (›das ick seit Polen nicht jewaschen habe!‹), die Hände in den Taschen, fischig Maul und Augen:
Dankt Gott, daßer soon juten Korporalschaftsführer habt unn soon juten Oberschnäpser. Ick meine, ick machet bei Euch ja ohne Druck, ihr seid ja auch alle Schüler, alle in Ordnung, ick könnt mich Euch ja sonst janz anders rumfahren. Aber ick bin ja anständig. Schon, daß ich Euch nicht so anrede. Votzenjeschlinge unn so fällt weg![138]

Stölten schildert hier eine geradezu klassische Episode aus einer Rekrutenzeit. Stöltens ›Spieß‹ war ein leibhaftiger ›Himmelstoß‹ (Remarque). Klagen über Demütigungen, Schikanen, unmenschlich empfundenen Drill, die Stumpfsinnigkeit der Beschäftigung, willkürliche Bestrafungen und Erniedrigungen, das Gefühl des Ausgeliefertseins an ungerechte Vorgesetzte sind Topoi nicht nur der Erinnerungen ehemaliger Rekruten verschiedenster Jahrgänge[139] sondern auch der Weltliteratur.[140]

---

[138] Peter Stölten, Tagebucheintrag, ohne Datum, 1940. Diesen Monolog überschrieb Stölten in Anspielung auf Macciavelli mit Der Fürst.
[139] Vgl. hierzu etwa Bernd Ulrich u.a. (Hg.): Untertan in Uniform. Militär und Militarismus im Kaiserreich 1871-1914. Quellen und Dokumente, Frankfurt a.M. 2001, S. 57-81.
[140] Zu denken ist hier etwa an die einschlägigen Stellen in Joseph Roths Radetzkymarsch, Köln 1989, Erich Maria Remarques Im Westen nichts Neues, Frankfurt a.M. 1960 oder Arnold Zweigs Erziehung vor Verdun, Berlin 1996.

Die Choreographie der Einübung militärischen Gehorsams hat im Laufe des vergangenen Jahrhunderts sicherlich an Brutalität verloren, ihr durchgehendes Motiv aber ist immer das gleiche geblieben: der Eintritt in die totale Unterordnung im Militär.[141] Die psychische und physische Konstitution der zivilen Identität soll so zurückgedrängt werden, daß die neue soldatische Identität Platz findet.[142] Der typische Kleiderwechsel etwa fungiert als Symbol der zivilen Rollen-Entkleidung. In der von der Außenwelt für einige Zeit abgeschotteten Atmosphäre der Kaserne erlernt der Rekrut den Umgang mit totaler Kontrolle und Vergemeinschaftung. Vom Erwachen bis zum Schlafengehen sind die privaten Rückzugsmöglichkeiten genommen, oft sogar die des Toilettengangs. Demütigungen sollen den jungen Mann entmündigen, der Drill ihm die habitualisierte und automatische Ausführung von Befehlen verinnerlichen, die bisweilen tatsächlich Voraussetzung des Überlebens im Krieg werden, aber auch zum sinnlosen Sterben führen kann.

Neben der individuellen Umformung zum Soldaten galt die Rekrutenzeit zudem der Bildung der militärischen Gruppenkohäsion, der Kameradschaft. Der Gruppenzusammenhalt ist als wichtigster Faktor der Kampfkraft einer Truppe schon früh erkannt worden. Weder Ideologie, Streben nach individuellem Heldentum oder Vaterlandsliebe scheint mit der Kraft eines Korpsgeistes vergleichbar. Moderne militärpsychologische Studien bestätigen:

> Je näher die Truppe am Feind ist, um so geringer ist der Einfluß des formalen Kontrollsystems und um so entscheidender wird das Norm- und Kontrollsystem der Primärgruppe für das Verhalten der Soldaten. Zwei Vorstellungen dominieren dabei: erstens die Norm, sich als Männer bewähren zu müssen, das heißt, angesichts der Gefahr nicht zu versagen, sondern sich ›zusammenzureißen‹ und ›seinen Mann zu stehen‹; zweitens die Norm, daß die Gruppe, was auch immer geschieht, wie ›Pech und Schwefel‹ zusammenhält und ›Kameraden‹ nie im Stich gelassen werden.[143]

Auch in der nationalsozialistischen Ideologie nahm das Leitbild der militärischen Kameradschaft eine prominente Stelle ein.[144] Für die Mehrheit der Soldaten der beiden letzten Weltkriege konnte Kameradschaft Ersatz für die

---

[141] Vgl. Thomas Kühne: Der Soldat, in: Ute Frevert/Heinz-Gerhardt Haupt (Hg.): Der Mensch des 20. Jahrhunderts, Frankfurt a.M. 1999, S. 347-351.
[142] Zu diesem Prozeß siehe etwa: Ruth Seifert: Militär, Kultur, Identität, Individualisierung, Geschlechterverhältnisse und die soziale Konstruktion des Soldaten, Bremen 1996.
[143] Kühne: Soldat, S. 352.
[144] Vgl.: Thomas Kühne: ›Kameradschaft – das Beste im Leben des Mannes.‹ Die deutschen Soldaten des Zweiten Weltkrieges in erfahrungs- und geschlechtergeschichtlicher Perspektive, in: Geschichte und Gesellschaft 22 (1996), S. 504-529.

fehlende Familie werden. Remarque hat mit dem Soldaten Katczynsky, der auf dem Rücken der Hauptfigur Paul Bäumer im Roman *Im Westen nichts Neues* stirbt, diesem Typus der Fürsorge, Treue und Wärme im Chaos von Krieg, Angst und Entwurzelung ein literarisches Denkmal gesetzt. Sicherlich konnte die Kameradengemeinschaft auch grausam sein, in den Erinnerungen überlebten zumeist jedoch nicht die ambivalenten Erfahrungen.
Sich am Ende der Rekrutenphase nach dem Einsatz zu sehnen, um dem Stumpfsinn und den Schleifereien des Kasernenalltags zu entkommen, war Teil des Umformungsprozesses.
Als Stölten seinem Tagebuch im Hinblick auf etwaige Versetzungen an die Front anvertraute »Herrgott, gib, daß ich die Bedingungen erfülle«, hatte sich der Umformungsprozeß insoweit erfolgreich an ihm vollzogen. Kameradschaft sollte in den folgenden Jahren für Stölten ein ganz zentraler Bezugspunkt werden. Sie spielte sogar in seine letzte, für ihn tödliche Entscheidung bei der eigentlich aussichtslosen Rückeroberung eines ostpreußischen Dorfes im Januar 1945 hinein.
Von Rußland erwartete er Abenteuer, den Wind der großen weiten Welt um die Nase und endlich die Möglichkeit, seinem Lebens- und Erlebnishunger nachzugeben. Dieses unreflektierte, unternehmungslustige Abenteurertum kann angesichts der bereits in Polen und im Westen gemachten blutigen Erfahrungen uns Nachgeborene nur verwundern; aber immer wieder hören wir von Zeitgenossen über Landserromantik und Geringschätzung der eigentlich auf der Hand liegenden Gefahren durch junge Kriegsgenerationen. Hier macht Stölten keine Ausnahme. Er und viele seiner Altersgenossen scheinen so in den Krieg gezogen zu sein, wie früher von zuhause Fortgelaufene zur See gingen. Ein jugendlicher Drang zu Bewährung und Außergewöhnlichem hat offenbar den Blick auf die Gefahren für Leib und Leben weitgehend verstellt – jedenfalls insoweit, als die Vorstellung, allein zu Hause zurück zu bleiben, während alle Schulkameraden einrücken, als größere Bedrohung für das Selbstwertgefühl empfunden wurde.
Ebenso verdrängt wurden die Erscheinungsformen des Regimes, die zu größten Bedenken hätten führen müssen. Die kriminelle Ausschaltung Andersdenkender und rassistisch Stigmatisierter muß wahrgenommen worden sein. Das gleiche gilt für die – wiederum kriminelle – Art der Kriegsführung, insbesondere im Osten. Wir stehen hier vor einem Phänomen der Unterdrückung normaler Reflexe durch ein ganzes Bündel von Ursachen, etwa von adoleszenter Sorglosigkeit, juvenilem Sturm und Drang, falsch geleitetem Patriotismus und einem Denken in isolierenden Kategorien. Verloren ging die Zusammenschau und Abwägung von Zielen, Methoden

und Ergebnissen. Der persönliche Elan überwältigte bei vielen der Stöltenschen Generation Wahrnehmungs- und Kritikfähigkeit hinsichtlich eines – wenn auch nicht so deutlich wie heute – sichtbaren Kontextes. Sicher gab es eindeutige Überzeugungstäter, die sich für die Verwirklichung der kriminellen Ziele einsetzten oder diese zumindest als Mittel zum Zweck akzeptierten. Dies beschreibt aber in keiner Weise die Stöltensche Motivlage. Er dürfte vielmehr aus einer persönlichen Nische von Aufbruchstimmung, Erlebenshunger, Sehnsucht nach Freiheit und mannhafter Bewährung den Weg in den Krieg gesucht haben, und dies in der treibenden Furcht, zu spät zu kommen. Es bedurfte daher keiner Identifizierung mit mittelbaren oder unmittelbaren nationalsozialistischen Kriegszielen.

II. Peter Stölten im Krieg gegen die Sowjetunion 1941-1942

II.1. Unternehmen Barbarossa

Am 22. Juni 1941 stand der sowjetische Diktator Stalin »vor den Trümmern seiner Außenpolitik.«[1] Niemand konnte voraussehen, daß es Stalin und der Sowjetunion gelingen würde, diese Krise zu überstehen, ohne zu irgendeinem Zeitpunkt die Unabhängigkeit aufzugeben.[2] Die Opfer hierfür sollten gewaltig sein.[3]
Zunächst an einer Front zwischen der Ostsee und den Karpaten, vier Wochen später das gesamte Gebiet zwischen Nordfinnland und dem Schwarzen Meer umspannend, griff die Wehrmacht an: Über 3 Millionen Mann, 153 Divisionen, 600.000 motorisierte Fahrzeuge, 3.600 Panzer und über 2.700 Flugzeuge. Ernst Nolte charakterisierte den an diesem Tag begonnenen deutschen Angriffskrieg gegen die Sowjetunion schon 1963 als den

---

[1] Heinrich Schwendemann: Stalins Fehlkalkül: Die deutsch-sowjetischen Beziehungen 1939-1941, in: Institut für Deutsche Geschichte Universität Tel Aviv (Hg.): Tel Aviver Jahrbuch für deutsche Geschichte, XXIV, 1995, S. 217.

[2] Stalin gelang es, die Völker seines riesigen Reiches erfolgreich zum ›Großen Vaterländischen Krieg‹ gegen die Eroberer aufzurufen und in erbittertem Widerstand zu einen, was nicht zuletzt auf die von Hitler angeordnete grausame Kriegsführung zurückging. Anfangs waren die deutschen Truppen, zumal in der Ukraine, von einem Teil der sowjetischen Bevölkerung als Befreier vom stalinistischen Joch begrüßt worden, doch schlug die Kooperationsbereitschaft infolge der unmenschlichen Besatzungspolitik der SS- und SD-Einheiten schon bald in Haß und entschlossenen Widerstandswillen um, aus dem sich der Partisanenkrieg entwickelte.

[3] Zum deutsch-sowjetischen Krieg existiert eine kaum mehr überschaubare Fülle wissenschaftlicher Literatur. Einen hilfreichen Forschungsüberblick bieten Rolf-Dieter Müller/Gerd Ueberschär (Hg.): Hitlers Krieg im Osten 1941-1945, Darmstadt 2000. Die Autoren gliedern ihre Analysen in sechs thematische Bereiche: a) Politik und Strategie, b) Die militärische Kriegführung, c) Weltanschauungs- und Vernichtungskrieg im Osten, d) Besatzungspolitik, e) Unmittelbare Kriegsfolgen, f) Verdrängung und Vergangenheitsbewältigung. Die Autoren berücksichtigen in ihrer Untersuchung alle relevanten Publikationen bis einschließlich 1999. Die 2004 publizierte und mit dem Werner-Halweg-Preis ausgezeichnete Dissertation von Klaus Jochen Arnold: Die Wehrmacht und Besatzungspolitik in den besetzten Gebieten der Sowjetunion. Kriegführung und Radikalisierung im »Unternehmen Barbarossa«, Berlin 2004, hätte sicherlich Aufnahme in den Forschungsüberblick gefunden. Arnold geht so weit, mit der Hinnahme der verbrecherischen Befehle den schmalen Grat zwischen struktureller und individuell schuldhafter Verstrickung überschritten zu sehen (S. 145). Weiter ist die Arbeit wichtig wegen ihrer Ausführungen zum Partisanenkrieg und des Fallbeispiels Charkow für die deutsche Ernährungspolitik.

»ungeheuerlichste[n] Eroberungs-, Versklavungs- und Vernichtungskrieg, den die moderne Geschichte kennt.«[4]

In seinem Bekenntnisbuch *Mein Kampf* hatte Hitler bereits 1925 als eines der wichtigsten außenpolitischen Ziele die Gewinnung von neuem ›Lebensraum‹ für das deutsche Volk hervorgehoben. Er dachte dabei nicht nur an die Rückgewinnung der im Vertrag von Versailles abgetretenen deutschen Gebiete, sondern an die Eroberung eines geschlossenen Gebietes im Osten. Diesem Ziel dienten im wesentlichen viele von Hitler nach der Machtübernahme getroffenen Maßnahmen, etwa die Aufrüstung der Wehrmacht, der Vierjahresplan oder der Ausbau des ›Großdeutschen Reiches‹. Wiederholt hatte er auch den Spitzen der Wehrmacht diese Absicht deutlich vorgestellt, erstmals am 3. Februar 1933, zuletzt am 23. Mai 1939 vor den Oberbefehlshabern der Wehrmacht. Am 11. August 1939 sprach Hitler die Westmächte an:

> Alles, was ich unternehme, ist gegen Russland gerichtet; wenn der Westen zu dumm ist und zu blind ist, um dies zu begreifen, werde ich gezwungen sein, mich mit den Russen zu verständigen, den Westen zu schlagen und dann nach seiner Niederlage mich mit meinen versammelten Kräften gegen die Sowjetunion zu wenden. Ich brauche die Ukraine, damit man uns nicht wie im letzten Krieg aushungern kann.[5]

---

[4] Zitiert nach: Wolfram Wette: Erobern, zerstören, auslöschen. Die verdrängte Schuld von 1941, in: Zeit-Punkte. Gehorsam bis zum Mord? Der verschwiegene Krieg der deutschen Wehrmacht. Fakten, Analyse, Debatte, Nr. 3, 1995, S. 13-25, hier: S. 17. Der leitende Historiker des dem bundesdeutschen Verteidigungsministerium unterstellten Militärischen Forschungsamtes, Manfred Messerschmidt, urteilte 25 Jahre nach Nolte im oben zitierten Sinne: »So muß der Krieg gegen die Sowjetunion, ein Angriffskrieg, wie alle anderen deutschen kriegerischen Unternehmungen seit 1939, über den allgemeinen Unrechtsgehalt des Angriffskrieges hinaus als ein von der Wehrmacht-, Heeres-, Luftwaffen- und Marineführung mitgestaltetes kriminelles Ereignis gewertet werden, das den absoluten Tiefpunkt der deutschen Militärgeschichte darstellt.« Siehe Manfred Messerschmidt (Hg.): Militärgeschichtliche Aspekte der Entwicklung des deutschen Nationalstaates, hierin: Ders.: Das Verhältnis von Wehrmacht und NS-Staat und die Frage der Traditionsbildung, Düsseldorf 1988, S. 233-255, hier: S. 243.

[5] Hitler in einem Gespräch mit dem letzten Hohen Kommissar des Völkerbundes in Danzig, Carl Jacob Burckhardt, zitiert nach: Carl J. Burckhardt: Meine Danziger Mission 1937-1939. München 1960, S. 348. Die Echtheit der Quelle ist umstritten, da Burckhardt die Worte Hitlers nicht in seinem am 19. März 1940 verfaßten Bericht an den Völkerbund erwähnt, sondern aus dem Gedächtnis erst in den neunzehn Jahre später verfaßten Memoiren zitiert. Zum Bericht Burckhardts an den Völkerbund vgl. Documents on International Law, Bd. I. 1939-1946, S. 346ff. sowie Max Domarius: Hitler. Reden und Proklamationen 1932-1945. Kommentiert von einem deutschen Zeitgenossen, München 1965, S. 1225. Hildebrand hält die Quelle für glaubwürdig, vgl. Klaus Hildebrand: Das

Mit dem Beginn des Rußlandfeldzuges setzte sogleich die psychologische Kriegsführung der nationalsozialistischen Eroberungs- und Rassepolitik ein. Die Soldaten der Ostfront wurden durch Führerbefehl auf die neuen Gegner eingestimmt, die als von der jüdisch-bolschewistischen Ideologie verseuchte Angehörige einer minderen Rasse diffamiert wurden; als Untermenschen, die es zu unterwerfen galt. Für diese Politik zahlten am Ende Millionen Deutsche mit dem Verlust ihrer Heimat und ihrer Vertreibung aus den Ostgebieten, sofern sie überhaupt überlebten.

Der Krieg gegen die Sowjetunion, so urteilt Humburg, »sprengte in der Planung, den Zielen, der alltäglichen Gewalt wie im Leiden auf beiden Seiten alle bisherigen Erfahrungen.«[6]

Er war von Beginn an mehr als ein rein militärisches Ereignis. Schon am 3. März 1941 führte Hitler gegenüber dem Chef des Wehrmachtsführungsstabes Jodl aus: »Dieser kommende Feldzug ist mehr als nur ein Kampf der Waffen; er führt auch zur Auseinandersetzung zweier Weltanschauungen. Um diesen Krieg zu beenden, genügt es bei der Weite des Raumes nicht, die feindliche Wehrmacht zu zerschlagen.«[7] ›Vernichtung‹ und ›Ausrottung‹ wurden die Leitbegriffe für Hitlers Verständnis vom ›Weltanschauungskrieg‹, den nunmehr auch die Wehrmacht in vollem Umfang exekutierte.[8] Generaloberst Halder notierte in seinem Kriegstagebuch vorausschauend: »Der

---

Dritte Reich, München 1987, S. 41. Die in der vorliegenden Arbeit zitierten Quellen Hitlers werden aus der Sekundärliteratur zitiert, sofern die Originalquellen in einschlägigen Editionen (etwa Domarus oder Jäckel) nicht aufzufinden waren.

[6] Humburg, Gesicht des Krieges, Einleitung.

[7] Zitiert nach: Ludolf Herbst: Das nationalsozialistische Deutschland 1933-1945. Die Entfesselung der Gewalt. Rassismus und Krieg, Frankfurt a.M. 1996, S. 351.

[8] Noch vor Beginn der Offensive konnte kein Zweifel darüber bestehen, daß eine Bereitschaft zu rechtswidrigem Handeln erforderlich war. So erklärte Hitler etwa am 30. März 1941 seinen Generalen, die Wehrmacht solle »vom Standpunkt des soldatischen Kameradentums abrücken. Der Kommunist ist vorher kein Kamerad und nachher kein Kamerad«. Zitiert nach: Herbst: Deutschland, S. 353. Bis Februar 1942 waren von 3,9 Mio. gefangenen sowjetischen Soldaten etwa 2,8 Mio. nicht mehr am Leben. Ein Viertel von ihnen war schon bei der Festnahme erschossen worden. Der Rest verhungerte in den Lagern der Wehrmacht, die ihr Massensterben zu verantworten hat. Vgl. dazu die Untersuchung von Christian Streit: Keine Kameraden. Die Wehrmacht und die sowjetischen Kriegsgefangenen, Bonn 1991. Rüdiger Overmans argumentiert, daß die Kriegsgefangenenpolitik gegenüber Soldaten der Roten Armee nach der systematischen Vernichtung der Juden als größtes Verbrechen des NS-Staates zu werten sei. Vgl. Rüdiger Overmans: Die Kriegsgefangenenpolitik des Deutschen Reiches 1939-1945, in: Jörn Echternkamp (Hg.): Die deutsche Kriegsgesellschaft 1939-1945. Ausbeutung, Deutungen, Ausgrenzung, Bd. 9/2, München 2005, S. 729-875.

Kampf wird sich sehr unterscheiden vom Kampf im Westen [...]. Die Führer müssen von sich das Opfer verlangen, ihre Bedenken zu überwinden.«[9] Halder bezieht sich mit diesem Tagebucheintrag auf die am Vormittag des 30. März 1941 in der Reichskanzlei vor knapp hundert höheren und höchsten Offizieren gehaltene Rede Hitlers. In einer mehrstündigen Ansprache hatte dieser die Ziele und Methoden des geplanten Angriffes auf die Sowjetunion vorgestellt.[10] Dem Prinzip der ›Vernichtung‹ folgend, d.h. »ohne Rücksicht, ohne Gnade, ohne Schonung«[11], würden die deutschen Oberbefehlshaber von 1941/42, ausnahmslos als Kinder, Schüler und Offiziere im Kaiserreich sozialisiert, ihre traditionellen Werte hinter sich lassen müssen. Ein ungeheuerlicher Vorgang. Über kritische oder gar empörte Reaktionen der wichtigsten Vertreter der deutschen Armee an jenem Sonntagvormittag in Berlin ist nichts bekannt. Wenn man nicht annehmen will, daß die Generalität schon vor Bekanntgabe Hitlers Rede seine Ansichten über die Art der Kriegsführung im Osten teilte, dann haben im Zweifel Gehorsam und Autoritätsgläubigkeit, unter Umständen auch schlichter Opportunismus, die Generalität zu ihrer offenbaren Ehrvergessenheit bewogen. Johannes Hürters Studie über Motive und Handlungsweisen der deutschen Oberbefehlshaber im Krieg gegen die Sowjetunion 1941/42 legt letzteres nahe, indem sie einen Prozess erhellt, in dem die wachsende Distanz zu ehrenhaftem Soldatentum und damit die stufenweise Verwandlung der militärischen Elite zu einem Handlanger nationalsozialistischer Politik begreifbarer wird.[12]

---

[9] Generaloberst Halder, Kriegstagebuch vom 30. März 1941, Bd. 2, S. 335-337.

[10] Generoberst Hermann Hoth, späterer Kommandeur der Panzergruppe 3 (Heeresgruppe Mitte) und Teilnehmer der Versammlung, notierte die Rede. Vgl. »Besprechung durch Führer am 30.3.1941 in Reichskanzlei«, BA-MA, RH 21-3/40. Dieses Dokument und die weniger ausführlichen Tagebuchaufzeichnungen Halders sind die beiden Schlüsselquellen zu der folgenreichen Ansprache Hitlers.

[11] Diese Formulierungen finden sich in zahllosen Akten zur deutschen Kriegsführung im Osten, für Viele vgl. BA-MA, RH 20-9/53, 2. Januar 1942 (AOK 9, Ia, Nr. 6/42 g.Kdos).

[12] Johannes Hürter: Hitlers Heerführer. Die deutschen Oberbefehlshaber im Krieg gegen die Sowjetunion 1941/42, München 2006. Zum Forschungsbeitrag Hürters vgl. die Bemerkungen von Hans-Ulrich Thamer: Das Prinzip Vernichtung, FAZ vom 25. Januar 2007, Nr. 21, S. 7: »Die Studie [...] bestätigt die bisherige Forschung in ihren Grundaussagen; aber sie bringt darüber hinaus mit ihrem methodischen Ansatz und ihren Interpretationen unser Wissen um Motive und Handlungsweisen der Wehrmachtsgeneralität ein gutes Stück weiter [...]. Es stellt sich [aber] die Frage, ob [...] angesichts der massiven Belege für die Anpassung und Verwandlung der Heerführer die analytische Trennung zwischen einer konservativen Militärelite und dem NS-System, der auch Hürter folgt, für die Zeit

Schon in den ›Richtlinien für das Verhalten der Truppe in Rußland‹, die zeitgleich mit Hitlers Tagesbefehl ›Soldaten der Ostfront‹ in der Nacht vom 21. auf den 22. Juni 1941 herausgegeben wurden, findet sich die Verletzung des Völkerrechts, die Einschränkung der Militärgerichtsbarkeit und damit die Legitimierung von Kriegsverbrechen.[13] Willkür und Unrecht waren Tür und Tor geöffnet. Die Ausgabe verbrecherischer Befehle war Teil der deutschen Planung.[14] Die nach dem Krieg aufgestellte Behauptung, die Wehrmacht habe einen ›sauberen Krieg‹ geführt, von den Verbrechen der Endlösung und anderen NS-Greueln nichts gewußt und sich noch weniger daran beteiligt, hält Jäckel für »leicht zu widerlegen, insbesondere was das OKW und das OKH angeht«[15], auch wenn sich nationalsozialistische Sichtweisen über den Rußlandfeldzug in einigen Wahrnehmungen bis heute hartnäckig halten.[16] Hatte die Wehrmacht im Herbst 1939 noch Kritik an dem Vorgehen der Einsatzgruppen in Polen geübt, blieb diese bei den Mordaktionen im Krieg gegen die Sowjetunion quasi aus.[17] In Ausführung

---

des Krieges – also in einem weit vorangeschrittenen Stadium der politisch-ideologischen Transformation – überhaupt noch aufrechterhalten werden kann. War die Wehrmacht beziehungsweise ihre Führung zu diesem Zeitpunkt nicht längst schon Teil des Nationalsozialismus?«

[13] Die Kernsätze dieser Richtlinien sind nachzulesen bei Gerd Ueberschär/Wolfram Wette (Hg.): Unternehmen Barbarossa. Der deutsche Überfall auf die Sowjetunion 1941, Paderborn 1984, S. 312.

[14] Vgl. über ein entsprechendes Gespräch mit Hitler Goebbels in seinem Tagebuch, zitiert nach: Gerd Ueberschär: Die militärische Kriegführung, Forschungsbericht, in: Rolf-Dieter Müller/Gerd Ueberschär (Hg.): Hitlers Krieg im Osten 1941-1945. S. 141.

[15] Vgl. hierzu die Argumentation von Eberhardt Jäckel u.a. (Hg.): Die Enzyklopädie des Holocaust. Die Verfolgung und Vernichtung der europäischen Juden, Berlin 1990-1993, Bd. III, S. 1564.

[16] So etwa die von der NS-Propaganda schon 1941 zur eigenen Entlastung aufgestellte Behauptung, Deutschland führe gegen die Sowjetunion einen Präventivkrieg. Vgl. dazu Bernd Martin: Weltmacht oder Niedergang. Deutsche Großmachtpolitik im 20. Jahrhundert, Darmstadt 1989, S. 235: »Das Unternehmen ›Barbarossa‹ darf nicht isoliert vor dem Hintergrund eines sich 1940/41 zuspitzenden deutsch-sowjetischen Gegensatzes als präventiver Schlag gegen eine sowjetische Aggression fehlgedeutet werden, sondern bildete als vorläufiger Endpunkt der kontinentalen Stufe des hitlerschen Programms ein Kontinuum in den Planungen des Parteipolitikers und ab 1933 des Reichskanzlers Adolf Hitler.« Zur Kontroverse über die Präventivkriegsthese vgl. ebenfalls Bianka Pietrow-Ennker: Deutschland im Juni 1941 – ein Opfer sowjetischer Aggression?, in: Wolfgang Michalka: Der Zweite Weltkrieg. Analysen, Grundzüge, Forschungsbilanz, München 1989, S. 586-607.

[17] Ulrich Herbert (Hg.): Nationalsozialistische Vernichtungspolitik 1939-1945. Neue Forschungen und Kontroversen, Frankfurt a.M. 1998, S. 59. Herbert zitiert Herbst mit dem Begriff des »Entkoppelungsprozesses« ebenfalls dort.

der vorerwähnten Befehle kam es zu einem ›Entkopplungsprozeß‹ (Ludolf Herbst) und in ihm zu einer Brutalisierung der (später sich wechselseitig radikalisierenden) Kriegsführung, an deren Ende vermutlich 22 Millionen sowjetische Bürger tot und weite Teile des Landes verwüstet waren. Nicht berücksichtigt in dieser Zahl sind die ermordeten sowjetischen Juden, die dem übergreifenden rassistischen Programm des Führers zum Opfer fielen. Neben der Gnadenlosigkeit, die diese Kriegsführung kennzeichnete, gaben ihm seine jahrelange Dauer, die extremen klimatischen Bedingungen und die riesige Ausdehnung des Kriegsschauplatzes eine besondere ›Qualität‹. An der Ostfront kämpften und starben mehr Menschen als an allen anderen Fronten des Weltkrieges zusammen.[18] Allein in der Heeresgruppe Mitte, in der Stölten diente, fielen bis Ende September 1941 rund 229.000 Männer. Bis zum Auslaufen der sowjetischen Winteroffensive Anfang Februar 1942 kamen weitere 378.000 Tote hinzu.[19] In der irrigen Annahme, es handele sich beim Krieg gegen die Sowjetunion um einen zweiten Blitzkrieg, war für die Zeit nach den ersten Kriegswochen kein Ersatz an Truppen und Kriegsgerät geplant. Es stand auch keiner zur Verfügung. Hillgruber argumentiert überzeugend, daß mit dem nicht fristgerechten Abschluß des ›Unternehmen Barbarossa‹ zugleich Hitlers darüber hinausgehende »Weltblitzkriegs«-Konzeption scheitern sollte.[20]

Das ›Unternehmen Barbarossa‹ ignorierte abgesehen vom Völkerrecht auch das kriegswirtschaftlich Verantwortbare. Die Lagekarten in den Militärarchiven sprechen für sich: In ihnen finden sich zunächst keine Reserveverbände eingezeichnet. Erst mit der am 10. Januar 1942 ausgegebenen neuen Weisung für ein verändertes Rüstungsprogramm reagierte die Führung auf das Scheitern der Blitzkriegskonzeption.[21] Von eben diesem Scheitern

---

[18] Gerhard Weinberg: Eine Welt in Waffen. Die globale Geschichte des Zweiten Weltkrieges, Stuttgart 1995, S. 294.

[19] Zur mangelnden Genauigkeit der einschlägigen Verlustbilanzen (zu den genannten Zahlen: Das Deutsche Reich und der Zweite Weltkrieg, Bd. 5/1, Grafik S. 885, Beitrag Kroener) siehe Rüdiger Overmans: Die Toten des Zweiten Weltkrieges in Deutschland. Bilanz der Forschung unter besonderer Berücksichtigung der Wehrmacht- und Vertreibungsverluste, in: Michalka: Der Zweite Weltkrieg, S. 858-873. Vgl. auch Latzel: Deutsche Soldaten, S. 64f.

[20] Andreas Hillgruber: Der 2. Weltkrieg 1939-1945. Kriegsziele und Strategie der großen Mächte, Stuttgart 1996. Kapitel IV: Die weltpolitischen Entscheidungen vom 22. Juni 1941 bis 11. Dezember 1941, S. 70-90, hier: S. 70.

[21] Vgl. dazu die Ausführungen von Weinberg: Welt in Waffen, S. 331. Zum Höhepunkt der mit dieser Direktive initiierten Kriegsproduktion von Rüstungsgütern kam es erst im August 1944. Vgl. dazu Norbert Frei: Der Führerstaat. Nationalsozialistische Herrschaft 1933-1945, München 1987, S. 158.

geben die Erfahrungsberichte der Truppe ein beredtes Bild.[22] Die zunächst überraschend gut funktionierende deutsche Taktik (schnelle Vorstöße von Panzerarmeen[23], denen eine sehr erfolgreich kämpfende Infanterie folgte, die gemeinsam riesige sowjetische Truppenverbände einkesselten und vernichteten), war den größeren menschlichen und industriellen Ressourcen der Sowjetunion schon ab September 1941, dem Beginn der Schlammperiode, nicht mehr gewachsen. In einer Sammelaktion wurde das deutsche Volk aufgerufen, Decken, warme Winterbekleidung und Skier für die Soldaten an der Ostfront zu spenden.[24] Zusätzlich machten ihnen miserable Straßen-, Unterkunfts- und hygienische Verhältnisse zu schaffen.[25]

Der eisigen Kälte waren die Soldaten unvorbereitet mehr oder weniger schutzlos ausgeliefert. Die Winterausrüstung blieb meist im Nachschub-Sammelgebiet Warschau hängen oder erwies sich als den Verhältnissen völlig unangemessen.[26] Waffen, Munition, Kraftstoff, Verpflegung, Ersatzteile oder Medikamente: Von allem gab es viel zu wenig. Allein die Postversorgung blieb stabil. Die Panzergruppe 2 (Generaloberst Guderian), zu der auch Stölten gehörte, verfügte ab Mitte November 1941 nur noch über 150 der ursprünglich 1.150 Panzer und hatte dabei doch nur die an der Ostfront üblichen Verluste erlitten.

Zu diesem Zeitpunkt war die Stimmung insbesondere bei den Fronttruppen verzweifelt. Kommandeure und Stabsärzte verzeichneten Apathie, Nervenzusammenbrüche, Weinkrämpfe und sogar gravierende Disziplinlosigkeiten: »Die eigene Truppe läuft haltlos weg, wenn ein russischer Panzer erscheint.«[27] Dieses Panikverhalten einer weit über der Grenze der Leistungsfähigkeit operierenden Truppe[28] besserte sich erst Mitte Februar

---

[22] Für viele: BA-MA RH 27-3/29: Erfahrungsbericht Ostfeldzug 9.7.1941 bis 24.5.1942.
[23] Am 16. Juli fiel bereits Smolensk, und damit eine Stadt auf halber Strecke zwischen Brest-Litwosk und Moskau.
[24] Hitler schob die Schuld für diesen Rückschlag seinen Armeebefehlshabern zu und übernahm nun selbst den Oberbefehl über das Heer.
[25] So schrieb ein Gefreiter zweieinhalb Monate nach dem Angriff auf die Sowjetunion: »Es ist wenig ausgedrückt, wenn man sagt, es möchte kein Hund so länger leben, denn tiefer und primitiver als wir lebt wohl kaum ein Tier,« Bähr/Bähr: Kriegsbriefe, S. 74.
[26] Latzel: Deutsche Soldaten, S. 65.
[27] So Generalfeldmarschall v. Bock über den Zustand der Heeresgruppe Mitte im November 1941, zitiert nach: Bartov: Hitlers Wehrmacht 1995, S. 45.
[28] Dank der Dissertation eines Mediziners wurde aufgearbeitet, wie die Führung durch das Einsetzen von beratenden Psychiatern den massenpsychologischen Erscheinungen in der Wehrmacht zu begegnen suchte; vgl. Georg Berger: Die beratenden Psychiater des deutschen Heeres 1939-1945, Frankfurt a.M. 1988, insbesondere zum oben ausgeführten Phänomen des sog. ›Panzerschrecks‹ S. 176ff.

1942 nach drei Monaten winterlichen Stellungskrieges, als die sowjetische Offensive ihrerseits erlahmte. So hieß es im Bericht des OKH von einem Frontbesuch bei der 4. Armee: »Drei Dinge bilden die große Hoffnung der Truppe: 1. Ablösung (…), 2. Urlaub (…), 3. Die Frühjahrsoffensive.«[29]
Die erhoffte deutsche Offensive begann wegen der schlechten Verfassung des Ostheeres erst am 28. Juni 1942.[30] In diesen illusionistischen Tagen des phantasierten Bezwingens der Sowjetunion fiel auch die grundsätzliche Entscheidung, die Vernichtung der europäischen Juden im gesamten neuen deutschen Machtbereich durchzuführen.[31]
Über die Hoffnungslosigkeit der Gesamtkriegssituation konnte die deutsche Offensive nicht mehr hinwegtäuschen.[32] In der nun einsetzenden »Kräfteverzettelung größten Stils«[33] wurde der Mittelabschnitt der Ostfront quasi zur Nebenfront. Abgesehen von den Kämpfen im Raum Orel (hier war Stölten beteiligt) und Rshew, führte die Heeresgruppe Mitte im Gegensatz zur nunmehr hauptsächlich belasteten Heeresgruppe Süd vor allem einen Stellungskrieg. Spätestens für den 27. November 1941 kann nachgewiesen werden, daß Hitler selbst ein Scheitern in der Sowjetunion gedanklich zuließ und für diesen Fall das Dogma des Untergangs formulierte. Schon hier findet sich der Hintergrund für Goebbels' berühmteste Sportpalastrede[34],

---

[29] Zitiert nach: Latzel: Deutsche Soldaten, S. 66.
[30] Hillgruber: Der Zweite Weltkrieg 1939-1945, S. 94.
[31] Zur Frage des Zeitpunkts innerhalb der ersten Hälfte des Jahres 1941 und eines etwaigen schriftlichen oder mündlichen Befehls Hitlers, siehe etwa Gerald Fleming: Hitler und die Endlösung. »Es ist des Führers Wunsch…«, Wiesbaden 1982. Einen dichten Überblick über die Vielzahl von Faktoren bei der Ingangsetzung der Vernichtungspolitik bietet z.B. Ulrich Herbert in seinem Aufsatz: Vernichtungspolitik. Neue Antworten und Fragen zur Geschichte des ›Holocaust‹, in: Herbert: Nationalsozialistische Vernichtungspolitik, S. 9-66. Dem sich radikalisierenden Prozeß der Brutalisierung bei der Durchsetzung der Expansionsziele stellt Herbert vielfältige Formen individueller und ideologischer Motive zur Seite und beschreibt das Verbrechen der Judenvernichtung als Ergebnis einer unkontrollierten Dynamik.
[32] KTB OKW, Bd. II., S. 51ff.
[33] Um gleichzeitig Stalingrad zu erobern und Leningrad durch Belagerung zu vernichten sowie über den Kaukasus zu gelangen, wurde die deutsche Front total überdehnt. Vgl. dazu ebd., S. 95.
[34] Mit der über den Rundfunk verbreiteten, suggestiven Massenkundgebung vor ausgesuchten Parteimitgliedern am 18. Februar 1943 wollte Propagandaminister Goebbels den Westmächten, die auf ihrem Gipfeltreffen in Casablanca beschlossen hatten, den Krieg bis zur bedingungslosen Kapitulation der deutschen Truppen fortzusetzen, eine Antwort erteilen. Diese lautete: Entschlossener Widerstand, äußerste Kraftanstrengung, Opferbereitschaft und unbedingte Gefolgschaftstreue, kurz: totaler Krieg. Die alliierte Forderung nach bedingungsloser Kapitulation bewirkte eine Solidarisierung weiter Bevölkerungsteile mit dem Regime. Sie wurde daher von den Kräften des deutschen

schon hier kam es zur folgenreichen Losung des ›Alles oder Nichts‹, die die kommenden Jahre die Hitlersche Politik und Kriegsführung bestimmte:

> Wenn das deutsche Volk einmal nicht mehr stark und opferbereit genug ist, sein eigenes Blut für seine Existenz einzusetzen, so soll es vergehen und von einer anderen, stärkeren Macht vernichtet werden. Es verdient dann nicht diesen Platz, den es sich heute errungen hat.³⁵

II.2. Stöltens Kriegsinitiation

Nichts in den Quellen verrät, daß Peter Stölten etwas von diesen Kriegsschrecken vorausgesehen hat, als er am 22. Juni 1941 nachts in einem kleinen Boot nahe Kodin den Grenzfluß zur Sowjetunion überquerte. Im Gegenteil, in einem nur für den Dienstgebrauch bestimmten Gedenkbuch seiner Berlin-Märkischen Panzerdivision aus dem Jahr 1942 kann die erwartungsvolle Spannung der Truppe an eben jenem Ort der Bug-Überquerung nachgelesen werden. Die Soldaten sahen sich offenbar als Teilnehmer an einem Vorgang von historischer Erhabenheit und schwer vorstellbarer geographischer Weite.³⁶

Bis zum 27. Juni 1941 herrschte Postsperre, ab dann durfte geschrieben werden. Peter Stölten nutzte künftig jede Gelegenheit dazu und bekam fast

---

Widerstands bedauert. Alle Versuche, mit den Alliierten Verbindung aufzunehmen und von diesen Zugeständnisse für einen günstigeren Frieden anstelle der geforderten Kapitulationsform zu erhalten, schlugen fehl. Vgl. hierzu Bernd Martin: Das außenpolitische Versagen des Widerstands 1943/44, in: Jürgen Schmädeke/Peter Steinbach (Hg.): Der Widerstand gegen den Nationalsozialismus. Die deutsche Gesellschaft und der Widerstand gegen Hitler, München 1986, S. 1037-1070. Zur Casablanca-Forderung selbst siehe C III.1, FN 7.

35 Hitler, zitiert aus: Hildebrand: Das Dritte Reich, S. 67.

36 Fritz Lucke (Ltn. und Mithg.): Panzerkeil im Osten. Gedenkbuch der Berlin-märkischen Panzerdivision, Verlag »Die Wehrmacht«, Berlin 1942, S. 13f.: »Beginn der Offensive bei Kodin: Die jungen Soldaten binden den Helm fester. Sie wissen um die Verantwortung, die der Führer jedem Einzelnen von ihnen auf die Schultern gelegt hat. Immer öfter geht der Blick zur Uhr. Immer schneller kriecht der große Zeiger zur Drei. Die Spannung ist auf dem Höhepunkt. Die letzte Minute! Die letzte Minute vor dem Feldzug – da zischt die erste Leuchtspur gegen den fahlen Himmel. Dann fallen die nächsten Geschütze ein, bis ein riesiger Donnerschlag die Luft erzittert. Dieses farbig lodernde Bild der ersten Minuten prägt sich unvergeßlich tief ein. Einen Pulsschlag lang denken wir, daß jetzt die Geschütze brüllen vom Nördlichen Eismeer bis zum Schwarzen Meer. Dann laufen wir zum Bug.«

täglich Post von zu Hause.³⁷ Dieser enge Kontakt sollte bis zum Ende so bleiben. Bereits in seinem ersten Brief nach Aufhebung der Postsperre hat Stölten über Tote zu berichten, sogar über das Töten des Gegners. Nun gehört dies zwar zu den Erfordernissen des Soldatenhandwerks, doch das Tötungsverbot der zivilen Gesellschaft, in der Stölten aufgewachsen war, mag ihm nicht nur seine Augenzeugenschaft, sondern auch seine naheliegende Beteiligung am gegnerischen Tod schwer gemacht haben. Zumindest war zuvor alles Theorie, Vorstellung, und nun realisierte es sich in einer ersten »Feuertaufe«. Nichts davon spiegelt die Korrespondenz. Den Prozeß der Abschließung von Eindrücken hat Stölten sofort begonnen. Er reiht sich ein in die von Latzel beschriebene, typische distanzierte Sprache der Soldaten des Zweiten Weltkrieges, in der »umgelegt«, »den Rest gegeben« oder – wie im folgenden Brief Stöltens – »erledigt« wurde.³⁸ »Erledigt« wurden keine Menschen, sondern nur Zahlen. Aktiv waren ebenfalls keine Menschen, sondern entpersonalisiert »unsere 4.« Der folgende Briefausschnitt dokumentiert somit eine Anpassungsleistung. Es sollte bis zum Warschauer Aufstand 1944 dauern, bis Stölten persönliche Nähe zum Tod der Gegner auch in seiner Korrespondenz wieder zulassen sollte. Zunächst aber half die beschriebene Sprachform, das soldatische Tötungsgebot in das eigene Selbstbild zu integrieren.

> Die ersten 3 Tage dachte ich, das soll Krieg sein? Kein russischer Flieger, keine Artillerie, nur Bilder der Zerstörung; Gefangene, tote Pferde, auch ab und zu Menschen, alle 100 m ein ausgebombter russischer […] Tank, den ersten deutschen sah ich erst vor kurzem. Eine kurze Episode des 3. Tages machte den 1. kriegerischen Eindruck. Durch Zufall wurde ein r. [sic] Panzer entdeckt. Teile der

---

[37] »Es gibt Leute, die noch keine Post bekommen haben, während ich, der sich sonst immer durch einen Mangel in dieser Hinsicht auszeichnete, schon Jubiläum feiern kann. Die Zahl 10 ist voll.« Peter Stölten an seine Eltern, Brief vom 18. Juni 1941.

[38] Latzel: Deutsche Soldaten, S. 244-261, hier S. 247. Im in Fn 39 zitierten Brief bedient sich Stölten auch des Begriffs der Vernichtung (»Butterkirch hat am selben Tag mit seiner Kompanie feindliche Artillerie […] in Stärke von fast 2 Regimentern vernichtet«), den Latzel als typischen Jargon unter Wehrmachtssoldaten identifiziert. Vgl. Latzel: Deutsche Soldaten, S. 254. Stölten benutzte immer wieder neue Ausdrücke, durch die er das Sterben des Gegners distanzierend umschreiben konnte, etwa am 4. Juli 1941: »An einem Nachmittag haben wir an die 30 kippen sehen«. Später reflektierte er hierüber mit einem einzigen Hinweis auf Zensur: »Ich schrieb da im 1. Brief von Achim, dem ersten EK-Mann weit und breit, und über den Grund, die Kämpfe glaube ich auch etwas, – daß Dehnke unser erster Toter war (Babo ist der letzte), daß auch Murken gefallen ist. Seither habe ich das gelassen. Man kann das doch nicht so schreiben, wie man möchte, man tut dabei irgendwann bestimmt etwas Verbotenes.« Peter Stölten an seine Familie, Brief vom 28. Juli 1941.

Abteilung rutschten ihm entgegen. Es kam zum Gefecht und in Kürze waren 36 schneller Sorte erledigt. Unsere 4. [Kompanie, A.I.] erledigte mit 9 Wagen 26.³⁹

Zunehmend wurde seine Kompanie in Gefechte verwickelt, denen er sich aber zunächst vollkommen gewachsen fühlte: »Man ist 200% sicher bei dem Zielen! Doch gefährlicher ist die Arie. Man kann ausgerechnet weit von der eigenen entfernt liegen und dann bumst es.«⁴⁰ Zu Beginn machte ihm »der ungeheure und kühne Vormarsch großen Spaß. Dieser russische Feldzug wird bestimmt so berühmt wie die andern. Ob wir auch wieder 18 Tage brauchen?«⁴¹

Das Vertrauen in die eigenen Kräfte teilten mit Stölten, der für die Eroberung Moskaus »nur noch ein kräftiges Anstoßen für nötig« hielt⁴², in dieser Phase vom Generalstabschef des deutschen Heeres, Generaloberst Halder⁴³, quer durch die verschiedensten Dienstränge die meisten Wehrmachtsangehörigen.⁴⁴ Hitler selbst formulierte am 4. Juli 1941: »Ich versuche mich dauernd in die Lage des Feindes zu versetzen. Praktisch hat er diesen Krieg schon verloren.«⁴⁵

Der Vormarsch war Stölten zufolge trotz seines raschen Tempos noch viel zu wenig effizient: »Alles geschieht mit einer Vorsicht, die meiner Ansicht nach doch letztenendes wenig lohnend ist. Riskiert wird kein Mann.«⁴⁶ Die

---

39 Peter Stölten an seine Familie, Brief vom 27. Juni 1941.
40 Ebd.
41 Ebd.
42 Peter Stölten an seine Eltern, Brief vom 20. Juli 1941.
43 Am 3. Juli 1941 notierte Halder in sein Tagebuch: »Es ist wohl nicht zu viel gesagt, wenn ich behaupte, daß der Feldzug gegen Russland innerhalb von 14 Tagen gewonnen wurde.« Vgl.: Generaloberst Franz Halder, Kriegstagebuch. Bearbeitet von Hans-Adolf Jacobsen, Bd. II, Stuttgart 1962, S. 38.
44 Charakteristisch ist folgende Äußerung eines jungen Gefreiten: »Ich sage voraus, daß in vier bis fünf Wochen die Hakenkreuzfahne auf dem Kreml in Moskau wehen wird, daß wir noch dieses Jahr im Anschluß an Rußland uns den Tommy vorknöpfen werden. Es ist ja schließlich kein Geheimnis, wie, ob und daß man in vier Wochen mit unserer unschlagbaren Wehrmacht nach Moskau kommt (…). Wir lassen uns nur noch auf Blitzkriege ein und kennen nur noch den Angriff. Ran, ran und nochmals ran unter Mitarbeit schwerer Waffen. Feuer, Pulver, Eisen, Bomben, Granaten, das alles dem Russen auf den Kopf, das genügt.« Zitiert nach: Buchbender/Sterz: Das andere Gesicht des Krieges, S. 72.
45 Percy Ernst Schramm (Hg.): Kriegstagebuch des Oberkommandos der Wehrmacht, Frankfurt a.M. 1965, S. 1050. Nur kurz später erklärte Hitler, die Ural-Grenze als Ostgrenze des Deutschen Reiches anzustreben sowie Leningrad und Moskau dem »Erdboden gleichzumachen, um zu verhindern, daß Menschen darin bleiben, die wir dann im Winter ernähren müssen.« Aus: Hillgruber: Der Zweite Weltkrieg, S. 72.
46 Peter Stölten an seine Eltern, Brief vom 30. Juni 1941.

Erfolge der Truppe machten offensichtlich auch die Kameraden Stöltens siegessicher und führten zu draufgängerischen Unverantwortlichkeiten, die in Akten erhalten geblieben sind. So rügte der Chef der operativen Abteilung der 3. Panzerdivision, General Model (»überhaupt gut, der Alte, wie immer vorn«[47]), u.a. den Kommandeur von Stöltens IV. Panzerregiment 6 in dieser Angelegenheit sogar zweimal persönlich.[48]

Mit rascher Feder erfasste der junge Stölten lächelnd Parallelen zwischen Sowjetunion und Heimat:

> Du kannst Dich hier beinahe wie zu Hause fühlen: Es gibt 1. kein Bier, 2. keine Schokolade. Alles sind billige vortäuschende Zuckerpanschereien, 3. Einheitsseife, 4. sind Füllhalter knapp, 5. hängt überall ein Bild vom Väterchen. 6. wird alles für das Volk getan. Inmitten der Hütten steht hier ein großes Theater, in der Nähe ein großes Kino. Sogar die Filme und die Anzeigen sind dieselben: Am Walde küßt ein Jijajäger eine Maid. 7. eine Partei gibt es auch und das NSV-Parteigebäude ist entschieden das Prachtstück und würde als Kerngebäude eines Berliner Bezirks noch berühmt werden. 8. legt man offenbar auch auf Straßen wert. 9. gibt es eine NSV mit Mütterberatung usw. 10. eine vormilitärische Ausbildung. 11. große Aufmärsche. 12. ist die (Rote) Armee das teuerste und vielleicht auch populärste, was die UDSSR aufzuweisen hat. 13. gibt es eine Art Sylvester=VB[49], wo Väterchen St. die außen und innenpolitischen Erfolge und dabei manches eben genannte in einiger Aufmachung dem Volk in seiner ganzen Größe ins Bewusstsein zurückruft. Sonst ist es mit der Beliebtheit des Herrn scheinbar nicht allzu doll, da die Russen, selbst wenn sie nicht einmal wissen, gegen wen sie kämpfen, immerhin wissen, daß die Bonzen getürmt sind.[50]

---

[47] Peter Stölten an seine Familie, Brief vom 27. Juni 1941.

[48] BA-MA RH 27-3/28. 3. Panzerdivision, Ia (Model) an Kommandeure, Div. Gef. Std. Lochwiza, betrifft Marsch mit Gefechtsbereitschaft vom 22. September 1941: »Trotz meiner mehrfach mündlich gegebenen Hinweise mußte ich am 20. 9. 1941, insbesondere bei der IV./Pz.Rgt.6 und Pz.A.A.1, erneut feststellen, dass der zur Kampfstaffel gehörende Tross nicht nachgeführt wurde, am Ende der Abtlg. nachgeführt wurde, sondern unmittelbar hinter den Kampfstaffeln der einzelnen Kompanien folgte. Durch derartige unsachgemässe Gliederungen ist eine schnelle Gefechtsbereitschaft der gesamten Abtlg. nicht gegeben. Ich ersuche alle Herren Kommandeure dringend, ihre Komp.-usw. Führer hierüber zu belehren, dauernd praktisch zu überwachen und so diesen Unfug ein für alle Male abzustellen«. Nur fünf Tage später wiederholte Model an die gleiche Adresse die Mahnung, weil die unerfahrenen deutschen Soldaten bei russischen Fliegerangriffen keine Deckung nahmen, sondern – sicher, daß diese sowieso nicht treffen würden – naiv das Spektakel über ihnen beobachteten: BA-MA RH 27-3/28, ders. Div. Gef. Std. Pogrebki: »Die Scheu, Deckung zu nehmen, die immer wieder festgestellt wird, bedeutet eine unverantwortliche Sorglosigkeit und Dummheit.«

[49] Mit »Sylvester-VB« spielt Stölten auf eine Sonderausgabe des Völkischen Beobachters vom Jahreswechsel 1940/41 an.

[50] Peter Stölten an seine Eltern, Brief vom 30. Juni 1941.

Stölten erkennt hier die Symptome des ihm von der Heimat vertrauten totalen Staates und scheut sich nicht, Gemeinsamkeiten zwischen Heimat und Feindesland als solche zu benennen. Daß er dies mit einer gewissen Ironie tut, zeigt darüber hinaus, wie wenig er vom eigentlichen nationalsozialistischen Zeitgeist affiziert war – für einen neunzehnjährigen Soldaten ein erstaunliches Maß an, wenn auch wohlwollender, Distanz. Über seinen militärischen Gegner resümierte er gut drei Wochen nach dem ersten Feindkontakt selbstbewußt:

> Mit der Wehrkraft des alten Zarenreiches steht es so: Waffen und Gerät sind in Unmassen und technisch meistens sehr gut vorhanden. Die Art des Einsatzes scheint ihnen aber oft nur nebelhaft vorzuschweben. Handfeuerwaffen sind hervorragend und geschossen wird tadellos. Die Tapferkeit ist bestimmt auch meistens prima. Die Russen lassen sich in ihren Stellungen erschiessen, und ich habe mehrfach Verwundete gesehen, die immer noch schossen. Aber im Ganzen spuren sie nicht. Die fehlende Kriegserfahrung merkt man überall. Gegen Deutsche ist, selbst wenn ich zehnmal soviel habe, ein Kampf auch ziemlich aussichtslos.[51]

Ein jugendlich naiver Nationalstolz hält ihn nicht davon ab, auch am Feind soldatische Qualitäten zu erkennen und zu würdigen. Soweit erkennbar ist dies keine häufige Haltung. Vergleichsweise früh werden in ihm erste Besorgnisse darüber wach, daß man nach dem bisherigen Vormarsch nicht unbedingt auf ein siegreiches Ende des Krieges hoffen dürfe: Den Eltern waren zunächst die zahlreichen Flüsse Rußlands als Grund für den allmählich stockenden Vormarsch angegeben worden.[52] Schon etwa acht Wochen nach Kriegsbeginn gestand er ihnen und sich aber besorgt ein:

> Meiner Ansicht nach ist es auch die 1. Verteidigungstaktik der Russen, den Feind in ein möglichst lockeres und unsichtbares Verteidigungsnetz tief hineinzulocken und dann von allen Seiten zu bekämpfen. Und wenn man das im Großen sieht, ist das dieser Krieg vielleicht überhaupt.[53]

Stölten schaut hier über den eigenen Horizont weit hinaus und sieht aus dieser Vogelschau strategische Gefährdungen für den gesamten Feldzug. Überinterpretiert man, wenn man darin auch den Mut zum Denken des damals und in seiner Umgebung beinahe noch Undenkbaren erkennt? Hierzu

---

51 Peter Stölten an seine Eltern, Brief vom 30. Juni 1941.
52 »Wenn das Land nicht aus lauter Flüssen bestünde, wären wir schon beinahe in Moskau.« Zitiert aus einem undatierten Brief Peter Stöltens (vermutlich Mitte Juni 1941) an seine Familie.
53 Peter Stölten an seine Familie: Brief vom 3. September 1941.

würde passen, daß er in seinem Tagebuch, das er zu Beginn des Ostkriegs noch verhältnismäßig regelmäßig in knappen Notizen führte, bisweilen die andere Seite des Krieges festhielt, über die er in seinen Feldpostbriefen schwieg: »Alle 100 m steht ein zerschossener Russenpanzer. Pferdeleichen, aus denen es stinkend hervorquillt, liegen rum«[54], »die Verpflegung ist so beschissen.«[55] An einem einzigen Tag wurden seine Kameraden »Dehnke schwerverwundet, Kemski Bauchschuß [...], Murken fällt durch Kopfschuß [...] die Kradmelder vom Regiment wurden zu 5 Mann abgeschossen, Klaus Schmidt-Tüchse ist schwer verwundet. Und Achim hatte auch Pech«.[56]
Im Umgang mit den Russen unterschied er sich zu seiner eigenen Scham von seinen Kameraden. Während einer Schlacht verband er einen verwundeten russischen Schützen in einem Kornfeld und geriet darüber in einen heftigen Streit mit seinem Vorgesetzten.[57]
Beim Organisieren von Lebensmitteln war er in seiner Wahrnehmung »vielleicht der Einzige, der die Pistole nicht aus der Tasche bringt. Ich bringe mich um mit Gesten und bekomme bei einer sehr netten Bauernfamilie Eier und Kartoffeln. Geld nehmen sie nicht.«[58]
Den Widerspruch, die Lebensgrundlagen eben dieser Menschen, von denen er nicht gewaltsam Lebensmittel einfordern wollte[59], durch sein tägliches Handeln zu zerstören, wurde nicht thematisiert und vermutlich von Stölten damals so auch noch nicht wahrgenommen.
Das vorsichtige und höfliche Auftreten als Einzelner ebenso wie die tadellose Pflichterfüllung als Soldat entsprachen seiner Erziehung.
Am 6. Juli wurde seine Kompanie im bereits erwähnten Gefecht von Slobin komplett aufgerieben. Stöltens Umgang mit diesem Erlebnis wurde

---

[54] Peter Stölten, Tagebucheintrag vom 22. Juni 1941.
[55] Ebd., 23. Juni 1941.
[56] Ebd., 24. Juni 1941.
[57] »Immer noch Schützen im Kornfeld. Mann [sein Vorgesetzter, A.I.] und ich, wir brüllen uns an. Schießen auf Verwundete. Ich verband einen – leuchtende Augen. Krieg mit Mann. Russe nach sechs Schüssen nicht tot.« Zitiert aus: Tagebuch Peter Stölten vom 23. Juni 1941. Offensichtlich wurde Stölten hier Zeuge einer Exekutionsszene. Verwundete wurden erschossen, anstatt zu versuchen ihr Leben zu retten. Stölten machte hierbei eine Ausnahme und geriet in Konflikt mit seinem Vorgesetzten. Es liegt nahe zu vermuten, daß der Vorgesetzte selbst genau jenen Soldaten mit sechs Schüssen traf, den Stölten zuvor verbunden hatte.
[58] Peter Stölten, Tagebucheintrag vom 2. Juli 1941.
[59] Zur Praxis des Beutemachens und den damit (nicht) verbundenen ›Gewissensregungen‹ im Quellenkonvolut Humburgs siehe ders.: Das Gesicht des Krieges, S. 168: »Weitergehende Gewissensregungen sind entweder nicht vorhanden oder werden bald unter dem Druck der alltäglichen Praxis ausgeschaltet.«

typisch für seine Kriegsverarbeitung. Zwei Monate später notierte er ins Tagebuch:

> Es fehlt wieder viel, 2 Monate Rußland. Am schwersten 6. Juli, als ich das Tagebuch mit einem Tag, allein mit dem Angriff auf Shlobin [sic] hätte füllen können, dachte ich, das vergißt Du auch so nie, laß sein, – schildern kannst Du es gar nicht –.
> Doch nun merke ich, wie so vieles versackt.[60]

Die Wucht des Erlebnisses führte gleichermaßen zur Sprachlosigkeit wie auch zu einem gesteigerten Kontaktbedürfnis mit der Familie, einer Form der Rückversicherung über sich selbst. Das »Versacken« der offenbar entsetzlichen Erlebnisse, das er sprachlich unbewusst durch das Verschweigen mitbetrieb, erstaunte ihn ebenso wie es ihn beruhigte. Die Eltern erfuhren nichts über das Slobin-Gefecht. Statt dessen schilderte er wenig später eine harmlos ausgehende Gefährdung, an deren Schluß er gleichwohl ein Menetekel setzte:

> Die Gegend ist prima. Gestern war ich mit Ruprecht heimlich baden an einem Fluß mit Wasser, dunkelrot wie schöner Tee! Die schiefen Häuser und die geflochtenen Zäune gingen so in Wellenlinien an den Modder ran. Die Sonne schien, und das Wasser war Wasser, ach, endlich einmal! Plötzlich ging am andern Ufer ein Blindgänger – oder eine Mine los. Das spritzte und wir waren schon bei unsern Klamotten und grinsten uns zaghaft an. Nachdem wir dann das Säuberungswerk beendet hatten, machten wir noch einen kleinen Geländelauf, die paar Kilometer durch die schönsten Wiesen und Felder zurück. Am Friedhof, wo inzwischen neue, helle Kreuze stehen, sieht man an unzähligen verwitterten, schiefen, alten, daß hier schon einmal deutsche Soldaten waren.[61]

»Über uns sind ewig Luftkämpfe. Einen Nachmittag sahen wir 30 Russen fallen. Sie kommen aber immer neu«[62], war eine ängstigende Erkenntnis des Gefechtes von Slobin, ebenso wie die beginnenden Nachschubprobleme: »Sonst hält alles bei uns, bis der Nachschub, der ja irrsinnig schwirig

---

[60] Peter Stölten, Tagebucheintrag vom 6. September 1941.
[61] Peter Stölten an seine Eltern: »Liebe Genossen in Berlin!«, Brief vom 10. Juli 1941. Im Brief finden sich 6 unterstrichene Buchstaben, die zusammen gesetzt das Wort »Slobin« ergeben. Weiter ging Stölten nicht. Zur an den Maßstäben des Kriegsvölkerrechts orientierten deutschen Besatzungspolitik in Rußland während des Ersten Weltkriegs siehe Peter Borowsky: Deutsche Ukrainepolitik 1918 unter besonderer Berücksichtigung der Wirtschaftsfragen, Lübeck 1970.
[62] Peter Stölten an seine Familie, Brief vom 3. Juli 1941.

ist, völlig auf Draht ist und die 1.000 km ausreichend ranschafft.«[63] Sehr machte ihm, abgesehen von Mücken (»Die Mücken übersteigen hier alles Vorstellbare«[64]) und der einsetzenden Kälte und Nässe (»Und naß, rostig und verbeult ist alles. Mein Karabiner sieht schon aus wie eine ausgegrabene Indianerflinte«[65]), Papierknappheit zu schaffen: »Die Umschläge kratze ich schon seit 14 Tagen zusammen. Bald ist da nirgendwo mehr etwas zu erben [...]. Ich würde jedoch auf Mittel und Wege sinnen, und wenn ich auf getrocknete Bohnenblätter schreibe.«[66] Da er täglich Post erhielt, registrierte er einen Poststau sofort empfindlich: »Bald 14 Tage keine Post. Wo lungert der Sack bloß rum? Wir warten sehr.«[67]

Schon im Juli 1941 war Stölten klar, es mit einem »zähsten Gegner« zu tun zu haben, der »wohl keine Stadt kampflos übergeben«[68] werde. Die Tausende russischer Kriegsgefangener erwähnte Stölten beiläufig (»Ein Flankenstoß der Russen [...] hat eine Unmasse Gefangene gebracht. 10 m vor mir lagen jeden Abend viele Hundert und marschierten dann in die untergehende Sonne«[69]), beschrieb aber keine Mißhandlungsszene, wie überhaupt seine jargonhafte Rußlandschilderung eher den intendierten touristischen, auch einen humorigen Eindruck beim Lesen hinterläßt.[70]

> Die [russischen, A.I.] Bomber kommen in großer Zahl, doch sehr gelockert, daß man sie schlecht mit einem Blick übersehen und kontrollieren kann. Also erst mal aus der Sonne. Das Volk spürt die Flugzeuge im Nacken und wetzt nach links. Sind sie der 1. Welle entronnen, kommen sie der 2. in den Weg und beim Weiterwetzen, der 3. Gewetzt bin ich nicht, nur langsam, na jedenfalls gegangen, ständig beobachtend und zunehmend beunruhigt. Die 3. Welle klinkte die Bomben genau über mir aus. Obwohl man weiß, daß da nichts mehr passieren kann, juckte mir leicht die Kopfhaut. Beim 2. Angriff wetzte ich nach der andern Seite und wieder genau unter die Tragfläche. Nun rannte ich schon fürs Sportabzeichen, der ersten Welle davon, unter die 2. – wie entkam ich der 3.? Ich beobachtete sie. Da brüllte Mann hinlegen! Ich gehorchte wie auf dem Exerzierplatz, lag flach im Klee und sah schon die Bomben auf uns zu kommen. – Es krachte nacheinander, und immer lauter. Mehrere Sekunden flogen die Splitter über uns und pfiffen

---

[63] Peter Stölten an seine Eltern, Brief vom 20. Juli 1941.
[64] Peter Stölten an seine Familie, undatierter Brief.
[65] Peter Stölten an seine Familie, undatierter Brief.
[66] Peter Stölten an seine Familie, undatierter Brief.
[67] Peter Stölten an seine Familie, Brief vom 13. September 1941.
[68] Peter Stölten an seine Eltern, Brief vom 7. Juli 1941.
[69] Peter Stölten, Geburtstagsbrief an die Mutter vom 23. Juli 1941.
[70] In den Akten hingegen wurden bis auf die Divisionsebene herunter die wahllosen Erschießungen der russischen Kriegsgefangenen vermerkt. Vgl. dazu BA-MA RH 27-3/29 oder BA-MA RH 27-3/181.

die Tonleiter rauf und runter. Wir atmeten tiefer und erstickten schon an dem Pulverdampf. Als wir aus der dicken schwarzen Wolke rauskommen, bestreut der Himmel unser Haupt mit Flugblättern: ›Lauft über!‹ Wir waren aber den Tag genug gelaufen.[71]

Einige Fährten für das Grauen, das ihn umgab, legte er aber doch, ohne daß er oder seine Korrespondenzpartner dem weiter nachgespürt hätten. Dafür mögen vier Beispiele stehen.
Am 22. Juli 1941: »Ich habe den Vorteil, nächst dem Kompaniechef der informierteste Mann der Kp. zu sein und bin die gute Quelle für die andern. Trotzdem wüßte ich gern noch mehr [...]. Und gerade unsere Kompanie hat alles, was man sich denken kann, kennengelernt«. Oder »bei der Einnahme von Sluzk konnte der Kommandeur 3 Stunden nicht sprechen, so heiß war es da«[72] sowie: »Die vor uns liegende Feldbäckereikompanie und einige Schützen schlugen den Feind (2 Bataillone) zurück. Unsre restlichen Panzer vollendeten die Arbeit, so, daß man in dem Fluß heut nicht mehr baden kann.«[73] Ausführlicher eingebettet in einen Vorwurf auf sich drückende, dennoch dekorierte Vorgesetzte, findet sich ein Hinweis in einem Brief an einen Schulfreund:

> Was schreibt man aus dem Krieg? – Die Leistungen seines Haufens. Ich bin als 3. Fahrzeug nach Bobruisk gekommen. Am Dnjepr waren wir wieder die ersten. Die Erfolge und Verluste in Zahlen? – ist verboten (doch kurz: Doll ist es nicht!). Eigene Heldentaten? – Keine. Infanteriegeschosse, das einzige, was mich rühren kann, höre ich seltener, beschäftige mich mehr mit Arie und bin glücklicher Spezialist im freundesnahen Verkehr mit Fliegerbomben. Im ganzen freue ich mich meiner heilen Knochen. Der Chef der Melder, Oberfeldwebel, dem wir immer entwetzen müssen, wenn wir nicht unsern Bauch mitsonnen sondern nach vorn wollen, hat schon EK und Sturmabzeichen! So ist das! Als letzter Punkt kämen Greueltaten [sic]. Aber [über, A.I.] wessen soll man da schreiben.[74]

---

[71] Peter Stölten an seine Eltern, undatierter Brief.
[72] Peter Stölten an seine Schwester Uta, Brief vom Juli 1941. Hier beschreibt Stölten auch eine Begegnung mit seinem Freund Udo, »einem der dreckigsten und strahlendsten Soldaten des Ostheeres [...]. Er erzählte mir einige Schauergeschichten von Panzern. Und ich konnte ihm berichten, daß er von der 4. [also Stöltens eigener Kompanie, A.I.] redete.«
[73] Peter Stölten an seine Eltern, Brief vom 29. Juli bis 1. August 1941.
[74] Peter Stölten an seinen Berliner Schulfreund Jürgen Maßmann, 11. August 1941. Jürgen Maßmann fiel am 18. Februar 1942 in Federowka, 25 Kilometer südwestlich von Rschew in Rußland.

Es ist dies wohl der deutlichste Hinweis von Stölten auf seine Kenntnis von Greueln im Rußlandkrieg. Daß er Zeuge mindestens der Aufnahme des Kommissarbefehls durch die sowjetische Bevölkerung wurde, kann ebenfalls nachgewiesen werden (»Die Kolchosenbauern reagieren recht positiv auf den Aufruf zum Kaltmachen der Kommissare«[75]) – es muß jedoch offen bleiben, ob Stölten dies als Kriegsverbrechen erkannte und daher unter die von ihm vorgenannten Grausamkeiten rechnete.

Deswegen »wäre [er, A.I.] lieber schon in Moskau – und zurück.«[76] Da dies aber nicht ging, richtete er sich, so gut er konnte, in der Situation ein und »verkündete der Familie restloses Wohlbefinden«.[77] Alles Beunruhigende wurde ausgelassen oder positiv für Zuhause umgedeutet, etwa

> die merkwürdigen Schlafverhältnisse, sie sind ja nur vorteilhaft, geben einem das Recht, sich mal wieder richtig auf das Bett zu Hause zu freuen. Und auch alles andere, die viel zu seltenen Strapazen und der viel zu seltene Kampf, obwohl wir bestimmt zu den Truppen gehören, die am meisten am Feind sind.[78]

Zu seinem eigenen Erstaunen waren es besonders er und weitere Kameraden aus sogenannten geordneten bürgerlichen Verhältnissen, denen der Sprung ins Improvisieren der Kriegswelt leichter fiel. Sie waren es, »die zuletzt Ekelgefühle, Greuelphantasievorstellungen oder Genußbedenken«[79] entwickelten:

> An die Würste z.B. wagte sich keiner ran. Nur ich und Achim bissen, nachdem die Pelle ab war, erst mal rein. Man braucht sich keinesfalls an Würste aller Art zu halten. Es ist eigentlich in allem so. Wenn uns auch manches anders lieber wäre, kommen wir durch eine glückliche Veranlagung viel zufriedener durch. Und etwas muß man schon daran denken, daß eben Krieg ist, meine ich, und vor allem, daß wir Landser sind.[80]

Aus der bildungsreichen Erziehung seines Milieus ließ es sich – so meinte er – leichter Trost schöpfen, als es offensichtlich Soldaten aus einfacheren Verhältnissen gelang – ein offenbar von der nationalsozialistischen Überformung noch nicht eingeebneter Klassenunterschied.

---

[75] Peter Stölten an seine Eltern, Brief vom 20. Juli 1941.
[76] Peter Stölten an seine Eltern, Brief vom 22. Juli 1941.
[77] Peter Stölten: Feldpostkarte vom 29. Juli 1941 an seine Eltern.
[78] Ebd.
[79] Peter Stölten an seine Familie, Brief vom 11. September 1941.
[80] Ebd.

Die russische Zivilbevölkerung, deren Leid er in einigen großen Aquarellen verarbeitete, tauchte in seinen Briefen vor allem als pittoresker Hintergrund von Landserromantik auf. Mal bekam er mit Kameraden auf einem Dorf Wodka angeboten, mal erlebte er mit »feindlichen« Bauern einen Abend bei Gesang und Balalaika. Das von der deutschen Propaganda gezeichnete Rußlandbild[81] fand er in vielem nicht bestätigt und äußerte dies auch offen:

> Ich fand vorhin übrigens ein Schulbuch für den Deutschunterricht: Neben einer prozentual verschwindenden Würdigung Thälmanns, und Marxens Verhältnis zur Literatur, war alles drin von den Schildbürgern und Eulenspiegel bis Goethe. Woanders fand ich ein Geschichtsbuch, wo ich aus den Bildern einen starken Anteil der deutschen Geschichte ersah. An das allgemeine Analphabetentum glaube ich nicht mehr. Selbst in den schaurigsten Hütten, die nicht einmal einen Samowar haben, fand ich fast immer als einzigstes neben dem Ofen ein paar Schulbücher, Ratze, Winkelmesser.[82]

Damit bestätigt die Korrespondenz Stöltens nicht den Befund, in der Korrespondenz deutscher Soldaten aus Rußland finde sich allenthalben der empfundene Gegensatz zwischen Kultur (Deutschland) und Barbarei (den russischen Verhältnissen).[83]

Unübersehbar waren die überwiegend furchtbaren Erfahrungen der Zivilbevölkerung mit den deutschen Soldaten: »Da kam das nächste deutsche Fahrzeug. Aufheulend und die Hand an der Kehle, die fragenden Augen auf uns gerichtet, versteckten sie sich hinter unserem Rücken.«[84] Es ist ausgeschlossen, daß Stölten aus diesem Verhalten keine Schlüsse auf Vorhergegangenes gezogen hätte, auch wenn er es in der Korrespondenz bei der schlichten Schilderung beläßt, so wie an anderer Stelle: »Am andern Morgen stand ein Galgen. Die Russen guckten neugierig. ›So geht es jedem Brandstifter und Saboteur‹.«[85]

---

[81] Zum Rußland-Bild in der NS-Propaganda vergleiche den Problemaufriss von Wolfram Wette: Zum Rußland-Bild in der NS-Propaganda. Ein Problemaufriß, in: Hans-Erich Volkmann: Das Rußlandbild im Dritten Reich, Köln 1994, S. 55-78.
[82] Peter Stölten an seine Familie, Brief vom 11. September 1941.
[83] Für viele vgl. Sven Oliver Müller: Kriegsmentalität. Zur Kommunikation zwischen Front und Heimat, in: Echternkamp: Die deutsche Kriegsgesellschaft, S. 70-89, hier: S. 77.
[84] Peter Stölten an seine Eltern, Brief vom 4. August 1941.
[85] Peter Stölten an seine Eltern, ohne Datum, vermutlich Ende August/Anfang September 1941.

Zunehmend wurde die eigene Situation auf dem Vormarsch unter schwersten Gefechten immer gefährlicher: »Die Lage ist ernst, jedoch nicht verzweifelt«[86], lasen die Eltern in Berlin. Pessimistisch zu denken, stand ihm in seinem eigenen Selbstverständnis »mit meinen 19 Lenzen noch nicht zu.«[87] Wohl resümierte er einmal:

> Das Datum, was ich eben mit größter Mühe errechnete, vielleicht auch falsch, mutet mich historisch an: Vor zwei Jahren hofften wir aufs Notabi, vor einem Jahr steckten wir es ein und machten 10 wunderschöne blaue Tage, an die man ewig denkt, bis wir uns in Staatsdienste begaben. In diesem Jahr hatte ich geglaubt, daß diese Zeit wieder angenehm und unvergeßlich werden würde, durch unsere Rückkehr. Aber so vorsichtig die Rechnung damals erschien – sie war ein Windei.[88]

Doch insgesamt blieb der Ton stur-trotzig-humoristisch:

> Mir soll der Krieg von allen Seiten kommen, das kann uns doch den Stahlhelm nicht zerknittern. Und wozu bin ich wohl aus der Schule getürmt? Ich bin auch noch recht optimistisch für diesen Feldzug, obwohl ich alle Hindernisse und üble Schwierigkeiten besser zu sehn glaube als Ihr. Und ich glaube, Ihr schreibt überzeugter als Ihr seid – und ihr schreibt überzeugt.[89]

Oder an anderer Stelle: »Wenn ich mein Klamottenverzeichnis ansehe und sehe, was ich alles haben soll, muß ich lachen. Ich komme wieder wie Hans im Glück oder der liebe Augustin, noch schlimmer, denn sogar ohne Unterhose, deren letzte nur noch als Ausfallflagge zu gebrauchen war.«[90] Seiner Schwester Uta gestand er im gleichen Brief, daß alle seine Wintersachen vom LKW herunter gestohlen worden waren. Doch:

> Ich hänge ja nicht am Irdischen – dadurch aber verstärkt an der Rückkehr vor Weihnachten. Ich glaube schon daran und hoffe, daß wir Schwein haben. Das größte Pech könnte das Wetter fabrizieren. Rußland ist ja berühmt dafür, daß im Herbst, Frühjahr und Winter durch Matsch und Schnee große Strecken verkehrsunbrauchbar gemacht werden. Kostproben haben wir gehabt. Dann alles, nur kein Kradfahrer […]! Erzähl Mutti von den Wintersachen nichts. Sie macht sich unnötig Sorgen und das Karreschieben wird schon warm machen.[91]

---

[86] Peter Stölten an seine Eltern, Brief vom 6. August 1941.
[87] Peter Stölten an seine Eltern, Brief vom 15. August 1941.
[88] Peter Stölten an seine Eltern, Brief vom 20. September 1941.
[89] Peter Stölten an seine Schwester Uta, Brief vom 24. August 1941.
[90] Peter Stölten an seine Schwester Uta, Brief vom 29. September 1941.
[91] Ebd.

Indessen fallen auch erste Zeichen einer vollständigeren und weniger rücksichtsvollen Berichterstattung in diese Zeit, jedoch immer noch in einem humoristischen, im vorliegenden Fall zynischen Ton: »Ich muß schließen, da mindestens noch ein solcher Riesenbogen für die Verlustmeldung nach dem Feldzug übrig bleiben muß: Durch Feindeinwirkung…!« [92]
Die deutliche Ankündigung großer Verluste, für deren Notierung ein Riesenbogen Papier nicht ausreichen werde, wird von Stölten mit der Überzeugung der eigenen Unverletzlichkeit verbunden; ist er es doch, der die Verlustmeldung vollziehen wird. Im Hinblick auf den erlebten Schrecken findet er zurückhaltende und indirekte Worte: »Ich komme mir vor, als wäre ich viel, viel älter geworden und könnte Euch in meinen Bart noch miteinknoten.« [93] Unerwähnt bleiben hier die Anlässe für seine »Alterung«. Es ist wahrscheinlich nicht zuviel gesagt, wenn man dabei u.a. an die Schrecken denkt, die er gelegentlich erwähnt, ohne sie deutlicher auszuführen.
Die Knochenarbeit, sein Krad in der einsetzenden Schlammperiode bei Nässe und Kälte aus dem tiefen Dreck ziehen zu müssen, bis es wenige Meter später wieder steckenblieb oder komplett zusammenbrach, schilderte er offen: »Das ist schärfer als ein Haufen ordentlicher Fliegerangriffe oder anderer Russenscherze.« [94] In dieser Phase, in der er sich tagelang nicht waschen konnte und nur von selbstorganisierten Koteletts (»12 Koteletts gegen 1 Erdbeere«) »und ohne Grünzeugs« [95] ernährte, brach seine körperliche Abwehrkraft langsam zusammen. [96] Mit einer Grippe und Angina lag er einige Tage fiebernd auf einem LKW, beruhigte aber umgehend seine Familie, »daß mich in der Obhut unseres ausgezeichneten Sanitäters nur noch die Millionen Fliegen stören. Auf einer Pyramidontablette sitzen genausoviel wie auf unserem ganzen Gepäck am Rügener Bodden. Vati wird sich unserer Ruhmestaten erinnern.« [97] Bald quälten ihn Ungeziefer und Flöhe, so daß er sich vorkam »wie ein Kollektivstaat.« [98] Typischerweise wurde aber auch diese Situation mit einem Augenzwinkern nach Hause berichtet:

---

[92] Peter Stölten an seine Mutter, Brief vom 23. Juli 1941.
[93] Peter Stölten an seine Eltern, Brief vom 29. September 1941.
[94] Peter Stölten an seine Eltern, Brief vom 11. Oktober 1941.
[95] Peter Stölten an seine Eltern, Brief vom 28. September 1941.
[96] » [… A.I.] krank sein – Halsentzündung und Grippe mit allen Schikanen – ist zu Hause besser als in Rußland, jedoch in Rußland noch besser, als auf Urlaub«. Peter Stölten an seine Eltern, Brief vom 22. August 1941.
[97] Ebd.
[98] Ebd.

> Hoffentlich grault ihr Euch nicht. Einen Seemann kann das nicht erschüttern. Der kommt einmal nach Hause und ist in seiner Badewanne Kapitän, steigt um vieles leichter wieder aus, geht in die zoologische Handlung, kauft ein paar Goldfische für Geigi, die für ein Vierteljahr in selbiger Badewanne ein Leben herrlich und in Freuden führen dürfen. Und wenn das aufhört, haben sie immer noch für 2 Jahre in den Waschzubern der rußlandgetränkten Sachen zu fressen, zu fressen noch und noch.[99]

Das Augenzwinkern, nicht aber das tapfere Bemühen um Haltung, war vorbei, als ab Mitte Oktober vor Orel (an der Ostfront hatte es neun Tage vorher zum ersten Mal geschneit[100]), seine schon seit Wochen unbehandelte Furunkulose unerträglich wurde:

> Es ist mir unglaublich schwer gefallen. Die letzten eineinhalb Monate haben mir die 50 Furunkel wenig ausgemacht. Wenn ich auch nur noch mit Raffinessen schlafen konnte und manches doch recht unbequem war, und ich hoffte vergeblich, sie so wegzukriegen. Nun habe ich mir, als ich nicht mehr laufen konnte, den Orden so vieler Kradfahrer ins Knopfloch machen lassen, die buntberandete Einlieferungskarte [...] Doch bitterer als die drohende E-Abteilung ist die lange Zeit ohne alle Verbindung mit Euch und der Gedanke, daß alle lieben Briefe ins Leere gehen [...]. Mutti, Du brauchst nicht zu seufzen. Ich sitze hier warm, außer Reichweite und werde gepflegt, wofür mancher auch gern ein Wehwehchen hätte.[101]

Auf dem extrem strapaziösen und chaotischen Rücktransport von der Front per LKW und Güterwaggons sah Stölten »zum zweiten Mal in diesem Krieg die eigene Infanterie«[102] und begrüßte bei dem kurzen Stop in Warschau »Polen, als ob es schon die Heimat wäre [...]. Bis Warschau sehen wir wieder genug vom Elend im Gouvernement.«[103] Er spürte, daß Heimat und Eltern ihm über all dem fremder wurden und gab diesem auch Ausdruck:

> Wie lebt ihr nun? Ich bin nun bald ein Vierteljahr weg, wenn ihr den Brief habt, sogar die volle Zeit. Schon vorher hat sich das meiste hinter meinem Rücken getan. Nun schreibt ihr wohl von zu Hause und viel von Rußland, worüber ich mich sehr freue. Aber Eure täglichen Rechnereien mit Markengrammen und

---

[99] Ebd.
[100] Janusz Piekalkiewicz: Der Zweite Weltkrieg, Düsseldorf 1985, S. 523.
[101] Peter Stölten, Brief vom 16. Oktober 1941.
[102] Peter Stölten an seine Eltern, Brief vom 26. Oktober 1941.
[103] Ebd. Das Generalgouvernement umfaßte diejenigen Teile Polens, die von Deutschland besetzt, aber nicht dem Reich eingegliedert waren (Distrikte Krakau, Warschau, Radom, Lublin). Es umfaßte ein Gebiet, bevölkert von etwa 12 Millionen Menschen, die unter heftigen Terroraktionen litten.

Schlangenmetern, Transport PS, Gartenkalkulationen, der allgemeinen Lage sorum sorum, ihrer Aufnahme durch das Volk, kenne ich nicht und möchte es doch.[104]

Er selbst war in dieser Zeit nur »groggy«[105] und kommentierte den Kriegseintritt der USA »weil ich eben ein Landser bin [...] gar nicht weiter.«[106] Er erlebte seine Kriegsweihnacht fern von der Familie und schnitt dabei zum ersten Mal das Thema Heimweh an.
Nachdem er sich mit einem dicken Stapel Post allein auf die Stube zurückgezogen hatte,

> platzten die Kameraden herein, angetrunken und mit Flaschen in der Hand und machten einen Sprechchor: Peter, in den Keller – – Er hat gekniffen. Ich hatte nur theoretisch Einsicht und verteidigte mich lachend, – und mit wenig Erfolg. Aber bald gaben sie ihrer Zufriedenheit darüber Ausdruck, daß man nichts von Weihnachten gemerkt hätte und daß es ein Saufabend geworden sei. Sonst wären sie verrückt geworden. Nach einigem Durcheinander wurde der Stubenbaum angezündet, ein paar begannen mit ›Stille Nacht‹..., 2 tobten: Ihr seid verrückt, blödsinnig usw. 2 Minuten unterhielten wir uns noch über Heimweh – einer bekam schon keinen Ton mehr aus der Kehle – und dann wurde das abgebrochen: ›Sylvester saufen wir wieder!‹ Wir drehten uns herum und schliefen. Ich hatte mich schon für den Weichsten gehalten – nun war es zu meinem Erstaunen umgekehrt.[107]

Stölten kämpfte lange um seine Gesundheit und quälte sich mit schmerzhaften Operationen und einer langwierigen Blutvergiftung im Lazarett Neuruppin. Immer wieder gab es Rückfälle, den letzten im Mai 1942.[108] Stölten

---

[104] Peter Stölten an seine Eltern, Brief vom 24. August 1941.
[105] Peter Stölten an seine Familie, Brief vom 12. Dezember 1941.
[106] Ebd.
[107] Peter Stölten an seine Eltern, Brief vom 25. Dezember 1941.
[108] »Morgen freilich will ich die blühenden Zweige zu meinem Peter bringen, er wartet schon sehr darauf. Er ist seit mehr als vier Wochen sehr krank, lag 14 Tage mit hohem Fieber und einem Schweißdrüsenabscess unter dem linken Arm (eine Folge der Furunkulose, vielmehr der gewaltsamen Bekämpfung damals) ohne jede Pflege, 2x zu früh geschnitten im Revier, seitdem im Lazarett nun wenigstens anständig betreut, operiert an der schweren Phlegmone in Quarantäne wegen eines Diphterieanfalls auf der Stube, das heißt ohne Besuch und Zuspruch, 3 Tage fieberfrei und dann jetzt vor Pfingsten erneut schwerstes Fieber und zum 1. Mal in seiner harten Soldatenzeit ganz verzweifelt. Armer Junge, und das mitten in dem K.O.B. [Kriegsoffiziersbewerber, A.I.] Lehrgang, als er endlich voranzukommen schien. Wir haben uns sehr gesorgt um ihn und tun es noch, 4 Wochen fest liegen in diesem Frühling für einen solchen Jungen voller Tatendrang. ›Ich will am 15. VI. nach Russland‹, schrieb er mir vorige Woche und solche Schmerzen und die Entkräftung durch die Fieberwochen. Wie froh bin ich, daß ich ihn endlich wieder

litt im Lazarett, aber nicht allein unter Fieber, schmerzhaften Operationen und Einsamkeit, sondern auch unter der Ereignislosigkeit des Sommers, den er sich so anders gedacht hatte. Er wünschte sich an die Front und gestand seinem Freund Udo, der – wie Stölten dank Wehrmachtsbericht wußte – genau in diesen Tagen in schweren Kämpfe um Charkow stand, daß er ihn beneide. Offensichtlich machte sich Stölten keine Gedanken darüber, daß Schulz sterben oder schwer verwundet werden könnte:

> Laß Dirs gesagt sein, während Du dreckig und übermüdet vielleicht, sumpfigen Kaffee in der Feldflasche, und vom Brot unter Umständen nur die Schimmelfladen in der Hand, dasitzt, liest und Dein Haupt schüttelst, – – – Ich beneide Dich unter denen, die meinen nächsten und noch etwas weiteren Horizont begrenzen, am meisten [… A.I.]. Ich bin verrückt nach Rußland, habe noch nichts vom herrlichen Frühling hier gesehen und möchte doch weit weg. Aber ich bin hier ›auf meinen Platz gestellt‹: 2 m^2 in weiß, bisher 5 Wochen. Weitere werden folgen. Ich fühle mich beinahe wie in eine Tragödie verwickelt [...]. Und ich soll diesen Sommer, den man sich so anders dachte und auf den ich mich seelisch unbewusst ganz eingerichtet habe wie ich nun spüre, vielleicht mit einer bürgerlichen Erholungsreise mit meinen Eltern und in der Unerträglichkeit der Kaserne verbringen.[109]

In dem nur scheinbar absurden Wunsch, aus dem heimatlichen Lazarett so schnell wie möglich wieder nach Rußland zu kommen, wo Leiden, Entbehrung und Todesgefahr warteten, manifestiert sich Stöltens innere Anpassung an das Soldatenleben. Nicht umsonst spricht er selbst im zitierten Brief an Schulz von »seelisch unbewusst ganz eingerichtet«.

Erst Ende Juni 1942 konnte Stölten nach einem Kriegsoffiziersbewerber (K.O.B.)-Lehrgang wieder an die Front aufbrechen. Unklar bleibt, weshalb

---

besuchen kann nach Aufhebung der Quarantäne.« Margarete Stölten an Dr. Victor-Meyer Eckhardt, Brief vom 25. Mai 1942, NL Meyer-Eckhardt, HHI, Düsseldorf. Wie kaum anders zu erwarten, wünscht die Mutter (wie sicher mit dem Vater auch der Rest der Familie und des Freundeskreises), daß Stölten in seiner Offizierslaufbahn ›vorankomme‹ möge. Neben elterlichen Karrierehoffnungen kann man hier auch die normale Nähe zu Staat und Wehrmacht finden, Vorbehalte sind jedenfalls nicht erkennbar.

[109] Peter Stölten an Udo Schulz, Brief vom 28. Mai 1942. Offensichtlich war Stölten unbeeindruckt von einer beängstigenden Vorstellung geblieben, die seinen Freund Schulz quälte. Dieser hatte bei seinem letzten Zusammentreffen im Dezember 1941 mit Stölten und einem dritten Freund (»Wolly«) in Berlin geäußert, er habe »das Gefühl, daß von uns dreien nur einer zurückkäme. Schon damals waren wir davon irgendwie gelähmt und es war [...] ganz still, – wie ist es nun erst wo die erste Hälfte eingetroffen scheint, und wo Wollys Tod wie ein Fluch klingt.« Peter Stölten an Udo Schulz, Brief vom 5. Februar 1942.

Stölten einen großen Umweg über den südlichsten Punkt, die Krim, machte und nicht direkt an seinen Einsatzort reiste.

Der Weg zu seiner neuen Einheit (Pz. Abt. 3) geriet zu einer mehr als zweiwöchigen Solofahrt durch erobertes Gebiet, die Stölten überraschenderweise keineswegs ängstigte (»die Nacht ist ausgefüllt mit einer Partisanenangst, diesen Phantasiegegnern, die einen soliden Soldaten zum Idioten machen können, ihn meiner Ansicht wenigstens in den meisten Fällen an der Nase herumführen«[110]), sondern faszinierte: »Keiner weiß etwas von mir, keiner interessiert sich oder reflektiert auf mich und ich weiß ebenfalls von nichts, bin ungebunden und hänge in der Luft. Bei der nächsten Bekanntgabe der Vermisstenanzeige könnt Ihr mit Stolz Eures Sohnes gedenken.«[111]

Seine Reise führte ihn zunächst »in heißer Sonne immer durch die Ukraine«, über die Stationen Stalino und Artemowsk bis schließlich an den Nordabschnitt der Rußlandfront.[112] Ausführlich und poetisch beschreibt Stölten seine abenteuerliche Fahrt (»ich will Dir das Bild einer kleinen Eisenbahn geben, die, von Gefahren umlauert, ihren Stahlhelm fester bindet – weit hinter der Front, um sich kühn durchs Niemandsland zu schlagen«[113]), die malerische ukrainische Landschaft[114], Begegnungen mit Menschen, die er auch zeichnet (»ich kam auch zum Zeichnen, als ich bei der ukrainischen Familie um den Ofen im Freien saß, zwischen den 13 Kindern, denen das Gezeichnetwerden sichtlich unheimlich war, was man Alexandrej noch ansieht«[115]). Die Briefe lesen sich wie die eines reisenden Privatiers (»unendlich viel Schönes und Interessantes habe ich auf der Krim und im Gebiet der halben Südfront erlebt«[116]), für den der Krieg genauso weit entfernt ist, wie er ihn mit seinen Blicken aus dem Zugabteil im Vorbeirollen entfernt wähnt:

---

[110] Peter Stölten an seine Schwester Uta, Brief vom 15. August 1942.
[111] Peter Stölten an seine Eltern, Brief vom 17.-18. Juli 1942.
[112] Peter Stölten an seine Eltern, Alexandrija-Krim, Brief vom 13./14. Juli 1942.
[113] Peter Stölten an seine Schwester Uta, Brief vom 15. August 1942.
[114] »Ich bin seltenerweise allein auf dem viele Tage langen Marsch und erlebe glücklich die schönen Abende über der erdigen Ebene mit tausend Wolken wie ferne Gebirge und den Farben der Ikonen, die man sonst in Rußland vermisst, erlebe als neuen Eindruck die alte Zuneigung zur Einfachheit Rußlands – und bestimmt weiter so lange, bis ein Spieß da ist, der es als seine Aufgabe betrachtet, Ordnung in den Hammel zu bringen.« Peter Stölten an Dr. Victor-Meyer-Eckhardt, Brief vom 12. Juli 1942, NL Meyer-Eckhardt, HHI, Düsseldorf.
[115] Peter Stölten an seine Eltern, Brief vom 15. bis 17. Juli 1942.
[116] Peter Stölten an Udo Schulz, Brief vom 30. Juli 1942.

> Und die Matkas leuchten mit den sauberen bunten Kleidern und den Kopftüchern zwischen den Eichenwäldern, wo die Pferde gehütet werden, und sie winken uns zu. Der Krieg ist hier sehr vergangen. Die Kreuze auf den Soldatengräbern stehen schief und die Namen sind abgewaschen. Auf einem Sandhügel liegt ein rostbrauner Stahlhelm – als wäre alles Generationen her. Auf den Haltepunkten kommen die Weiber und Kinder, mit breiten Backenknochen, kartoffelrunden Gesichtsteilen und der Stubsnase, wie sie Barlach gezeichnet hat, und der Handel beginnt : ›Spizzki, spizzki – jeika‹ – der einzige Schrei. 1 Schachtel Streichhölzer – 2 Eier, 2 Eier aber keine Mark. Dagegen ½ Kochgeschirr Kirschen 2 Mark – aber keine Rinderwurst.
> So wundert man sich über die Art der Bedürfnisse und kann sagen, daß es den Leuten dabei gut gehen muß […]. Und die lange Dnjeprbrücke mit baumelnden Beinen, unten die Strömung, die Sandbänke, wieder Wasser und grünweiße Inseln. Und wie in einem Jungenroman liegen dort halbe schon von Sand bedeckte Wracks und drüben im Dunst, so weit das Ufer zu sehen ist, Dnjepropetrowsk, Hütten, Ruinen und zahllose Schornsteine, die nicht mehr rauchen. Jetzt sind wir schon vor Melitopol.[117]

Ob Stölten »die im Dunklen nicht sah« (*Dreigroschenoper*) oder wie Wolfram von Eschenbachs Parzifal die Frage nach der Wunde unterdrückte, muß offen bleiben; immerhin hatte er – wie zuvor zitiert – das gesehene Elend des Generalgouvernements auf der Durchreise zumindest benannt. Doch ein ›toter Winkel‹ muß wohl doch in Stöltens Beschreibung festgehalten werden. Er ist auch nicht erst aus der ex-post-Perspektive einsehbar. Obschon die Erfahrungen mit Kriegsverbrechen und das Ausmaß, in dem sie zur Kenntnis kamen, bei den einzelnen Truppenteilen sehr unterschiedlich waren und die eigentlichen Fronttruppen generell weniger Anteil hatten, war das rückwärtige Gebiet hinter der Ostfront ein ›gezeichnetes‹. Hier reiste Stölten durch Gelände, in dem die der Wehrmacht folgenden Einsatzgruppen C und D (ebenso wie im Baltikum mithilfe einer Vielzahl Kollaborateure) ein Regime des Schreckens errichtet hatten.

Aus der Ukraine waren größte Mengen an Rohstoffen, Lebensmitteln und Weizen exportiert worden.[118] Die einheimische Bevölkerung hungerte. Millionen Menschen waren zur Zwangsarbeit nach Deutschland deportiert.

---

[117] Ebd.
[118] Den Gebieten, die in dieser Phase ausgebeutet wurden, sollte nach dem gewonnenen Krieg ein quasi kolonialer Status mit hoher Bedeutung eingeräumt werden: »Die Ukraine und dann das Wolga-Becken werden einmal die Kornkammer Europas sein. Wir werden ein Vielfaches ernten, was jetzt auf diesem Boden wächst.« Der Reichtum Rußlands an Bodenschätzen, so folgerte Hitler weiter, »macht Europa zum blockadefestesten Ort der Welt. Es sind das wirtschaftliche Perspektiven, die die liberalsten westlichen Demokratien der neuen Ordnung geneigt machen werden.« Zitiert nach: Werner Jochmann

Partisanenverbände waren in diesem Gebiet im Einsatz. Die ersten Opfer der systematischen Ermordung der ukrainischen Juden waren die Juden aus Shitomir, Ende September 1941 waren die Juden Kiews in der Schlucht von Babi Jar exekutiert worden, am 13. Oktober 1941 wurden etwa 15.000 Juden aus Dnjepropetrowsk umgebracht, jenem Ort, den Stölten sieben Monate später vom Abteilfenster aus beschrieb.[119] Die Aufgabe des Zusammentreibens, der Bewachung und des Transports der Juden übernahmen deutsche und ukrainische Polizei sowie Wehrmachtseinheiten, während die Morde vom Sicherheitsdienst oder den Einsatzgruppen ausgeführt wurden. Es gibt nur eine Szene in Stöltens Reisebericht, die aus dem pittoresken Bild herausfällt, ohne daß Stölten sie jedoch kontextualisiert:

> Die größte Strapaze, von der ich bisher berichten kann, mußte ich auf einem der letzten Bahnhöfe über mich ergehen lassen. Ein Transport Gefangener stand lange neben uns und ich stand als Zugwache zwischen beiden Zügen. Ich ärgerte mich genug über die Landser, die mit den Gefangenen handelten, und Tabak, den sie selbst nicht mehr rauchten, für 20 RM und mehr verschacherten – aber: ich bin Soldat. Aber anderes erinnerte mich an mittelalterlichen Krieg, wo es Pech und Schwefel von der Stadtmauer regnete. Die Eingesperrten schüttelten ihre Excremente fortlaufend durch die vergitterten Luken und ich balancierte auf dem engen Raum durch Spritzen, Sprühen, Klatschen und Gestank, daß sich physisch und seelisch eine einzige Empörung bemerkbar machte.[120]

Wogegen empört sich Stölten? Gegen das Verhalten der Gefangenen? Oder gegen die Gründe, die russische Kriegsgefangene zwangen, ihre Exkremente aus vergitterten Fenstern zu schütten? Hat ihn beschäftigt, wie es in den engen Waggons aussah, welches Schicksal die russischen Soldaten erwartete, wenn schon die Transportbedingungen verheerend waren? Wohl eher! Hat er sich doch schon vorher geärgert, daß die Gefangenen von den deutschen Landsern ausgenommen wurden. Vielleicht hätte er als Zugwache einschreiten können. Bemerkenswert bleibt, daß er aus seinem Status als Soldat Nichtbetroffenheit ableitet. Offenbar haben wir es hier mit einer Erkenntnisblende zu tun, die nach Art einer Scheuklappe den eben erwähnten ›toten Winkel‹ schafft oder vergrößert.[121] Ein Brief an Udo

---

(Hg.): Adolf Hitler. Monologe im Führerhauptquartier 1941-1944. Die Aufzeichnungen Heinrich Heims, Hamburg 1980, S. 58 sowie S. 62.
[119] Jäckel: Enzyklopädie Holocaust, S. 1458.
[120] Peter Stölten an seine Eltern, Brief vom 10. August 1942.
[121] In diesen ›toten Winkel‹ verbannte Stölten wohl auch die Furcht, selbst einmal Gefangener, etwa der Roten Armee, zu werden. Albrecht Lehmann hat nachgewiesen, wie verbreitet diese Furcht unter den in Rußland eingesetzen Wehrmachtsangehörigen

Schulz verrät, daß Stölten über einen Ausweg aus seiner Kriegsverortung nachdachte, allerdings wohl weniger motiviert durch das Erkennen des Vernichtungskrieges, denn durch die eigene Ausgeliefertheit an Dienst, Vorgesetzte und Kommiß:

> Ich warte geduldig auf die Zeit, wo ich wieder weiß, was ich will und muß, ohne mich willenlos zur Sau machen zu lassen. Man ist ja bestimmt in einer verzweifelten Lage, wo man nicht weiß, was man erste Stelle setzen soll, Ehrgefühl, Trotz, allgemeine Rücksichten, usw.? Mehr denn je sehne ich aber den Sieg herbei und die einmal fällige Entlassung, die das einzige Entrinnen aus dem Desaster gewährt, die uns wieder in einen Kreis führt, der nicht nur bestenfalls relativen, sondern unbestrittenen Wert hat.[122]

Erst im Juli fand er seine alte Einheit wieder. Dort wünschte er sich »baldigen Einsatz, baldigen Sieg, baldige Heimkehr«[123], denn »so mitten im Krieg, ›an der Front‹, so weit vom Krieg zu sein, ist nichts und bringt auf ferne Gedanken.«[124] Die Phase des Stillstands, die sich abzeichnete, konnte er schwerer ertragen als den Einsatz, auch wenn die folgenden Zeilen an die Mutter gewiß auch beruhigenden Charakter haben sollten: »Wir zogen heute in eine Sauna und ich bin Stubenältester. Du siehst, es ist verdammt zackig. Überhaupt ist der Rußlandaufenthalt im Vergleich zum Vorjahr komprimierte Sch. [sic] und ich wünsche mir, daß ich die Antwort dieses Briefes in etwas kriegerischer Situation erhalte.«[125]
Die Verlegung seiner Einheit an den Ilmensee brachte wieder die erwünschte Abwechslung.[126] Hier erreichte ihn die Nachricht vom Soldatentod seines

---

tatsächlich war. Vgl. ders.: Gefangenschaft und Heimkehr. Deutsche Kriegsgefangene in der Sowjetunion, München 1986, S. 22ff. Latzel bestätigt in seiner Feldpostuntersuchung für diesen Zusammenhang die fehlenden Hinweise auf Furcht vor der Gefangennahme. Vgl. ders.: Deutsche Soldaten, S. 198f. Von den etwa 3,2 Millionen deutschen Kriegsgefangenen in der Sowjetunion starb etwa ein Drittel.

[122] Peter Stölten an Udo Schulz, Brief vom 30. Juli 1942.
[123] Peter Stölten an Margarete Stölten, Brief vom 1. August 1942.
[124] Ebd.
[125] Peter Stölten an seine Mutter, Brief vom 22./23. August 1942.
[126] Der dortige Ia beschwerte sich wiederholt über den ungenügenden Mannschaftsersatz, zu dem auch Stölten gehörte: BA-MA RH 20-16/163. AOK 16, Ia Nr. 4966/42, geheimes Schreiben vom 2. Oktober 1942. Betrifft Erfahrungsbericht der Truppe über Jahrgang 1922/23: »Es fehlt dem Jahrgang der der Zeit angemessene Ernst. Es fehlt die dem Alter gemässe Frische. Der Mannschaftsersatz zeigt einen Mangel an Jagdeifer, ist ängstlich, unsicher und scheut den Einsatz. Freiwillige Meldungen sind selten. Die Angehörigen des Jahrgangs 1922/23 haben dank der erheblich verbesserten wirtschaftlichen Lage, die ihnen ohne Konkurrenzkampf eine gesicherte wirtschaftliche Existenz bot, vom Ernst des Lebens verhältnismäßig wenig gespürt.« Dieser Erfahrungsbericht deckt sich

Schulkameraden Jürgen Maßmann, der an der Ostfront gefallen war. Sie war begleitet von einer Schilderung seiner letzten Wochen, auf die Stölten gegenüber seinem vertrauten Freund Udo Schulz ganz im Sinne der ihm in dieser Phase eigenen Erlebnisorientierung reagierte. Es fällt kein Wort der Trauer über den Toten in der Korrespondenz, noch wird der Tod Anlaß zu einer Reflexion darüber, welch hohen Preis das Leben als Soldat haben konnte. Er wird sogar ausgeklammert, und statt dessen kommentiert Stölten nur jenes, was vor dem Tod geschah. »Das Geschilderte hatte viel Großartiges und dies der Art, die man sich immer als Erlebnis wünscht.«[127]
Am Ilmensee erlebte er »von einem überaus freundlichen Opa dringlich eingeladen, sowieso der Letzte, der etwas Neues, Unbekanntes, gleich auf welchem Gebiet, nicht probiert«[128], zum ersten Mal eine Sauna, wurde dann aber im September schon wieder mit Furunkulose rückfällig und zum Neid vieler Kameraden erneut dienstunfähig geschrieben.[129] So geriet er nicht in die kommenden schweren Gefechte, sondern kam nach zwei schweren Abszeß-Operationen (vermutlich im Lazarett Porchow) zurück nach Berlin und besuchte bis zur Jahreswende 1942/43 einen Offiziers-Anwärter-Lehrgang der Panzertruppenschule Zossen.
Wie können wir uns sein Selbstverständnis, sein Selbstbewußtsein als Soldat nach Abschluß der Rußlanderfahrung vorstellen? Stölten selbst liefert mit dem folgenden Briefausschnitt an seine Eltern einen wichtigen Hinweis auf ein eigenes Resümee:

> Die Zukunft beim Kommiß sehe ich nun noch grau in grau, aber genauso ver- und zerrinnen wie die vergangene Zeit. Der Kommandeur, der uns gestern Abend einen hervorragenden taktischen Unterricht gab, sagte, daß bei seiner Strenge nur einige Offizier würden. – Die Nachteile sehe ich nun vorwiegend bei der Karriere – also ist es mir nun gleichgültiger denn je. Ich habe hier auf die Dauer nichts zu suchen, kann aber behaupten, daß ich es, wenn ich es geschafft habe, schwer gehabt habe wie kaum einer. An militärischen Kenntnissen und soldatischer Erfahrung bin ich den meisten überlegen, vielen in allem andern auch. Ich zucke vor keinem mit der Wimper, fühle mich jedem gegenüber so selbstsicher, wie ich es im Zivilleben nicht können werde. Von allen KOBs geht

mit den extra in Auftrag gegebenen Berichten anderer Truppen in der Region, deren »Sicherstellung von Heizmaterial und die Bekleidungslage äußerst schlecht« war. Vgl. hierzu auch die regelmäßigen Berichte des Quartiermeisters in BA-MA RH 20-16/815.

[127] Peter Stölten an Udo Schulz, Brief vom 23. August 1942.
[128] Peter Stölten an seine Eltern, Brief vom 16. August 1942.
[129] »Es ist ja auch merkwürdig, daß ich, der Einzige, der noch mit Wonne den nächsten Krieg mitgemacht hätte, den Wunsch aller andern hier, sofortige Heimkehr, erfüllt bekommen soll.« Peter Stölten an seine Schwester Uta, Brief vom 16. September 1942.

es mir vielleicht am besten. Von 2 Schlimmen ist meine die weniger schlimme Kompanie. Bau, restlose Streichung der Freizeit für Wochen, Verzicht auf das Mittagessen ist mir noch nicht vorgekommen. Ich habe den besten Zugführer, im Zug den besten Gruppenführer, in der Gruppe den besten Posten und als Kameraden keine bemerkenswerten Kerle, die mich darum nur um so mehr ordentlich als Pater familias wirken lassen [...]. Der Kommiß gehört zu den verstricktesten doch stursten Dingen der Welt und läßt sich eben nur rechtfertigen durch den Ausdruck ein <u>notwendiges</u> Übel.[130]

Das Selbstbewußtsein ist groß, eine gewisse Distanz trotz Indienstnahme deutlich vorhanden. Die Kriegserlebnisse Rußlands scheint Stölten unbeschadet überstanden zu haben. Hier gibt es auch keinen ›Freudschen Rest‹, der später quälen sollte, zumindest verraten die Quellen nichts davon. Wenige Tage nach diesen Überlegungen erhielt Stölten eine ausgezeichnete Beurteilung von seinen Vorgesetzten. Seine Tapferkeit, sein Schwung, seine hohe Einsatzbereitschaft, sein Geschick und nicht zuletzt seine integrierende Kraft unter den Kameraden waren nicht unbemerkt geblieben. Stölten erhielt nach seiner Genesung eine Ausbildung an neuesten Panzertypen, die ihn das ganze Jahr 1943 im Reich erleben ließ.

---

[130] Peter Stölten an seine Eltern, Brief vom 9. September 1942. Bei dieser Einschätzung mag ihm auch die Korrespondenz mit dem Patenonkel geholfen haben:
»Du bist ja inzwischen von neuem tüchtig in den Schlamassel hineingeraten und auf so sonderbare Weise großen Fährden entronnen. Ich musste an einige Situationen denken, die ich im Weltkrieg an mir erfuhr: so hatte ich einmal eine heiße Sommernacht, anstatt im Schleppschacht zu sitzen, oben im Graben verbracht und mir den Brotbeutel mit dem Dolch als Kopfkissen aufgehängt. Gegen morgen fröstelte ich und ich stieg ins Muffigdunkle um mich zu wärmen, kaum war ich unten, krachte saftig eine ›Schwere‹ ziemlich nahbei, worüber ich mir aber kaum Gedanken machte. Dann erwachte die Rauchlust – ach ja, die Cigaretten waren im Brotbeutel! Also zurück nach oben! Ein großer Berg Brocken und Mulm verdeckte aber die Stelle, wo ich geschlafen hatte [...]. Du musst jetzt viel aushalten, lieber Freund, zumal zu den unvermeidlichen Übeln des Krieges auch noch die anderen treten, die aus der Unverträglichkeit und Charakterschwäche unserer eigenen Kameraden etc. hervorgehen: Diese Schule ist hart. Auch damit wirst Du fertig werden.« Dr. Victor Meyer-Eckhardt an Peter Stölten, Brief vom 17. September 1941, NL Meyer-Eckhardt, HHI, Düsseldorf.

III. Heimatjahr 1943-1944

III.1. Die Lage im Reich

Von der Jahreswende 1942/43 an gelang dem Deutschen Reich in der Kriegsführung keine Offensive mehr. Die deutsche Führung agierte fortan nach einer Strategie des Sieges oder Unterganges, des Alles oder Nichts, die keine nachhaltige Initiativkraft mehr besaß. Hitler erklärte sich zum fanatischen Verteidiger einer »Festung Europa«[1], die nach den Worten des amerikanischen Präsidenten Roosevelt in Anspielung auf die ab Mitte 1943 massiv zunehmenden Luftangriffe jedoch »kein Dach besaß.«[2] Menetekel für das kaum angebrochene Jahr wurde eine nationale Katastrophe. Am 31. Januar und am 2. Februar 1943 ergaben sich die Reste der VI. deutschen Armee im Kessel von Stalingrad. 146.000 deutsche und rumänische Soldaten waren gefallen, 90.000 erschöpfte, kranke und verwundete Männer gingen in eine Gefangenschaft, die nur etwa 6.000 von ihnen überleben sollten. Obwohl die Führung sich bemühte, den Untergang der VI. Armee als Heldenepos und Vorbild zu preisen[3], löste ihr Ende einen Schock aus. Immer

---

[1] Vgl. Hildebrand: Das Dritte Reich, S. 87.
[2] Ebd., S. 88.
[3] Vgl. etwa Völkischer Beobachter, Berliner Ausgabe, 26. Januar 1943, S. 1. In diesen Zusammenhang gehört auch Goebbels' Rede zur ›Zwischenbilanz zur Winterschlacht‹ (gemeint ist Stalingrad) im Januar 1943, in der der Propagandaminister mit historischem Verweis auf die friderizianische Epoche, »in der auf Kolin ein Leuthen folgte«, Stimmung mobilisieren wollte. Siehe Marlis Steinert: Hitlers Krieg und die Deutschen. Stimmung und Haltung der deutschen Bevölkerung im Zweiten Weltkrieg, Düsseldorf 1970, S. 330. Im Herbst 1944 schließlich war der letzte Durchhaltefilm des Regimes, Kolberg, fertiggestellt, der mit hohem Produktionsaufwand (8,5 Mill. Reichsmark) und erneuter Projektion des nationalsozialistischen Krieges in eine vergangene Epoche, diesmal für die Geschichte der französischen Eroberung der Stadt 1806/07, historisches Vorbild für Volkssturm und Endkampf sein sollte. Der Film, mit Emil Jannings und Kristina Söderbaum in den Hauptrollen, wurde in der Atlantikfestung La Rochelle uraufgeführt. Hier hatten sich einst die Hugenotten gegen Truppen des Kardinals Richelieu verbarrikadiert. Die zentrale Botschaft des Films findet zwischen dem Führer der Kolberger Bürgerwehr, Nettelbeck, und dem preußischen General Gneisenau statt und sollte ihren Weg von der filmischen Fiktion in die furchtbare Realität des deutschen Endkampfes 1944/45 finden. Nettelbeck: »Und wenn wir uns mit unseren Nägeln in unseren Boden einkrallen, an unsere Stadt, wir lassen nicht los. Nein, da muß man uns die Hände einzeln abhacken, einem nach dem anderen [...]. Lieber unter Trümmern begraben, als kapitulieren.« Gneisenau: »So wollt ich's von Ihnen hören, Nettelbeck. Jetzt können wir zusammen sterben.« Zitiert nach: Rainer Rother (Hg. im Auftrag Deutsches Historisches Museum): UFA-Magazin, Nr. 20 »Kolberg«, Berlin 1992, S. 2. Zu den Produktionskosten und der beabsichtigten Rezeption des Films siehe Kunz: Wehrmacht, S. 142f.

wieder war zugesichert worden, die im Kessel eingeschlossenen Männer mit allem Notwendigen aus der Luft zu versorgen und zudem mit einem Entlastungsstoß angesetzter Truppenverbände aus ihrer Not zu befreien. Daß dies nicht gelang, untergrub das Vertrauen in die eigenen Kräfte.

Damit nicht genug: Am 13. Mai 1943 kapitulierte die deutsch-italienische Heeresgruppe in Tunesien, insgesamt 250.000 Mann gingen in die Gefangenschaft. Nordafrika war verloren. Nur elf Tage später mußte der deutsche U-Boot-Krieg im Atlantik abgebrochen werden. Die Entschlüsselung des deutschen Funkcodes durch die Briten hatte die deutschen Verluste zu groß werden lassen. Der U-Boot-Krieg gegen die Handelstonnage der Briten und Amerikaner war verloren, nur Einzeloperationen verblieben. Die Anfang Juli eröffnete Offensive ›Zitadelle‹ zum Sturm auf den Frontbogen Kursk mußte aufgrund der starken sowjetischen Gegenwehr und wegen der britisch-amerikanischen Landung auf Sizilien (10. Juli 1943) abgebrochen werden, um die Stoßrichtung der westlichen Alliierten auf die italienische Halbinsel aufzuhalten.

Das Deutsche Reich befand sich damit erstmals auch auf dem Boden in einem Zweifrontenkrieg, und die Eröffnung der dritten Front war bereits beschlossen: Am 26. August 1943 wurde Stalin die Invasion Frankreichs, für die der sowjetische Diktator seit zwei Jahren geworben hatte, für Mai des folgenden Jahres versprochen. Kurz zuvor hatte ein britischer Luftangriff auf Peenemünde die wissenschaftlichen Versuchsanstalten für Gleitbomben und Fernraketen getroffen, mit denen der Luftkrieg gegen Südengland als Vergeltung geführt werden sollte.

Der Roten Armee gelang in ihrer von Orel bis zum Asowschen Meer breit geführten Sommeroffensive, dem deutschen Ostheer, insbesondere den operativen Reserven, große Verluste zuzufügen.[4] Am Ende des Jahres, Anfang November, war Kiew von der Roten Armee zurückerobert und der

---

[4] Am 22. Juni 1944, bezeichnenderweise dem dritten Jahrestag des deutschen Angriffsbeginns gegen die UdSSR, traten die Sowjets zu ihrer Sommeroffensive gegen die Heeresgruppe Mitte an. Insgesamt vier sowjetische Fronten mit 185 Divisionen, 2.500.000 Soldaten und 6.100 Kampfpanzern kämpften gegen 400.000 deutsche Soldaten. In Erwartung der sowjetischen Offensive an anderer Stelle waren acht deutsche gepanzerte Divisionen nach Süden verlegt worden, so daß die Rote Armee in einen fast panzerleeren Raum vorstieß. Die sowjetische Offensive gipfelte in der Vernichtung von 28 deutschen Divisionen, eine Katastrophe größeren Ausmaßes als Stalingrad. 350.000 deutsche Soldaten fielen oder gerieten in Gefangenschaft. Vgl. Franz Kurowski: Die Heeresgruppe Mitte: 28 deutsche Divisionen im Feuerhagel der sowjetischen Sommeroffensive 1944: Witebsk – Bobruisk – Minsk, Wölfersheim-Berstadt 2001, sowie Rolf Hinze: Das Ostfront-Drama 1944. Rückzugskämpfe Heeresgruppe Mitte, Stuttgart 1987.

Fluß Dnjepr erreicht. Die Westalliierten standen zu diesem Zeitpunkt schon südlich von Rom (Monte Cassino). Trotz des Konfliktes über die Verhältnisse in Italien nach der Kapitulation und vor allem die künftigen Grenzen in Ostmitteleuropa konnten auf der Konferenz von Teheran bedeutende Beschlüsse gefaßt werden (militärische Abmachungen, Westverschiebung Polens sowie Aufteilung Deutschlands nach Kriegsende). Hitlers Hoffnung auf ein Zerfallen der gegnerischen Koalition war widerlegt.
Mit der ›Weisung Nr. 51‹ vom 30. Oktober 1943 leitete Hitler eine letzte, angesichts der Kräfteverhältnisse irreale Strategie ein.[5] Die militärischen Kräfte des Reiches sollten im Westen konzentriert werden, um nach Abwehr der alliierten Invasion dort mit neuem Schwung im Osten siegen zu können. An die im Westen stationierten Truppen, zu denen bald auch Stölten gehörte, erging durch den Wehrmachtsführungsstab folgender Befehl:

> Wenn der Kampf im Westen entbrennt, muß sich jeder Soldat dessen bewußt sein, daß nunmehr die Entscheidung des Krieges fällt, daß die Oberste Führung alles, was sie an Kräften besitzt, in diesen Kampf werfen wird, und daß [er, A.I.] auf jedem Platz, der ihm angewiesen wird, zu kämpfen und, wenn notwendig, zu sterben hat; ein Kapitulieren oder ein Zurückgehen gibt es nicht.[6]

Im Gleichschritt mit den beschriebenen militärischen Bedrängnissen, in die das Reich geriet, nahm der nationalsozialistische Terror gegenüber der eigenen Bevölkerung zu. In diesem Zusammenhang ist die Ernennung Himmlers als Reichsinnenminister unter Beibehaltung seines Status als Reichsführer SS und Chef der Polizei zu nennen (24. August 1943).
Nahezu alle Bereiche des öffentlichen und privaten Lebens wurden ideologisch erfaßt, um alle verfügbaren Kräfte des Volkes auf den Krieg zu konzentrieren. Zwei Daten, eines direkt zu Beginn, und ein zweites ganz am Ende des Kalenderjahres, mögen dies beispielhaft illustrieren: Mit den Arbeitseinsatz-Verordnungen vom 27. Januar 1943, die alle Männer vom 16. bis 65. Lebensjahr sowie alle Frauen vom 17. bis 45. Lebensjahr betrafen, reagierte die Propaganda auf die in Casablanca formulierte Forderung nach einer bedingungslosen Kapitulation Deutschlands, die Roosevelt und

---

[5] »Im Osten lässt die Größe des Raumes äußersten Falles einen Bodenverlust auch größeren Ausmaßes zu, ohne den deutschen Lebensnerv tödlich zu treffen. Anders im Westen! Gelingt dem Feind hier ein Einbruch in unsere Verteidigung in breiter Front, so sind die Folgen in kurzer Zeit unabsehbar.« Zitiert nach: Walther Hubatsch (Hg.): Hitlers Weisungen für die Kriegführung 1939-1945. Dokumente des Oberkommandos der Wehrmacht, München 1965, S. 270.
[6] KTB OKW, Bd. 3, OKW/WFSt/Op Nr. 007774/43 gKdos. vom 12.12.1943, S. 1480.

Churchill auch für Italien und Japan gefordert hatten.[7] Damit wurde eine Arbeitskraftreserve mobilisiert, von der aber nur 26,4% der Männer und 54,1% der Frauen tatsächlich einsatzfähig waren.[8] Der Verlust an Arbeitskräften, der durch Einberufungen eintrat, konnte nicht ausgeglichen werden. Die Zahl der zivilen deutschen Arbeitskräfte ging 1943 auf 30,3 Millionen zurück. Die Stabilisierung der Gesamtzahl an Arbeitskräften bei etwa 45 Millionen wurde durch Zwangsarbeit und Beschäftigung von Kriegsgefangenen erreicht.

Kurz vor Jahresende, am 22. Dezember 1943, zeigte die Einführung des NS-Führungsoffiziers, daß auch innerhalb der zuvor eigenständigen Wehrmacht die Partei an Boden und Einfluß gewann.[9] Anläßlich des zehnten Jahrestages der nationalsozialistischen ›Machtergreifung‹ (30. Januar 1943) wurden in Berlin im Abstand von nur wenigen Stunden zwei, zählt man die Rede des Reichsjugendführers Axmann hinzu, sogar drei bedeutende Reden gehalten.[10] Reichspropagandaminister Goebbels sprach am Nachmittag im Berliner Sportpalast auf einer öffentlichen Kundgebung, verbot jeden Gedanken an eine Kapitulation und verlas am Ende seiner Rede eine

---

[7] Zum neueren Forschungsstand der Casablanca-Forderung nach bedingungsloser Kapitulation siehe: Lothar Kettenacker: »Unconditional Surrender« als Grundlage der angelsächsischen Nachkriegsplanung, in: Michalka: Der Zweite Weltkrieg, S. 174-188. Kerngedanke war die Ausschaltung der Feinde als Völkerrechtssubjekte, um den Weg für Regimewechsel frei zu machen, d.h. um die inneren Verhältnisse in den drei Staaten grundlegend neu gestalten zu können.

[8] Zu dieser und den unmittelbar folgenden Angaben siehe Herbst: Das nationalsozialistische Deutschland, S. 414f.

[9] Erlaß Hitlers vom 22. Dezember über die Einrichtung des Nationalsozialistischen Führungsstabes des OKW. Zur Programmatik des Indoktrinationsprogramms siehe: Protokoll der Führerbesprechung vom 7. Januar 1944, in: Vierteljahreshefte für Zeitgeschichte, 12 (1964), dort: Gerhard Weinberg: Adolf Hitler und der NS-Führungsoffizier (NSFO), S. 443-456, hier S. 446. Die Bedeutung des NSFO wird im Zusammenhang von Stöltens Ernennung hierzu ausführlicher diskutiert, siehe Kapitel C VI.2.

[10] Zu den öffentlichen Ankündigungen der Reden, vgl. Völkischer Beobachter, Berliner Ausgabe, 30. Januar 1943: »Anläßlich des 10. Jahrestages der Machtübernahme überträgt der Großdeutsche Rundfunk am Sonnabend, dem 30. Januar, folgende Veranstaltungen über alle deutschen Sender: Um 9 Uhr spricht Reichsjugendführer Axmann zur deutschen Jugend. Diese Veranstaltung wird in allen deutschen Schulen im Gemeinschaftsempfang übertragen. Um 11 Uhr spricht der Reichsmarschall des Großdeutschen Reiches, Hermann Göring, zur Wehrmacht. Seine Ansprache wird bei den Truppenteilen und in den Wehrmachtsstandorten im Gemeinschaftsempfang abgehört. Um 16 Uhr spricht Reichsminister Dr. Goebbels auf einer öffentlichen Kundgebung. Am Schluß seiner Rede verliest Dr. Goebbels eine Proklamation des Führers.« Weder Göring noch Goebbels konnten ihre Reden pünktlich halten, da die englische Luftwaffe in Kenntnis der angekündigten Proklamationen Störangriffe flog.

Proklamation Hitlers: »Als ich von den Totalisierungsbestrebungen in der Kriegführung spreche, rufen mir die Zwischenrufer dazwischen: ›Es ist auch höchste Zeit!‹ [...]. Man kann jetzt gar nicht stark genug auf die Tube drücken.«[11] Am Mittag hatte zuvor Reichsmarschall Göring »vor Spitzen der Wehrmacht, Führern der Gliederungen der Partei, einer 20köpfigen Abordnung von Hoheitsträgern der NSDAP, Vertretern der Generalität und der Admiralität, Offiziersbeorderungen des OKW, der drei Waffenteile und der Waffen-SS«[12] im Ehrensaal des Reichsluftfahrtministeriums seine vielbeachtete »Thermopylenrede« gehalten, auf die weiter unten noch einzugehen sein wird.

Obwohl die Haltung der deutschen Bevölkerung stabil blieb, begann sich doch die Stimmung etwas zu verändern.[13] »Zarah Leander wurde ins Führerhauptquartier verpflichtet, sie muß dem Führer vorsingen: Ich weiß, es wird einmal ein Wunder geschehen.«[14] Dieser Berliner Flüsterwitz vom Juli 1943 wurde in den ›Meldungen aus dem Reich‹ als drohendes Beispiel von Auflockerungserscheinungen in der Haltung der Bevölkerung vermerkt. Hatte die nichtjüdische deutsche Zivilbevölkerung den Krieg bisher vor allem aus Wochenschau- und Wehrmachtsberichten sowie Feldpostbriefen mittelbar erlebt, so machte sie im vierten Kriegsjahr unmittelbare Erfahrungen.[15] In die Todesanzeigen großer Zeitungen wie dem *Völkischer Beobachter* oder der *Deutschen Allgemeinen Zeitung* mischten sich zu

---

[11] Elke Fröhlich (Hg.): Die Tagebücher von Joseph Goebbels, Bd. 7, München 1993f., S. 229.

[12] Vgl. hierzu Völkischer Beobachter, Berliner Ausgabe, 31. Januar 1943.

[13] Vgl. hierzu Ulrich Herbert: Zwischen Beschaulichkeit und Massenmord. Die Kriegswende 1943 aus der Perspektive des Alltags, in: Neue politische Literatur, 40 (1995), S. 185-189.

[14] Diese Liedzeile war der Filmmusik aus »Die große Liebe« (1942) entnommen. Zitiert nach: Heinz Boberach (Hg.): Meldungen aus dem Reich. Auswahl aus den geheimen Lageberichten des Sicherheitsdienstes der SS 1939-1944, München 1965, S. 334. Die kompletten ›Meldungen‹ sind unter demselben Herausgeber in 17 Bänden einsehbar: Ders.: Meldungen aus dem Reich. 1938-1945. Die geheimen Lageberichte des Sicherheitsdienstes der SS, Herrsching 1984. Um durch die Fassade der öffentlichen Meinung hindurch zu den ›wirklichen‹ Ansichten und Stimmungen der Bevölkerung vorzustoßen, organisierte der Sicherheitsdienst der SS 1938 die ›Meldungen aus dem Reich‹. Obwohl der Informationsgehalt der Quelle hoch ist, muß bei der Auswertung das vom SD verfolgte spezifische Erkenntnisinteresse mitberücksichtigt werden. Zur Kultur des Flüsterwitzes allgemein vgl. Hans-Jochen Gamm: Der Flüsterwitz im Dritten Reich, München 1993.

[15] Dabei gab es regionale und auch soziale Unterschiede: Von der Verteilung von Lebensmitteln im Zuge der schon im Frühjahr 1942 einsetzenden Zuteilungskürzungen waren Industriearbeiterfamilien in den Ballungszentren ganz anders betroffen als Bewohner ländlicher Gebiete.

den gefallenen Soldaten immer stärker die zivilen Opfer der Luftangriffe, die nach einem Erlaß des OKW aus der Jahresmitte 1943 ebenfalls als ›Gefallene‹ galten.[16]

Mit den meist nachts geflogenen Angriffen war ein neues Prinzip in den Luftkrieg eingekehrt, das Roosevelt und Churchill als »combined bomber offensive« in Casablanca vereinbart hatten. Es sollte die fehlende Handlungsfähigkeit der Westalliierten im Bodenkrieg kompensieren, der Führung der Sowjetunion Aktivität demonstrieren und die deutsche Zivilbevölkerung terrorisieren.

Der Kriegsalltag im Reich wurde immer beschwerlicher. Lebensmittelknappheit, die der Staat aufgrund der Erfahrungen im Ersten Weltkrieg unbedingt zu verhindern suchte, bereitete »vielen Müttern schlaflose Nächte, denn sie wissen oft nicht, was sie auf den Tisch bringen sollen«[17], für wichtige Bedarfsgüter wie Textilien oder Schuhe mußte angestanden werden[18], und die ersten Evakuierungsmaßnahmen insbesondere von Kindern aus den städtischen Ballungsgebieten (Kinderlandverschickung) stellten die auseinandergerissenen Familien unter eine starke psychische Anspannung, zumal sie ihre eigenen vier Wände (sofern diese intakt geblieben waren) oft mit ausgebombten ›Volksgenossen‹ zu teilen hatten. Kam der eigene Mann endlich von der Front auf den ersehnten Heimaturlaub, erwiesen sich viele »früher vorbildlich harmonische Ehen«[19] als zerrüttet. Der Blick der meisten Menschen begann sich auf das Tägliche zu verengen. Der private Radius umfaßte viele ›tote Winkel‹.

Während am 18. Februar 1943 in München die letzte Flugblattaktion der Widerstandsgruppe *Weiße Rose* stattfand und ihren Akteuren den Tod brachte, wurde in der aufgeladenen Berliner Sportpalastrede am gleichen

---

[16] Latzel: Deutsche Soldaten, S. 239.
[17] Boberach: Meldungen, S. 362.
[18] «Wir werden von Pontius zu Pilatus gejagt, wenn wir etwas uns Zustehendes wollen. Jede Dienststelle wimmelt uns ab und schickt uns zu einer anderen. Zuerst kommen wir zur NSV oder zum Kreisleiter selbst, der uns dann Hilfe verspricht, die aber nicht kommt. Keine Dienststelle will zuständig sein, und wenn sich schon eine für kompetent erklärt, dann wird ihre Entscheidung von einer anderen wieder umgeschmissen. Jeder hat Angst vor dem Anderen.« Ebd., S. 366.
[19] Ebd., S. 361. »Mit Sorge sehen auch viele Frauen, daß der Zusammenhalt und das gegenseitige Verständnis in ihrer Ehe unter der langen Kriegsdauer zu leiden beginnt […]. Der Frontsoldat zeigt im Urlaub oft kein Verständnis mehr für die kriegsbedingten häuslichen Dinge und bleibt interesselos gegenüber vielen täglichen Sorgen der Heimat […]. So wiesen Ehefrauen bekümmert darauf hin, daß das sehnlichst erwartete Zusammensein in der schnell vorüberfliegenden Urlaubszeit getrübt worden sei durch häufige Zusammenstöße, die durch gegenseitige Nervosität hervorgerufen wurden.«

Tag der totale Krieg, »wenn nötig, totaler und radikaler, als wir ihn uns heute überhaupt vorstellen können«[20], propagiert und mit lautstarkem Beifall der geladenen Zuhörer beantwortet.

Die allgemeine Lage[21] wurde von einem Konservativen wie dem ehemaligen Leipziger Oberbürgermeister Carl Friedrich Goerdeler als moralisch so bedrückend empfunden, daß er am 26. März eine geheime Denkschrift über die Notwendigkeit eines Staatsstreiches an die deutsche Generalität verfaßte. Von Anfang an zielte Goerdeler auf die Beseitigung Hitlers als Voraussetzung einer Neuorientierung. Damit war er, der präsumtive Kanzler – wie später andere – weit von der nationalen Einstellung der Bevölkerung entfernt. Die Geschichte des deutschen Widerstands im Dritten Reich kann wohl zutreffend als die eines ›Widerstandes ohne Volk‹ beschrieben werden.[22]

Trotz einer allenthalben bemerkbaren Erschöpfung ging diese bei den Menschen doch anders als im Ersten Weltkrieg mit keinem signifikanten Einstellungswechsel gegenüber der Führung und den Kriegszielen einher. Die Loyalität zum Regime war in den Jahren, in denen das Reich am meisten bedroht wurde, nicht kleiner, als in den Erfolgsjahren. Kritische Äußerungen fanden, wenn überhaupt, nur im privaten Rahmen statt[23], was sicherlich nicht allein mit dem Staatsterror zu erklären sein dürfte. Vielmehr sprechen gewichtige Indizien dafür, daß die überwiegende Mehrheit der

---

[20] Goebbels, zitiert aus: Hildebrand: Das Dritte Reich, S. 94.
[21] Der Begriff ›allgemeine Lage‹ verbindet sich hier mit groben Vereinfachungen und Auslassungen. Einschlägige Ereignisse des Jahres 1943 fehlen, der Warschauer Ghettoaufstand etwa oder die in diesem Zusammenhang zu nennenden Erhebungen in den Konzentrationslagern Treblinka (2. August 1943) und Sobibor (14. Oktober 1943). Jedoch hatten insbesondere letztere Ereignisse keinen nachweisbaren Einfluß auf die allgemeine Lage innerhalb der deutschen Zivilbevölkerung und finden deshalb im Text keine Erwähnung. In der einschlägigen Literatur sind umfassendere Darstellungen des Jahres 1943 jedoch leicht nachzulesen. Vgl. etwa Andreas Hillgruber/Gerhard Hümmelchen: Chronik des Zweiten Weltkrieges, Frankfurt a.M. 1966, S. 83-106.
[22] Ian Kershaw: »Widerstand ohne Volk?« Dissens und Widerstand im Dritten Reich, in: Jürgen Schmädecke/Peter Steinbach (Hg.): Der Widerstand gegen den Nationalsozialismus. Die deutsche Gesellschaft und der Widerstand gegen Hitler. Im Auftrag der Historischen Kommission zu Berlin in Zusammenarbeit mit der Gedenkstätte Deutscher Widerstand, Zürich 1985, S. 779-798.
[23] »War abends mit ein paar Leuten bei meinem Hamburger, er heißt Richard Thilenius, eingeladen; nach ein paar Minuten wurde bereits das Flugblatt heftig diskutiert [der Scholl-Gruppe, A.I.]. Man merkte sofort: Hier war man unter sich.« Ursula v. Kardorff: Berliner Aufzeichnungen. Aus den Jahren 1942-1945, München 1964, S. 43.

Bevölkerung von der Durchhaltepropaganda indoktriniert war und an die Führung gebunden blieb.

Seiner 2005 veröffentlichten Publikation stellt Götz Aly die Frage nach den Gründen hierfür voran: »Wie konnte ein im Nachhinein so offenkundig betrügerisches, größenwahnsinniges und verbrecherisches Unternehmen wie der Nationalsozialismus ein derart hohes, den Heutigen kaum erklärbares Maß an innenpolitischer Integration erreichen?«[24] Alys Analyse interpretiert die NS-Herrschaft als »Gefälligkeitsdiktatur«[25], in der Lasten zum Vorteil der sozial Schwächeren verteilt wurden. Er spricht von einem historisch einmaligen »sozialpolitischen Appeasement«[26], das viele Millionen einfache Deutsche zu wirtschaftlichen Nutznießern werden ließ. Vorteilnahme, nicht Überzeugung sei das Geheimnis von Hitlers Volksstaat gewesen. Das innenpolitische Gleichheitsversprechen der Volksgemeinschaft, das die Kehrseite der Rassenideologie bedeutete, war für die Mehrheit attraktiv, da nutzbringend. Für etwaige Bedenken gab es Argumentationshilfen. In einer vom OKW für ihre Offiziere geführten Schulungsliste von 19 politischen und militärischen Problemen, die unter den Soldaten Besorgnisse auslösen könnten, fand sich 1943 folgende Frage: »Haben wir uns in der Judenfrage nicht zu weit vorgewagt?« Die einheitliche Antwort sollte lauten: »Falsche Fragestellung! Nationalsozialistischer und weltanschaulicher Grundsatz – keine Diskussion!«[27]

Vom zunächst erfolgreichen Krieg profitierte das Gros der Bevölkerung. Die Familien oder Ehefrauen deutscher Soldaten verfügten nicht selten über mehr Geld als vor 1939. In der militärischen Krise, die keine ökonomische wurde, gemeinschaftlich gebeugt unter alliierten Luftangriffen und dem angstvollen Blick in den Osten konnte ganz offensichtlich keine Distanz zum Regime mehr aufkommen. Der Blick auf die militärischen Gegner machte blind für den Feind in der eigenen Staatsführung. Aus Angst vor einer ungewissen Zukunft nach einer Eroberung, aus Furcht vor den Russen und dem eigenen Staatsterror, aus Wut über die Bombenangriffe, Sorge um den Nationalstaat und nicht zuletzt echtem Patriotismus: Die Mehrheit der Deutschen – auch Peter Stölten – ließ sich in einer Haltung des Gehorsams

---

[24] Götz Aly: Hitlers Volksstaat. Raub, Rassenkrieg und nationaler Sozialismus, Frankfurt a.M. 2005, S. 36.
[25] Ebd., Klappentext.
[26] Ebd., S. 360.
[27] Vgl. ebd., S. 315.

in den Untergang führen, deren Genese und Charakter jüngst zutreffend beschrieben worden ist:

> Das Gesamtbild ist das einer kollektiven Verstrickung, die anfangs mit leichter Hand eingegangen worden war, die sich durch vermeintliche Kriegserfolge verfestigte und die dann, als nicht mehr zu übersehen war, daß dieses Regime längst alle ethischen Normen außer Kraft gesetzt hatte, in eine Schuldgemeinschaft überging, in der sich die Furcht vor dem eigenen Terrorapparat und jene vor der Rache der Kriegsgegner zu einer unlösbaren Fessel verband. Bei aller Schuld, die diese Gesellschaft auf sich geladen hatte, liegt darin mehr als nur ein Moment der Tragik.[28]

III.2. Stöltens neuerliche Ausbildung

Nach den zwei kurz hintereinander erfolgten Beförderungen zum Feldwebel und Leutnant noch im Winter 1942, kam Peter Stölten im Januar 1943 mit einer neuen Verwendung nach Eisenach. Bei der Panzerversuchs- und Ersatzabteilung 300 erprobte er die gerade neu entwickelten Funklenkpanzer und bildete junge Soldaten an dieser Waffe aus. Nach seinem anstrengenden Ostfronteinsatz war die Eisenacher Zeit mit ihrem Kasernenalltag, einigen Manövern und Panzervorführungen eine Phase der körperlichen und seelischen Erholung, in der die zivilen Bedürfnisse des jungen Mannes einmal die Oberhand gewinnen konnten:

> Ich bin auch von etlichen Nächten angegriffen, die 1. verkegelt, 2. vertrunken und verredet und 3. veralbert wurden. Momentweise waren alle 3 wohltuend: Die lächerliche Friedens- und Vereinsluft einer Kegelbahn, die Luft der Abendgärten, die nach Flieder und Wein duften, und die Luft des leichtgesinnten Hechtes, der ins Kino ohne Karten schleicht, mit Drehtüren und Puppen spielt, Zäune überklettert und in fremden Gärten den Mond genießt, alles in allem jedoch nur das Zivilsein auskostet. Alle diese Ansätze zum Jungsein, während der man sich selbst belächelte, machten doch viel freier und ließen das Leben zwar nicht süß und voll, aber doch leicht und parfümiert erscheinen. Das tut den Knochen wohl, die sich einmal wieder biegen wollen.[29]

---

[28] Rafael A. Zagovec: Gespräche mit der »Volksgemeinschaft«. Die deutsche Kriegsgesellschaft im Spiegel westalliierter Frontverhöre, in Echternkamp: Die deutsche Kriegsgesellschaft, S. 289-381, hier: S. 381.

[29] Peter Stölten an Udo Schulz, Brief vom 16. Mai 1943.

Bei seinen in Eisenach lebenden Großeltern genoß (und erduldete bisweilen) der junge Stölten etliche familiäre Sonntagnachmittage und kam auch ab und an auf einen Sprung nach Berlin. Entsprechend entspannt lesen sich alles in allem seine Briefe. Als ungebrochen erlebnishungriger Mensch hatte Stölten zwar Sorge, »hinter den Kasernenmauern zu verblassen«[30], genoß aber auch den nunmehr möglichen »vielen Besuch von Schulkameraden und alten Gefreitenkollegen«[31] sowie die regelmäßigen Wäsche- und Kuchenpakete der Eltern.[32] Lediglich die vielen abendlichen Dienstverpflichtungen störten ihn erheblich:

> Auf Eisenach, seinen lächerlichen Kultur-, Veranstaltungs- und Versammlungsbetrieb habe ich eine Stinkwut: Ununterbrochen ›Kampf Heil, Führer Heil, Hitler Heil‹. Jeden Abend ist was los und wenns die Kaninchenzüchter sind – einer von uns muß hin.[33]

Ansonsten waren ihm die Vorzüge seiner privilegierten Lage durchaus bewußt: »Ich habe hier noch keinen Hunger nach nur einer Scheibe Brot mehr gehabt. Leutnant sein und in Eisenach liegen erheben das Sattsein in der ersten Potenz.«[34]

Seinem Freund Udo Schulz schrieb er an einem Abend über sein soldatisches Selbstverständnis, das wichtige Einblicke gestattet. Stölten weist hier zum einen seiner Militär- und Kriegszeit einen sinnvollen Platz in seiner Biographie zu und offenbart zum anderen die gelungene Anpassungsleistung an das Dienstethos von Befehl und Gehorsam. Obschon Stölten stark reflektierte, ist das folgende Zitat doch mindestens die Momentaufnahme einer Selbst-Entbindung von individueller Verantwortung und Nachdenken über den eigenen Ort in der ›großen Politik‹. Eine konsequente Verlängerung dieser Einstellung wird im Zusammenhang seiner letzten Briefe noch einmal von ihm vorgenommen werden. Insoweit ist der folgende Passus als gewichtig zu werten:

> Mehr und mehr wird mir klar, daß Leutnant sein mit seinen klaren, einfachen und (schönen) Verpflichtungen die einzige Beschäftigung ist, in der man sich nicht mit Gewissen und Gedanken zu zerquälen braucht in dieser Zeit. Man hat seine paar Leute, mit denen ich im denkbar besten Verhältnis stehe gerade meiner Jugend

---

[30] Peter Stölten an seine Eltern, Brief vom 26. Januar 1943.
[31] Ebd.
[32] Ebd.
[33] Peter Stölten an seine Eltern, Brief vom 21. Februar 1943.
[34] Peter Stölten an seine Eltern, Brief vom 6. März 1943.

wegen, seine Aufgabe und weiß, daß man auf einem Gebiet etwas leistet, dessen Wirkung und Wichtigkeit für die Gemeinschaft unbestritten ist wie sonst nichts. Und sonst kann man so sein, als Landstreicher oder als übermütiger Junge, kann raten und helfen – und wenn alles schläft, die Gedanken beleben, die einem lieb sind und die man nur allein denken mag, weil sonst keiner da ist.[35]

In der trockenen Kasernenzeit drohte ihm dieses Selbstverständnis bisweilen abhanden zu kommen. Es ist die Ödnis des Alltagstrotts, das in der Ausbildung »Unsoldatische« seiner Gegenwart, das ihn zu der folgenden Aussage brachte, und keine Abwendung vom vorher beschriebenen Grundverständnis: »Dieses mein Leben, das ich bei genauer Betrachtung als recht nutzlos empfinde, zumal wenn ich mich entsinne, daß ich mich einmal kriegsfreiwillig nannte [...].«[36] In Anbetracht des in der Kaserne als vordergründig erlebten Lebens, wurde die Katastrophe von Stalingrad zu einem Symbol für ›Eigentliches‹. Zum ersten und einzigen Mal nahm Stölten auf die Relevanz der Quellen Bezug, die er selbst in so reichem Maße mitproduzierte; die angeblich fehlenden Feldpostbriefe der deutschen Soldaten aus Stalingrad:

> Innerlich sehr beschäftigen tut mich Stalingrad. Ich glaube, wir werden es in einer ruhigen ordnenden Zeit als größten Verlust empfinden, daß aus diesen letzten Tagen kein Brief in eine Familie gekommen ist. Hier im ständigen Angesicht des Todes mußte eine wahre Stellungnahme zu unserer Zeit gefunden werden, von der aus eine ideelle Wertung derselben möglich wäre. So versinkt die Schlacht in blutiges Dunkel wie die von den katalaunischen Feldern und wir wissen nicht, ob hier eine Idee auf dem mitnehmenden [sic] Untergrund mit ihren PK-Leuten eine Fahne aufrichtete oder ob sie dort wirklich mittendrin gestanden hat.[37]

---

[35] Peter Stölten an Udo Schulz, Brief vom 11. Februar 1943. Hier wird auch erkennbar, wie sehr sich Stölten in seinem begrenzten soldatischen »Freiraum« eingerichtet hatte, vgl. S. 6 (Einleitung). Einige Monate später erweiterte Stölten diese Aussage, insoweit er anläßlich von Zweifeln Schulz' an seinem Berufsziel Mediziner den Arztberuf dem des Soldaten an die Seite stellte: »Dies weißt Du doch nun, Udo, daß Du immer an eins glauben kannst: An die Aufgabe, die Dich nie ganz allein stehen lassen wird, die so unbestritten ist und so unproblematisch wenigstens in ihrer Definition wie kaum eine 2. Da brauchst Du nicht mehr zu suchen, das 2. ist schon die Bewältigung.« Aus einem Brief Stöltens an Udo Schulz vom 19. Juni 1943.

[36] Peter Stölten an Udo Schulz, Brief vom 5. April 1943.

[37] Peter Stölten an seine Eltern Brief vom 6. März 1943. Heinrich Böll, dessen Kriegsbriefe unter C VIII. mit jenen Stöltens verglichen werden, ging in seiner Korrespondenz ebenfalls deutlich auf die Kapitulation Stalingrads ein und wählte konkretere Worte: »Das Geschehen bei Stalingrad ist wirklich entsetzlich traurig, ich kann es mir in etwa vorstellen, ach, es muß doch wahnsinnig sein, mit Sicherheit tage- und wochenlang dem Tode so entgegenzusehen wie einem Tier, das immer näher kommt, immer größer

Hier zeigt sich erstmals ganz deutlich, daß auch ein Mann wie Stölten von einer Logik der Selbstaufopferung erfaßt worden war, die als Motiv zukünftig stärker auftritt. Wichtig an diesem Passus ist zudem, daß Stölten 1943 (anders als 1945) sich noch die Möglichkeit einer »ruhigen ordnenden Zeit« nach dem Krieg vorstellte und insoweit über ihn hinaus dachte. Einerlei, wie die Haltung der Soldaten in Stalingrad tatsächlich auszuphantasieren war, ob heroisch oder gebrochen: Für Stölten war Stalingrad zu diesem Zeitpunkt »[...] aber trotzdem das Größte, was dieser Krieg wohl gesehen hat, selbst wenn die Verzweiflung durch nichts verbrämt ist.«[38]
Worin bestand für Stölten wohl die Größe? Stölten glaubte, wie das zuvor zitierte Leutnant-Zitat illustrierte, an einen Sinn von Krieg und Krieger. Er dachte a-politisch. Die Unterordnung des Militärs unter die politische Führung – heute ein Grundsatz demokratischer Staatsform – wurde von ihm wie von, bis auf wenige heroische Ausnahmen, allen Wehrmachtsangehörigen verabsolutiert – »right or wrong, my country!«[39] Der bereits in der Einleitung der vorliegenden Arbeit zitierte Gedanke Stöltens »Aber – ich bin Soldat!« zeichnet ihn – so scheint er es zu sehen – von allem frei, was er – außerhalb seines »Freiraums« – nicht aus eigenem Antrieb, sondern auf allgemeine oder besondere Weisung, tut. Als Leutnant braucht er, wie er selbst schreibt, »sich nicht mit Gewissen und Gedanken zu zerquälen.«
So wurde auch er persönlich anfällig, im verbrecherischen militärischen Umfeld Einsatz und Leistung zeigen zu wollen. Da er ein quasi zeit-loses (aus dem Kontext seiner Gegenwart gelöstes) Verständnis von Krieg hatte, war ihm die Existenz des Soldaten über den Wandel der Zeit erhaben. Der militärische Tugendkatalog, die Pflicht-, Kampf- und Hingabegesinnung des Soldaten als Grundlage seiner Effizienz war ihm umgeben vom Nimbus ewiger Gültigkeit. Stalingrad, in der Vorstellung von Tapferkeit, Mut und Opferbereitschaft in aussichtsloser Lage, konnte »das Größte« sein, weil hier möglicherweise eine Idee Wirklichkeit geworden war, mit der zu identifizieren sich lohnte. Stölten spürte ›den Mantel der Geschichte‹, Heroismus,

---

wird und furchtbarer... Ich komme mir recht erbärmlich vor mit meinem ewig kranken Körper und meiner schwachen Seele, und ich schäme mich wirklich, daß ich morgen wegen einiger Kopf- und Augenschmerzen für wenige Tage ins Lazarett ziehe.« Heinrich Böll an Annemarie Böll, Brief Nr. 433, 29. Januar 1943, zitiert nach: Schubert: Heinrich Böll, S. 599.

[38] Peter Stölten an seine Eltern, Brief vom 6. März 1943.

[39] So der US-Offizier Stephen Decatur 1805 in einem Toast nach einer zweifelhaften Entscheidung des US-Präsidenten Jeffersson in einem Feldzug gegen den Dey von Tripolis. Siehe John D. Collins: ›My country, My country.‹ A misread Toast from America at War with Tripolis, o.O. 1997.

Wahres, Echtes, eine Vorstellung, daß nicht immer der Güter Höchstes das Leben ist (Schiller). Hier erweist sich Stölten geradezu idealtypisch als jener humanistisch gebildete und emphatische Offizier, den Göring in seiner »Thermopylenrede« zu erreichen suchte. Mit größter Sicherheit ist anzunehmen, daß Stölten Görings Rede kannte, war diese doch ausdrücklich an die kämpfende Truppe gerichtet und sollte – wie bereits zitiert – »bei allen Truppenteilen und in den Wehrmachtsstandorten in Gemeinschaftsempfang abgehört« werden.[40] Göring übertrug in seiner Rede das Thermopylenzitat von den Spartanern auf die Stalingradkämpfer[41]:

> Was dort jetzt unsere Grenadiere, Pioniere, Artilleristen und wer sonst in der Stadt ist, vom General bis zum letzten Mann, leisten, kämpfend gegen eine gewaltige Übermacht um jeden Block, um jeden Stein, um jedes Loch, um jeden Graben, das gleicht dem Kampf der Nibelungen […]. Meine Soldaten, die meisten von Euch werden von einem ähnlichen Beispiel in der großen gewaltigen Geschichte Europas gehört haben. Wenn auch damals die Zahlen klein waren, so gibt es letzten Endes doch keinen Unterschied zur Tat als solcher […]. Auch damals war es ein Ansturm aus dem asiatischen Osten, der sich am nordischen Menschen brach. Gewaltige Mengen von Kämpfern standen Xerxes zur Verfügung, aber die dreihundert Männer wichen und wankten nicht, sie kämpften und kämpften einen aussichtslosen Kampf, aussichtslos aber nicht in seiner Bedeutung. Und dann fiel der letzte Mann. Und in diesem Engpass da steht nun ein Satz: ›Wanderer, kommst Du nach Sparta, so berichte, Du habest uns hier liegen sehen, wie das Gesetz es befahl!‹ Es waren dreihundert Männer, meine Kameraden, Jahrtausende sind vergangen, und heute gilt dieser Kampf dort, dieses Opfer dort noch so heroisch, so als Beispiel höchsten Soldatentums. Und es wird auch einmal heißen: Kommst Du nach Deutschland, so berichte, Du habest uns in Stalingrad liegen sehen, wie das Gesetz, das heißt das Gesetz der Sicherheit unseres Volkes es befohlen hat. Und dieses Gesetz trägt jeder von Euch in seiner Brust.[42]

Nirgendwo in seiner Korrespondenz geht Stölten auf diese Rede ein; es liegt aber die These nahe, daß Persönlichkeiten wie Stölten sich unter diesem »Gesetzesbefehl« sahen – bis zu ihrem eventuellen Soldatentod. Dieses Opferdenken hätte wohl durch keine billige Propagandaphrase geweckt werden können und bedurfte einer gewissen Vorbildung und Neigung. Vielleicht

---

[40] Vgl. hierzu: Völkischer Beobachter, Berliner Ausgabe, 30. Januar 1943.
[41] Hans-Joachim Gehrke: Die Thermopylenrede Hermann Görings zur Kapitulation Stalingrads. Antike Geschichtsbilder im Wandel von Heroenkult zum Europadiskurs, in: Bernd Martin: Der Zweite Weltkrieg in historischen Reflexionen, Freiburg i.Br. 2006, S. 13-29.
[42] Vgl. Mitschnitt der Rede, Deutsches Rundfunkarchiv Frankfurt a.M., Nr. 52/8920.

verfehlte die Rede Görings daher auch ihre Breitenwirkung.[43] Görings Redenschreiber dürfte selbst einem humanistisch geprägten Milieu angehört haben, da er in der Rede auffällig stilsicher einen geschickten Bogen spannt – von den Nibelungen über Leonidas' Spartaner, das berühmte Schiller-Zitat und schließlich die Endkämpfe der letzten Goten – und zudem das aktuell bedrohte abendländische, europäische Erbe rhetorisch wirksam aufscheinen zu lassen vermag. Möglicherweise war auch der Reichsmarschall selbst der Autor?

Stölten hatte Sehnsucht nach Großem, war aber ganz sicher alles andere als ein Lebensmüder. Im Gegenteil, er suchte Lebensintensität und Wahrheit, auch in seiner Freundschaft zu Udo Schulz:

> Wie die Ironie doch wieder den Trotz, das Rückgrat des Lebens weckt. Der Trotz ewig, die Stärke der Widerstände gleich, – das Leben wäre eine leichte Schaukel und die Pfützen der Bitternis würden spritzen, wenn man sie im Schwung streifte, und auch sie würden wie Perlen zerstieben. Doch wir schieben nur mühsam und verdächtig schwitzend die kleinen Mosaiksteine des Lebens wie Zentnerlasten aneinander, beglotzen die Ritzen, nehmen selten Abstand – aber noch seltener bringen wir in die Kurzsichtigkeit Verbohrten die Kraft zu den paar Schritten Abstand mehr, zu der Pause zustande, die uns das Bild als Ganzes zeigen würde, vor allem das, was an der Seite, wo noch wegloser zu überdeckender Sand droht, fehlt und geschaffen werden muß: – Soll das Werk den Meister loben! Kein Wissen, kein Können kann uns den Mut ersetzen, der aus der blakenden Entengrütze noch einen Strom machen kann. Alles Ausweglose wird aufgebrochen, der blindeste Schleier von der Zukunft wird zerrissen und bunt stehen neue Perspektiven – stehen sie schief – – gleich, wir ›wissen‹ nicht, aber wir gehen einen Weg vorwärts. Den wollen wir immer suchen und anrennen, dafür wollen wir Freunde sein, Udo![44]

Ebenfalls singulär in Stöltens Nachlaß ist aus dieser Phase ein Hinweis auf die Situation der jüdischen Bevölkerung. War die Diskriminierung, Deportation, Ghettoisierung oder gar Vernichtung der Juden in Deutschland und in den besetzten Ländern ansonsten ein konsequent durchgehaltenes Tabu in der gesamten Korrespondenz Stöltens und auch seiner Briefpartner, so erwähnte er am 8. April ganz en passant, aber unüberlesbar: »Bei den 1-2 ab 7 dienstfreien Abenden in der Woche habe ich nun noch den Befehl nebenher Gartenmöbel fürs Kasino zu kaufen – aus aufgelöstem Judenhaushalt! Ist das nicht wunderschön gesagt?«[45]

---

[43] Vgl. zur kritischen Rezeption der Thermopylen-Rede den genannten Aufsatz von Gehrke.
[44] Peter Stölten an Udo Schulz, Brief vom 12. April 1943.
[45] Peter Stölten an seine Eltern, Brief vom 8. April 1943.

Mit diesem Hinweis und dem nachgeschobenen ironisierenden Unterton auf die Arisierungspraxis, die im übrigen eine wichtige fiskalische Bedeutung für das Reich hatte[46], läßt Stölten es bewenden. Der Eindruck bleibt diffus. Die Enteignung der einstigen Gartenmöbelbesitzer ist offensichtlich. Wollte Stölten nicht mehr dazu schreiben, weil er meinte, nicht mehr schreiben zu dürfen? Setzte er zusätzliches Wissen bei seinen Angehörigen voraus, so daß er den Zusammenhang, in den die Episode einzuordnen wäre, ausläßt? Latzel und Humburg haben in ihren systematischen Feldpostbriefuntersuchungen dem Thema ›Feldpost und Judenvernichtung‹ je ein Unterkapitel gewidmet.[47] Beide beobachten das gleiche Phänomen und ziehen aus ihren umfangreichen Untersuchungskonvoluten unabhängig voneinander einen ähnlichen Schluß:

a) Das Thema ›Juden‹ wird unabhängig von Dienstrang oder Herkunftsmilieu der Schreiber entweder überhaupt nicht, oder wenn, dann nur in knappen Einzeläußerungen ohne expliziten antisemitischen Grundton geäußert. Der Befund ist zunächst erstaunlich, denn das Einschließen von Berichten über Juden wäre nicht unter die Zensur oder Selbstzensur gefallen, es hätte im Gegenteil unter Voraussetzung eines antisemitischen Konsenses den Zensoren gefallen und, gegebenenfalls, ein leichtes Medium der Selbstvergewisserung zwischen Front und Heimat sein können.

b) Das Ausblenden des Themas mag Gründe des inneren Protestes oder, umgekehrt, den eines latenten oder gar manifesten Antisemitismus haben (vielleicht auch den, wie ich es nennen möchte, des uninteressierten, sich nicht betroffen fühlenden A-Semitismus): In allen Fällen wurde sich und den Angehörigen offensichtlich ein Thema erspart. Das Schweigen in den Briefen bildet damit ab, was für die Mehrheit der deutschen Bevölkerung untersucht ist. Das weitverbreitete Wissen von Einzelheiten der Praxis der Judenverfolgung wurde nicht zum Gesamtbild »Endlösung« zusammengesetzt.[48] Es wurde als Teil der

---

[46] Einschließlich der im Deutschen Reich noch nach dem 1. September 1939 erzielten Arisierungserlöse schätzt Aly die Ausbeute aus der Liquidierung jüdischer Vermögen während der gesamten Kriegsdauer auf zwischen 15 und 20 Milliarden Reichsmark, die in Form von Geld in die deutsche Kriegskasse flossen. Aly: Hitlers Volksstaat, S. 317.

[47] Humburg: Das Gesicht des Krieges, S. 197-205, Latzel: Deutsche Soldaten, S. 201-205.

[48] Zum Thema Tabuisierung der Judenverfolgung siehe etwa den Aufsatz von Jörg Friedrich: »Die Wohnungsschlüssel sind beim Hausverwalter abzugeben«. Die Ausschlachtung der jüdischen Hinterlassenschaft, in: Jörg Wollenberg: »Niemand war dabei und keiner

kriegsbedingten Notwendigkeit hingenommen und tabuisiert. Erneut leisteten die Feldpostbriefe hier einer gemeinsamen kulturellen Praxis Vorschub, die die deutsche Nachkriegszeit mitprägte.

Stöltens Korrespondenz läßt sich in diesen Befund mit der wichtigen Bemerkung einreihen, daß die Verfasser ganz sicher innere Distanz zu den Verbrechen der Judenvernichtung hatten, sich aber in ihrer Einflußlosigkeit dieses Bekenntnis in ihren Briefen ersparten. Naheliegend ist zudem die Vermutung, daß die bereits in Gang befindliche systematische physische Vernichtung der Juden in Peters Familie und seinem begrenzten Umfeld nicht bekannt und letztlich vor allem auch nicht vorstellbar war.
Weniger problematische Gegenstände seiner Dienstauffassung konnte Stölten mit seiner jüngeren Schwester Uta besprechen. Für ihre Anpassungsschwierigkeiten und ihr Heimweh im gerade begonnenen Reichsarbeitsdienst zeigte der ansonsten so empfindsame Bruder allerdings wenig Verständnis: »Ich glaube, Du hast in jeder Beziehung die unvorteilhafteste Einstellung zu Deinem Betrieb.«[49] Seine einstigen eigenen, stets nur dem Tagebuch und nicht anderen offenbarten inneren Konflikte als Gefreiter gestand der junge Leutnant seiner Schwester nicht mehr zu. Ihn provozierten ihre Verletzlichkeit und der ehrliche Umgang damit, den er selbst gezwungen gewesen war abzulegen, um die Rekrutenphase und Rußland intakt zu überstehen. So nahm er bei der Schwester plötzlich jene erzieherische Position im Hintergrund ein, die ihm gegenüber der Vater innehatte und zeigte mehr als deutlich den ›moralischen Zeigefinger‹. Ging es Peter offiziell darum, die ›verwöhnte‹ Schwester im Wunsch nach einer vorzeitigen Entlassung aus der Dienstpflicht zu maßregeln, war ihm der zugrundeliegende Subtext seiner Aggression vermutlich nicht bewußt. So entblätterte er vor ihr in aller Länge sein selbstangewandtes Rezept gegen ihre (früher seine) Weichheit, überhöhte es durch einen später davon zu erwartenden »moralischen Nutzen« und übersah, wie gänzlich unangemessen dieser Umgang für seine kleine Schwester vielleicht war, die seine Kriegssozialisation nicht teilen konnte.
Für die vorliegende Studie werden die brüderlichen, gleichwohl immer liebevollen Ermahnungen zu einer wichtigen Quelle seiner eigenen Kriegssinnstiftung und gleichzeitig zu einem Beleg dafür, wie weit er sich in

hat's gewußt.« Die deutsche Öffentlichkeit und die Judenverfolgung 1933-1945, München 1989, S. 188-203.

[49] Peter Stölten an seine Schwester Uta, Brief vom 22. April 1943.

dieser Phase bereits von ›zivilen‹ Maßstäben entfernt hatte. Nach den Schikanen der Neuruppiner Kasernenzeit, vor allem aber den Erfahrungen der Ostfront, nahmen sich die Klagen der Schwester vermutlich tatsächlich übertrieben aus. Bezeichnenderweise aber nur für Peter und nicht für den Vater, der die Schwierigkeiten seiner Tochter ernst nahm und dem es später gelang, sie mit viel Geschick vorzeitig aus der Dienstpflicht zu befreien. Im April 1943 aber las Uta Stölten:

> War es in Iglau auch nicht gerade prima, so habe ich doch in theoretischer Unterhaltung über den RAD und die Nazis bei der Arbeit eine ganz positive Stellungnahme zu dem Verein geschaffen. Für friedliche Zeiten ist der Gedanke einer primitiven gemeinsamen Arbeit, wo jeder ran muß, als ein Bindeglied und Mittel zum so notwendigen Kennenlernen der Berufe und Schichten meiner Ansicht nach gut – und der Sinn schien mir viel tiefer zu liegen als der traurig notwendige des Kommisses [...]! Was Du mir noch nicht glaubst, was aber stimmt, Uta: [...] 3 Monate RAD, um Gottes Willen, dachte ich – – Sagte man mir heute: In einem halben Jahr wirst Du wieder Zivilist, so käme mir das vor wie morgen und ich wäre vielleicht erschrocken! Ich glaube, ich würde mich kaum zurechtfinden.[50]

Peter Stölten wollte in Eisenach unbedingt bald wieder zum Einsatz kommen. Er fürchtete »in wütender Verfassung«[51], die angelernte Spezialisierung nicht mehr anwenden zu können: »Der Krieg geht zu Ende, eh es soweit ist. Und dann bin ich als Jüngster Spezialist für Fernlenkwesen und Führerreserve und habe nur ein Sturmgeschütz unterm Hintern.«[52] Zu seinem in dieser Phase hohen Selbstbewußtsein paßte, daß er, »unter anderem über meinen alten Pauker Studienrat Leutnant Grams eine Beurteilung schreiben musste.«[53] Diese Umkehrung der Verhältnisse im Krieg, die »Ironie des Schicksals«[54], amüsierte den Einundzwanzigjährigen natürlich. Er hat sie nicht ausgenutzt.
Im September erfolgte die Verlegung auf den »öden« Truppenübungsplatz Fallingbostel, wo er sich »noch weit mehr von der Welt abgeschnitten« vorkam »als in Eisenach.«[55] Auf dem Weg dorthin sah er das von einem Luftangriff zerstörte Hannover, dessen Ruinen ihn an die Ostfront erinnerten. Hier erfuhren die Eltern deutlicher als in den Rußlandbriefen, was ihr Sohn

---

[50] Ebd.
[51] Peter Stölten an seine Eltern, Brief vom 22. April 1943.
[52] Ebd.
[53] Ebd.
[54] Ebd.
[55] Peter Stölten an seine Eltern, Brief vom 23. September 1943.

erlebt hatte: »Nur russisches Benzin fehlte. Sonst wäre der Rußlandgeruch Original gewesen. Gestank von Schutt und Asche.«[56]
Beim Panzerlehrregiment in Fallingbostel endlich erhielt er »fast täglich neue interessante Erfahrungsberichte von der Front«[57] und wartete »munter« auf den »Umzug in einen anderen bestürmten Teil der Festung Europa«[58]: Den Einsatz in der Normandie, der zum Wendepunkt seiner Kriegsbiographie werden sollte. Bei aller Einsatzfreude hatte Stölten hier doch ein Erlebnis, daß ihn aufmerken ließ:

> Die große Sensation war in den letzten Tagen ein finnischer Major, menschlich und militärisch ein ganz großer Eindruck. Man kam sich neben ihm, alle deutschen Offiziere kamen einem neben ihm, wie degenerierte trübe Zimmerpflanzen vor und Fehler und Schwächen des deutschen Soldaten und der Führung wurden blitzartig klar.[59]

Stölten graute davor, selbst zur ›degenerierten Zimmerpflanze‹ zu verdorren, wenn der Boden auch brach war. Als junger Leutnant mit Führungsverantwortung beschäftigte ihn, wie abgesehen von der eigenen Vorbildfunktion

> die Notwendigkeit der klaren Erhaltung des erfolgfreudigen und einsatzfreudigen Geistes und die Erhaltung selbst betrieben werden kann. Ich bin zu allem bereit, nur nicht zu alten Propagandaphrasen, bin jedoch zu klar und einfach in der Einstellung, umsonst hämmern zu können und zeige im Übrigen in der Klarlegung der Gedanken zu viel philosophische Tendenz (wenn auch in den Kinderschuhen).[60]

Hier erkennt Stölten selbst, was in der ex-post-Perspektive nach Kenntnis der bisherigen Korrespondenz schon deutlich geworden ist. Er war wirklich unempfänglich für politische Phrasen, war bedürftig, den Sinn des Krieges zu deuten und griff dabei durch die realpolitische Ebene quasi zur höheren der Philosophie durch. Daß dies für seine Untergebenen kein ›leicht verdauliches Futter‹ und daher ungeeignet war, war ihm klar. Ob er

---

[56] Peter Stölten an seine Eltern, Brief vom 4. November 1943. Die schweren Luftangriffe auf den Westen des Reiches veranlaßten Dr. Wilhelm Stölten zu einem kritischen Eingeständnis: »Wann soll dieses Grauen einmal ein Ende nehmen? Mea culpa, mea maxima culpa, das sagen wir uns freilich auch!! Aber es hilft nicht weiter. Nur ein wenig stiller wird man davon…« An Dr. Victor Meyer-Eckhardt, Brief vom 27. Juli 1943, NL Meyer-Eckhardt, HHI, Düsseldorf.
[57] Peter Stölten an seine Eltern, Brief vom 15. Oktober 1943.
[58] Peter Stölten an seine Eltern, Brief vom 23. November 1943.
[59] Peter Stölten an Udo Schulz, Brief vom 25. September 1943.
[60] Peter Stölten an Udo Schulz, Brief vom 15. Oktober 1943.

deshalb bisweilen etwas halsbrecherische Methoden anwandte, um damit für den Erhalt der Einsatzfreude zu sorgen?[61] Seiner großen Beliebtheit tat es jedenfalls keinen Abbruch.[62]
Doch ein anderer Konflikt bestimmte das erste Halbjahr 1943: das ›Räuberhauptmann‹-Thema. Stölten selbst hatte Udo Schulz eingestanden, sich – in aller Harmlosigkeit – in Eisenach doch ein wenig zu sehr dieser Rolle anverwandelt[63] und daher nun ein inneres Gegenprogramm installiert zu haben: »Darum das andere Extrem: Anlage einer Tabelle mit allen nur erdenklichen Schwächen und Unsicherheiten auf x Gebieten. Da gebe ich Hornochse mir täglich + und − Punkte.«[64]
Bei den Eltern blieben die Veränderungen nicht unbemerkt.

> Merkwürdig fremd ist mir mein Junge geworden in den letzten Monaten. Sein Kommandeur, der Menschenschinder, hat ihn durch seine Forderungen recht umgeformt. Wie schwer ihm das alles ankommen muß, ahne ich glücklicherweise nicht und muß nur mehr lernen bei aller Entbehrung, seine Tapferkeit und Festigkeit und Kraft bei allem zu bewundern. Möge ihm diese Übersteigerung des Soldatischen nicht schaden, und er seelisch bald wieder ins Gleichgewicht kommen, wenn ihm eine gemäßere Atmosphäre einmal wieder beschieden ist. So schön es für uns ist, ihn im Lande zu wissen, so schwer ist es wohl für ihn, in der Übertreibung des Drills zu leben, zu dem er gezwungen.[65]

---

[61] »Ich bin, der ja an sich, vor allem nach dem Fluchen der Vorgesetzten zu urteilen, chronisch gutmütig ist, so zackig, daß Müde und Lahme in eine Wassertonne gejagt werden, die sie umschaukeln müssen. Ich hänge also primitivsten Gewaltkuren an und auf alles Sanfte muß ich mich lange besinnen.« Brief an die Eltern vom 21. April 1943. An anderer Stelle: »Ich gab gestern den Befehl, aus 3 oder 4 m Höhe auf ziemlich harten Boden zu springen und bei allseitiger schlotternder Unentschlossenheit machte ich es vor. Bums. Da meldete sich mein musculus triceps suoae [sic], der alte Freund.« Brief an die Mutter vom 30. Mai 1943. Wochenlang sollte Stölten wegen des verletzten Fußes Schmerzen beim Laufen haben.

[62] »Peter, der Engel der Kompanie, heißt er bei seinen Leuten, weil sie mit jeder Sorge und jeder Not zu ihm kommen können. Ist das nicht rührend?« Dr. Wilhelm Stölten an Dr. Victor Meyer-Eckhardt, Brief vom 23. Februar 1943, NL Meyer-Eckhardt, HHI, Düsseldorf.

[63] »Die letzte Woche jedoch – entschuldige, daß ich nicht schrieb – ich schrieb keinem richtig – : Räuberhauptmann! Mein Bett habe ich die ganze Zeit nicht gesehen, gegen Morgen war alles dunkel, müde und verdreht und 1-2 Stunden später waren die Augen zu verklebt, um ins Dämmer zu sehen. 3 Uffz., 2 Offz.abende – Nächte! Trinken, Tanzen, Schießen gegen Morgen, bis die Polente kommt. Von 3-4 klauend in Stachelbeerbüschen im Garten [...]. Wüst.« Peter Stölten an Udo Schulz, Brief vom 13. Juli 1943.

[64] Ebd.

[65] Margarete Stölten an Dr. Victor Meyer-Eckhardt, Brief vom 2. Mai 1943, NL Meyer-Eckhardt, HHI, Düsseldorf.

Auch der Vater beobachtete die gleiche Entwicklung, glaubte aber an eine natürliche Beruhigung:

> Peter war am Sonntag auf Urlaub hier, laut, stürmisch, fast zu zackig, von seiner Führeraufgabe stärker geprägt, als wir das je für möglich gehalten hätten. Aber er wird auch da dank seiner starken inneren Kräfte das Gleichgewicht wieder finden. Im Geheimen arbeiten schon alle guten Geister wie Hölderlin und Rilke, denen er sehr zugetan ist, an dieser Aufgabe.[66]

Peter, ansonsten immer pflegeleichter Sohn, wehrte sich gegen die elterlichen Vorwürfe. Die ausführliche Verteidigungsantwort an die Mutter auf einen offensichtlich vorausgegangen kritischen Brief soll im folgenden in nahezu voller Länge zitiert werden, gibt sie doch insbesondere in der Schlußpassage Einblick in Peters innere Beteiligung am Soldatsein, die keinen spielerischen Charakter mehr zuließ. Diese Erläuterung an die Mutter ist natürlich nur *eine* Perspektive. Dank der oben zitierten Ausführungen im Brief an seinen Freund Schulz, in dem keinerlei Rücksichtnahme auf elterliche Sorgen zu nehmen war, ergibt sich für das Jahr 1943 doch ein »rundes« Bild seines soldatischen Selbstverständnisses und erstmals auch ein Hinweis an die Mutter, mit ihrer Kritik auch aus politischen Gründen zurückhaltender zu sein:

> Vielen Dank für Deinen langen Brief und das Geld. Du hast gewusst, wie Du Dir gleich eine Antwort holen konntest. Ein Heil dem mütterlichen Herzen – dies ganz ehrlich, denn ich will nicht aufbrausen. Aber soviel Anderes noch zu tun wäre, es kann mich nicht loslassen – Deine lange Klage! Daß Du sie Dir vom Herzen geredet hast, ist sicher ganz gut – für mich ist es nicht besser, wie Du ja vielleicht vermutest. Ich weiß nicht, ob Du Dir nicht vorstellen kannst, daß es mir gerade bitter genug ist von Bildern und Büchern und allem was man liebt völlig getrennt zu leben in einer völlig entgegengesetzten Atmosphäre. Es ist noch bitterer auch zu fühlen, daß man dem dadurch wohl auch zwangsläufig etwas

---

[66] Dr. Wilhelm Stölten an Dr. Victor Meyer-Eckhardt, Brief vom 27. Juni 1943, NL Meyer-Eckhardt, HHI, Düsseldorf. Im gleichen Brief offenbart der Vater die Schwierigkeiten des Kriegsalltags und einen hohen Optimismus für eine etwaige Entscheidungsschlacht im Westen: »Margarete ist überlastet durch die immer anwachsenden häuslichen Aufgaben. Das große Reinemachen fordert im Krieg sein immer begrenztes, aber doch zeitraubendes Recht. Die Berge von zu stopfender Wäsche türmen sich von Tag zu Tag immer mehr, die Einkäufe und das Kochen verschlingen viel Zeit. Es ist ein einziges Hetzen durch den Tag. Und es ist auch nicht damit zu rechnen, daß das bald anders werden könnte, es sei denn, dieser Krieg fände ein überraschend schnelles Ende. Und daran ist nicht zu denken, so sehr die Engländer versuchen werden, den Erfolg von Tunis in Italien und auf dem Balkan auszumünzen. Wir werden ihnen die Gegenschläge nicht schuldig bleiben dank des guten Tigers! Und der Westwall wird uns vor allen Angriffen im Westen schützen.«

fremder wird. Wie Du Dir das Leutnantsein eventuell vorstellst, kann ich mir auch denken. Schön wäre es ja!
Aber ich bin nicht einmal einer von heute, sondern einer von Morgen und ich habe mich glaube ich nie so geärgert wie manchmal in der letzten Zeit über das Sondergerät, von dessen unheilvoller Kompliziertheit Du Dir sicher keinerlei Vorstellungen machen kannst, genauso wenig wie davon, daß nur die äußerste Schärfe in diesem Wirrwarr von Drähten und Schrauben Ordnung halten kann. Mit Gutmütigkeit würde alles verschlampen, jeder sich vielleicht berechtigt für manches entschuldigen, würden wir nicht weiterkommen.
FL [vermutlich Fern- oder Funklenkpanzeroffizier, A.I.] Offizier ist ohne Frage einer der angenehmsten Posten in der Wehrmacht. Erzählte ich nicht oft genug von dem Vorwurf des Zuviel an Bildung, der Humanitätsduselei, der Drohung, im Falle des nicht am gleichen Strang Ziehens!? Weißt Du eigentlich, daß bei einem Mehr dieser im Verdacht allerdings gesteigerten Eigenschaften kaum ein Urlaub, aber ein recht unrühmliches Ende möglich wäre?
Als Außenstehender und als nicht verantwortlich denkender Landser kritisiert man allerhand – so würde ich es selbst Udo nicht übel nehmen, wenn er auch anti wäre, bitter genug!
Aber welche Vorstellungen Du Dir von meinem Übermut machst, finde ich unvorstellbar. Wie der herhalten muß: 12 und mehr Stunden pausenlos! Ob da nicht doch Zeit zum Nachdenken sein sollte, wenigstens über solche Dinge? Der Hauptmann hat recht, wenn er sagt: Stölten, Sie werden den Kommiß in seinen Grundfesten nicht erschüttern.
Warum ich so lang und vielleicht nicht angenehm darüber schrieb? Weil ich nicht einfach sagen wollte: Ich bin ganz anders geworden, bzw. weil ich nicht lächeln wollte und konnte. Ich weiß ja, daß es gut gemeint ist. Sonnabend war eine Mutter gekommen, um sich beim Chef (von 350 Mann) melden zu lassen: ›Mein Sohn hustet manchmal, passen Sie doch bitte auf ihn auf. Ich bin so in Sorge!‹ Euer gutes Herz. Vom Kommiß will ich auch nicht wieder erzählen. Er ist aber nun einmal ein notwendiges Übel, und ich muß, um etwas zu leisten gerade bei uns innerlich daran beteiligt sein. Seid froh, daß Ihr Euch alle so aus dem Geist der Zeit heraushalten könnt – und sagt mir dies nicht zu oft. Ich muß doch weghören, weil ich mehr als hier nicht sagen kann, und mich leider nicht zu einem Bild des Offiziers ändern kann, der reitet, ins Kasino geht, mit ein paar Führungsaufgaben und Ehrbegriffen spielt und im Übrigen so hoch über dem Dienst steht, daß die Erziehung zum <u>Soldaten</u> allein die Uffz. leisten müssen.[67]

Hier sehen wir eine Motivkette, von der sich zu lösen Stölten nicht nur nicht gelingt – er unternimmt solche Versuche auch wohl gar nicht. Stölten sieht sich als Soldat, als Offizier, und er sieht hier auch seine gegenwärtige Berufung, selbst wenn für die Nachkriegsphase andere Wünsche existieren.

---

[67] Peter Stölten an seine Mutter, undatierter Brief, vermutlich Juni 1943. Im Anhang im Original und ungekürzt einzusehen.

Als Soldat führt er im übrigen Befehle Vorgesetzter aus, ohne für sich das Recht einer sachlichen oder gar moralischen Beurteilung zu beanspruchen. Seiner Berufung nachkommend will er Leistung bringen. Mangelhafte Leistungen würden ihn nicht nur um beruflichen Erfolg bringen, sondern auch seine gefühlte Berufung verschütten. Der Offiziersberuf ist ihm daher nicht einfache Arbeit, sondern, auch im Kleinen, Wirken im Kernbereich seiner Berufung.[68] Soviel zur inneren Rüstkammer Leutnant Stöltens, die bald noch höheren Anforderungen in der folgenden Kriegsphase ausgesetzt werden sollte.

---

[68] Eine Bemerkung in diesem Sinne scheint auch Dr. Meyer-Eckhardt gegenüber Margarete Stölten in einem nicht erhalten gebliebenen Brief gemacht zu haben. Dr. Wilhelm Stölten wies die Interpretation als unzutreffend zurück: »Was Du über Peter schreibst, empfindet sie [Margarete Stölten, A.I.] freilich ein klein wenig bos-willig (nicht bös-willig!). Du kennst ihn doch und weißt, das er zum Offizier im Sinne des preußischen Heeres absolut nicht geeignet ist. Was ihm Freude macht ist die männliche Bewährung in der Gefahr und die Führung in der bedrohten Situation. Und das ist eine männliche Leistung! Seine Devise ist ›gefährlich leben‹, in allem. Daher seine Freude am Kampf! Nicht aus angeborener Kampfeslust und Soldatenfreude! Er ist Künstlertyp! Nicht Soldatentyp!« Dr. Wilhelm Stölten an Dr. Victor Meyer-Eckhardt, Brief vom 4. August 1944, NL Meyer-Eckhardt, HHI, Düsseldorf.

IV. Krise: Das Invasionserlebnis 1944

VI.1. Eine Bresche in die ›Festung Europa‹

»Eine Landung an einer verteidigten Küste ist das schwierigste Unternehmen eines Krieges. Zweitausend Jahre vorher hatte es Julius Caesar getan; tausend Jahre vorher Wilhelm der Eroberer. Philipp II. hatte eine Niederlage geerntet; Ludwig XIV., Napoleon und Hitler hatten es gar nicht gewagt.«[1]
Stalin hatte seit Beginn der militärischen Zusammenarbeit mit den Westmächten diese gedrängt, zur Entlastung seiner dem Druck der deutschen Streitkräfte allein ausgesetzen Armeen in Europa eine zweite Front zu errichten. Nach dem mißlungenen alliierten Landeunternehmen bei Dieppe im August 1942 gab Hitler den Befehl zum Ausbau einer gewaltigen Verteidigungslinie von den Pyrenäen bis zur dänischen Küste, um eine erneute Landung der Alliierten unmöglich zu machen. Der von der Parteipropaganda hoch gepriesene, scheinbar unüberwindliche Atlantikwall war zwar bis 1944 erst in Teilen fertiggestellt, als Abwehrsystem gleichwohl aber eine imposante Leistung.[2]
Die deutsche Führung erwartete die Invasion an der Kanalküste sowie in unmittelbarer Nähe großer Häfen.[3] Als aber die alliierte Invasionsflotte unter dem Befehl des amerikanischen Generals Eisenhower sich in den ersten Stunden des 6. Juni 1944 auf die Küste der Normandie zubewegte, hatte die deutsche Luftaufklärung die gewaltige, in Südengland zusammengestellte Armada überhaupt nicht wahrgenommen, und das deutsche Oberkommando war noch, als die ersten Schiffe in Sicht kamen, davon überzeugt, es

---

[1] Gerhard Weinberg.: Die militärische Planung der Alliierten für die Invasion, S. 77-88, hier S. 82, in: Günter Bischof/Wolfgang Krieger (Hg.): Die Invasion in der Normandie. Internationale Perspektiven, Innsbrucker Forschungen zur Zeitgeschichte, Bd. 16, Innsbruck 2001. Die Inschrift des britischen Kriegsgräberdenkmals etwa in Bayeux spielt auf das berühmte gegnerische Vorbild einer gelungenen Invasion an: »NOS A GULIELMO VICTI VICTORIS PATRIAM LIBERAVIMUS« (Wir, einst von Wilhelm erobert, haben das Vaterland des Eroberers befreit). Zitiert nach: David Reynolds: Großbritannien am Vorabend der Invasion, in: Bischof/Krieger: Invasion, S. 115-128, hier: S. 115.
[2] Bis zum Tag der Invasion waren 12.247 der ursprünglich vorgesehenen 15.000 Verteidigungsanlagen fertig gestellt, 500.000 Vorstrandhindernisse sowie 6,5 Millionen Minen verlegt. Vgl.: Detlev Vogel: Deutsche Vorbereitungen auf eine alliierte Invasion im Westen, vgl. Bischof/Krieger: Invasion, S. 45-54.
[3] AOK 7, KTB, 6.3.1944, BA-MA RH 20-7/129.

handele sich um ein Ablenkungsmanöver.[4] Panzerverbände wurden daher nur zögerlich eingesetzt. Es wurde versäumt, den in den Bunkerstellungen an der Küste liegenden Einheiten die dringend benötigten Verstärkungen zuzuführen, um – nach dem Plan des Feldmarschalls Rommel – den gelandeten Gegner sofort wieder ins Meer zu drängen. Den Alliierten gelang es mit erheblicher Luftunterstützung und unter dem Feuerschutz der gesamten Schiffsgeschütze, Brückenköpfe zu bilden und die Bunkerlinie zu überwinden. Zudem hatten noch in der Nacht Lastensegler auf einer Strandbreite von 100 km Luftlandetruppen hinter der deutschen Verteidigungslinie abgesetzt, die trotz schwerster Verluste die Verbindung zu den gelandeten Einheiten herzustellen vermochten. Die Wehrmachtsführung erkannte die Gefahr, die von dieser Taktik ausging. Der Befehl zur Zerschlagung, wie im folgenden Dokument zitiert, ging angesichts der materiellen und technischen Überlegenheit jedoch ins Leere:

> In einem Fall sprang der <u>Feind mit Luftlandetruppen in den Angriff einer eigenen Pz.-Div.</u>, der gut Gelände gewonnen hatte, <u>so hinein,</u> daß hierdurch alle nachzuführenden Kräfte der Div. in örtliche Kämpfe verwickelt und gebunden wurden. Hierdurch wurde die Div. um den Erfolg ihres Angriffs gebracht. Man muß damit rechnen, daß der Feind dieses Verfahren bei eigenen Pz.-Angriffen fortsetzen wird. Alle rückwärtigen Teile von Pz.Div. usw. müssen daher ständig auf diese Möglichkeit eingerichtet und zur <u>sofortigen</u> Abwehr bereit sein, um luftgelandete Kräfte zu zerschlagen.[5]

Rasch konnten die Alliierten infolge ihre Landeköpfe ausweiten. Es war letztlich die erdrückende Luftüberlegenheit der Alliierten, die den Kampf in der Normandie entschied. Dennoch gelang es den alliierten Panzer-

---

[4] »Mit Fortsetzung der schweren u. verlustreichen Kämpfe ist zu rechnen. Feind wird auf jedem Wege Luftlande- u. Anlandefront zu verstärken suchen, O.B. West seinerseits muß jede hiergegen mögliche Gegenmaßnahme treffen. Die feindl. Luftüberlegenheit und die starke Wirkung der feindl. Schiffsartl. fallen hierbei erheblich ins Gewicht. Feindabsicht zweifellos Halbinsel Cotentin örtlich abzuschneiden, um wichtigen Hafen Cherbourg zu gewinnen und darüber hinaus Sprungbrett für weitere Operationen zu schaffen. Trotz stärkstem Einsatz auf verhältnismäßig engem Raum ist mit Wahrscheinlichkeit anzunehmen, daß dieser Angriff nur Vorläufer weiterer Invasionsangriffe ist.« St.Kr. HMEX/2 6639 7.6.44 06.45, OKH/H.GenStdH./Op.Abt. Geheime Kommandosache. BA-MA RH 2/569. Dem Kriegstagebuch des Oberbefehlshabers West ist zu entnehmen, daß sich die Annahme der bloßen Ablenkungsoperation im Raum Normandie bis zum Durchbruch der US-Truppen bei St. Lô Ende Juli 1944 hielt. Vgl.: Ob West, KTB, 24. 7. 1944, BA-MA RH 19/IV/44. OKW KTB, 327.

[5] Oberkommando Heeresgruppe D, Ia Nr. 5050/44 geheim. H.Qu., den 20.6.1944, BA-MA RH 19 IV/48 (Unterstreichungen aus Originaldokument übernommen).

verbänden erst am 30. Juli 1944, den deutschen Einschnürungsring bei Avranches zu durchbrechen und in zügigem Vormarsch tief nach Frankreich vorzustoßen.

Die Invasion der Westalliierten in der Normandie am 6. Juni 1944 war nach den Landungen in Nordafrika, Italien und dem Versuch von Dieppe der Auftakt zum Ende des Dritten Reiches und der endgültigen Zerschlagung seiner Militärmacht. Gleichzeitig erfolgte sie nach sowjetischer Interpretation zu einem Zeitpunkt, als die Rote Armee bereits drei Jahre die Hauptlast des Krieges gegen den gemeinsamen Gegner weitestgehend allein getragen hatte und ein westalliiertes Engagement dringend erforderlich wurde, wollte man nicht bei der späteren Aufteilung der ›Beute‹ leer ausgehen und im sich bereits abzeichnenden ›Kalten Krieg‹ die schlechteren europäischen Ausgangskarten bekommen.[6]

Obwohl die Invasion seitens der deutschen Führung lange befürchtet und ihre Abwehr mit riesigem materiellen und menschlichen Aufwand vorbereitet worden war, erwiesen sich die Chancen der an Truppen, Geschützen und Panzern weit überlegenen deutschen Verteidiger am D-day als viel schlechter, als sie hätten sein müssen. Die wenig effektiven deutschen Kommandostrukturen vor Ort[7], das erfolgreiche alliierte Täuschungsmanöver, das die Deutschen noch Wochen nach Beginn der Invasion über den Ort des Hauptunternehmens im unklaren ließ, sowie den Überraschungseffekt aufgrund der Wetterlage führt der Historiker Weinberg dafür als Gründe an.[8] Erst zwei Wochen nach Beginn der Invasion gestand der Oberbefehlshaber West in einem Kampferfahrungsbericht, der zur Belehrung, Übung und Unterrichtung aller Dienststellen und Sicherungskräfte verteilt wurde, ein:

---

[6] Praktische Erwägungen hatten zu der Entscheidung geführt, daß die Briten bei der Normandie-Landung und dem folgenden Feldzug den linken und die Vereinigten Staaten den rechten Flügel bildeten. Es war diese Aufteilung, die zu der späteren amerikanischen Besatzungszone im Süden und der britischen im Norden des besiegten Deutschland führte und die zudem dazu beitrug, daß die amerikanischen Einheiten in der NATO mehr den südlichen und englische mehr den nördlichen Teil der Verteidigung Westdeutschlands übernahmen. Vgl. Weinberg: Eine Welt in Waffen, S. 729. Zur sowjetischen Lesart der Normandie-Invasion vgl. Valentin Falin: Die Zweite Front. Die Interessenkonflikte in der Anti-Hitler-Koalition, München 1997, S. 403ff.

[7] Die mobile Reserve etwa war nicht dem Oberbefehlshaber West, sondern direkt Hitler und dem OKW unterstellt. »Da Hitler schlief und nicht geweckt werden durfte und Jodl als Chef des OKW fest entschlossen war, Rundstedt und Rommel die Panzerreserven unter seinem Befehl nicht zur Verfügung zu stellen, ließen die Deutschen kostbare Stunden ungenutzt verstreichen.« Weinberg: Eine Welt in Waffen, S. 726.

[8] Vgl. Ebd., S. 724.

I. Vier Tatsachen müssen hervorgehoben werden:
1) Völlige Luftherrschaft des Feindes.
2) Gewandter und großzügiger Einsatz feindlicher Fallschirm- und Luftlandetruppen.
3) Wendige, gut geleitete Unterstützung der Landtruppe durch die Schiffsartillerie starker englischer Flottenverbände – vom Schlachtschiff bis zum Gun-Boot.
4) Vorübung der feindlichen Landeverbände für ihre Aufgabe, genaueste Kenntnis der Küste, ihrer Sperren und Verteidigungsanlagen, schnelle Herstellung zahlenmäßiger und materieller Überlegenheit im Landekopf bereits nach wenigen Tagen.

Dem steht Qualität des deutschen Soldaten, seine Standfestigkeit und der unbedingte Einsatzwille bis zum Letzten bei Heer, Marine und Luftwaffe entgegen. Alle 3 Wehrmachtsteile haben ihr Bestes gegeben und werden es geben![9]

Die Deutschen waren von der Wucht des alliierten Angriffes überwältigt[10] und reagierten aus den genannten Gründen langsam. Binnen Stunden beharkten Jagdbomber die deutschen Stellungen, Panzer und Kolonnen und »zogen wie ein Förderband«[11] über die deutschen Soldaten hinweg; Kampfbomber, Marineartillerie und Bodengefechte kosteten über eine Viertelmillion deutscher Soldaten das Leben.[12] Die Luftherrschaft der Alliierten hatte für ihren Sieg im Westen eine bedeutende Rolle gespielt. Sie und die Sabotageaktionen der französischen Résistance verlangsamten sämtliche deutschen Truppenbewegungen in Richtung Invasionsfront und führten zu dem für die ersten Invasionswochen charakteristischen deutschen Stellungskrieg. Während der Großteil der damals größten deutschen Armee im Westen[13] im Raum Calais damit beschäftigt war, »eine Invasion abzuwehren,

---

[9] Oberkommando Heeresgruppe D, Ia Nr. 5050/44 geheim. H.Qu., den 20.6.1944, BA-MA RH 19 IV/48 (Unterstreichungen aus Originaldokument übernommen).
[10] Zur Wahrnehmung der Invasion durch das Oberkommando der Wehrmacht vgl. Percy Ernst Schramm (Hg.): Die Invasion 1944. Aus dem Kriegstagebuch des Oberkommandos der Wehrmacht (Wehrmachtführungsstab), München 1963, S. 78ff.
[11] Generalleutnant Fritz Bayerlein (Kommandeur der Panzer-Lehr-Division), zitiert aus: Der Spiegel, 23, 1994, S. 168.
[12] Zur Erinnerung überlebender deutscher Soldaten der Invasionsfront siehe Jan Reifenberg: Was unausweichlich kommen mußte. Vier deutsche Kriegsteilnehmer erinnern sich an die Invasion der Alliierten in der Normandie, FAZ, Nr. 122, 1994.
[13] Es handelte sich um die 15. Armee.

die nie kommen würde«[14], war die 7. Armee trotz Durchhalteparolen[15] der Übermacht der Westalliierten nicht gewachsen.[16]

Auch der erste Einsatz der V1 auf London am 12. Juli 1944 konnte die Großoffensive nicht aufhalten. Mit der Befreiung von Paris Ende August erwies sich die westalliierte Planung als gelungen. Die ›Festung Europa‹ war aufgebrochen.[17] Der sich anschließende Endkampf um das Dritte Reich wurde im folgenden von der Kontroverse um die Nachkriegsordnung innerhalb der Anti-Hitler-Koalition überlagert und dauerte wider Erwarten noch fast ein ganzes Jahr.

Auf die Nachricht von der Landung der Alliierten reagierten viele Deutsche mit einem Gefühl der Erleichterung, ohne daß dies mit der Hoffnung auf ein Ende des Krieges verbunden war. In den geheimen Lageberichten des Sicherheitsdienstes finden sich zahlreiche Hinweise auf aufatmende Reaktionen im Sinne einer »Erlösung aus unerträglicher Spannung und drückender Ungewißheit.«[18] Im Falle eines deutschen Sieges hätte der Großteil der im Westen gebundenen Verbände, immerhin etwa 6,5 Millionen Mann, an die Ostfront geworfen werden können, um das dort »seit bald zwei Jahren verlorene Kriegsglück noch einmal zwingen zu können.«[19]

Die Vorstellung, mit einer gelungenen Abwehr der Invasion im Westen die Katastrophe im Osten kontrollieren, gar abwenden zu können, mag Teil der unbedingten Einsatzbereitschaft auch eines Soldaten wie Stölten

---

[14] Weinberg: Eine Welt in Waffen, S. 726.

[15] Generalfeldmarschall v. Rundstedt hatte im Februar 1944 den an der Küste eingesetzten Festungskommandanten eindringlich klar gemacht, daß im Falle einer Invasion solange durchgehalten werden müsse, bis motorisierte Reserven einträfen: »Im Bereich Westen gibt es kein Ausweichen.« Bischof/Krieger: Invasion, S. 46.

[16] So formulierte Generalleutnant Bayerlein angesichts der zitierten Durchhalteparole: »Draußen an der Front halten alle aus. Jeder einzelne. Meine Grenadiere und meine Pioniere und meine Panzerbesatzungen, sie halten alle ihre Stellungen. Kein einziger Mann verläßt seinen Posten. Sie liegen still in ihren Schützenlöchern, denn sie sind tot. Sie können dem Herrn Generalfeldmarschall melden, daß die Panzerlehrdivision vernichtet ist.« in: Der Spiegel, 23, 1994, S. 168.

[17] Den Festungsbegriff wählt Andreas Hillgruber, in: Ders.: Der Zweite Weltkrieg, S. 127.

[18] Boberach: Meldungen, S. 6571f.

[19] Norbert Frei: Der totale Krieg und die deutsche ›Heimatfront‹, in: Bischof/Krieger: Invasion, S. 17-32, hier S. 17. Frei interpretiert die veränderte Lage an der Heimatfront im Zeichen der alliierten Landung an der Atlantikküste in einem überzeugenden Bogen, beginnend im Sommer 1939, in den Phasen a) unpopulärer Krieg, b) siegestrunkene Genugtuung über die Auslöschung des Traumas von 1918 nach dem Sieg über Frankreich, c) Komplizenschaft im totalen Krieg bei disparater Informations-und Bewußtseinslage, d) Höhepunkt der deutschen Kriegswirtschaft sechs Wochen nach der Invasion, e) Apathie, Resignation, Leere, übermächtige Erschöpfung in letzten Durchhalteopfern am Ende.

gewesen sein. Auch wenn er der offiziellen Interpretation des historischen Ereignisses etwa im nachfolgend zitierten *Völkischen Beobachter* nur in Teilen innerlich zugestimmt haben mag: Die Schlüsselfunktion des Unternehmens »Overlord« war eindeutig, die erforderte Opferbereitschaft selbstverständlich, der Gedanke an die Chance eines befreienden Kriegsendes durch die vorrückenden Truppen fern.

> Wenn dem Gegner der Invasionsfeldzug gelingen würde, dann wären für uns die Folgen unübersehbar. Sie würden wohl das Ende bedeuten. Wenn aber die deutschen Soldaten die Angreifer zurückschlagen, dann sind die Folgen unübersehbar auch für die Gegenseiten. Die Entscheidung über beides, das Schicksal unseres Vaterlandes, das Schicksal unseres Erdteils, liegt jetzt in den Händen und tapferen Herzen der Kämpfer am Atlantikwall. In dieser ungeheuren Tragweite der Ereignisse dort liegt die Rechtfertigung für das Aushalten, für den Widerstand und den Gegenstoß der deutschen Soldaten an der atlantischen Küste. Wenn aber der Rauch der Geschütze sich endgültig von dem Strand und der Felsenküste Frankreichs verzogen haben wird, dann wird sich auch zeigen, daß das Gesicht des Krieges ganz neue Züge erhalten hat. Militärisch gesehen wird dies bedeuten, daß die deutsche Führung dann freier geworden ist in ihren Entschlüssen, als sie es anderthalb Jahre lang sein konnte.[20]

Wenden wir den Blick von der Weltgeschichte nun wieder auf Leutnant Peter Stölten.

VI.2. Stöltens Bilanz im Lazarett

Statt »mit quergestreiftem Pullover, Schal, Baskenmütze und verbeulten Hosen von meinem Zeichenblock begleitet durch alle Spelunken und Bordells zu ziehen, um Frankreich gleich kräftig in mich aufzunehmen«[21], diente Peter Stölten an der Invasionsfront in der elitären und extra dafür aufgestellten Panzer-Lehr-Division.[22] Diese war bis zum 15. Mai 1944 mit allen schweren Waffen und Geräten in 70 Eisenbahnzügen nach Frankreich transportiert und im Gebiet zwischen Le Mans und Chartres stationiert worden.

Ein kurzer Exkurs erscheint hier notwendig: Die Panzer-Lehr-Division war im März 1944 bei der deutschen Besetzung Ungarns beteiligt gewesen und hatte – eigens aus Frankreich herantransportiert – sechs Wochen im Raum

---

[20] Völkischer Beobachter, Berliner Ausgabe, 7.6.1944, S. 1.
[21] Peter Stölten an Dr. Wilhelm Stölten, Brief vom 9. Januar 1944.
[22] Zur Aufstellung und Geschichte der Division vgl. Franz Kurowski: Die Panzer-Lehr-Division, S. 7-12.

Budapest Stellung bezogen. Die Bereitschaft der mit Deutschland verbündeten ungarischen Regierung, einen Separatfrieden mit den Alliierten zu versuchen[23], sollte verhindert werden. Unter dem Schutz der deutschen Besatzungstruppen wurde die alte ungarische Regierung abgesetzt und ein neues pro-deutsches Regime unter dem ehemaligen ungarischen Botschafter in Berlin, Döme Sztójay, errichtet. Hatte die vorige konservativ-aristokratische Regierung Kállay den ungarischen Juden, wenn auch unter erheblichen Einschränkungen ihrer bürgerlichen Rechte, eine gewisse Sicherheit garantiert, indem sie die deutschen Forderungen nach Übernahme des Programms der sogenannten ›Endlösung der Judenfrage‹ wiederholt zurückgewiesen hatte, übernahm das neue Regime antijüdische Verordnungen. In den typischen, hier aber untypisch zügig aufeinanderfolgenden Radikalisierungsschritten Isolierung, Stigmatisierung (ab 5. April 1944), Ghettoisierung (ab 28. April 1944), Konzentration, Deportation nach territorialen Prioritäten (zwischen 15. Mai und 9. Juli) und schließlich Ermordung, mehrheitlich in Auschwitz-Birkenau, vollzog sich der ungarische Holocaust.

Am 7. Juli 1944, kaum ein Vierteljahr nach der deutschen Besetzung, meldete Reichsverweser Admiral von Horthy Ungarn mit Ausnahme der Hauptstadt Budapest[24] ›judenrein‹. 564.500 ungarische Juden fanden gewaltsam den Tod, davon 63.000 vor der deutschen Okkupation. Die Präsenz der deutschen Truppen, wie etwa der Panzer-Lehr-Division in Ungarn, ist ein Beispiel, wie die Wehrmacht als machtpolitischer Garant die militärischen Voraussetzungen und Rahmenbedingungen für den Massenmord schuf.[25]

Peter Stölten war als Angehöriger der Panzer-Lehrdivision im Januar 1944 aus Frankreich (Verdun) über kürzere Aufenthalte in Berlin, Eisenach (beides privat) sowie Paderborn (dienstlich) im März 1944 mit in den Osten versetzt worden: »Leider etwas in Eile. Ich hoffe bald aus einer schöneren

---

[23] Der im März 1942 ernannte Premierminister Miklós Kállay hatte nach den enormen Verlusten ungarischer Truppen in Stalingrad und beim Durchbruch der Roten Armee bei Woronesh am 13. Januar 1943 begonnen, auf eine Loslösung Ungarns aus der Allianz mit Deutschland hin zu arbeiten.

[24] Die Vernichtung der Budapester Juden folgte am 15. Oktober 1944. Zum Schicksal der ungarischen Juden und der deutschen Besatzungspolitik, insbesondere dem von Adolf Eichmann geleiteten Sonderkommando, das Teil der Besatzungstruppen war, siehe: Jäckel: Enzyklopädie des Holocaust, S. 1462-1468. Zu den genannten Opferzahlen, siehe ebd., S. 1468.

[25] Helmut Ritgen: Die Geschichte der Panzer-Lehr-Division im Westen 1944/45. Zum Einsatz der Division in Ungarn vgl. S. 82-100. Zitiert nach: Winfried Mönch: Entscheidungsschlacht »Invasion« 1944, Stuttgart 2001, S. 195. Mönch weist zu Recht die verharmlosende Darstellung Ritgens nach.

Ecke mit mehr Ruhe von etwas Neuem berichten zu können. Schreibt ihr bitte immer an 56041.«[26] Erst in einem Brief, den er zwischen dem 20. und 25. März unter der Ortschiffre »O.U.« offensichtlich aus dem Wiener Raum an die Familie schrieb, findet sich ein Hinweis, daß Stölten kurz in Budapest eingesetzt gewesen war:

> Heute donnerte ich mit einem der neuen Panzer durch den Wald des Leitha Gebirges. Eine alte Holzsammlerin blickte erschreckt auf und bekreuzigte sich. Lächelnd ließ ich das stolze Gefühl, darauf zu sitzen noch höher schnellen. Trotzdem würde ich mich noch wohler fühlen, könnte ich noch einmal nach Wien oder Budapest.[27]

Wenig später resümiert Stölten bewundernd, die politische Lage wie so häufig aussparend, über die ungarische Hauptstadt:

> Budapest, eine Stadt fast ohne öde Bezirke wie Wien, eine Zusammenballung schöner prunkvoller öffentlicher Bauten, protziger Terrassen auf den Höhen von Pest an der Donau, von wo die breiten Hängebrücken in die zahllosen rauschenden Geschäftsstraßen Budas führten, wo tausende von Autos hupen und das Leben der Großstadt noch jagt und glänzt wie im Frieden (vor allem keine Landser, da man für B. einen Ausweis mit Generalsunterschrift braucht). Bis vor wenigen Tagen gab es auch noch keine Verdunkelung und die unvergleichlichen Donauuferpromenaden warfen mit Scheinwerfern ihr Licht auf die sich protzig türmenden Bauten. Ich kann mir keine modernere Stadt mit höherer Wohnkultur denken. Ein Abend in einer ungarischen Familie und dann ein Nachtfahren nach Schnauze ohne Karte kreuz und quer im fremden Land – es war herrlich. Morgen

---

[26] Peter Stölten an seine Familie, Paderborn, Brief vom 16. März 1944.
[27] Peter Stölten an seine Familie, Brief vom 20.bis 25. März 1944. Die Unterstreichung des Ortsnamens ›Budapest‹ fällt auf, zumal Stölten selten Unterstreichungen vornahm. Eine Deutung scheint hier aber zu spekulativ. In Kaisersteinbruch bei Bruck a.d. Leitha bildete Stölten einen Zug Soldaten an den neuen Panzertypen der I.s. Pz Kp Fkl. aus, die ihn dann als »seine Wiener (Besatzung)« auch an der Normandiefront begleiten sollten. In dieser Phase reiste er so oft wie möglich nach Wien und genoß zahlreiche Theaterbesuche, sehnte sich gleichwohl aber nach dem Einsatz in Frankreich: »Darum will ich nur kurz schreiben, zumal mir wenig Neues zustößt und alles in dem durch ewige Reiseverschiebungen gestreckten Abschied aufgeht. Der bringt uns ins Theater und in die Keller der herrlichen Gegend und nach einer Woche, die ich angenehm und unangenehm (durch Malprobleme) für mich allein war, ging das andere Leben los und brachte unheimliches Gelächter, Flausen und Dummheiten am laufenden Band in unserm kleinen Haufen, der, da Hermann auf Urlaub ist, im Moment nur aus dem Chef und mir besteht. Doch sehnen wir uns sehr nach Frankreich, nach dem Einsatz und dem Regiment, nach Bahnfahrt und nach etwas, was uns hier rausreißt, eh wir den Oberst Pamperl (netter Wiener Name, nicht wahr?) zu Tode geärgert haben.« Aus: Peter Stölten in einem Brief an seine Familie, 7. Mai 1944.

will ich ›Torquato Tasso‹ sehn in der Burg und Montag ›Die unheilbringende Krone‹.[28]

Über Kassel (vermutlich Dienstbesuch bei den Henschel-Werken, in denen die Tigerpanzer produziert wurden) und Paris[29] wurde Stölten Mitte Mai in das Département Eure-et-Loire verlegt. Hier erlebte er die letzte Phase ungebrochener Entspannung und Selbstvertrauens seiner Kriegslaufbahn mitten im Feindesland, von der der folgende Briefausschnitt Zeugnis geben soll:

> Die Landschaft ist selten, Blüten aller Farben und Sorten überall, herrliche Bäume wie Abendkleider: bis an die Krone Efeu: Samt und die Ärmel aus heller Seide, duftig und gemustert durch hundert Mispeln! Hundert Châteaus, verspielt mit Türmen und Wassergräben, alt und verhältnismäßig neu, herrlich verkommen z.T., aber auch selten gepflegt, stilvoll, englisch, französisch. So bleiben die Eindrücke ganz von der Landschaft, dem Idyll, der Einsamkeit bestimmt. Hätte ich nur Zeit, zwischen Seerosen und Riesenhuflattichen, unter Silberpappeln und Götterbäumen, Rotbuchen und efeuumkleideten Eichen, Tamarisken und Weiden würde mein Kahn unter Mühlen hindurch, an Mühlen und Châteaus vorbei mit einem Angler und Zeichner durch verlandete Mühlarme und auf dem Fluß treiben. Alles was ich treibe, ist mir wie ein Spiel und wenn es militärisch noch so wichtig ist.[30]

Alles Spielerische wich in den Erlebnissen der folgenden Tage. Der vom Kommandeur der Panzer-Lehr-Division Generalleutnant Fritz Bayerlein täglich verfaßte Zustandsbericht seiner Division, der auch Stölten unterstellt war, gibt ungeschminkten Aufschluß über die ungeheuren deutschen Verluste.[31] Anfang Februar beschrieb er die Stimmung seiner Division mit »sehr

---

[28] Peter Stölten an seine Schwester Uta Stölten, Brief vom 7. April 1944.
[29] Der Begeisterung über Budapest folgte die Begeisterung über Paris. »Paris hat sich inzwischen zur Sage verdichtet bei Hermann und mir, und wie Soldaten auf dem Schlachtfeld in vaterländischen Filmen noch einmal den Namen der Geliebten murmeln, murmeln wir vorm ins Zelt steigen mit schweren Köpfen noch einmal voll Sehnsucht: Paris. Das empfanden wir in 15 rauschenden Stunden, in denen wir durch 6maligen Alarm kaum gestört überall herumfuhren: die doch unbestreitbar schönste Stadt der Welt: Von den Champs Elysées bis zum Montmatre, von Notre Dame bis zur Moulin de la Galette! Hummer und Burgunder, Burgunder und Bohnenkaffee, die elegante Welt und der ganze Frieden, dessen Illusion sich kein Pariser mit dem Leben nehmen ließe, glaube ich, war eine so unendliche Erholung, wie sie mancher nur noch Trümmergewohnte ohne überzuschnappen kaum noch ertragen könnte«. Peter Stölten an seine Familie, Brief ohne Datum, vermutlich Ende Mai 1944.
[30] Peter Stölten an seine Familie, Brief vom 17. Mai 1944.
[31] Auch in der Schrift Kurowskis ist die Geschichte der Division in der Invasion nachzulesen. So etwa die Kämpfe um Tilly (S. 49ff.) oder die Schlacht von St. Lô (S. 116ff.).

gut. Die Truppe brennt auf den Einsatz.«[32] Bezeichnete er ihren Kampfwert noch zwei Wochen nach Beginn der Invasion als »zu jeder Angriffsaufgabe einsatzbereit«[33], gab er zwei Monate später zu:

> Division in 60-tägigem ununterbrochenem Kampf an den Schwerpunkten der Invasionsfront insbesondere durch die Abwehrschlacht westlich St. Lô stark angeschlagen. Schnelles Herausziehen der noch vorhandenen Reste der Panzergrenadiere aus der Kampffront ist erforderlich, um sie als Stämme für den Wiederaufbau der Regimenter zu retten. Ausbildungsstand: [...] Eingliederung von Marsch-Bataillonen zur Auffüllung des hohen Personalfehls erfordert 4 Wochen, um einen brauchbaren Kampfwert der Verbände zu erzielen. Sonst sind die Bataillone nur Kanonenfutter. Stimmung der Truppe: Die letzten Ereignisse, Bombenteppiche von 2.000 Bombern nur auf den Divisionsabschnitt, laufende Jaboangriffe, überlegener feindlicher Artillerie-Einsatz, 60-tägiger ununterbrochener Kampf im Hauptkampfgebiet belasten die seelische und körperliche Kraft der Truppe stark.[34]

Anfang Oktober schließlich, als Stölten schon die Kapitulation der Warschauer Aufständischen erlebte, mußte Bayerlein eingestehen, daß seine Division zu einem wehrlosen Haufen zusammengebombt worden und ihrer eigentlichen Aufgabe nicht gewachsen gewesen war.[35] Stölten selbst erlebte die Invasion als Kompanieführer. An die durch tägliche Zeitungsberichte[36] selbst relativ gut informierten Eltern berichtete er »wieder ewig ungewaschen und restlos übernächtigt«[37] wenige Tage nach Beginn der alliierten Offensive:

> Meine Aufgabe ist ungeheuer schwierig und durch viele Hindernisse noch mehr. Die Verantwortung ist ungeheurer. Aber überall eiserne Ruhe. Dies bei sich und der geführten Einheit und auch sonst zu erleben ist etwas Besonderes, wofür ich diesen Tagen dankbar bin [...]. Das Gelände ist übel [...]. Die wenigen Sachen, die ich mithabe, sind von Fliegerbordkanonen zum größten Teil zerfetzt [...]. Ich bin jedenfalls jetzt ganz Räuberhauptmann mit solchen Bartstoppeln und etlichen Lumpen. Mein romantischer Sinn macht mir dergleichen leicht, wenn nicht angenehm. Leider kann ich nicht gründlich von den komprimiertesten Tagen

---

[32] BA-MA RH 10/172. Abt. Ia Nr. 127/44 g. Kdos. vom 12.2.1944.
[33] BA-MA RH 10/172. Abt. Ia Nr. 597/44 g. Kdos. vom 16.6.1944.
[34] BA-MA RH 10/172. Abt. Ia Nr. I/9/44 g. Kdos. vom 1.8.1944.
[35] BA-MA RH 10/172. Abt. Ia I/80/44 g. Kdos. vom 13.10.1944: »Kampfwert: Weder zum Angriff noch zur Verteidigung geeignet.«
[36] So berichtete etwa die Deutsche Allgemeine Zeitung in ihrer Ausgabe vom 27. Juni 1944 auf der ersten Seite über »Die harten Kämpfe von Tilly« und die hohen deutschen Verluste.
[37] Peter Stölten an seine Eltern, Brief vom 10. Juni 1944.

berichten. Ob Euch der Brief erreicht, gesund erreicht? Habt ihr eigentlich noch Angriffe oder sind die alle auf uns umgeschrieben?[38]

»Schweigende, sturentschlossene Ruhe« war für ihn überhaupt »<u>die</u> Haltung und einzigmögliche und erfolgversprechendste Einstellung«[39] angesichts der alliierten Taktik.
Wenige Tage später lasen die Eltern ungewöhnlich deutlich:

> Truppenverpflegung habe ich seit dem ersten Tag nicht gesehen. Der 30-jährige Krieg hat nichts neben unserem Landsknechtstum zu bieten. Als ich heute in meinen zerrissenen und dreckigen einzigen Sachen zu einem Stab kam, wurde ich gefragt, wie oft ich abgeschossen sei. So ein paar Mikromillimetersplitter an der Hand waren obendrein so mit Jod verpinselt, daß ich ein wüstes Bild, eine blutige Moritat abgab. Aber Gott erhalte mir mein Schwein. Nachdem ich gestern bis zum Dunkelwerden auf Sicherung gestanden hatte, hatte ich nicht erfahren, daß die Front begradigt, also zurückgezogen war. Als ich heute vorfuhr, um ein Sturmgeschütz zu suchen, seelenruhig, sagte auf einmal der Kradfahrer: ›Da vorn sind Engländer!‹ ›Kehrt!‹ rief ich. 40 m lagen die Sicherungen vor uns und begannen zu schießen mit MG, schossen in den Beiwagen haarscharf an uns vorbei. Wir rammelten uns beim Drehn in der Böschung fest und mußten ziehn. Zum Glück war in der Hecke (über die man sonst rüberklettern muß) eine verhältnismäßig dünne Stelle und wir marschierten, die Pistole in der Hand, seelenruhig und über unser Glück baff nach Hause [...]. Immerhin war ich diesmal nicht vermisst gemeldet.[40]

Nur durch »Riesenglück« hatte er bis jetzt überlebt und im Wissen darum bemühte er sich der Familie im gleichen Brief zu versichern: »Ich fühle mich sauwohl und selten glücklich, da kann kommen was will, und es kommt so manches, denn die Materialüberlegenheit ist ungeheuer. Trotzdem steht uns heute die vierte Division gegenüber und alles ist Elite drüben.«
Erst am Ende des ansonsten im ausführlichen Plauderton verfaßten Briefes steht das Unfaßbare und selbstredend Wichtigste in sieben dürren Worten der ansonsten so ausschweifenden Sprache Peters: »Karl ist gefallen, neben mir abgeschossen worden.« Im Angesicht dieses Todes schweigt die Sprachgewalt, die Stölten sonst auszeichnet: »Ich erlebe soviel, das ich nur andeuten kann.«[41]

---

[38] Ebd.
[39] Peter Stölten im Rückblick auf die Invasion an Dorothee Ehrensberger, Brief vom 12. August 1944.
[40] Peter Stölten an seine Eltern, Brief vom 15. Juni 1944. Auch die drei folgenden Zitate sind diesem Brief entnommen.
[41] Peter Stölten an seine Eltern, Brief vom 15. Juni 1944.

Erst zwei Monate später erfuhren die Eltern Details über dieses Unglück. Peter selbst schwieg sich allen Personen gegenüber in seinen Briefen gleichermaßen aus und kam erst wegen der Verleihung des Eisernen Kreuzes am 10. August 1944 auf den Verlust dieses sehr guten Berliner Schulfreundes zurück.

> Das EK, das ich in den ersten Tagen wegen täglicher Neukommandierungen zu einer anderen Einheit nicht bekam, fiel mir wie erwartet unvermeidlich zu. Doch kann ich wohl sagen, es vor allen anderen, von denen ich weiß, daß sie es bekamen, verdient zu haben – beruhigend. Ich glaube, es war für den Angriff in dem Karl fiel, in dem ich 2 Sherman (überlegen) abschoß mit einem Auto, die 6. Kp. führte, einen Wagen aus dem Feuer schleppte und Karl nachts die 2 km zu den vordersten Sicherungen zurückholte.[42]

Am 20. Juni, Peter Stölten stand mit seinem »Sturmgeschütz, 3 unterstellten Pz. und 35 SS-Leuten für 2 km Buschgelände. Wir sind aber voll obenauf und diesmal sicher, daß sie nicht durchkommen südöstlich Tilly«[43], verbrannten zwei weitere wichtige Freunde in ihren Panzern:

> Gestern war ein kleiner Gegenangriff befohlen. Hermann sagte mir noch, er beneide mich nicht um die Aufgabe, mit offener Flanke zum Feind am rechten Flügel fahren zu müssen. In letzter Minute bekam ich dafür jedoch noch 2 Pz. unterstellt. Durch einen abgeschossenen deutschen Pz., den ich noch als solchen ausmachen musste, blieb ich vielleicht 60 m zurück und brummte doppelt vor, wollte durch eine Hecke – doch die war ein Graben und mein Sturmgeschütz stand senkrecht mit tiefeingepiekter Kanone. Und während ich meine leise wackelnden Zähne befühlte, erkannte ich den Graben als die trockene Stelle im wüsten Meer, die die Juden weiland vor den Ägyptern rettete. Ich stieg um, schickte meinen Wagen, der rausgezogen wurde, nach Hause und fuhr im letzten Wagen leicht zurück. Denn Theos und Hermanns Wagen brannten. So habe ich in den ersten 14 Tagen meine drei besten Kameraden verloren.[44]

Obwohl im gleichen Brief eingestanden wurde, daß »das Gelände hier so ist, daß ein Oberst mir sagte, er würde sich als Panzermann hier aufhängen« und er wieder »drei Tage und Nächte ununterbrochen auf Sicherung im Trommelfeuer, dem Feind auf nahe (150 m) Entfernung gegenüber« gestanden hatte, versicherte er nach Zehlendorf: »Wir sind alle sehr ernst, immer schon. Aber eine solche Ruhe wie bei uns gibt es eben nur an der

---

[42] Peter Stölten an seine Familie, Brief vom 10. August 1944.
[43] Peter Stölten an seine Eltern, Brief vom 20. Juni 1944.
[44] Ebd.

Westfront. Mit Nerven habe ich bei kaum jemand zu schaffen.«[45] Einen Tag später jagte er dem selbst als zu pessimistisch empfundenen Brief einen beruhigenden und gleichzeitig überraschend eindeutigen bezüglich einer baldigen Niederlage hinterher:

> Ich bin jetzt schon etwas ausgeschlafener und frischer und unbekümmert wie immer sonst. Doch Zeit bleibt knapp. Was macht Ihr? Eben hörte ich, daß die Angriffe auf Berlin nicht aufgehört haben, wie ich erwartet hatte. Wären hier übrigens noch hunderte von Bombern, wäre der Ofen schon am Ausgehn. Laßt es Euch gut gehen! Bald ist alles zu Ende. Bis dahin! – .[46]

Sicher nicht zufällig verfaßte er zwei Tage später (»als Sohn meines Vaters ein Liebhaber geregelter Verhältnisse«[47]) erstmalig sein Testament »wie ich es an sich schon seit 2 Jahren will. Aber es geht nur unter Druck bei mir, unter Feindeindruck.«[48] Das abgerungene Augenzwinkern, um den Eltern den Erhalt des letzten Willens zu erleichtern, ist unüberlesbar: Scherzhaft hatte er die Überschrift der letztwilligen Verfügung lateinisch lexikalisch aufbereitet[49] und zudem versichert: »Im Übrigen machte mir ein kurzer Appell meines Besitzes so aus der Ferne und in der vergangenen Anordnung viel Freude.«[50] Auch wenn keine Sentimentalitäten aufkommen sollten: zum ersten Mal formulierte Peter Stölten hier gegenüber seinen Eltern die Möglichkeit, eventuell aus diesem Krieg nicht heimzukehren, und offenbarte durch die Bestimmung seiner Freundin Dorothee als Haupterbin seiner Bücher, Bilder und all dessen, was mit seinem Atelier unter dem Dach seines Elternhauses, genannt ›Rabenhorst‹, innerlich zusammenhing, ihre Stellung.

Poetisierende Schilderungen wie die folgende eines alliierten Angriffes waren typisch für Peters Kommunikation in dieser deutlich labilen Phase, denn aus der Ostfrontzeit sind so gut wie keine – und hier ästhetisierten – Kampfschilderungen überliefert: »Vorgestern Abend fiel hier der erste Bombenteppich mit Artilleriemusterung in unseren Abschnitt. Darunter (unter 1.000) waren Nebelbomben, und am späten Abend sah man mit entzückten Augen die

---

[45] Alle Passagen sind demselben Brief Stöltens an seine Eltern vom 20. Juni 1944 entnommen.
[46] Peter Stölten an seine Familie, Brief vom 21. Juni 1944.
[47] Peter Stölten an seine Familie, Brief vom 24. Juni 1944.
[48] Ebd.
[49] »Testamentum, i, n.« Bei Tilly, 23. Juni 1944.
[50] Peter Stölten an seine Eltern, Brief undatiert, vermutlich vom 23. Juni 1944.

Landschaft als japanische Pinselzeichnung wieder. Durch einen unsagbar zartbleichen Schleier schimmerte die Sonne.«[51]
Obgleich Peter das Bild eines unerschütterlichen und frohen Lebensbejahers nach Hause vermittelte[52], kommen erstmals Sätze vor wie »Aber es ist alles nicht mehr wie früher.«[53] Die Eltern erkannten seine Not, auch wenn der Vater ihm dies nicht zeigte, sondern es mit dem Patenonkel erörterte.[54] Jugendliches Draufgängertum, zynisch gemeinter Kampftrotz oder wieder nur eine Versicherung an die Eltern, auch im Invasionsinferno noch der gleiche ›Hans Dampf in allen Gassen‹ geblieben zu sein? Was stand Pate, als er im gleichen Brief an die »liebe Familie«[55] schloß: »Morgen ziehen wir nach hinten, bleiben ein Weilchen in Ruhe und ziehen dann hoffentlich gegen die Amerikaner. Die Pause ist uns allen längst zu lang. Ein Leben ohne spannende Eindrücke ist uns Unbürgerlichen unerträglich geworden.«[56] Viel spricht dafür, daß er, wie schon an der Ostfront, die gefahrvolle Bewegung dem ungefährlicheren Abwarten vorzog, ja selbst im Kampf das Vergessen suchte und in den wenigen Ruhephasen quälende gedankliche Endlosschleifen um das Erlebte zog. Daher vertraute er seiner Freundin am 24. Juli 1944 an: »Wie gesund wäre mir nun gerade die Front, Kameraden und nervliche Anspannung, Vergessen.« Im Zusammenhang mit seiner späteren Warschauer Verwundung wird Peter Stölten noch weiter gehen. Kann er im Juli 1944 die Front mit einem Gefühl des Gesundmachens verbinden, schreibt er seinem Freund Udo Schulz am 22. August 1944: »Wenn man nur erst wieder im Gefecht stehen könnte. Das gehört zum Schönsten und zu den sichersten und stolzesten Lebensgefühlen, die man uns reserviert hat.« Der zweite große Lazarettaufenthalt seiner Kriegskarriere infolge der

---

[51] Peter Stölten an seine Eltern, Brief vom 2. Juli 1944.
[52] »Ich selbst freue mich bei jedem Lärm, einmal, weil ich in der Lebenshaltung meiner geliebten Wiener meine eigene formuliert sehe. In unerschütterlicher Ruhe sagen sie immer, daß sie sich freuen, und wenn man fragt, warum, sagen sie, weil es anders ja doch eh so schießt – ach' Du lieber Augustin! […]. Zum anderen freue ich mich immer über meine tatsächlich, nach dem was ich bis jetzt erlebte, überragende Unerschütterlichkeit«. Peter Stölten an seine Familie, Brief vom 2. Juli 1944.
[53] Ebd.
[54] »Peter steht in den schwersten Kämpfen. Er ist schon dreimal als vermisst gemeldet. Seine Kameraden, die mit ihm im Einsatz waren, sind alle gefallen. Er muß Unvorstellbares durchgemacht haben, nimmt es aber mit bewunderungswürdiger Ruhe. Er schrieb unter dem Splittern der feindlichen Bomben ein Märchen vom Schlaraffenland an Geigi!! Möge Gott ihn uns erhalten.« Dr. Wilhelm Stölten an Dr. Victor Meyer-Eckhardt, Brief vom 9. Juli 1944, NL Meyer-Eckhardt, HHI, Düsseldorf.
[55] Peter Stölten an seine Familie, Brief vom 2. Juli 1944.
[56] Ebd.

Invasion wurde aus diesem Grund zur zentralen Krise.⁵⁷ Ans Bett gefesselt durchlitt Stölten Phasen echter Verzweiflung und beschrieb sich selbst sogar einmal als depressiv. Ungute Erinnerungen bedrängten ihn:

> So entsann ich mich heute an eins: Dort, wo vor 3 Wochen wie heute südlich die Front verläuft, hat an den Strassen kaum ein Baum den Rest einer Krone. Die bedecken die Gräben und machen auch den Asphalt der Strasse zum Busch. Als ich mich mit einem Schwimmvolkswagen dort hindurchschlängelte, sah ich an der Stelle, wo große Bäume die Strasse versperrten, am Rande eine große bleiche Leiche. Hatte man dort wieder einen Soldaten ausgezogen? Als ich aber hinging und hinsah, merkte ich, daß es ein hölzerner Christus war, den die Granaten wie einen Soldaten losgerissen, durch die Luft geschleudert und in den Graben geworfen hatten. – Überhaupt diese großen Kruzifixe an den umgepflügten Wegkreuzungen […].
> Die Beschäftigung des Tages ist das Durchdenken aller nur trüben Zukunftsmöglichkeiten.⁵⁸

Die Geschichte dieses Lazarettaufenthaltes ist in zweifacher Hinsicht bedeutsam für das Verständnis von Stöltens Persönlichkeit und seines Handelns als Soldat. Stöltens Entwicklung erreicht hier einen dramatischen Punkt. Aus der Lazarettkrise in Le Mans ging Stölten als ein anderer hervor. Zum Begreifen der Komplexität der Krise sind die unmittelbar vorausgehenden Ereignisse bedeutsam.

In der ersten Augustwoche erfuhr Stölten, daß seine Kompanie aus der Panzer-Lehr-Division herausgezogen und als 1. Kompanie der neuaufgestellten Pz.Abt. 302 (»alte Mistwaffe«⁵⁹) zugeordnet werden sollte. Damit wäre er in den folgenden Wochen vor einem Einsatz sicher gewesen. Dem Tod an der Normandie-Front nur durch Riesenglück entkommen, begrüßte Stölten diesen Befehl nicht etwa erleichtert, sondern fasste ihn an die Eltern nachträglich so zusammen: »Am späten Abend war der sinnlos dümmste und erschütterndste Befehl meines Lebens gekommen«.⁶⁰ Stölten brachte noch in der Nacht der Befehlsausgabe vor einem Oberst Einwände gegen seinen Abzug von der Front vor und erreichte,

> daß ich mit meinen Besatzungen beim Regiment bleiben sollte und den Tigerzug führen. Doch Gott lässt seine Bäume nicht in den Himmel wachsen. Auf der

---

57 So schrieb Peter Stölten am 24. Juli 1944 an Dorothee Ehrensberger: »Ich tauge nicht für die Einsamkeit und brachte zwei verzweifelte Tage mit mir allein zu.«
58 Peter Stölten an seine Familie, 20. Juli 1944.
59 Peter Stölten an seine Eltern, Lazarett Le Mans, 8. Juli 1944.
60 Ebd.

> Rückfahrt zerschlug sich alles an einem Pkw. Meinem Zug, der an einer Straßenkreuzung auf mich wartete, konnte ich nur noch ein Auf Wiedersehen lallen. Nun muß ich in 4 Wochen doch zur 302.[61]

Als Offizier hätte er nicht allein mit einem Krad fahren dürfen; der wegen hohen Tempos auf der Rückfahrt von seinem Gespräch mit dem Oberst selbst verschuldete Unfall war damit ein echtes Dienstvergehen. Daher formulierte Stölten auch an seine Eltern: »Der Sohn ist im Lazarett, leider nicht verwundet [...], sondern verunglückt.«[62] Er fürchtete eine Disziplinarstrafe, die sogar die Sorge um sein möglicherweise verlorenes linkes Auge überhaupt nicht erst aufkommen ließ. So dachte er liegend »alle Möglichkeiten von Bau über Gefängnis bis zur Degradierung durch.«[63] Welche Qual dies für ihn war, gab er typischerweise erst zu, als der deutsche Zusammenbruch im Westen den zuständigen verantwortlichen Oberst dazu brachte, den Aktenfall Stölten dem Reißwolf zuzuführen, und ihm bewußt geworden war, daß er gerade seiner eigenen Verfehlung das Leben verdankte. Am 12. August 1944 berichtete er seiner Freundin nachträglich über diese Phase:

> Die alten Fallingbosteler aus dem LB (Lehrbatallion) 2 saßen am 2. Tag der Invasion zusammen und stellten nüchtern und einfach fest, daß keiner von uns seinen Kopf hier aus der Schlinge ziehen würde und unser Leben nun zu Ende sei. Mein Verstand, der die militärische Entwicklung nicht anders denken konnte als sie jetzt ist, machte für mich keine Ausnahme. Und nachdem von diesen Leutnanten keiner mehr lebt und die Tiger vermißt sind, weiß ich, daß mich nur mein Unfall, dessen Erledigung sich der alte Oberst vorbehalten hat (Erledigung heißt: in den Papierkorb werfen) vor dem Erwarteten rettete.

Während er im Lazarett lag und das Kriegsgericht fürchtete, hatten derweil alle Offiziere seines Regimentes den Tod gefunden. So fand er sich, nach einer komplizierten Naseoperation aus dem Lazarett entlassen, auf dem Rückmarsch von der Invasionsfront Richtung Verschiebebahnhof Verdun in einem Restaurant wieder, wo er mit seinen Offiziersfreunden auf dem Weg zur Invasionsfront oft gegessen hatte:

> Aber heute war ich wirklich gerührt, als sich die älteren Kellner und der Direktor nach allen Kameraden namentlich oder mit genauer Beschreibung erkundigten und je nachdem aufrichtige Freude oder tiefes Bedauern zeigten [...].

---

61 Ebd.
62 Ebd.
63 Peter Stölten im Rückblick auf diese Zeit am 12. August 1944 an Dorothee Ehrensberger.

> Die Behandlung war die eines Ehrengastes. Unsere Lieblingssachen waren in Erinnerung und wurden gebracht und zu Beginn hielt mir der Chefkellner eine so unpathetische und liebenswürdige kleine Rede darüber, daß ich für sie der einzig Zurückgekehrte sei und im Gedächtnis der Toten dort sitzen müßte. Es war alles hell im Sommer und voller Blumen, doch zeitigte dies letzte Friedenshotel im Spiegel noch Flecken, die Theo [einer der gefallenen drei Freunde Stöltens, A.I.] mutwillig mit dem Heizungswasser gemacht hatte. – Monsieur Jean und Monsieur Failleur sagten jeder noch, daß wir wie die französische Gardekavallerie die Elite des deutschen Offizierskorps und für sie einmalig gewesen wären und daß sie unsere baldige Rückkehr allein wünschten. Französische Liebenswürdigkeit – doch – vielleicht unversehens – Wahrheit, und ich war traurig von neuem über den Abschied vom Lehrregiment.[64]

Obwohl auch in den Lazarettbriefen die üblichen Passagen des ›mir geht es prima‹ zu finden sind (etwa in einem Brief vom 12. Juli 1944 an die Eltern: »Wird auch die 2. Operation, der ich dauernd nachjage, schwerer Fälle wegen dauernd verschoben, kann ich trotz der größten Mühen nicht länger gegen mein Naturell und bin unheimlich vergnügt«), durchlebte er eine Phase tiefer Depression. »Die Beschäftigung des Tages ist das Durchdenken aller nur trüben Zukunftsmöglichkeiten, unterbrochen von vielen guten Erinnerungen an Zehlendorf.«[65] Gern wollte er, der doch immer nach

---

[64] Peter Stölten an seine Freundin Dorothee Ehrensberger, undatiert, vermutlich Anfang August 1944. Im gleichen Brief gesteht Stölten, »daß ich Frankreich sehr lieb gewonnen habe und keinerlei Antipathie gegen die Menschen habe. Neben dem Ordinären ist doch das Vornehme, und imponierend ist die Ruhe, mit der sie ihr Schicksal unbekümmert nehmen, freundlich das Geschick, mit dem sie unter den doch unerfreulichen Umständen vor allem wirtschaftlich fertig werden, und ihre Flucht in die ihnen eigenen Intimitäten [hier spielt Stölten wohl auf die ihn zunächst befremdenden Wangenküsse, auch unter Männern, an. A.I.] ist mehr als logisch.«

[65] Peter Stölten an seine Familie, Brief vom 20. Juli 1944. Nichts deutet darauf hin, daß Stölten beim Verfassen dieses Briefes bereits über die Attentatsereignisse unterrichtet war. Er erwähnt sie auch in der nachfolgenden Korrespondenz nicht. Entweder tat er dies aus Vorsicht, vielleicht war er aber auch von den Anforderungen seiner unmittelbaren Umgebung so eingenommen, daß er nicht an einen Kommentar dachte. Für Stölten mag gegolten haben, was in selbstkritischer Form Johann Adolf Graf Kielmansegg, im Juli 1944 als Ia in der Operationsabteilung des Generalstabes des Heeres tätig, rückblickend über die Schwierigkeiten der durchschnittlichen Wehrmachtsangehörigen im Umgang mit dem Umsturzversuch äußerte. Eine aus der ex-post-Perspektive angemessene Reaktion setze »eine bis dahin [auch, A.I] für ihn schlicht undenkbare Loslösung von überliefertem Vaterlandsdenken und tief verwurzelten geistigen Traditionen« voraus. Zitiert nach: Kunz: Wehrmacht, S. 312. Vgl. das Original: Johann Adolf Graf von Kielmansegg: Gedanken eines Soldaten zum Widerstand, in: Thomas Vogel (Hg. im Auftrag des Militärgeschichtlichen Forschungsamtes): Aufstand des Gewissens. Militärischer Widerstand gegen Hitler und das NS-Regime 1933-1945, Hamburg 2000, S. 249-261, hier S. 255.

vorn stürmte und von einem eigenen Lebensdrang vorangetrieben wurde, nun »noch einmal 17 sein ohne die Erfahrung und auch ohne das nicht vermehrte Wissen von itzo.«[66] Es gibt Briefabschnitte, die einen gänzlich neuen Ton der Hoffnungslosigkeit in sich tragen, wie etwa im Geburtstagsbrief an die Mutter, in dem er diese sogar offen bat, »daß ich so selten und leer schreibe, verzeih mir.«[67] »Die Welt« erschien ihm in dieser Zeit »kaum noch interessant, nur traurig einseitig und von einer nicht zu beschreibenden Mischung von Stumpfsinn und Spannung.«[68] Um nicht als »Trauerkloß« zu gelten, schob er alle Lebensmüdigkeiten auf eine gerade ausgebrochene Angina, die dann auch der Freundin gegenüber als Grund dafür angegeben wurde, geschrieben zu haben »in mir ist schwer der Wurm drin«. Tatsächlich verließ ihn die Kraft. Er hatte Angst vor dem Tod, ahnte, daß der Krieg nicht zu gewinnen war und brachte die Zukunftsangst in einem persönlichen Geburtstagswunsch an die Mutter chiffriert zum Ausdruck, dem alle vorher gewohnte Leichtigkeit fehlte:

> Dieses Mal bilde ich mir doch hoffentlich zu Recht ein, daß das Haus noch steht und daß, wenn nichts da ist für Dich, doch wenigstens mancher Blumenstrauß auf dem Satztischchen bei den Lichtern steht [...]. Und die Geschenke? – Ich glaube, an schönen Dingen, deren Verwendung und Zukunft doch unenträtselbar ist, kann man nun auch keine besondere Freude mehr haben. Drum denke ich und hoffe ich, daß Du einen guten Tag in der Sonne des schönen Gartens nehmen kannst, und habe allein den Wunsch, daß wir mindestens <u>einmal</u> noch alle froh zu Deinem Geburtstag zusammen sein können, denn dann wäre alles gut. In einem Jahr um diese Zeit ist sicher alles <u>völlig</u> anders als heute. Mögen auch dann noch die gleichen Blumen auf dem kleinen schlanken Tischchen stehen, es wäre bei weitem genug! Und in diesem Wunsch, in diesen beiden, faßt sich alles zusammen, was ich sagen kann, – was ich Dir wünsche [...]. Wie <u>oft</u> und gern denke ich an das gewesene Zehlendorf – mehr als ihr alle sicher zusammen.[69]

Die jüngst von Neitzel edierten Abhörprotokolle kriegsgefangener Wehrmachtsoffiziere im Lager Trent Park vermitteln detailliert neue Erkenntnisse über den Widerstand, etwa über die engen Verbindungen einzelner Persönlichkeiten zum Verschwörerkreis. Die Aussagen, die die deutschen Offiziere als Reaktion auf den 20. Juli 1944 machten, entsprechen jedoch überwiegend den bisherigen Forschungsergebnissen. Vgl. Sönke Neitzel: Abgehört. Deutsche Generäle in bitischer Kriegsgefangenschaft 1942-1945, Berlin 2005, S. 60ff. sowie S. 320ff.

[66] Peter Stölten an seine Familie, Brief vom 14. Juli 1944.
[67] Peter Stölten an seine Mutter, Brief vom 25. Juli 1944.
[68] Peter Stölten an Dorothee Ehrensberger, Brief vom 24. Juli 1944. Die unmittelbar folgenden Zitate sind ebenfalls diesem Brief entnommen.
[69] Peter Stölten an Margarete Stölten, Brief vom 25. Juli 1944.

Seiner Freundin gegenüber äußerte er in dieser Tiefphase:

> Hoffentlich bist Du nur recht glücklich und denkst kaum an mich. Denn ich müßte mich schämen, wo ich wochenlang so wirklich nichts bin, innerlich vor allem alles andere als eine Kraft. Müßte ich ein Bild malen, ja, ich wüßte nicht wie [...]. Es ist so armselig, was ich Dir geben kann.[70]

Peter Stölten war (erstaunlich spät angesichts der vorangegangenen Kriegserfahrungen) endlich an seine persönliche Grenze gestoßen. Das der persönlichen Identität Integrierbare war schmerzhaft überschritten. Mental war Stölten für die Erlebnisse an der Invasionsfront, insbesondere aber das schuldhafte Lazaretterlebnis nicht gerüstet und von der Übermacht der Eindrücke überfordert. Auch auf Stölten traf zu, was Arnold Zweig im *Grischa*-Roman konstatierte: »Was aber viel sonderbarer bleibt: Der Mensch ward eingerichtet, ohne einen Sinn nicht gut auskommen zu können.«[71] Um die Strafe des Verrücktwerdens mußte auch Stölten einen Sinn für das Erlebte finden.

Im Angesicht dauernder Todesnähe, im Bewußtsein eines verloren gehenden Krieges, des Überlebens durch Dienstvergehen, während Kameraden in Erfüllung der Dienstpflicht fielen, verfaßte er (durch ein verletztes Auge beim Arbeiten schwer beeinträchtigt) ein fiktives Gespräch zwischen fünf jungen Menschen (»die drei Jungen oder Männer waren Soldaten, die froh waren, in Sommeranzügen ein besonderes Gefühl der Freiheit zu genießen«[72], sowie zwei Mädchen) an einem Sommerabend über den Sinn des Lebens,

> denn was zergrübelt man? Das Leben, was sonst! Die Zeit und die Zukunft durchdenke ich von verschiedenen möglichen und unmöglichen Voraussetzungen aus und suche die verschiedenen Notwendigkeiten, die sich hier und dort ergeben. Ich bin mittendrin. Gerade habe ich den 2. Teil des Le Mans'er Gespräches ganz neu gemacht.[73]

Angeblich sollten die fünf literarischen Figuren (Theo, Karl, Michael, Angelika, Franziska) mit keinen lebenden Personen Ähnlichkeit haben[74], im Widerspruch dazu gab Stölten aber zweien der drei männlichen Protagoni-

---

[70] Peter Stölten an Dorothee Ehrensberger, Brief vom 26. Juli 1944.
[71] Arnold Zweig: Der Streit um den Sergeanten Grischa, Frankfurt a.M. 1992, S. 87. Ebenfalls zitiert von Latzel: Deutsche Soldaten, S. 91.
[72] Peter Stölten, ›Gespräch‹, S. 1.
[73] Peter Stölten an Dorothee Ehrensberger: Brief aus Warschau, 25. September 1944.
[74] »Von den Personen ist keiner nur irgendwie der Wirklichkeit entlehnt. Im Gegenteil«, Peter Stölten an Dorothee Ehrensberger, Brief vom 21. August 1944.

sten die Namen seiner beiden unlängst gefallenen Freunde Karl und Theo. Der Umstand, daß er zwei tote Freunde namentlich verewigt, legt nahe, daß auch die drei anderen Namen nicht willkürlich gewählt wurden. Angelika, die Engelsgleiche, repräsentiert wohl seine Freundin Dorothee Ehrensberger. Michael, geistlicher Schutzpatron der Deutschen und in der Bibel mit dem Ruf »Wer ist wie Gott?« Sieger über den aufrührerischen Engel Luzifer, bemüht Stölten für die abschließende Sinngebung seiner Erzählung. Eine Anknüpfung für die im übrigen sich hartnäckig ausschweigende Franziska aus dem persönlichen Umfeld Stöltens ist nicht erkennbar – und vielleicht auch nicht nötig. Das ›Gespräch‹ ist als geistiges Pendant zu dem bereits erwähnten Testament zur Regelung seines Besitzes zu verstehen, welches Stölten kurz zuvorher geschrieben hatte. Es ist der Versuch einer Selbsterforschung in der Krise, und der etwas überraschende Schluß dürfte der geistige Hintergrund sein, vor dem sich die folgende Kriegszeit, ja auch noch sein Tod sieben Monate später, abspielten und auch deuten lassen. Stölten, der »Erkenntnis« als »Geschenk«, und »Gedanken« bisweilen als »umsonst« begriff[75], überantwortete das ›Gespräch‹ seiner Freundin Dorothee und seinem Freund Udo.

> Dabei bewegte mich allein der Gedanke an Euch und das beglückende Gefühl, für Euch etwas tun zu können, – mir war ich wie oft selbst so gleichgültig in dem Wissen, voller Zweifel und Unreinheiten zu sein, die zu überwinden allein für Euch lohnen konnte. 1/3 ist nur in Schreibmaschine fertig geworden – immer wieder neu waren Dunkelheiten hemmend. Das zweite Drittel liegt in Bleistift ziemlich fertig, und was wichtig wäre, bleibt Rest. Doch glaube ich, sagen zu können, daß das 1. und 2. durchdacht ist, so gut ich es konnte, und daß ich mich nur vor einem gehütet habe: vor dem Rausch der Worte und aesthetischen Gedanken, die alles leicht gemacht hätten. So glaube ich, doch etwas gedacht zu haben, was Euch einen Anfang oder ein Gegenüber zum Dagegenrennen geben kann, wenn dieser Anfang schon dazu ausreichen kann. Reichen sollte er als Anregung, die wir uns alle schon gegenseitig gaben, solche Fragen in dieser Form zu lösen, sich davon zu erlösen. Wenn dies nicht geht, wird doch immer das befriedigende Gefühl bleiben, daß man tat, was man konnte, und mehr kann <u>niemand</u> von uns fordern.[76]

Sprachduktus, Metaphernwahl, Thema und Tenor verraten, wie stark Hölderlins *Hyperion* (1797-1799) bei Stöltens (Selbst)›Gespräch‹ Pate gestanden hatte. Dieser Roman gehörte im Zweiten Weltkrieg zur Standardliteratur der

---

[75] Peter Stölten an Dorothee Ehrensberger, Lazarett Le Mans, Brief vom 30. Juli 1944.
[76] Peter Stölten an Dorothee Ehrensberger, Warschau, Brief vom 21. August 1944.

deutschen Truppenbibliotheken.[77] Stölten hatte diesen Roman, ebenso wie wohl viele andere junge Offiziere, mit großer Begeisterung während seiner Wiener Wochen gelesen.[78] Ihm ging es um das, was Hölderlin in seiner Vorrede dem Hyperion-Roman voranstellte: »Die Auflösung der Dissonanz in einem gewissen Charakter«.[79] In diesem Bildungsroman (der ähnlich wie fünfundzwanzig Jahre zuvor Goethes *Die Leiden des jungen Werthers* ein nahezu monologischer Briefroman ist), formuliert der Held Hyperion unter dem Eindruck völligen privaten wie politischen Scheiterns dennoch abschließend seinen Glauben an die Sinnhaftigkeit seines Lebensweges, an das Bestehen eines unzerstörbaren harmonischen Zusammenhangs alles Seienden, gestiftet durch die »göttliche Natur«, als deren Vertrauter er sich erfährt und durch die alle Konflikte ihre Aufhebung finden.[80] Mit seinem *Hyperion* verwirklichte Hölderlin dichterisch das von Friedrich Schlegel theoretisch formulierte Programm der sogenannten Transzendentalpoesie, die alles beschränkte Reale durch die Vorstellung eines unendlichen Idealen aufheben soll. Vielen gilt er daher als *der* Roman des deutschen Idealismus.

Das sogenannte ›Gespräch‹ unternimmt denselben Anlauf und fand nie ganz die volle Zufriedenheit seines ehrgeizigen Verfassers.[81] Es war Stöltens Versuch, zu einer Lösung für das Unerträgliche zu kommen. Seine eigene

---

[77] Die Soldatenbüchereien unterstanden dem Oberkommando der Wehrmacht (Abt. Inland). Bände der Soldatenbüchereien durften nur auf dem Dienstweg angefordert werden; Anfragen beim OKW unter Umgehung des Dienstweges waren ebenso verboten wie Anfragen bei Verlagen oder Druckereien.

[78] »Das einzige Fest war, da Tasso misslang, 2 Stunden Lesen im Hyperion, diesem herrlichen Buch, das ein einziger Frühling ist.« Peter Stölten an seine Schwester Uta Stölten, Brief vom 10. April 1944. Der Roman fesselte Stölten so sehr, daß er ihn auch in der Korrespondenz mit Udo Schulz erwähnt: »Du schriebst vom Lesen bei Hölderlin. Daraus darf Dir keine Qual erwachsen. Sein wollen wie er ist Frevel. Aber ihn so völlig aufgesogen haben, daß alles damit durcheinandertaumelt, muß schön sein.« Peter Stölten an Udo Schulz, Brief vom 19. Juni 1943. Literatur war und blieb für Stölten existentiell: »Wenn man mir sagte, ich bekäme nie wieder einmal ein Buch zu sehen, flöge der Rest in den Graben bis auf die Zeltschnur, mit der ich mir ein Halsband knüpfen würde.« Peter Stölten an seine Eltern aus Rußland, 28. Juli 1941.

[79] Friedrich Hölderlin: Hyperion oder Der Eremit in Griechenland, Frankfurt a.M. 1979, Vorrede.

[80] Vgl. ders.: S. 182ff.

[81] So urteilte Peter Stölten am 30. September 1944 an seine Freundin: »Endlich habe ich es hinter mir, eine Nacht durch getippt. Mir war es wohl von Nutzen. Doch eben als ich es durchlas, merkte ich, wie bei den ekelig mageren Buchstaben die allgemeinen Worte wie mottenzerlöcherte Lumpen hängen und wie schwer in der geschäftlichen Schreibmaschinenschrift zu lesen und erst recht wie schwer es so warm zu verstehen ist, wie es gemeint war. Fast unmöglich.«

Schwierigkeit war »die angeborene Skepsis und der Wille zur Lösung, der aus Ehrlichkeit aber wieder zum Willen zur Skepsis wird. Dies arbeitete gegeneinander bis das letzte wieder bremste.«[82] Im fiktiven Gespräch ließ Stölten die Figur des Nihilisten Karl an allen gültigen Grundfesten rütteln, indem er ihr nach ein paar vorausgegangenen Worten über den Krieg Worte in den Mund legte, die – insbesondere in den Leichenbeschreibungen – eigenen Erlebnissen geschuldet sein dürften:

> das Furchtbarste aber sei nicht das physische Leiden, oder das Bewußtsein, für eine verlorene Sache zu kämpfen und dabei wahrscheinlich umkommen zu müssen. Wie viele in unserer Geschichte hätten ein gleiches Los gehabt – und doch kein gleiches. Denn ein sehr großer Teil sei eben in dem Glauben gestorben, in dem Bewusstsein, daß es Gottes Wille war, ohne den für sie ja kein Spatz vom Dache fiel, vor allem aber in dem Glauben an ein ewiges Leben als Individuum und die Auferstehung des Fleisches. Doch dies hätte eben gepasst zu der bunten Uniform, Säbelblitzen, Reitermarsch und Husarenlaune, zu allem, was nun mitbegraben sei […].
> Nun verhehlen wir längst nicht mehr unsere Verwandtschaft mit jeder kümmerlichen Kreatur, kriechen wie graue Würmer in der Erde rum und verrecken zu Tausenden wie die Läuse in der Glut des Entlausungsofens[83], in Bombenteppichen oder Trommelfeuer. Abgerissen wird unser kümmerliches Leben an einer lächerlichen nichtssagenden Stelle wie das zahlloser Fliegen unter einer Klappe – wir merken es nicht einmal, und von diesem ist dann gar nichts, von dem vielleicht noch eine Hand, von dem ein lächerlicher Kloss von Rumpf, von einem nur ein paar blutige Unterhosen, die wie eine Fahne der Freiheit von einem abgeschälten zerbissenen Baume wehen, von einem andern vielleicht noch alles unversehrt übrig – Rest gleich null. Im nächsten Jahr ist das alles Erde wie gefallenes Herbstlaub auch. Man hätte nicht allen die Auflösung des Menschen in eine schwarze Pulverwolke so freundlich demonstrieren müssen. Aber woran es auch liegt, – gnadenlos wütet ein blindes Schicksal unter Gerechten und Ungerechten, mit trübem Auge sehen wir es näher und näher kommen wie eine riesenhafte eiserne Walze. Wir warten mit unvergleichlichem Stumpfsinn – wozu auch Angst haben, wozu überlegen, hoffen? – Dahinter kommt ja nichts, – doch: DAS NICHTS.
> Nun war es gesagt, furchtbarer als es die Meisten je zu denken gewagt hatten, und nun war es jedem wie Blei eingegossen […]: Wozu?[84]

---

[82] Ebd.
[83] Es ist bemerkenswert, daß Stölten hier einen Begriff benutzt, der in den Zusammenhang der Entkleidungspraxis in deutschen Konzentrationslagern gehört.
[84] Peter Stölten, Gespräch, S. 2. Alle folgenden Zitate sind dem 12seitigen ›Gespräch‹ entnommen und folgen chronologisch dem ›Gespräch‹s-verlauf.

Gegen die formulierte Sinnlosigkeit ließ Stölten im folgenden alle anderen Figuren, besonders eines der Mädchen, seinem Selbstverständnis nach die Lebensbejahendere, anrennen. »Kannst Du denn nicht wenigstens mit etwas mehr Liebe fühlen und sehen?«, wurde von Angelika entgegengehalten, »mit einer Stimme, die das Aufbäumen ihrer Seele verriet, das diesen allzu schweren Reiter werfen wollte.« Und weiter heißt es dort:

> Da Du scheinbar alles, was uns in dieser Welt noch Halt ist, leugnen willst, möchte ich dir bloß sagen [...]. Kannst du nicht alles Herrliche in der Natur, in diesem Garten zum Beispiel, als einmalige Schöpfung sehen, uns so als einen Garten Gottes oder auch eines verstorbenen Herrn empfinden? Denke Dich als eine Blume, die blüht, reift und aussät, welkt und zur Erde zurückfällt. Tausend Blumen aber sind in dem Garten, tausend werden immer wieder da sein, tausende von Jahren. Wolltest Du eine häßliche sein, gar nicht blühen vielleicht – die leuchtendste unter allen Lilien zu sein wäre sicher Dein Wunsch, auch wenn Du eines Tages nichts mehr wärest als Erde, glaube ich.[85]

Die fünf Protagonisten deuteten ihr eigenes Zweifeln (»aber wie kommt es, daß gerade wir uns so schwimmend empfinden, dass ausgerechnet wir ein jahrhundertelang im Wesentlichen kaum Angetastetes bezweifeln müssen?«[86]) als generationenbedingtes Phänomen und Ausdruck ihrer Zeit, die sie mit zu vielen verschiedenen Geistesströmungen in Berührung gebracht hatte:

> Schon Adam und Eva wurden aus dem Paradies vertrieben, als sie vom Baum der Erkenntnis aßen – doch vielleicht gehört das nicht hierher. Jedenfalls haben wir zuviel gelernt und vor allem zuviel gelesen, Dichter und Philosophen, Naturwissenschaftler und andere, die eine eigene Ansicht in diesen Dingen äußern. Das war alles verschieden, und meistens war ein Recht darin, tauchte hier und da auf oder schien bei einem anderen das ganze Werk zu füllen, – immer schien aber ein Widerspruch zur Lehre der Kirche zu sein. Das ist durch uns hindurchgeflossen, und das Gröbste blieb hängen, setzte sich und ist jetzt Land, Masse geworden, die alles verdeckt, und wenn wir graben, wissen wir, ob das Freizulegende je fruchtbar werden kann?[87]

---

[85] Ebd., S. 3. Dieses Naturgleichnis erinnert stark an eines aus Hölderlins Hyperion: »Wir wollen wachsen dahinaus, die Äste und die Zweige breiten, und Boden und Wetter bringt uns doch, wohin es geht, und wenn der Blitz auf Deine Krone fällt, und bis zur Wurzel Dich hinunterspaltet, armer Baum! Was geht es Dich an?«, Hölderlin: Hyperion, S. 51.
[86] ›Gespräch‹, S. 4. Hier unterschätzt und unterschlägt Stölten das Theodizee-Problem, das ihm offensichtlich in diesem Moment nicht wirklich vertraut oder gegenwärtig war.
[87] Ebd., S. 4.

In einer gewagten Mischung aus Evangelium, Goethe- und Hölderlinanspielungen[88] wird der Skeptiker Karl überstimmt und die Vorstellung von Sinnlosigkeit verweigert. Sie auszudenken, hieße zu klein zu sein für die unerforschlichen Wege Gottes:

> Aber wer an Gott nicht glauben will und das letzte ehrfürchtige Gefühl erstickt, ist böswillig oder jämmerlich schwach. Wagt denn ein geistiger Mensch die herrlichen Kräfte, die die Schöpfung täglich allein in der Kunst bereichern, wagt einer die Musik, die völlig zweckfremd und ohne Vorbild in der Natur aus dem Menschen hervorgegangen ist, anders zu nennen als göttlich? Jeder spürt in schönen Stunden doch einmal die Kraft Gottes in sich, die Angelus Silesius in seinen Sprüchen so wunderbar bezeichnet.[89]

Das ›Gespräch‹ zwischen den fünf Freunden schreitet voran. Es ist Theo, der mit einem Bibelwort, das Stölten durch seinen Vater vertraut war, eine Synthese des Diskutierten formuliert und damit den Übergang in die religiöse Sphäre schafft:

> ›Meine Wege sind nicht eure Wege, denn so hoch der Himmel über der Erde ist, so hoch sind meine Gedanken über euren Gedanken‹. Alles, was wir finden und sagen, trägt den Stempel der Beschränkung, ist vom Menschen her gesagt. Das heilige Staunen aber ist der erste Schritt über die schmerzlich empfundene Grenze des Menschen: das Unendliche erkennen zu wollen – aber nur das Endliche erkennen zu können.[90]

Karl, der Nihilist, nimmt daraufhin seine eingangs zitierten Vorstellungen der Sinnlosigkeit zurück: »Manches haben wir heute unter uns umhergehenlassen allein auf ein paar verzweifelte Worte über das Sterben hin. Ich könnte sie nun nicht mehr s o [sic] sprechen. Doch war dieser gewaltige Umweg zu einer Antwort nötig?«[91] Michael, der stillste der drei jungen Männer im abendlichen Gespräch, hat das Schlußwort, überbringt damit gleichsam Stöltens Lösung, mit der er sich und seine Nöte zu erlösen suchte.

---

[88] »Und wenn ich täglich Gute und Schlechte, Alte und Junge sehe, keinen, der glaubt, – wenn ich abends in mein Bücherbrett greife und vielleicht Villon vom Bordell erwische, dann vielleicht den Empedokles von Hölderlin und die letzten herrlichen Seiten lese: soll ich dann traurig über mich und den ganzen Tag die Bettdecke ziehen, weil sie alle den Weg zum Vater (oder nicht) nicht über das Neue Testament wählten? Nein!« Ebd., S. 5.
[89] Ebd. Stölten spielte häufiger in seiner Korrespondenz mit Dorothee Ehrensberger auf den Silesius-Spruch an: »Mensch, was Du liebst, darein wirst Du verwandelt werden.«
[90] Ebd., S. 10.
[91] Ebd., S. 11.

Sie liegt in keiner Verlängerung der väterlichen Vorstellungen, sondern versucht etwas Eigenes:

> Denn man muß wissen, dass es eins nicht gibt: Das Nichts! Wie stark im Moment des Todes der Leib zerstört wird, kann von keiner Bedeutung sein, da schon unter den Lebenden Krüppel weilen. Wir gehen eben dahin. Die Schöpfungsgeschichte bezeichnet den Menschen am schönsten: Erde um Gottes Hauch. Aus diesem Gegensatze, diesem Zwiespalt lebt der Mensch als Sehnsucht nach Erlösung und Vollkommenheit.
> Dem wachsen wir entgegen und kämpfen so für das Reich Gottes. Trugbild und Lüge wären alle großen Stunden der inneren Weite im Reich des Geistes, wäre dies nicht Wahrheit, und wir können nicht einmal mit Goethe glauben, was er vielleicht aus einfacher physikalischer Einsicht, aber mit einem tieferen Wissen sagt: ›Kein Wesen kann zu nichts zerfallen, das Ewige regt sich fort in allen!‹ Ich sprach von unserer Sehnsucht, – warum sollten wir uns also davor grauen, nicht fleischlich, nicht einmal als geistiges Individuum aufzuerstehen. Nur unserer Beschränkung fällt ein solcher Gedanke schwer, und die Anhänger der Religion, die die Seelenwanderung verkündet, sind darin einen kaum merklichen Schritt weiter. Doch die gewaltige Grenze, die ihre wie unsere Gedanken nicht überschreiten mögen, sprengt unser göttlichstes Gefühl: die Liebe! Sie ist die Sehnsucht nach einer Vereinigung mit dem Besseren und der Wille zum Verschmelzen mit dem Schönen. In diesem Gefühl und Willen wollen wir die Welt überwinden lernen wie Empedokles.[92]

In diesem emphatischen Schluß wird mit einem Zitat aus Hölderlins *Empedokles* die »Überwindung des Irdischen«[93] durch den Hölderlinschen ›heiligen Lebensgeist‹ postuliert; bei Hölderlin heißt es:

> Vergehn? Ist doch das Bleiben gleich dem Strome, den der Frost gefesselt. Töricht Wesen! Schläft und hält der heilige Lebensgeist denn irgendwo, dass du ihn binden möchtest, du, den Reinen? Es ängstigt der Immerfreudige Dir niemals in Gefängnissen sich ab und zaudert hoffnungslos auf seiner Stelle! Frägst Du, wohin? Die Wonnen einer Welt muß er durchwandern und er endet nicht.[94]

Stölten spürte selbst, daß diese Wendung nicht vollkommen überzeugte (in Hölderlins Trauerspiel begeht Empedokles Selbstmord und ist eine letztlich

---

[92] Ebd., S. 9. Vgl. hierzu Friedrich Hölderlin: Hyperion, Erster Band, Zweites Buch, 5. (recht hochgespannten) Brief Hyperions an Bellarmin: »Was ist alles, was in Jahrtausenden die Menschen taten und dachten, gegen einen Augenblick der Liebe! Es ist aber auch das Gelungenste, Göttlichschönste in der Natur«.
[93] ›Gespräch‹, S. 10.
[94] Friedrich Hölderlin: Der Tod des Empedokles (1797-1800), in: Michael Knaupp (Hg.): Sämtliche Werke und Briefe, Bd. I, München 1993, S. 832, zitiert nach: Peter Stölten, Gespräch, S. 10.

affirmativ-resignative Figur) und angesichts der starken Argumente der Figur Karl etwas Gewolltes hatte. So gab er zu, sich »die Sache leicht gemacht zu haben, indem ich das Letzte, Gewichtigste, Hölderlin (nicht der Bibel) überließ, und mich damit mit gewissen Prozenten versicherte.«[95] Seine Depression und den generell erwachten Pessimismus konnte er nicht mehr wirklich überwinden, und er schleppte sie auf die nächsten Kriegsschauplätze mit. Es gab keine Illusionen mehr über die entstandenen Kräfteverhältnisse, und gegenüber den Eltern kam es zu einer bekenntnishaften Identifikation mit der eigenen Rolle:

> Der Krieg ist in meinem unmaßgeblichen Dafürhalten im Westen nun endgültig entschieden, da der Feind nach diesen Geländegewinnen nicht mehr geworfen werden kann. – Ich freue mich aber auf den Einsatz mit meinem geliebten Zug und guten Kameraden, die ich wenigstens in der Kp. habe, in der ich nun glücklicherweise Premier bin. Wie Vati allem die beste Seite abgewinnt, will und werde ich es auch tun. Und Leutnant zu sein ist ja etwas, wenn ich es auch erst <u>ganz</u> an der Front erfuhr. Ich bin es ganz und will es ganz sein – kann ich mir dies immer zugestehen wie bisher, will ich mich selbst beneiden und mit keinem tauschen. Gleich wie meine Zukunft werden soll – ich werde später nicht mehr so zufrieden und unbelastet frisch (oder frisch, weil ich muß) sein.[96]

Ganz Leutnant, ganz Soldat, ganz das sein zu wollen, was die Situation von ihm zu verlangen schien, für diese Vorstellung bot *Hyperion* Vorbilder: »Ein tobend Schlachtroß oder eine Mähre, die das Ohr hängt, was ist edler?«[97] Stölten beschrieb sein Leseerlebnis von *Hyperion* als »Frühling«, also als etwas Erfrischendes, Erneuerndes. Weshalb? War ihm Hyperion – in Grenzen – ein Wahlverwandter? Fühlte er sich der Figur vertraut, ihrem Erfahrungs- und Entwicklungsgang? Geht die Annahme zu weit, sich vorzustellen, daß Stölten sich beim Lesen einer Szene wie der folgenden an seinen eigenen, gewünschten Auszug aus dem Elternhaus 1940 erinnerte, daß er sich in seiner, wir erinnern uns, »Hoffnung auf manches Erlebnis und manches Abenteuer und manchen moralischen Nutzen« identifizieren konnte mit Hölderlins Held:

> Meine Insel war mir zu enge geworden, seit Adamas fort war. Ich hatte Jahre schon in Tina Langeweile. Ich wollt in die Welt. Geh vorerst nach Smyrna, sagte mein Vater, lerne da die Künste der See und des Krieges, lerne die Sprache gebildeter Völker und ihre Verfassungen und Meinungen und Sitten und Gebräuche,

---

[95] Peter Stölten an Dorothee Ehrensberger, Brief vom 25. September 1944.
[96] Peter Stölten an seine Familie, Brief vom 10. August 1944.
[97] Hyperion an Bellarmin, aus: Hölderlin: Hyperion, S. 24.

prüfe alles und wähle das Beste! – Dann kann es meinetwegen weitergehen. Lern auch ein wenig Geduld! setzte die Mutter hinzu, und ich nahms mit Dank an. Es ist entzückend, den ersten Schritt aus der Schranke der Jugend zu tun [...]. Es war eine neue Sonne über mir, und Land und See und Luft genoß ich wie zum ersten Male.[98]

Auch Hyperion, der eine künstlerische Berufung fühlt (»Ich bin ein Künstler, aber ich bin nicht geschickt. Ich bilde im Geiste, aber ich weiß noch die Hand nicht zu führen«[99]), zieht freiwillig in einen Krieg, auch er muß Verlust und Vergänglichkeit im Übermaß erleiden, er ist ein Tat- und Liebesmensch. Hat Stölten an Dorothee gedacht, als er diesen Brief Diotimas[100] an Hyperion las: »Ich habe die Briefe erhalten, mein Hyperion, die du unterwegens mir schriebst. Du ergreifst mich gewaltig mit allem, was du mir sagst, und mitten in meiner Liebe schaudert mich oft, den sanften Jüngling, der zu meinen Füßen weinte, in dieses rüstige Wesen verwandelt zu sehn. Wirst du denn nicht die Liebe verlernen?«[101] Konnte Stölten nicht sicher sehr gut nachvollziehen, wenn Hölderlins Held seiner großen Liebe schrieb: »Was kümmert mich der Schiffbruch der Welt, ich weiß von nichts, als meiner seligen Insel?«[102] Wollte er Krisen annehmen, wie Notara sie Hyperion deutete: »Aber ich meine doch auch, der brennende Sommer trockne nicht die tiefern Quellen, nur den seichten Regenbach aus [...]. Du bist nun auf der Probe, und es muß sich zeigen, wer du bist.«[103] Hyperions Antwort: »Bester! Ich bin ruhig, denn ich will nichts Bessers haben [...] und ohne Tod ist kein Leben«[104], ist dies nicht sehr nahe an Stöltens »Leutnant [...], ich bin es ganz und will es ganz sein«[105]?

Offen bleibt, ob Stölten, der – so scheint es naheliegend – *Hyperion* ganz auf seine Lebenslage bezogen aufnahm, um die Umstände des Romans wußte. Hölderlin arbeitete sich in seinem *Hyperion* an der Französischen Revolution und Fichtes Ideenprogramm des Tatlebens ab (»Handeln! Handeln! Das ist es, wozu wir da sind«[106]).

---

[98] Ebd., S. 26f.
[99] Ebd., S. 219.
[100] In der Figur der Diotima verherrlichte Hölderlin seine Liebe zu Susette Gontard.
[101] Ebd., S. 144.
[102] Ebd., S. 218.
[103] Ebd., S. 185.
[104] Ebd., S. 186.
[105] Vgl. Brief Peter Stölten an Udo Schulz vom 11. Februar 1943, Kapitel C III.2.
[106] Fichte war Hölderlins Universitätslehrer in Jena. Seine Ideen kleidete er in die Figur des Freundes Alabanda. Zu den folgenden Ausführungen vgl. Jochen Schmidt in der vorher zitierten Hyperion-Ausgabe, S. 210ff.

Der *Hyperion*roman ist damit auch eine Quelle der politischen und sozialen Vorstellungen Hölderlins, insbesondere zur Französischen Revolution, deren Beginn er begeistert begrüßt hatte. Bedeutsam ist, daß Hölderlin seinen Helden im Freiheitskampf scheitern lässt, weil die Gewalt im Verbrechen endet. Er läßt ihn erkennen, daß es falsch war, »durch eine Räuberbande sein Elysium pflanzen«[107] zu wollen. Hier transferierte Stölten nicht, hier stellte er, ebenso wie bei Hyperions Ausführungen über die barbarischen, grausamen Deutschen[108], keinen Bezug her. Hyperion hätte ihm sonst auch kein Kraftreservoir werden können, sondern hätte seine Kriegsexistenz nur mehr in Frage gestellt. Hierfür war Stölten nicht bereit. In der idealisierten Vorstellung, daß es sich allein in der Zeit der Romantik schön leben ließ[109], bemühte er sich, sich in seiner Gegenwart einzurichten, doch war die Angewiesenheit auf Zuwendung von zu Hause größer denn je[110] und

> wenn ich, wozu ich selten Lust habe, einmal zeichne, dann zieht es mich immer nur zu wüsten Ausdruckssachen […]. Ein Weltgericht wäre mir das sympathischste Thema. Ich habe wüste Verzweiflungsskizzen hier. Wenn ich nüchtern die und mein Kindergesicht nebeneinander halte, finde ich nur keinen Reim.[111]

Erst nach seinem Einsatz in Warschau, zu dem er nach seiner Lazarettgenesung kommandiert wurde, sollte ihm auffallen, wie sehr sich auch das ›Kindergesicht‹ im Laufe des Krieges verändert hatte.

---

[107] Ebd., S. 213.
[108] »Barbaren von alters her, durch Fleiß und Wissenschaft und selbst durch Religion barbarischer geworden […]. Ich sage dir: es ist nichts Heiliges, was nicht entheiligt, nicht zum ärmlichen Behelf herabgewürdigt ist bei diesem Volk, und was selbst unter Wilden göttlichrein sich meist erhält, das treiben diese allberechnenden Barbaren, wie man so ein Handwerk treibt, und können es nicht anders, denn wo einmal ein menschlich Wesen abgerichtet ist, da dient es seinem Zweck, da sucht es seinen Nutzen«. Ebd., S. 189f.
[109] Vgl. hierzu einen undatierten Brief an Dorothee Ehrensberger, vermutlich Ende Juli 1944: »Täglich lese ich in den noch nicht auszuschöpfenden Romantikerbriefen. ›Ins Ungebundene geht eine Sehnsucht…‹ und größere Pläne sind auf der Welt wohl nirgends gemacht worden. Ich glaube auch, niemals wurde schöner gelebt. Heute waren es ein paar aus den Freiheitskriegen. Herrlich die Zeit, als der tiefste Geist einer Nation sich in den Kriegsgeist verwandelte. Dagegen heute? – Nicht eine Stimme!«
[110] »Post, Post, Post! Ich lerne es langsam, mir vorstellen zu können, wie das wäre, wenn ich überhaupt keinen Brief mehr von Dir bekäme.« Peter Stölten an Dorothee Ehrensberger, Brief vom 1. August 1944.
[111] Ebd.

V. Einsatz im Warschauer Aufstand 1944

V.1. Aufstand und Niederkämpfung

Die deutsche Besatzung in Polen ist bis heute ein wesentlicher Referenzraum der polnischen Erinnerung. Erst seit etwa 15 Jahren existiert eine wissenschaftliche Beschäftigung mit den Erinnerungen an diese Phase ohne die Zwänge einer Zensur. So wurde z.B. erstmals zwischen 2001 und 2003 breitenwirksam eine intensive Debatte geführt über eine polnische Verstrickung (wie etwa Denunziantentum und Kollaboration mit deutschen Besatzungsbehören) in deutsche Verbrechen.[1] Von diesem schmerzhaften Prozeß des Hinterfragens gesichert geglaubter Vorstellungen ist das Umfeld des Warschauer Aufstandes als Symbol und Erinnerungsort bisher weitgehend unangetastet geblieben.

Der Warschauer Aufstand von 1944 war eine der patriotischen Katastrophen des Zweiten Weltkrieges. Dies gilt insbesondere für die Frage nach dem Sinn der hohen Opfer. Er ist bis heute ein nahezu unangetasteter Mythos der polnischen Historiographie. Anläßlich des 60. Jahrestages des Warschauer Aufstandes manifestierte sich der ›Rat zum Schutz des Gedenkens an Kampf und Martyrium‹ mit einer vielbeachteten Ausstellung, die die Erinnerung an den polnischen Widerstand im Zweiten Weltkrieg als unstrittiges Symbol gesamtpolnischen Heldentums festschreibt.[2]

Wie kam es dazu? Blicken wir hierfür in das neueste Werk zum Thema von Wlodzimierz Borodziej. Der Autor urteilt, daß es »in der nicht gerade ruhigen Geschichte Polens der letzten Jahrhunderte kaum ein Ereignis gibt, das

---

[1] In diesen Zusammenhang gehören beispielhaft die in Polen intensiv diskutierten Arbeiten von Barbara Engelking: »Szanowny panie gestapo.« Donosy do wladz niemieckich w Warszawie i okolicach w latach 1940-41 (»Sehr geehrter Herr Gestapo.« Denunziationen an die deutschen Behörden in Warschau und Umgebung 1940-1941), Warszawa 2003, Mikolaj Kunicki: Unwanted Collaborators: Leon Koslowski, Wladyslaw Studnicki and the Problem of Collaboration among Polish Conservative Politicians in World War II, in: European Review of History 8 (2001), Heft 2, S. 203-220 oder Bernhard Chiari: Kriegslist oder Bündnis mit dem Feind? Deutsch-polnische Kontakte 1943/44, in: Ders.: Die polnische Heimatarmee. Geschichte und Mythos der Armia Krajowa seit dem Zweiten Weltkrieg, München 2003.

[2] »Warschau – Hauptstadt der Freiheit. Der Warschauer Aufstand August bis Oktober 1944.« Ausstellung in der Gedenkstätte deutscher Widerstand, Berlin (4. Oktober 2004 bis 31. Dezember 2005). Vgl. hierzu den 2004 in Berlin erschienenen, gleichnamigen Ausstellungskatalog.

mit dem Trauma des Warschauer Aufstandes vergleichbar wäre.«[3] In einer im Rahmen seiner Arbeiten – soweit erkennbar – einmaligen Weise gesteht der ansonsten für seine sachliche Distanz bekannte polnische Historiker, anerkannt durch Arbeiten über die Vertreibung der Deutschen aus Polen oder zur polnischen Widerstandsbewegung, selbsterfahrene Grenzen, sogar der historischen Methode, im Umgang mit dem Thema ein.

> [...] die Schilderung des Zeitraums zwischen 1. August und 2. Oktober 1944 [...] führt den Autor in eine ganz neue Welt, in der es am Ende nur noch darum geht, ob man nicht ganz scheitert, denn – so meine Überzeugung – diese Welt läßt sich von einem Historiker nur unzulänglich erfassen. Immer wieder hatte ich das Gefühl, an der historischen Wirklichkeit vorbeizuschreiben, weil sich das Ausmaß an menschlichem Leiden immer wieder meinem Darstellungsvermögen entzog. Im Sommer 2000, als das Manuskript fertig war, ertappte ich mich an einem sonnigen Nachmittag in der Warschauer Neustadt bei dem Gedanken, eine unwirkliche, weil doppelte Stadt zu sehen: Rundherum flanierte eine vielsprachige Menge von gut gelaunten, sonnengebräunten Touristen, während in meinem Kopf eine andere Wirklichkeit präsent blieb: In welchem Haus kamen an einem Tag vor 56 Jahren wieviele Menschen auf welche Art um? Seither verstehe ich Kollegen, die sich mit Massenmord und Massensterben befassen, noch weniger als zuvor.
> Auch weiß ich nun, warum ich in einer so öden und unurbanen Stadt aufgewachsen bin; Vernichtetes braucht viel Zeit, um wieder aufzuleben.[4]

Ebenso wie zwei Drittel der polnischen Bevölkerung in einer repräsentativen Meinungsumfrage (1994)[5], scheint auch Borodziej den Aufstand für zu bedeutend und vielschichtig zu halten, um es bei einer ausschließlich rationalen Betrachtung bewenden zu lassen. Nicht von ungefähr widerspricht er im Epilog seiner Arbeit dem bulgarischen Essayisten Tzvetan Todorov, der anders als die überwiegende Mehrheit der polnischen Reflexionselite über Opfer und Notwendigkeit des Aufstandes ein bedenkenswertes, kritisches, Urteil fand:

> Er [der Warschauer Aufstand, A.I.] war Ergebnis einer falschen Berechnung in einer Situation, die auch andere Lösungen zuließ. Er opferte die Interessen der

---

[3] Wlodzimiersz Borodziej: Der Warschauer Aufstand 1944, Frankfurt a.M. 2001, S. 8. Der Autor wählt sicher nicht zufällig einen sehr emotionalen Einstieg in das Thema, indem er die hohen Opferzahlen der Aufständischen anhand von 16 jugendlichen Geburtstagsgästen und ihrem weiteren Schicksal im Aufstand illustriert. Erst im Anschluß folgert er: »Polen hatte eine ganze Generation verloren.« (Ebd., S. 8).
[4] Ebd., S. 238.
[5] Ebd., S. 215.

Einzelpersonen im Namen der Liebe zum Abstraktum; seine Entfesselung hat niemandem geholfen, weder damals noch später, weder vor Ort noch anderswo.[6]

Borodziej hält mit der kontrafaktischen These dagegen, daß es ohne die Niederlage des Warschauer Aufstandes möglicherweise in Polen 1980 weder eine legale antikommunistische Gewerkschaft noch etwa den »Runden Tisch« von 1989 gegeben hätte, bleibt aber – wie er selbst eingesteht – die Begründung schuldig.[7] So gehört auch für einen differenzierten Mann wie Borodziej[8] zum Aufstandserbe die Ablehnung einer Interpretation, nach welcher manches Opfer unnötig gewesen sei. Er schreibt diese Interpretation »Außenseitern in der publizistischen Diskussion« zu und illustriert so eindrucksvoll den aktuellen Rahmen, der die kollektive Erinnerung der polnischen Gesellschaft begrenzt.[9] Um so interessanter ist, daß auch ein Soldat wie Stölten, eingesetzt zur Niederschlagung der Aufstandsbewegung, sich seinerzeit nicht der überwältigenden Wirkung dieser besonderen Zeugenschaft entziehen konnte und den Warschauer Aufstand unter seinen Soldatenstationen als »die interessanteste Stelle des Krieges« bezeichnete.[10]

---

[6] Tzvetan Todorov, Skanie na heroiszm, in: Gazeta Wyborcza, 18./19. April 1998, zitiert nach: Borodziej: Warschauer Aufstand, S. 217f.

[7] Ebd., S. 218. Auch das folgende Zitat findet sich auf S. 218.

[8] Wegen seiner ausgewogenen Arbeiten ist der Autor seit 1997 Co-Vorsitzender der Deutsch-Polnischen UNESCO-Schulbuchkommission.

[9] Zur polnischen Erinnerung an den Zweiten Weltkrieg vgl. Beate Kosmala: Polen. Lange Schatten der Erinnerung: Der Zweite Weltkrieg im kollektiven Gedächtnis, in: Monika Flacke (Hg.): Mythen der Nationen. 1945 – Arena der Erinnerungen, 2 Bde, Mainz 2004, Bd. 2, S. 509-527.

[10] So im Rückblick interpretiert an Dorothee Ehrensberger, Brief vom 20./23. Oktober 1944. Auch die einzigartigen Aufzeichnungen des Hauptmann Wilm Hosenfeld, in der Aufstandsphase vertretungsweise als Ic (leitender Abwehroffizier) bei General Stahel in der Stadtkommandantur tätig und dort qua Amt ausgezeichnet über die Lage informiert, belegen, wie beeindruckt er vom Heldenmut der Aufständischen und wie entsetzt er zugleich vom deutschen Vorgehen war. Hosenfeld, der bereits im Ersten Weltkrieg in Flandern, Rußland und Rumänien gedient hatte, widersetzte sich infolge sowohl offen als auch heimlich im Dienstalltag Befehlen mit Verweis auf das Völkerrecht. Am 23. August 1944 schrieb Hosenfeld seiner Frau jenen Brief, der seiner Quellenedition den Namen gab. Vgl. Wilm Hosenfeld: »Ich versuche jeden zu retten, der zu retten ist.« Das Leben eines deutschen Offiziers in Briefen und Tagebüchern. Im Auftrag des Militärischen Forschungsamtes hg. von Thomas Vogel, München 2004. Hosenfeld, vor dem Krieg als Lehrer tätig, war noch vor Kriegsbeginn eingezogen worden und diente zunächst als Besatzungssoldat in Polen, seit 24. Juli 1942 als Hauptmann der Reserve und schließlich als Kompanieführer. Berühmt wurden seine lebensrettenden Bemühungen um den jüdischen Pianisten Wladyslaw Szpilman, dessen Versteck er im Spätherbst 1944 in einem verbrannten Warschauer Haus entdeckte. Hosenfeld geriet im Januar 1945 in russische Kriegsgefangenschaft und wurde – soweit erkennbar unschuldig – 1950 von

Der Aufschrei der polnischen Hauptstadt war nur zu Beginn von einer gewissen Hoffnung auf Erfolg getragen. Ihm voraus gingen die Erfahrungen von fünf Jahren beispiellos grausamer deutscher Okkupationspolitik.[11] Mit zu Beginn rund 14.000 und am Ende etwa 36.000[12] völlig unzureichend bewaffneten Männern und unter Mitwirkung von Frauen[13], Greisen und Kindern unternahm man den verzweifelten Versuch, Warschau von den deutschen Truppen noch vor dem Eintreffen der Roten Armee zu befreien; diese wurde hoffnungsvoll in übermächtiger Stärke unmittelbar vor dem östlichen Weichselufer der Stadt erwartet. Der polnische Untergrund suchte in Abstimmung mit der Londoner Exilregierung eine eigene Regierungsbehörde zu etablieren, ehe sich Stalins politische Satelliten, das sogenannte

---

einem sowjetischen Kriegsgericht in Minsk zu 25 Jahren Haft verurteilt, aus der er nicht mehr zurückkehrte. Vgl. Dirk Heinrichs: Hauptmann d.R. Wilm Hosenfeld. Retter in Warschau, in: Wolfram Wette (Hg.): Retter in Uniform. Handlungsspielräume im Vernichtungskrieg der Wehrmacht, Frankfurt a.M. 2002, S. 69-87.

[11] Vgl. Czeslaw Madajczyk: Polityka III Rzesy w okupowanej Polce (Die Politik des Dritten Reiches im besetzten Polen), 2 Bde, Warszawa 1970. Diese zweibändige Monographie des polnischen Zeitzeugen und Historikers ist immer noch das Standardwerk zur Beschäftigung mit dem Thema. Ebenso einschlägig Waclaw Dlugoborski: Die deutsche Besatzungspolitik gegenüber Polen, in: Karl-Dietrich Bracher u.a. (Hg.): Deutschland 1933-1945. Neue Studien zur nationalsozialistischen Herrschaft, Bonn 1992, S. 572-590 sowie Martin Broszat: Nationalsozialistische Polenpolitik, Frankfurt a.M. 1965. Einsicht in die Akten gewährt die »Sammlung zur NS-Politik in Osteuropa« (Bundesarchiv Koblenz), ZSg 122.

[12] Zu Beginn des Aufstandes verhielt sich die Zivilbevölkerung noch vorsichtig und distanziert zu den Aktivitäten der Heimatarmee, vgl. BA/MA-RH 20/9-229 (Feindbeurteilungen, Banden – und Tagesmeldungen), Ic/AO (Abw.) Bandenabendmeldung vom 4. August 1944: »Der Eindruck, daß die Masse der Bevölkerung am Aufstand unbeteiligt ist, zumindest dessen Ende herbeisehnt, verstärkt sich.« Nach den schrecklichen Exzessen vom 5. August 1944, die insbesondere die Einheiten Dirlewangers und Kaminskis in den Stadtbezirken Ochota und Wola an mindestens 15.000 Zivilisten verübt hatten (vgl. Krannhals: Aufstand, S. 325), erhielt die Aufstandsbewegung Zulauf und die Grenze zwischen Kämpfern und Zivilisten verwischte sich zunehmend, bis sich ein breiter Solidaritätseffekt einstellte. Vgl. hierzu BA-MA: KTB 9, 6. August 1944, S. 35: »[...] die Bevölkerung [wurde von der Aufstandsführung, A.I.] in Versammlungen darauf hingewiesen, daß es jetzt kein Zurück mehr gäbe, da die Deutschen auch bei der Einstellung des Widerstandes als Vergeltungsmaßnahmen die gesamte Einwohnerschaft vernichten würden.«

[13] Borodziej beziffert ihren Anteil mit zumindest 10% der Gesamtstärke. Siehe Borodziej: Warschauer Aufstand, S. 114. Zur Rolle der Frauen im Warschauer Aufstand siehe Katja Höger: Frauen-Soldaten im Warschauer Aufstand 1944. Zulassungsarbeit Freiburg i.Br. 1998/98 (unveröff. Ms.). Zu den unterschiedlichen Verwendungen, etwa als Sanitäterinnen oder Meldegängerinnen, siehe S. 39-88.

Lubliner Komitee und die ›Berling-Armee‹, in der Hauptstadt würden festsetzen können.

Beide Ziele scheiterten am harten Eingreifen der deutschen 9. Armee, von welcher die Verbände der Roten Armee in eine verlustreiche Panzerschlacht verwickelt wurden, sowie starker Polizei- und SS-Kräfte, deren Kampfmethoden gegen die Aufständischen besonders grausam waren. Die sowjetischen Truppen unterbrachen ihren Vormarsch und warteten vor der Stadt ab.

Die meisten polnischen Kämpfer waren junge Leute. Massive Unterstützung erhielt der Aufstand von der Zivilbevölkerung der Stadt, die Zeitungen druckte, Erste Hilfe leistete, Barrikaden bauen half sowie die Versorgung und die Kommunikation übernahm. Recht schnell wurde die Aufstandsbewegung angesichts des Offenkundigwerdens der wahren Kräfteverhältnisse zum Akt der Verzweiflung. Auf dem Rücken der eigenen Zivilbevölkerung versuchten die Entscheidungsträger des polnischen Untergrundes, »den entscheidenden Wurf vor der Geschichte zu wagen.«[14] Dieser »Wurf« traf die Besatzer nicht überraschend[15], war aber in seiner Zähigkeit unterschätzt worden. So wurde der Aufstand in seinen ersten Tagen im Kriegstagebuch der zuständigen 9. Armee auch noch nicht an erster Stelle abgehandelt. Als weit bedrohlicher für die allgemeine Lage wurden zunächst die »sowjetisch-polnischen Übersetzungsversuche im Raume Deblin und Pulawy«

---

[14] Diese Formulierung wählte im Zusammenhang des Attentats vom 20. Juli 1944 Henning von Tresckow. Von Tresckow hatte Stauffenberg schon kurz nach der Invasion durch Lehndorff ausrichten lassen: »Das Attentat muß erfolgen, coûte que coûte. Sollte es nicht gelingen, so muß trotzdem in Berlin gehandelt werden. Denn es kommt nicht mehr auf den praktischen Zweck an, sondern darauf, daß die deutsche Widerstandsbewegung vor der Welt und vor der Geschichte den entscheidenden Wurf gewagt hat. Alles andere ist daneben gleichgültig.« Siehe Detlev Graf von Schwerin: Die Jungen des 20. Juli 1944. Brücklmeier, Kessel, Schulenburg, Schwerin, Wussow, York, Berlin 1991, S. 200.

[15] Angesichts der drohenden Niederlagen war es zu Revisionsbestrebungen der Besatzungspolitik gegenüber Polen gekommen. Abgesehen davon, daß sich die polnische Seite nicht ›umdrehen‹ ließ, verhinderten das organisatorische Chaos der verschiedenen deutschen Dienststellen und insbesondere die starre rassisch-ideologisch motivierte Haltung Hitlers und des Leiters der Partei-Kanzlei, Bormann, eine echte Wende. Durch Geheimdienstkontakte erfuhren die Deutschen nicht nur rechtzeitig, daß der aufgrund ihrer Besatzungspolitik entstandene polnische Widerstand mit einem Aufstand ein verzweifeltes Fanal setzen wollte, sondern auch den genauen Termin. Zum detaillierten Verlauf des Aufstandes vgl. Andrzej Rzepniewski: Der Warschauer Aufstand 1944. Verlauf der Kampfhandlungen, in: Hauptkommission zur Untersuchung der Verbrechen gegen die polnische Nation. Institut des Nationalen Gedenkens; Niedersächsische Landeszentrale für politische Bildung (Hg.): Der Warschauer Aufstand. 1. August bis 2. Oktober 1944. Ursachen – Verlauf – Folgen, Warszawa/Hannover 1996, S. 49-66.

bewertet[16], deretwegen der 9. Armee eine Schlüsselposition an der Ostfront zugefallen war: Sie sollte die dort entstandene Frontlücke schließen und den Vorstoß der Roten Armee auf die östliche Reichsgrenze aufhalten. Der Heeresführung war jedoch bewußt, daß der Fall Warschau hohe Symbolkraft haben würde, mehr noch als etwa die unmittelbar vorausgegangene Befreiung von Paris. Abgesehen von der moralischen Wirkung eines polnischen Befreiungsschlages für die Kontrolle der besetzten Länder fürchtete man auf deutscher Seite noch bis Mitte September 1944 eine polnisch-sowjetische Allianz, die jedwede Ostverteidigung vergeblich gemacht hätte. Tatsächlich aber hatte die Sowjetunion nicht mehr politische Veranlassung als die Westalliierten, den Aufstand zu unterstützen. Die unmittelbare Nähe der Roten Armee zum Ort des Geschehens machte es ihr jedoch schwerer, die politischen Motive ihres Abwartens zu verschleiern. Die Sowjetunion änderte mit der Erteilung der Landeerlaubnis für alliierte Flugzeuge am 9. September 1944[17], eigenen Hilfsabwürfen und der Entsetzung des Warschauer Stadtteils Praga am 10. September nur scheinbar ihre Haltung. Zu diesem Zeitpunkt war der Aufstand bereits ausgeblutet. Mit ihrem plötzlichen Engagement unterlief die Sowjetführung die beginnenden Kapitulationsverhandlungen und provozierte erfolgreich den Fortgang des Kampfes. Damit nahmen die Deutschen der sowjetischen Führung die Niederwerfung der unbeugsamen Polen quasi ab. Stalin und Hitler arbeiteten sich beim Umgang mit dem polnischen Aufstand ein letztes Mal in die Hände.[18]

---

16   Hans v. Krannhals: Zum Aufstand in Warschau 1944, in: Ostdeutsche Wissenschaft, Bd. 3-4, München 1958, S. 164. Die Arbeit von Krannhals ist (obwohl sie die erste deutsche Bearbeitung dieses Themas ist) immer noch einschlägig.
17   Zu den verlustreichen alliierten Versorgungsflügen siehe Borodziej: Warschauer Aufstand, S. 133f.
18   Diese unausgesprochene Komplizenschaft im politischen Kalkül der beiden Diktatoren Stalin und Hitler hatte bereits vorher das Schicksal der Millionenstadt Leningrad besiegelt (die Stalin als Sitz bürgerlicher Tradition, der Kronstädter Rebellion von 1921 und der Kirow-Affäre von 1931 ein Dorn im Auge war) und ca. 800.000 Zivilisten das Leben gekostet. Zur Belagerung Leningrads in den Strategien Moskaus und Berlins vgl. Jörg Ganzenmüller: Das belagerte Leningrad 1941-1944. Die Stadt in den Strategien von Angreifern und Verteidigern, Paderborn 2005. Die oben ausgeführte ›Kooperation‹ zwischen Stalin und Hitler ist in der internationalen Forschung noch umstritten. Ihr ist ein breiter Raum in der Dokumentation der von Bernd Martin und Stanislawa Lewandowska initiierten Konferenz über den Warschauer Aufstand gewidmet. Vgl. Bernd Martin/Stanislawa Lewandowska (Hg.): Der Warschauer Aufstand 1944. Referate eines deutsch-polnischen Symposiums in Karwica (Masuren) vom 27. Juni bis 2. Juli 1996, Rheingach/Warschau 1998. Siehe hierin insbesondere den Beitrag von Cynthia Flohr: Das scheinbare Einlenken Stalins beim Warschauer Aufstand im September 1944. Zur Genese des Aufstandes von polnischer Seite vgl. Stanislaw Salomonowitz: Powstanie

Auf die Aktion »Burza« (poln.: Sturm) sollte zunächst mit SS- und Polizeikräften reagiert werden. Diese standen aber zum Zeitpunkt der im übrigen stark improvisierten Erhebung[19] nicht zur Verfügung. So wurde die Wehrmacht zu Hilfe gerufen. Inoffiziell schon ab dem 5. August (offiziell erst ab dem 14. August 1944) wurde SS-Obergruppenführer Erich von dem Bach-Zelewski mit der Bekämpfung des Aufstandes beauftragt[20], nachdem die Kommandogewalt des erst seit dem 27. Juli amtierenden Stadtkommandanten General Rainer Stahel als unzweckmäßig erachtet worden war. Die deutschen Polizeikräfte rekrutierten sich nach Krannhals aus den lediglich 2000 Deutschen, aber 8000 Russen der SS-Kosakenbrigade Kaminsky und der SS-Gruppe Dirlewanger[21], einer Straf- und Bewährungseinheit; sie griffen in die Kämpfe ein.[22]

Warszawskie. Prowda uporzadkowania proszemu genesy i oceny ogolej, Thorun 1990. Der Autor belegt in seiner Studie, daß der eigentliche polnische Entscheidungsträger für den Aufstand aufgrund fehlender Korrespondenzakten innerhalb der AK-Führung nicht mehr ausgemacht werden könne. Diese These teilt Jan Ciechanowski: Powstanie Warszawskie 1944, Cambridge 1974.

[19] Zum Improvisationscharakter der Aufstandserhebung am Beispiel der Entscheidungsgenese siehe Borodziej: Warschauer Aufstand, S. 94-112.

[20] BA-MA: KTB 9, 14. August 1944, S. 53/54: »Ein heute ergehender Armeebefehl legt fest, daß SS-Obergruppenführer v.d.Bach alle in Warschau eingesetzten Verbände und Dienststellen, auch der Wehrmachtkommandant, ohne jegliche Einschränkung unterstellt werden. SS-Obergruppenführer Bach hat für die Bereinigung der polnischen Hauptstadt Sonderauftrag des Führers.« Bach-Zelewski (1899-1972) hatte zum Zeitpunkt seiner Funktion in Warschau bereits eine Karriere hinter sich, die ihn für die besondere Aufgabe in Warschau vorbereitet erscheinen ließ. Nach dem deutschen Überfall auf die Sowjetunion am 22. Juni 1941 diente er als Höherer SS- und Polizeiführer bei der Heeresgruppe Mitte; noch im gleichen Jahr folgte die Beförderung zum SS-Obergruppenführer und General der Polizei. Bach-Zelewski unterstanden die Einsatzgruppe B sowie weitere Einheiten, die in Weißrußland Massenmorde an Juden durchführten. Himmler ernannte ihn im Oktober 1942 zum Beauftragten des Reichsführers-SS für den Bandenkampf, in dessen Zug die rückwärtigen Gebiete der Front systematisch »gesäubert« wurden. Schon sieben Monate später führte Bach-Zelewski den Titel ›Chef der Bandenkampfverbände.‹ Erst 1962 konnten Bach-Zelewski in einem Prozeß in Nürnberg mehrfache Morde nachgewiesen werden, die eine lebenslange (und nicht wie 1945 lediglich fünfjährige) Haft zur Folge hatten.

[21] Ebenso wie Bach-Zelewski hatte auch Oscar Dirlewanger (1985-1945) sich vor seiner Funktion in Warschau in leitender Rolle mit »Bandenkampf«, das heißt Massenmorden an Zivilisten, ausgezeichnet, ab September 1940 mit einem SS-Sonderbataillon im Raum Lublin unter dem Kommando Odilo Globocniks, später in Weißrußland. Ein Untersuchungsverfahren gegen Dirlewanger wegen Korruption wurde von Himmler persönlich gestoppt.

[22] Nach Aussagen während der Prozesse gegen die Hauptkriegsverbrecher in Nürnberg 1947 handelte es sich bei der Gruppe Dirlewanger um eine Bewährungsgruppe von Insassen

Die Kommandostrukturen vor Ort waren verwirrend. Das schwer zu trennende »Durcheinander von Zuständigkeiten«[23] konnte auch durch dessen formale Beendigung am 14. August nicht aufgelöst werden. Obwohl v.d. Bach-Zelewski ab diesem Zeitpunkt die Kommandogewalt über alle beteiligten Verbände der Wehrmacht, der SS, der Polizei und der Zivilverwaltung innehatte[24], handelten diese nicht nach einheitlichen Befehlen. Tatsächlich waren die Dienstanweisungen einander sogar bisweilen entgegengesetzt.[25] Kompetenzstreitigkeiten, vermeintlicher Sachzwang und Improvisation kennzeichneten die Befehlslage vor Ort. Dieses Gemenge lähmte aber nicht etwa die Handlungsaktivitäten, sondern führte sogar erst zu deren Entfaltung. Das Phänomen der sich gegenseitig dynamisierenden Rivalitäten und der damit verbundenen Schubkraft war dem NS-Regime wesentlich zu eigen und fand in der Genese der Endlösung wohl seine fürchterlichste Ausformung.[26]

Im Warschauer Aufstand kam es – in ähnlicher Weise – zu grausamen Exzessen an der polnischen Bevölkerung. Peter Stölten konnte über die Ereignisse nur noch eine Satire schreiben.

Auch wenn der Wehrmacht ihre Beteiligung an der Niederschlagung des Warschauer Aufstandes lästig war und ihre Führung mit jener der ebenfalls beteiligten SS-Verbände sogar so große Schwierigkeiten hatte[27], daß

---

aus Konzentrationslagern. Vgl.Internationaler Militärgerichtshof Nürnberg (Hg.): Der Prozeß gegen die Hauptkriegsverbrecher vor dem Internationalen Militärgerichtshof, Bd. XX, Nürnberg 1947, S. 419. Im Bd. IV wird auf S. 514f. das besonders brutale Vorgehen eben dieser Dirlewanger-Gruppe in Weißrussland thematisiert. Siehe hierzu auch Helmut Auerbach: Die Einheit Dirlewanger, in: Vierteljahreshefte für Zeitgeschichte, 10, (1962), S. 250-263.

23   Smilo Freiherr von Lüttwitz, zitiert aus: Gerd Krobe: Pflicht und Gewissen. Smilo Freiherr von Lüttwitz. Lebensbild eines Soldaten, Mainz 1988, S. 153.
24   Den Oberbefehl über die zugeführten Kräfte hatte zunächst der SS- und Polizeiführer Posen, Gruppenführer Heinz Reinefahrt. Vgl. BA/MA: KTB 9, Meldung vom 4. August 1944, S. 31.
25   Krobe führt als Beispiel einen Befehl zum Festungsausbau Warschaus an, obgleich zu demselben Zeitpunkt bereits Himmlers Weisung an von dem Bach-Zelewski vorlag, Warschau dem Erdboden gleichzumachen. Vgl. ders.: Pflicht und Gewissen 1988, S. 153.
26   Vgl. S. 102 (Fn) Zur Genese der Endlösung vgl. Ulrich Herbert (Hg.): Nationalsozialistische Vernichtungspolitik. S. hierin insbesondere den zusammenfassenden Beitrag des Hg., S. 9-66.
27   BA-MA: KTB 9, 7. August 1944, S. 38: »Die Gruppe Kaminski steht noch in Ochota; es scheint allerdings, als ob ihr Nicht-weiter-Vordringen nur zum Teil auf den feindlichen Widerstand zurückzuführen sei; entsprechend ihren Kriegsgewohnheiten legen die Kosaken ganz offensichtlich auch hier zunächst einmal Wert auf eine ausgiebige

Smilo von Lüttwitz am 21. September zum neuen Oberbefehlshaber der 9. Armee ernannt worden war, »weil ein Mann benötigt würde, der sich auch der SS gegenüber durchsetzen könne«[28], war ihr daran gelegen, den Gefahrenherd hinter den eigenen Linien so rasch und wirkungsvoll wie möglich zu beseitigen, um sich danach wieder konzentriert ihrer eigentlichen Aufgabe zuwenden zu können: Der Sicherung der Ostfront und der eigenen Nachschublinien.[29] Strategische Motive bestimmten das Handeln. Dennoch war die Wehrmacht in Warschau an Verbrechen gegen die Zivilbevölkerung beteiligt.[30]

Schon elf Tage nach Beginn des Aufstandes, die »allgemeine Lage in Warschau neigt(e) in keiner Weise zur Entspannung«[31], kam es zum Einsatz der ›Goliaths‹ und sogenannter ›Taifungeräte‹, einer Art Flammenwerfer, der eigentlich für die Einnahme der Maginotlinie konstruiert worden war und nun in der Warschauer Kanalisation und zur Aushebung von ›Widerstandsnestern‹ benutzt wurde. Hier erwies sich die vernichtende Wirkung der Waffe. Einen Tag später setzte die Wehrmacht Tigerpanzer und Sturmgeschütze sowie 15 cm Mörser ein.[32] Weil in der Bekämpfung des

---

Plünderung des besetzten Viertels – ein Verfahren, das von deutscher Seite in diesem Fall wohl oder übel geduldet werden muß.« Bach-Zelewski veranlaßte die Überstellung Kaminskis an ein Feldgericht, welches seine Hinrichtung vollzog. Zur Beurteilung dieser Initiative Bach-Zelewskis siehe Anke Stephan: Zwischen Vernichtungsfeldzug und Genfer Konvention: Die Niederschlagung des Warschauer Aufstandes von 1944 durch die Deutschen. Zulassungsarbeit, Freiburg i.Br. 1999, S. 41f. Bei dieser Gelegenheit sei darauf hingewiesen, daß die eine oder andere Stelle in dieser und einer weiteren Arbeit (Anke Stephan: ›Banditen‹ oder ›Helden‹? Der Warschauer Aufstand in der Wahrnehmung deutscher Mannschaftssoldaten, in: Chiari: Heimatarmee, S. 473-496) sich auf von mir zur Verfügung gestelltes, z.T. schon bearbeitetes Material stützt. Über diesen Mißstand besteht zwischen mir und Anke Stephan Einvernehmen. Siehe Brief von Anke Stephan an Astrid Irrgang, 15. November 2003.

[28] Krobe: Pflicht und Gewissen, S. 151. Lüttwitz löste den bisherigen Befehlshaber Nikolaus von Vormann ab. Vgl. Hierzu BA/MA: KTB 9, 21. September 1944, S. 153.

[29] Vgl. BA-MA, KTB 9, 2. August 1944: »Der Warschauer Aufstand bildet ein immer mehr fühlbares Hindernis für die Versorgung und Kampfführung des XXXIX: Panzer.Korps, so daß das AOK die Nachricht, daß zu seiner Niederschlagung namhafte Polizeikräfte zugeführt werden sollen […] mit großer Erleichterung aufnimmt.«

[30] Aus dem Merkblatt des OKH an die in Warschau kämpfende Truppe vom 31. August 1944 geht dieser besondere Umstand deutlich hervor. Siehe Krannhals: Aufstand, S. 227-231. Dort heißt es: »Alle arbeitsfähigen Zivilisten sind rücksichtslos, auch unter Feindbeschuß zu Räumungsarbeiten usw. heranzuziehen. Mittelbar oder unmittelbar war die Masse der Zivilbevölkerung doch Helfer der Banditen.«

[31] BA-MA RH 20-9/210. AOK 9, Ia Nr. T 12 888/44 Rittmeister von Scheckmann an Obkd. Heeresgruppe Mitte, 11. August 1944.

[32] Krannhals: Aufstand, S. 170.

Warschauer Aufstandes keine ausreichenden Erfolge erzielt wurden[33], fuhr die Wehrmacht ab Mitte August ihren schwersten Mörser auf, der bisher nur auf der Krim gegen die Festung Sewastopol eingesetzt worden war.[34] Die Kämpfe waren äußerst zäh und grausam.[35]
Stadtkommandant General Stahel forderte, beim Einsatz gegen die Aufständischen sollten die Einheiten »stets klotzen, nicht kleckern.«[36] Der Oberbefehlshaber der Heeresgruppe Mitte, Feldmarschall Model, der sich seiner militärischen Verantwortung Mitte April 1945 durch Selbstmord entziehen sollte, pflichtete in einem Ferngespräch bei: »Bin für rücksichtsloses Abbrennen. 1000 Meter rechts und links der Straße. Sonst kommen wir nicht durch.«[37]
Borodziejs Arbeit verdankt sich ein Hinweis auf interne Konflikte zwischen der Militärpolizei der Aufständischen etwa in der Altstadt und den restlichen Eingeschlossenen, deren Wunsch nach Aufgabe der Kampfhandlungen nicht entsprochen wurde. Das Viertel wurde daher befehlsgemäß trotz aussichtsloser Lage »bis zum letzten« verteidigt, eine Evakuierung über die Kanäle der Stadt war zunächst untersagt, und erst später mit entsprechenden Passierscheinen möglich.[38] Am 2. Oktober fiel die belagerte Stadtmitte, was das Ende des Aufstands bedeutete. Die meisten überlebenden Zivilisten wurden in nahegelegene Lager deportiert, davon etwa 65.000 in Konzentrationslager; ca. 100.000 Menschen wurden zur Zwangsarbeit ins Reich deportiert. Nicht nur etwa 16% der Einwohner Warschaus ließen in den 63 Tagen des Aufstandes ihr Leben; auch die Stadt selbst war nahezu dem Erdboden gleichgemacht worden.[39]

---

33 BA-MA RH 20-9/210. Abt. Ia T 12 984/44 vom 5. September 1944: »In Warschau muß dem sich verzweifelt wehrenden Gegner Meter um Meter Boden abgerungen werden.«
34 Es handelte sich um den 60-cm Mörser »Gerät 040«.
35 In den entsprechenden Akten liest sich dies beispielsweise so: BA-MA RH 20-9/225. Geheime Kommandosache, AOK 9, Ia Nr. 4142/44 g.Kdos., A.H. Qu. vom 21.8.1944: »Die Lage in Warschau erhält ihr Gepräge durch den sich ständig versteifenden Widerstand der nationalen Banden, die auch mit den Spezialkampfmitteln aus den einbetonierten, teilweise 3-5fach unterkellerten Häusern nur unter schwersten Verlusten herausgekämpft werden können. Die dort eingesetzten deutschen und fremdvölkischen Truppen sind für diesen Kampf schlecht ausgebildet, im Durchschnitt zu alt, das Führungspersonal zum Teil bei aller Tapferkeit taktisch nicht genügend erfahren.«
36 Borodziej: Warschauer Aufstand, S. 149.
37 BA-MA: RH 20-9/220, Fernsprechkladde vom 3. August 1944.
38 Borodziej: Warschauer Aufstand, S. 152: »Nur wenige wollten einsehen, daß der Kampf in und um die Ruinen der Altstadt noch irgendeinen Sinn hatte.« Zur wechselnden Stimmung der Zivilbevölkerung während der Aufstandsphase siehe ebd., S. 188-204.
39 Zur Bilanz der Infrastruktur-Verluste Warschaus siehe Hans-Werner Rautenberg: Vierzig

Der polnische Schriftsteller Graf v. Czapski konstatiert, »daß die Wehrmacht mit General v. Lüttwitz an der Spitze die Ausführung des Befehls Hitlers, Warschau dem Erdboden gleichzumachen, auf verschiedene Art zu bremsen oder zumindest zu verzögern suchte.«[40] Tatsächlich war es auch die Initiative der Wehrmachtsführung gewesen, den Aufständischen den Kombattantenstatus zu verleihen.[41] Auf diese Weise bestimmte sie den organisatorischen Rahmen und praktischen Verlauf der Aufstandsbekämpfung wesentlich mit. So urteilte Stölten vier Tage nach der polnischen Kapitulation in einem Brief an seine Mutter:

> Wir wollen uns nicht täuschen. Warschau fiel durch die Zusammenballung unserer schweren Waffen, nicht durch die Tapferkeit der buntgemixten Verbände, wenn auch einige sehr gut kämpften und die Verluste etwa die Hälfte derer des Polenfeldzuges sind. Was wäre übrigens ohne unsere nirgendwo erwähnte Abteilung geworden?[42] Kein Grenadier wäre vorgegangen![43]

Jahre Warschauer Aufstand im Spiegel der polnischen Publizistik, in: Dokumentation Osteuropa, Herder Institut Marburg, 12, 1986, S. 44f. Eine Untersuchungskommission bezifferte im Rahmen der Jubiläumsfeierlichkeiten 2004 die Kriegsverluste Warschaus erneut auf umgerechnet 45,3 Milliarden US-Dollar. Vgl. Lech Kaczynski: Raport o stratach wojnnych Warszawy (Bericht über die Warschauer Kriegsverluste), Warszawa 2004.

[40] Czapkis Schwester Marja erlebte den Aufstand im Zentrum der Stadt und führte darüber Tagebuch. Ihre Aufzeichnungen liegen seinen Ausführungen zugrunde. Vgl. Josef Czapkis: Unmenschliche Erde, Berlin 1967, S. 420. Zu den Einwänden Lüttwitz' gegen eine Zerstörung Warschaus siehe BA/MA: N 10/6, Lüttwitz, Kampf der 9. Armee, S. 9.

[41] Eine solche Initiative ergriff die 9. Armee bereits am 27. August. Zu der wahrscheinlich widerwillig erteilten Einverständniserklärung des Führerhauptquartiers kam es erst 10 Tage später. Vgl. Krannhals: Aufstand, S. 175. Mit der Waffenniederlegung genossen die Soldaten der Armia Krajowa offiziell sämtliche Rechte aus der Genfer Konvention vom 27. Juli 1929 betreffend die Behandlung von Kriegsgefangenen. Am 8. September 1944 reagierte der Reichspressechef mit einer an die Presse gerichteten Weisung, die den zugestandenen Kombattantenstatus würdigte: »In der Berichterstattung über Kämpfe gegen Aufständische oder irreguläre Truppenteile ist sprachliche Zurückhaltung am Platze. Ausdrücke wie Heckenschützen oder Banditen sind nicht mehr zu verwenden.« BA. ZSg 109/51 vom 8. September 1944, ebd., S. 68.

[42] Mit dem Verweis auf die »nirgendwo erwähnte Abteilung« bezieht sich Stölten auf die Wochenschauberichte, an deren Drehort er sich gerade befand. Die Deutsche Wochenschau berichtete erst zu einem Zeitpunkt über den Aufstand, als dessen Niederschlagung sicher war. Tenor ihrer Berichterstattung war der angebliche Verrat der westlichen Alliierten an den kämpfenden Polen und die Evakuierung der Stadt zum Schutz der Zivilisten.

[43] Peter Stölten an seine Mutter, Brief vom 6. Oktober 1944.

V.2. Stöltens Sinnsuche

Das übermächtige Invasionsfronterlebnis in dauernder Todesnähe, der Tod des besten Freundes Karl, seine eigenen Kopf- und Augenverletzungen und die Sorge wegen einer kriegsgerichtlichen Verfolgung seiner ungenehmigten Fahrt stellten den bisherigen Tiefpunkt von Stöltens Kriegsbiographie dar. Mit dem Einsatzbefehl nach Warschau, nur kurze Zeit nach Stöltens körperlicher und seelischer Stabilisierung, wurde sein mühsamer Versuch einer Sinnstiftung sofort wieder einer neuen fürchterlichen Prüfung ausgesetzt. Warschau konnte ganz und gar kein Ort sein, der selbstgeforderten »Sehnsucht nach der Vereinigung mit dem Besseren«[44], und dem »Willen zur Verschmelzung mit dem Schönen« gerecht zu werden. Sein Wunsch, »die Erde überwinden zu lernen wie Empedokles« in der Vorstellung, »dass das Wunderbare wohl am ersten von der Bereitschaft der Augen und vom hungrigen Genuss des Augenblickes wächst«, scheint im fiktiven »Gespräch« noch möglich; in Warschau aber sahen auch Stöltens lebensneugierige Augen nur Tod und Trümmer.

Stölten ahnte das Ausmaß des bevorstehenden Einsatzes: »Europa kämpft in Warschau, halb Asien dazu. Unsere Partei wird in dem politischen und völkischen Wirrwarr von uns gestützt. Die Kämpfe sollen äußerst schwer sein – kaum vorstellbar. Morgen werden wir sehen.«[45] Er konnte sich aber im gleichen Brief in der Etappe noch Augenblicksfreuden hingeben[46], eine Fähigkeit, die ihm bis zum Schluß erhalten bleibt, auch wenn sie ihn immer mehr Kraft kostete. Fast hätte er Warschau nicht lebend erreicht, denn »der ganze Transport [...] wurde in halbstündigem Angriff von Jagdbombern zusammengeschossen und -geworfen und brannte bis in die Nacht.«[47]

Stöltens zweiter Brief seines 42-tägigen Einsatzes in Warschau verzeichnet dann schnell einen sehr deutlichen Stimmungsumschwung. Mit Hilfe von Informationen aus einem späteren Brief vom 7. September 1944, in dem sich wiederholte, »was alle Welt als einmaliges Pech betrachtete«[48], wird klar, daß

---

[44] Peter Stölten: Gespräch, Le Mans, Juli 1944, S. 10. Auch die unmittelbar folgenden Zitate stammen von dort.
[45] Peter Stölten an Dorothee Ehrensberger, Brief vom 21. August 1944.
[46] Ebd.: »Doch das Heute findet mich noch an einer Fischerkate an etlichen Seen, reinste Romantik und bisher versagter reinster Genuß des Sommers. Bei Sonnenunter- und Sonnenaufgang ein Sprung nackt in den See.«
[47] Peter Stölten an Dorothee Ehrensberger, Brief vom 15. August 1944.
[48] Peter Stölten: zweiter Brief vom 26. August 1944 an seine Eltern. Die unmittelbar folgenden Zitate sind, sofern nicht anders gekennzeichnet, ebenfalls diesem Brief entnommen.

Stölten beim Einsatz der eigenen Kampfmittel[49] verwundet wurde und sechs weitere ihm untergebene Männer starben. Nach und nach sandte Stölten Details über dieses Unglück nach Hause, bei dem er stundenlang, erneut an den Augen verletzt und für längere Zeit blind, zwischen Schwerverwundeten gelegen hatte, allerdings nicht (wie beim zweiten Unfall dieser Art kurze Zeit später) in eine Vertrauenskrise seitens der eigenen Mannschaft geriet.[50] Der zweite Unglücksfall dieser Art in Folge »erschüttert« ihn jedoch »wirklich wie nie« und provozierte ein seltenes Auflehnen gegen etwaige Reaktionen der Eltern. »Ich bin ein Pechvogel – doch grauenvoller als dieses Mal kann es nicht mehr kommen. Sagt bitte nichts von Schutzengel wieder und Glück des Davonkommens. Das ist so billig und sehr subjektiv von Euch aus gesehen. Ich weiß nicht, ob Ihr das verstehen könnt!« Was war geschehen?

> Es wiederholte sich lächerlicherweise, was alle Welt als einmaliges Pech bezeichnete. Zum 2. Mal wurden ausgerechnet durch <u>meine</u> Kampfmittel eigene Soldaten (1. Mal 6, 2. Mal 2) getötet und einige verletzt. Diesmal wurden die 10 Zentner Sprengstoff vom Feind in Brand geschossen und gingen <u>wieder 3 m</u> von meinem Wagen entfernt hoch. In keinem Punkt kann ich für schuldig erklärt werden – was in der Überstürzung freilich anfangs allgemein geschieht. Doch dies ist auch gleich. Wer ein solches Pech hat, ist verfemt – es ist so gut wie schuldig sein, so verflucht zu sein vom Geschick. Man liest es aus jeder Miene. Diesmal habe ich nicht stundenlang mit verbundenen Augen nach der Riesendetonation, in der man mittendrin ist, zwischen den stöhnenden Verwundeten gelegen.[51]

Elias Canetti hat im Zusammenhang von Todeserfahrungen im Krieg einmal vom *Triumph der Überlebenden* geschrieben:

> Der Schrecken über den Anblick des Todes löst sich in Befriedigung auf, denn man selbst ist nicht der Tote. Diesem Haufen von Gefallenen steht der Überlebende als Glücklicher und Bevorzugter gegenüber. Dieses Gefühl von Erhabenheit über die Toten kennt jeder, der in Kriegen war. Es mag durch die Trauer um Kameraden verdeckt werden; aber dieser sind wenige, der Toten immer viele. Das Kraftgefühl, gegen diese lebend zu stehen, ist im Grunde stärker als jede Trauer. Wem dieses Überleben oft gelingt, der ist ein Held. Er ist stärker. Die höheren Mächte sind ihm gewogen.[52]

---

[49] Es handelte sich um Fernlenkpanzer.
[50] Peter Stölten an Dorothee Ehrensberger, Brief vom 26. August 1944: »Pech macht an sich keinen beliebt – doch scheint es an mir nicht übermäßig zu haften. Als ich in meinem zerrupften Aussehn den Renommierbambus in der Hand vorn ohne Mütze auftauchte, war alles vom Kommandeur abwärts sichtlich erfreut.«
[51] Peter Stölten an Dorothee Ehrensberger, Brief vom 7. September 1944.
[52] Zitiert nach: Kühne: Soldat, S. 361.

Die Frage, ob diese zunächst irritierende Beobachtung Canettis irgendeine Entsprechung in Stöltens innerer Verfassung, hier oder an früherer oder späterer Stelle fand, muß letztlich unbeantwortet bleiben. Jedenfalls gibt es keinerlei Hinweis dafür, eher das Gegenteil dürfte der Fall gewesen sein. »Durfte ich es Dir so genau schreiben?«, fragte Stölten seine Freundin, schob aber entschuldigend nach: »Ich hatte zum 1. Mal heute das Gefühl! Du brauchst nicht zu antworten – ich werde es so wissen.«[53] Erstmals spielte Stölten mit dem Gedanken, um seine Versetzung zu bitten[54], gab diese Überlegung aber wegen der persönlichen Bindungen zu seiner Abteilung auf.[55] Im Zuge einer allgemeinen Offiziersverschiebung wurde Stölten dann doch Ende September noch einer anderen Abteilung zugeteilt, was ihm enorm zusetzte.[56] Und wieder griff in diesem Moment der schon beschriebene Reflex Stöltens, seinen Schmerz und Kummer im Kampf zu betäuben:

> [Ich, A.I.] rollte dann mit 4 neuen Geschützen vor an die Weichsel. So kann ich wenigstens im Gefecht gleich alles vergessen […]. Von der Front kann ich nur das Beste berichten. In einer Nacht wurden vorgestern hier wo ich stehe allein 600 Russen total vernichtet – ein notwendiger Auftrieb.

Als er zwei Wochen später, bereits in anderer Verwendung stehend erfuhr, daß sein »alter Zug 2 Tote, 2 Schwerverletzte heute hatte – und ich weiß nicht, wer es ist«, resümierte er bitter: »Es hat mich gar nichts mehr anzugehen.«[57] Die Eltern wurden in der Regel beruhigt: »Trotzdem jeder Meter

---

[53] Peter Stölten an Dorothee Ehrensberger, Brief vom 7. September 1944.
[54] Ebd.: »Ich will wieder einfacher Panzermann werden. Ich denke nicht daran, mich meines Pechs wegen nur im Geringsten schief ansehen zu lassen und will keinen mit diesem für diese Abteilung unauslöschlichen Attribut meines Selbst belasten, wie zum Beispiel meinen Chef, der es sich langsam zur Lebensaufgabe machen kann, für mein Recht zu reden. Er tut mir sehr leid.«
[55] »Ich bleibe hier. Das gute Verhältnis zu Chef, Kameraden und Leuten ist durch nichts getrübt, meine Unschuld auch sonst öffentlich hervorgehoben worden, und wieweit der ›Pechvogel‹ im Schwange ist, weiß ich nicht. Entscheidend ist, daß man mit einer Kompanie, zu der man seit fast 2 Jahren gehört wie ich, was im Kriege unwahrscheinlich selten ist, eben verheiratet ist, und die persönlichen Bindungen halten mich fest, wenn mich auch dienstlich nichts weiter zieht.« Peter Stölten an Dorothee Ehrensberger, Brief vom 19. September 1944.
[56] »Nie habe ich so gefühlt, was Abschied heißt […]. Der älteste Mann und Offizier der Kompanie, der jeden ausgebildet hat, jeden in vielen Situationen kennt, der als Premier den besten Zug hat, hat plötzlich nichts mehr mit der Kompanie zu tun.« Peter Stölten an Dorothee Ehrensberger, Brief vom 22. September 1944. Auch das unmittelbar folgende Zitat ist diesem Brief entnommen. Stölten entschuldigte sich am Ende seiner Zeilen bei der Adressatin für »diesen schrecklichen Brief.«
[57] Peter Stölten an Margarete Stölten, Brief vom 26. September 1944.

Blut kostet: Es ist alles im Lot.«[58] Ihm war zu diesem Zeitpunkt schon bewußt, daß Warschau die Tragödie der Invasion in den Schatten stellte und ihm »zuerst und am schärfsten das wahre Gesicht des Krieges« zeigte, »stärker noch als der Terror in der Heimat.«[59]

»Die Grausamkeit steigert sich in diesem Krieg in der Potenz.«[60] Angeblich »bedrückte es [ihn, A.I.] nicht«[61], und doch unterschied sich die Grausamkeit der Kämpfe derart von allem bisher Erlebtem, daß er »von dem Pumperklack [sic] des Krieges in Warschau, einem Heldenkampf der Polen, nur satirisch berichten kann und einer Frau überhaupt nicht.«[62] Alle nun folgenden Briefe müssen vor dem Hintergrund gelesen werden, daß Stölten in ihnen gegen etwas anschrieb, das für ihn unaussprechlich war. Erst nachdem er seinen Einsatz sicher überstanden wußte, öffnete er sich seiner Mutter:

> Warschau war ein Buch menschlicher Leidenschaften, Schwächen, Größen, Bestialitäten und rauschender Stimmungen, ein Krieg wie kein anderer vielseitig und geeignet, den unendlichen Bereich des Menschlichen und Unmenschlichen zu zeigen wie keine andere Wirklichkeit, Dichtung oder Landserfabelei.[63]

Im Brief an die Freundin resümierte Stölten hingegen: »Heute war ein schöner Tag.«[64] Amüsant spielte er auf die schwierige Benzinversorgung an, die sie wohl irgendwann »den Krieg als Infanteristen beenden lassen wird« und berichtete ausführlich von der Entspannung, die er beim Hören von Beethovens Musik empfand: »Statt aller nationalsozialistischer Reden sollte man uns Egmont hören lassen, es ist der Kraftquell.« Dieser Kunstgenuß war ein Privatvergnügen, möglich geworden durch die Einquartierung in Warschauer Wohnungen.

Mit der Requirierung von polnischen Einrichtungsgegenständen war Stölten in seiner Funktion als Stützpunktkommandant betraut und vertraut.[65]

---

[58] Peter Stölten an seine Eltern, Brief vom 27. August 1944.
[59] Peter Stölten an Dorothee Ehrensberger, Brief vom 28./29. September 1944.
[60] Peter Stölten an Dorothee Ehrensberger, Brief vom 26. August 1944.
[61] Peter Stölten an Dorothee Ehrensberger, Brief vom 28./29. September 1944.
[62] Peter Stölten an Dorothee Ehrensberger, Brief vom 26. August 1944.
[63] Peter Stölten an Margarete Stölten, Brief vom 6. Oktober 1944.
[64] Peter Stölten an Dorothee Ehrensberger, Brief vom 30. August 1944. Auch die unmittelbar folgenden Zitate sind, sofern nicht anders kenntlich gemacht, diesem Brief entnommen.
[65] Peter Stölten an Dorothee Ehrensberger, Brief vom 16. September 1944: »50% ist die Beschäftigung, Offizierswohnungen einzurichten. Mein Chef ist Innenarchitekt und recht anspruchsvoll. Ich selbst habe eine riesen Freude daran, alles ständig zu ändern. Aber auch das ist schon die vierte Wohnung. Aus den noch nicht ganz zerstörten Häusern wird das Schönste genommen: Plastiken, Couches, Gobelins etc. Bald wird alles verbrannt sein.«

Dennoch stand er diesem Beutemachen kritisch, ja, ebenso wie schon in Rußland, ablehnend gegenüber.[66] Einerseits erschütterten ihn die unglaublichen Verwüstungen, stellten eine unerwünschte, intime Ebene zum Gegner her und tauchen in seiner Satire als zentrales Motiv auf:

> In besseren Häusern geht man in der zerpflückten Einrichtung wie in knietiefem Schlamm. Alles ist sinnlos zerschlagen und es knirscht und klirrt. Noch in den Trümmern erkennt man die mühsam aufgebaute Existenz und an kunstgewerblichen Resten und z.T. überraschenden Kunstwerken den kulturellen Gehalt. Doch ergreift dies alles nicht so sehr als immer wiederkehrende Photos eines reizenden blondgelockten Kindes, das man sich unwillkürlich länger betrachten muß. Mit dem Oberleutnant sage ich wie aus einem Munde: Hoffentlich ist dem nichts passiert.[67]

Andererseits ermöglichten ihm die an die Wohnkultur seines Berliner Elternhauses erinnernden fremden Möbel, sich in den Grauen des Kampfes eine private Nische zu schaffen:

> Und richtete ein Wohnzimmer etwas im Stil unseres Eßzimmers ein [...]. Ich bin allein. Eine 1,5 m hohe Honigkerze und saftige Äpfel tun das ihrige zur wirklichen ›Heim‹stimmung [...]. 100 Platten tanzte ich durch: schluchzende und rhythmisch schöne Tangos, schleifende und drehende Walzer, langweilige und verrückte Foxtrotts, Polka und Charrioka [...]. Es war herrlich [...]. Und draußen schießt es.[68]

Die deutliche Dissonanz zwischen der Erschütterung über die Verwüstung einerseits und dem behaglichen Einrichten in derselben andererseits hat Schlüsselcharakter. Sie funktionierte nur, weil zwischen ›gut‹ und ›böse‹ noch irgendwie getrennt werden konnte. Im weiteren Verlauf des Aufstandes kippte diese Trennung. Die Erfahrung mit dem brutalen Vorgehen der SS-Verbände führte zur völligen Desolidarisierung[69], während zwischen

---

[66] So betont er am 27. August vor seinen Eltern: »Ich habe die wenigste Beute in der Kompanie. Das ist mein Stolz: Ein paar Socken.« In einem Brief an seine Schwester Uta entschuldigte er die Zusendung von Kunstdrucken aus einem Buch: »Nun habe ich doch etwas gefunden. Ein Päckchen kann ich nicht schicken. Die allgemeinen Spielregeln des Lebens hier kann ich nicht übersehn von hier vorn. Aber wo die Artillerie die ganze Gegend langsam aber sicher zerkaut, tut es einem zeitfremd bibliophilen Menschen nicht weh oder nur kaum, wenn er Kunstgeschichten zerrupft wie ein Affe eine Kokospalme.« Peter Stölten an seine Schwester Uta, Brief vom 24. September 1944.

[67] Peter Stölten, Satire, S. 2.

[68] Peter Stölten an seine Familie, Brief vom 1. September 1944.

[69] Peter Stölten, Satire, S. 3: »Einige Achtung gebührt den alten Landesschützen, einem Haufen müder alter Invaliden, die ihre Knochen zum großen Teil nicht mehr komplett haben

der Haltung der Wehrmacht und jener der Aufständischen im weiteren Analogien gezogen wurden. Dazu trug sicherlich die hohe Wohnkultur der Warschauer Bevölkerung bei, mit der »Deutschland freilich nicht mit«[70] konnte und gegen die »Frankreich gänzlich verstaubt und alt wirkte.«[71] Sie paßte so gar nicht zum propagierten Polenbild[72] und verblüffte auch den ansonsten sicherlich wenig in diese Richtung denkenden Stölten so sehr, daß sie ihn zu Überlegungen anregte, die zu seinem eigentlichen Kampfauftrag in unüberbrückbarem Widerspruch standen. In dem gerade zitierten Brief deutete er die hohe Kultur der Polen, aber auch insgesamt der slawischen Völker als Zeichen ihrer großen Zukunft.

Es ist im weiteren zu fragen, mit welchen schweren Gefühlen er zu diesem Zeitpunkt seiner persönlichen Funktion im Warschauer Aufstand nachkam, die klar auf die planmäßige Vernichtung eben dieser Kulturgüter abzielte.[73] Nunmehr begann erstmals in der Korrespondenz Stöltens, das Grauen die Briefe offen zu dominieren:

> und schon an der Ostfront im vordersten Graben gelegen haben und jetzt noch nicht die schlechtesten sind. Das kommt wohl der Polizei zu, die sich nebenbei damit beschäftigt, die letzten nicht ganz ausgekohlten Fassaden noch einmal anzustecken, wenn es geht. Von der SS kann ich nicht erzählen. Das ist ein Sonderhaufen mit Sondervollmachten, die beschäftigen sich sehr am Rande.« An anderer Stelle beschreibt Stölten eine bezeichnende Episode, die sein Abgestoßensein von den SS-Truppen illustriert: »Eines Nachts komme ich in ein ehemaliges Lazarett, um mit einer SS Strafkompanie Verbindung aufzunehmen. Es stinkt furchtbar, und in der Stube, wo der Kp.führer und 20 Mann schlafen, steht einer in der Ecke und p...t [Auslassungen im Original, A.I.]. Vor der Tür sitzt einer und legt ein Ei. Als ich gleich darauf im Bataillonsgefechtstand diese Sache dem Bataillonsführer nebenbei zu Gemüte führe, antwortete er: »Ist mir egal, solln sich gegenseitig in den Hals sch....n!« Peter Stölten an Dorothee Ehrensberger in für diese Korrespondenz untypisch drastischer Sprache, Brief vom 16. September 1944.

70 Ebd.
71 Ebd.
72 Im Oktober 1939 hatte eine Presseanweisung als Ziel vorgegeben: »Es muß auch der letzten Kuhmagd in Deutschland klargemacht werden, daß das Polentum gleichwertig ist mit Untermenschentum«. Klaus Latzel: Tourismus und Gewalt, in: Hannes Heer u.a. (Hg.): Vernichtungskrieg, S. 455.
73 In einem Brief an seine Schwester Uta findet sich der Hinweis, daß Stölten seinen »Jammer, wie in einer so großen und schönen Stadt kein Stein auf dem anderen bleibt« als »viel zu empfindlich« zu beurteilen versuchte. Peter Stölten an »Meine liebe Uta!«, Brief vom 29. September 1944. Berührt registrierte er auch das – wie er selbst empfand – unverdiente Mitgefühl einer polnischen Frau, die seine Verwundungen sah: »Gestern war ich in meinen wilden Verbänden einmal da [bei einem Teich, um sich zu waschen und wo er mit dem Troß schon zuvor gewesen war, A.I.] und war doch leicht gerührt über das ›Jesus Maria‹ und die Tränen der guten Frau als sie mich scheinbar ohne Auge wiedersah. In Warschau würden sie ihr vergehen. Der Kampf ist grausam und fruchtlos.« Peter Stölten an seine Familie, Brief vom 27. August 1944.

> Heute kroch, sprang und schlich ich den ganzen Tag erkundenderweise in den vordersten Stellungen an der Weichsel rum. Bilder, die man nie vergisst. In den Ruinen eines Kompanieabschnitts kamen auf einen Soldaten 10 Leichen von Polen, Russen und Deutschen, Männern, Weibern, Körperreste, gedunsene und geschrumpfte. Ein unerträglicher Gestank in den Trümmern. Wie hätte ein Bosch seine Höllenphantasien gemalt, wenn er das gesehen hätte?[74]

Stölten fand durch diese Erlebnisse noch einmal eine wichtige Begründung für die besondere Wirkung Warschaus auf ihn, die uns zugleich erneut seine Anpassungsleistung an die Anforderungen des Krieges vor Augen führt:

> Männerleichen ist man gewohnt, gehören längst in die natürliche Ordnung. Aber wenn man aus den Resten zerrissener Frauen noch einstige blühende Reize erkennt, ein völlig anderes, liebevoll harmloses Leben, weit mehr noch, wenn man Kinder, deren Unschuld meine heftigste Liebe noch im Dunkelsten gilt ohne Ansehn der Sprache, ... Du wirst so schon sehen – und sagen, ich hatte davon nicht schreiben sollen und dürfen. Aber mich bedrückt es nicht, daß ich es irgendwie sagen musste, wie es einem bei manchen Dingen geht – ich meine nur, daß man, daß Ihr auch ein offenes Auge und ein Wissen der Gefahr braucht [...]. Früher gab es Männer, das heißt, die gibt es auch heute noch, die ihren und überhaupt Frauen die Lektüre von Kriegsbüchern verboten. Schon damals hatte ich gehässigerweise den Eindruck, daß es zur Hälfte Eitelkeit und ein Pflegemittel des eigenen männlich-heldischen Nimbus war.[75]

Obwohl Post aus Deutschland spärlich eintraf[76], erreichte Stölten ein Brief seiner Mutter, dessen beunruhigende Ausführungen über die instabile Situation in Berlin ihn zusätzlich bedrückten und »einen Wunsch riesengroß und brennend machen, daß der Krieg nicht so weitergehen möge, wie sich sein Verlauf ohne die Einbeziehung unberechenbarer Größen, der neuen Waffen, abzeichnet.«[77] Seine Anspielung, daß eigentlich nur noch die ›Wunderwaffe‹

---

[74] Peter Stölten an Dorothee Ehrensberger, Brief vom 23. September 1944.
[75] Peter Stölten an Dorothee Ehrensberger, Brief vom 28./29. September 1944.
[76] Peter Stölten an Margarete Stölten, Brief vom 30. August 1944: »[...] 60% meiner Korrespondenz [ist, A.I.] dienstlich mit hinterbliebenen Eltern, Bräuten und Verwundeten. Die Fragen und Hoffnungen reißen nicht ab, und ich mag es mir darin nicht bequem machen – es ist doch etwas, wo man weiß, daß es gut ist. Wo gibts das sonst noch?« Sinn in Beileidsschreiben zu finden, die in Stöltens Verantwortungsbereich als Vorgesetzten gehörten, ist angesichts des offensichtlichen Grauens um ihn herum eine auffällige Bemerkung. Es offenbart den Wunsch nach guter Aktivität, der in der auferlegten Bekämpfungsaufgabe der Aufständischen nicht zu finden war.
[77] Peter Stölten an seine Eltern, Brief vom 29. September 1944. Stöltens Großmutter (Marie Krautwurm, geb. Gunkelmann) war am 13. September bei einem Luftangriff auf Eisenach ums Leben gekommen. »Lieber! Schwere Tage. Volltreffer auf Margaretes elterliches Haus in E. Mutter tot. Vater schwerverletzt geborgen im Krankenhaus. Aussicht auf

(V1 und V2) Deutschland vor der totalen Niederlage bewahren könne, deckte sich mit den meisten Einschätzungen, die von anderen Soldaten zum gleichen Zeitpunkt oder sogar schon früher in Feldpostbriefen überliefert sind[78], und machte gleichzeitig die Wunschprojektion deutlich, die der revolutionären Waffentechnik hinsichtlich ihrer kriegsentscheidenden Bedeutung zugeschrieben wurde.[79]

Weitere Briefe enthalten Hinweise auf beste Kameradschaft in den eigenen Reihen[80], die Beschreibung einer sehr menschlichen Begegnung Stöltens mit der polnischen Landbevölkerung[81] und thematisieren die Vermutung, daß die meisten Widerstandsnester der Polen durch Verrat fielen.

Einen singulären Ausdruck seines Entsetzens aber finden wir in Stöltens Versuch der insgesamt sechsseitigen ›Satire – Kampf im Dschungel‹, den er auf dem Höhepunkt des Kampfes um die Warschauer Innenstadt an seinen Vater mit der Bemerkung schickte, daß dieser daraus »einen leidlich realistischen Überblick über den Charakter dieses Krieges« gewinnen könne. »Mutti brauchst Du das ja nicht zu zeigen – für Frauen ist es doch weniger

---

Erhaltung seines Lebens. Gedenke unserer in Liebe. Dein W.« Dr. Wilhelm Stölten an Dr. Victor Meyer-Eckhardt, Brief ohne Datum, vermutlich Ende September 1944, NL Meyer-Eckhardt, HHI, Düsseldorf.

[78] Vgl. etwa Buchbender/Sterz: Das andere Gesicht des Krieges, S. 155.

[79] Programmatisch hatte der Leiter der Heeresversuchsanstalt Peenemünde, Walter Dornberger, im März 1942 die Wirkungsmöglichkeit der neuen Technologie benannt. Mit ihr sollten »in durch Feindeinwirkung nicht zu störender Schussfolge bei Tag und Nacht in unregelmäßigen Zeitabständen, unabhängig von der Wetterlage, sich lohnende Ziele wie London, Industriegebiete, Hafenstädte pp. unter Feuer genommen werden. Die moralische und tatsächliche Wirkung eines derartigen, monatelangen Feuers, gegen das es keine Abwehrmöglichkeiten gibt, dürfte gar nicht abzusehen sein.« Dornberger zitiert nach: Kunz: Wehrmacht, S. 76f. Die reale Wirkung der Waffe war bei weitem nicht von solcher Zerstörungskraft, wie ihre Erfinder beabsichtigt hatten. Jedoch wurden die V-Waffen durch Propaganda und Phantasie der unter dem alliierten Bombenkrieg leidenden deutschen Bevölkerung tatsächlich zu einer »Wunderwaffe« stilisiert, wie auch Stöltens Brief zu erkennen gibt. Zur Geschichte der V-Waffe vgl. Heinz Dieter Hölsken: Die V-Waffen. Entstehung – Propaganda – Kriegseinsatz, Stuttgart 1984.

[80] »Meine Kameraden sind so, daß ich sie mir nicht besser wünschen kann.« Peter Stölten an Dorothee Ehrensberger, Brief vom 30. August/1. September 1944.

[81] »In einem Dorf auf dem Markt kauften wir Äpfel und Pflaumen, und als ich vorsichtig aus der Tasche aus all den Stapeln den ersten Schein fingerte, lief der halbe Markt zusammen. Doch konnte keiner rausgeben. Wir kauften für die halbe Kompanie und ein Kilo Äpfel kostet ohnehin 30 RM. Es ging immer noch nicht. Da ging ich in die Apotheke. Der Alte schüttelte den Kopf. Aber bei Abnahme von größeren Posten Hustenbonbons ging es, und ich kaufte noch aus Verzweiflung einige Schuldscheine mit, die die unter dem Gelächter des Volkes verteilten. Das ganze war mächtig aufregend.« Peter Stölten an Dorothee Ehrensberger, Brief vom 29. August 1944.

– und es ist gut, daß der totale Krieg in Europa noch Unterschiede in seiner Form hat – mögen wir vor einer Vereinheitlichung bewahrt bleiben, wenn sie auch täglich voranschreitet.«[82] Der ›Kampf im Dschungel‹ ist nach dem oben behandelten ›Gespräch‹[83] der zweite und letzte literarische Versuch Stöltens. Während das ›Gespräch‹ das Kriegsgeschehen auf eine hohe, idealistische Ebene hebt, bewegt sich die ›Satire‹ in der entgegengesetzten Richtung: Wortwahl und Gegenstände erinnern, wenn überhaupt, an Gottfried Benn, aber nicht an Hölderlin. Das Satirische nimmt einen Anlauf in der Behandlung der politischen Lage in Warschau, trägt dann aber nicht mehr bei der Darstellung der Schrecklichkeiten dieses Kampfes; insbesondere gelingt keine Sinnstiftung – sie wird nicht einmal mehr versucht.
Der erste Teil beschreibt mit der Verachtung des Frontkämpfers die Aufteilung einzelner Stadtviertel unter eigene Kriegsherren und deren luxuriöses Dasein. Drastisch wird der zweckentfremdende Gebrauch von Gegenständen und Räumen durch die Landser beschrieben, die derartige Dinge ungewohnt waren. Zu den höchstrangigen Kriegsherren gehört offenbar der ursprüngliche deutsche Stadtkommandant, der sein Kommando alsbald verloren und sich unter dem Hohn Stöltens nach Krakau zum Generalgouverneur Frank abgesetzt hat. Papier aus seinem Büro dient sowohl der Niederschrift der Satire wie auch anderen, sanitären, Zwecken. In Stöltens Text ist die Stelle dieses Befehlshabers von den Führern verschiedener deutscher Einheiten eingenommen worden: »Kosaken, Muselmanen, Polizisten, Landesschützen, Sturmpioniere« und Stöltens eigene Einheit »302 mit kleinen Sonderverbänden.« Auf der polnischen Seite scheint es zunächst »der Sage nach« einen »Fürsten« zu geben, der »in einem Turm [...] bechert.« Er »befiehlt seine Haufen, um der Welt zu zeigen, daß Polen noch lebt.« Er teilt sich das aufständische Territorium mit »den bolschewistischen Roten.« Diese haben offenbar deutsches Material erobert und kämpfen »wohl allein in deutschen Tarnanzügen mit deutschen Waffen, anfangs mit Panthern, jetzt noch mit Pak und viel Panzerschreck und Panzerfaust, unzähligen geballten Ladungen, Brandflaschen und M.Ge [sic].«
Die Gefolgsleute des »Fürsten« und der »Roten« wechseln je nach Verpflegungslage zwischen diesen beiden hin und her, was durch eine gegenseitige »wohlwollende Neutralität« erleichtert wird. Sie führen die zum unauffälligen Einordnen in die jeweilige Truppe notwendige Armbinde (blauweiß

---

[82] Peter Stölten an seinen Vater, Brief vom 30. August 1944. Dieser Brief verdeutlicht besonders eindrucksvoll Stöltens adressatenorientiertes Schreiben.
[83] Siehe Kapitel C IV.2.

und rot⁸⁴) vorsorglich »ins Gesäß geklemmt« bei sich. Dabei überqueren sie eine Art Niemandsland, in dem »jeder das Großstadtpflaster gehasst haben muß: Alle 10 Meter ist es mindestens aufgerissen und von einem Panzergraben durchzogen und dazwischen stehen die Möbel und Kleider und lüften in sogenannter Barrikadenaufstellung in der Sonne. So könnte man es verträumt sehen.«

Dieser erste Teil der ›Satire‹ lebt von seinem deutlich persiflierenden Charakter. Auch werden dem schrecklichen Belagerungskrieg humorige Seiten abgewonnen, die aber stets in Zynismus zu kippen drohen. Stölten agiert hier als Karikaturist, der über die ungute Wirklichkeit einen Schleier der Groteske wirft.

Im zweiten und längeren Teil des ›Kampf im Dschungel‹ scheint Stölten einen solchen, die Konturen der Eindrücke mildernden Schleier nicht mehr zu finden. Dieser Teil passt daher auch nicht mehr unter die Überschrift ›Satire‹. Es ist vielmehr eine auf Empfindlichkeiten des Lesers keinerlei Rücksicht mehr nehmende naturalistische Darstellung.

Den tiefen Schock, den die Ereignisse bei Stölten hervorgerufen haben müssen, bringt er plastisch zu Papier. Es dürfte sich hierbei zunächst um eine befreiende Entäußerung seines Entsetzens handeln; er läßt es dabei aber nicht bewenden, sondern, soweit ersichtlich, zum ersten und einzigen Mal, teilt er dieses Entsetzen mit einem Leser, jedenfalls seinem Vater. Vergleichsweise harmlos ist noch die Schilderung des Durcheinanders auf der deutschen Seite, in dessen Beschreibung er das oben bereits zitierte Lob (»einige Achtung gebührt den alten Landesschützen, einem Haufen müder, alter Invaliden, die ihre Knochen zum großen Teil nicht mehr komplett haben und schon an der Ostfront im vordersten Graben gelegen haben«) und Tadel austeilt: Die »schlechtesten sind [...] die Polizei, die sich nebenbei damit beschäftigt, die letzten nicht ganz ausgekohlten Fassaden noch einmal anzustecken [...].« Ausführlich beschreibt Stölten, wie deutsche Soldaten oder angeschlossene Verbände sich bei Plünderungen hervortun: »Die Kosaken und Hiwis tragen [...] mit hochgekrempelten Ärmeln [...] an ihren Armen klappernde Armbänder und Uhren wie am Halse einer Giraffenfrau

---

[84] Hierbei beschreibt Stölten die Farben der beiden beteiligten polnischen Untergrundkräfte: Armia Ludowa (AL) und Armia Krajowa (AK). Zu den Unterschieden der beiden Organisationen siehe Wlodzimiez Borodziej: Politische und soziale Konturen des polnischen Widerstands, in: Christoph Kleßmann (Hg.): September 1939. Krieg, Besatzung, Widerstand in Polen, Göttingen 1989, S. 95ff.

[...].« In Bettbezügen schleppen Soldaten aller Nationen alle Gegenstände des täglichen Lebens.«
Mit der gleichen Gründlichkeit werden Kirchen als Gefechtsstände profaniert: »Die steinernen Heiligen sind mit Zeug und Lappen betan. Auf der Kanzel wird gefrühstückt und die Beichtstühle sind Aborte.« Schonungslos beschreibt Stölten die Disziplinlosigkeit und Grausamkeit der von dem SS-General Kaminski befehligten Kosaken:

> Sie dürfen plündern. Und der Offizier, der einschreiten will, wenn sie Weiber vergewaltigen, die Brüste abschneiden oder wenn sie sie noch komplett aus dem Fenster werfen, ist dran! [...]. Solange Munition da ist, wird geknallt, wohin ist egal – es macht Spaß [...]. Mitleid gibt es in Resten noch für Hunde – für Menschen lange nicht mehr!

Die Beobachtung der Mitleidlosigkeit wird auch durch Stöltens Beschreibungen des deutschen Vorgehens belegt, das er aus Warschau erstmals offen schildert. Seinen Angehörigen hat er noch nie geschrieben, wie etwa die Einnahme einer feindlichen Stadt vor sich ging. Dies scheint er jetzt in Warschau nachholen zu wollen:

> Stukas, ein Panzerzug, Flak, Pak, Mörser, Werfer, wir, alles pflastert in 3 Häuser [...]. Trotz allem dauerte die Einnahme Tage und kostete viel Blut [...].
> Am meisten aber helfen Überläufer, die die Eingänge zu den überall vorhandenen unterirdischen Teilen verraten. Da wird dann ein Wasserrohr gesprengt und alles ersäuft. Oder man schafft Taifun, schlagende Wetter, in Flaschen herbei und lässt die Leiber in Explosionen aufquellen. Die sich ergeben, werden erschossen – Banditen! Genickschuß, – die nächsten drauflegen – Genickschuß! [...]. Die Bevölkerung dieser Stadtteile wurde sicher gezwungen, mitzumachen. Die Geschütze stehen dicht vor ihnen und schießen weiter in die Häuser. Die Menschen liegen am Boden – ein entsetzlicher Anblick [...]. Dann wird sortiert. Erst in Frauen und Männer, dann weiter. Dann marschieren sie. Mancher hat da noch manches gesehen – doch dies geht uns nichts mehr an – GOTT SEI DANK!!!

Daß hier aus der Satire so ausführlich zitiert wurde, dient weniger der Vorstellung von teilweise schon berichteten Inhalten als vielmehr des von Stölten gewählten Stils. Der Bericht verfällt gelegentlich in die verwahrloste Ausdrucksweise der Täter (›Weiber, die komplett aus dem Fenster geworfen‹, Polen, die ›ersäuft werden‹ oder deren ›Leiber man in Explosionen aufquellen lässt‹. Mit Genickschuß werden ›Banditen‹ getötet).
Satiren, wie etwa Grimmelshausens *Simplizius Simplizissimus* (1669), legen in der Regel sprachliche Besonderheiten, Derbheiten oder Zoten ihren Akteuren in den Mund. Stöltens ›Kampf im Dschungel‹ schafft die beklemmende

Atmosphäre seines zweiten Teils durch völlige Distanzlosigkeit und stellt damit dem Leser keinen Filter mehr zur Verfügung.

Dieses Verfahren vermittelt eine zwangsläufig gefangen nehmende, gesteigerte Authentizität; dies ist anders, als wenn nicht der Autor selbst, sondern eine in der Regel bösartige Erzählfigur sich derart äußert. Jene Unmittelbarkeit, d.h., eine brutale, mitleidlose Sprache, zudem ohne einen dazwischen geschobenen Sprecher, ist ganz bewußt von Schriftstellern benutzt worden, die Stöltens Zeitgenossen waren. Zu denken wäre hier etwa an Gottfried Benn, z.B. mit seinen Gedichten *Mann und Frau gehen durch die Krebsbaracke* (1912), wo ein schrecklicher Text von einem immerhin noch anonymen Mann gesprochen wird oder *Schöne Jugend* (ebenfalls 1912), wo der Sprecher wegfällt und es um die ›Schöne Jugend‹ geht, die Ratten in einer Wasserleiche verlebt haben.[85]

Auch in der expressionistischen Malerei gibt es Ähnliches. Beispielhaft soll etwa auf Otto Dix' *Die Skatspieler* (1920, jetzt Berliner Nationalgalerie) verwiesen werden; hier sitzen Karikaturen von Kriegskrüppeln, wie sie im Leben nicht existieren können, beim Kartenspiel zusammen. Auch von George Grosz sind ähnliche Zerrbilder bekannt, die den Betrachter nicht schonen. Nicht von ungefähr entstanden – wie bei Stöltens literarischer Produktion – jene Bilder unter dem Eindruck des (Ersten Welt-)Krieges.

So tritt uns im zweiten Teil seiner ›Satire‹ ein ganz neuer Stölten entgegen. Für einen Augenblick der inneren Zensur in seiner Korrespondenz müde, legt er An- und Einsichten dar, die zu Papier zu bringen er sich bislang stets versagt hat. Verbal reißt er die ›Kulturtapeten herunter‹. Anschließend kehrt er, auch dem Vater gegenüber, zu seiner schonenderen Darstellungsweise zurück. Es bleibt bei diesem einen Mal, daß Stölten aus seinem Herzen keine Mördergrube mehr gemacht hat. Wenn es in seiner weiteren Korrespondenz keine Rückkehr mehr zu dieser Offenheit gibt, so heißt das aber nicht, daß

---

[85] Gottfried Benn: Lyrik. Auswahl erster Hand. Mit einem Vorwort von Max Rychner, Zürich 1975, S. 18 (›Schöne Jugend‹) sowie S. 24f. (›Mann und Frau gehen durch die Krebsbaracke‹).Benns Darstellung physischen und psychischen Leids erfolgt mit äußerster Kraßheit und Präzision ohne erkennbares Mitleid, in einer Sprache, die sich unsentimental, salopp oder zynisch gibt. In diesem Zusammenhang ist ein Brief Benn einschlägig, in dem er einem Bekannten gegenüber Hölderlin Hyperion würdigt: »Hölderlin schneidet die zentrale Frage der kommenden Auseinandersetzung an. Das Vergebliche des Geistes gegenüber der Wirklichkeit ist vielleicht bei ihm als Erstem zum Ausdruck gelangt.« Der nachfolgenden Zerstörung des »metaphysischen Vertrauensverhältnisses« und ihren erforderlichen neuen ästhetischen Ausdrucksformen fühlte sich Benn verpflichtet. Vgl. Gottfried Benn an Oelze, Brief vom 29./31. Juli 1941, in: Bruno Hillebrand (Hg.): Gottfried Benn. Gedichte in der Fassung der Erstdrucke, Frankfurt a.M. 2001, S. 658.

Stölten, nachdem er sich diese Erzählfreiheit einmal genommen hatte, zu seinem vorherigen Weltbild zurückgefunden hätte. Die Frucht vom Baum der Erkenntnis muß in ihm weitergewirkt haben. Er hat Warschau verlassen in dem Bewußtsein, daß es nicht unwahrscheinlich sei, daß Berlin ein ähnliches Schicksal drohe. Wie schon an anderer Stelle gesagt, hat er offenbar geahnt, daß den polnischen Thermopylen in Warschau die deutschen Thermopylen in Berlin folgen würden.[86] Das kann man am Schluß des oben zitierten Begleitbriefes zur ›Satire‹ festmachen, in welchem er die ziemlich vage Hoffnung ausdrückt, der totale Krieg möge in Europa noch Unterschiede zulassen.[87] Spätestens hier hat sich Stölten darauf eingerichtet, auch einmal als Verteidiger seiner engeren Heimat gefordert zu sein. Warschau ist eine, wenn nicht die wichtigste Station des Soldaten Stölten auf dem langen und schweren Weg vom unternehmenden Angreifer zum deprimierten Verteidiger. Hinzu kommt eine Verdichtung der Zweifel an seiner guten Sache, wie sie in seinen Briefen deutlicher wird, insbesondere in den im folgenden noch zitierten Schreiben an seine Mutter vom 6. und an Dorothee Ehrensberger vom 20. Oktober 1944. Wenn Stölten in der ›Satire‹ eine Verbindungslinie von sich zu Goethe bei der Kanonade von Valmy zieht (»ähnlich muß Goethe die Kanonade von Valmy erlebt haben«), dann sehen wir jetzt, was er gemeint haben dürfte. So wie Goethe überzeugt davon war, bei Valmy den Anfang einer neuen Zeit miterlebt zu haben, so versteht Stölten den Warschauer Aufstand und seine Niederwerfung: Dort und damals begann für den Krieg und auch für ihn eine neue Zeit, und er konnte sagen, er sei dabei gewesen. Das Neue an dieser Zeit ist die in Warschau gewonnene Erkenntnis, nicht nur von der Ungewinnbarkeit des Krieges, sondern auch vom Schicksal, das Deutschland als Verlierer dieses zutiefst unmenschlichen Krieges bevorstehen würde.

Bei alldem kann es nicht verwundern, daß Stölten die Kapitulation der Warschauer Aufständischen nicht unkommentiert lassen konnte. In der nach der Kapitulation einsetzenden Ruhephase schrieb er in zwei aufeinanderfolgenden Tagen ausführlich über den tiefen Eindruck, den die Beendigung des Aufstandes auf ihn gemacht hatte.[88] In seinem Selbstverständnis war der

---

[86] Bernd Martin/Arkadiusz Stempin (Hg.): Deutschland und Polen in schweren Zeiten 1933-1990, Poznan 2004, S. 169-190 (in polnischer und deutscher Sprache), hier S. 190.
[87] Peter Stölten an Dr. Wilhelm Stölten, Brief vom 30. August 1944.
[88] Diese Kapitulation liest sich in den entsprechenden Akten nüchtern. BA-MA RH 20-9/210: AOK 9, Ia Nr. T 13 120/44, Geheim, Lt. Bäkmann an Obkd. Heeresgruppe Mitte vom 9. 10. 1944: »In Warschau wurde mit der Entwaffnung der letzten 3 AK-Kompanien (99 Offiziere und etwa 400 Mannschaften) der Schlußstrich unter die Aufstandsbewegung in der polnischen Hauptstadt gezogen«.

Aufstand von der polnischen Exilregierung in London inszeniert und gelenkt.[89] Das Vorbeidefilieren der besiegten Aufständischen vor dem Gegner wurde zu einer Veranstaltung, die »durch ihre Tatsächlichkeit die Wirkung jeden Theaters, d.h. jeder großen Tragödie in den Schatten stellt.«[90] Stölten hob die vorbildliche Disziplin der geschlagenen Verbände hervor, die noch auf dem Weg zur Entwaffnung vorbei an unzähligen abschiednehmenden Zivilisten einen »unbeugsamen Nationalstolz« demonstrierten, der ihn zutiefst anrührte. Er begriff sich auch als Zeuge eines historischen Momentes, in dem »der sichtbare Teil eines Volkes Abschied nimmt von seinen Männern. Viel verhaltenes Leid stand in den Gesichtern der Frauen.«

Die von deutscher Seite zugestandenen formalen Bedingungen dieses Abschiedes[91] erschienen ihm nur allzu berechtigt, denn »die soldatisch ehrenhaften Bedingungen, die die Polen hatten, hatten sie sich durch das wirklich Heldenhafte ihres Kampfes verdient. Immerhin kämpften sie, Gott seis geklagt, besser als wir.« Auf die selbstgestellte Frage, was denn von deutscher Seite zu lernen sei aus diesen fürchterlichen 63 Aufstandstagen, kamen radikale Antworten. An erster Stelle nennt Stölten den Zusammenhang zwischen Okkupationspolitik und polnischem Widerstand: »In der Form, wie wir unterworfene Völker verwaltet haben, kann nichts Vernünftiges herauskommen. Traurig, aber wahr!«[92] Zweitens fand er für seine eigene Person das Eingeständnis, eventuell ebenso wie die unterdrückten Polen gehandelt zu haben: »Unter der deutschen Verwaltung möchte ich auch nicht gelebt haben.«[93] Es bedurfte einer charakterlichen Größe, an diesem Wendepunkt in dem bekämpften Feind seines Heldenmutes wegen ein

---

[89] Peter Stölten an Margarete Stölten, Brief vom 6. Oktober 1944: »Und hätte nicht London, das jeden kleinsten Schritt befahl, die Kapitulation befohlen, wir hätten noch lange zu knacken gehabt und viel Blut wäre noch geflossen.« Diese Sicht entsprach dem Tenor der deutschen Berichterstattung während der gesamten Aufstandszeit, vgl. etwa: Deutsche Allgemeine Zeitung Nr. 250 vom 10. September 1944, S. 7 oder: Völkischer Beobachter vom 6. Oktober 1944, S. 1, und ist auch im historischen Rückblick nicht ganz unzutreffend. Vgl. hierzu den Aufsatz von Bernd Martin: The Warsaw Uprising 1944. A German Reassessment after 60 Years, Gazeta Wyborcza, 1. August 1999 (Original in polnischer Sprache).

[90] Peter Stölten an Dorothee Ehrensberger, Brief vom 5. Oktober 1944. Alle folgenden Zitate sind, sofern nicht anders kenntlich gemacht, diesem Brief entnommen.

[91] Zu den Kapitulationsbedingungen siehe Krannhals: Aufstand, Dok. 60, S. 404-407.

[92] Wilm Hosenfeld urteilte noch schärfer: »Das ist der Bankrott unserer Ostpolitik, und mit der Zerstörung Warschaus setzen wir dieser Politik ein Abschlussdenkmal«, Tagebuchnotiz vom 11. August 1944, zitiert nach: Heinrichs: Hosenfeld, S. 82.

[93] Peter Stölten an Dorothee Ehrensberger, Brief vom 6. Oktober 1944. Die folgenden Zitate sind wieder jenem Brief an Dorothee Ehrensberger vom 5. Oktober 1944 entnommen.

Vorbild zu erkennen. Des weiteren resümierte er, daß sich die Polen durch ihre Haltung, ihren Opfermut und Patriotismus in weitaus höherem Maße dem Ideal annäherten, welches bislang das deutsche Volk allein für sich beansprucht hatte und das auch Stölten selbst für erstrebenswert hielt: »Wir sind noch nicht das Volk, das Haltung und Nationalismus, Opfermut und Kraft verkörpert.« Wichtig ist Stöltens bezeichnende Einschränkung, »was die Polen bewiesen, konnten wir freilich noch nicht zeigen.« Außerdem stellte er fest, »daß eine Stadt Monate zu verteidigen ist bei weit größeren Verlusten für den Angreifer.« Das Entscheidende aber »lernt der von Ferne Beobachtende leis und am Rande: daß soviel auch der Kampfgeist und mutige Haltung bewirkt, der bessere Geist dem Material eines Tages immer unterlegen ist. Kann man die Geschichte gerecht nennen? Hier nicht!« Die Abwägung der beiden Kräfte »Geist« und »Material« hatte Stölten bereits nach der Invasionserfahrung vorgenommen:

> Die Technisierung drosselt den Krieg als seelische Begegnung zweier Feinde erheblich, und letztenendes und auf die Dauer siegt das Material – denn alle Waffen dienten zu allen Zeiten dazu, Menschen zu töten, und so werden auch wir immer weniger, ohne dem Feind die entsprechenden Verluste beibringen zu können [...]. Die Griechen waren die Besseren, doch die Römer haben sie besiegt. Karthago hat gekämpft bis zum letzten Kind – doch es musste unterliegen. Die Juden glaubten sich als das auserwählte Volk – und saßen an den Wassern Babylons und weinten. Die Chinesen, ein noch kräftigeres Volk, haben sich von Japan kulturell hochgepäppelt[94] und werden nun von ihm verwüstet. Finnland, ein Land, das nie die Sonne sah, doch die edelsten Tugenden immer gegen die gewaltigste Übermacht zeigte, verblutete. Völkerschicksale sind verschieden, tragisch und glücklich wie Menschenschicksale, an denen unser Gerechtigkeitsgefühl oft verzweifelt. Gottes Gedanken sind nicht unsere Gedanken.[95]

Insoweit war der Weg bereits geebnet für die in Warschau gezogenen Schlußfolgerungen.
Was folgt aus diesen Einschätzungen für die mentale Ausrichtung Stöltens am Ende seines zweiten Kriegstraumas? Mit seiner emotionalen Aufgewühltheit stand Stölten nicht allein. Derart eindrucksvoll muß in Warschau das Ausmaß der Tragödie, das Ungleichgewicht der Kräfte gewesen sein, daß sich selbst ein SS-Soldat mit Grundausbildung im KZ Buchenwald dort

---

[94] Vermutlich hat Stölten sich hier verschrieben und meinte tatsächlich das Gegenteil. Es war China, welches Japan »hochgepäppelt« hatte. Dies war Stölten gewiß bekannt.
[95] Peter Stölten an Dorothee Ehrensberger, Brief vom 12. August 1944.

erstmalig zu der klassischen Frage veranlaßt sah: »Weiß der Führer das denn?«[96]

Die Solidarität und Tapferkeit der Warschauer provozierte bei vielen beteiligten Deutschen zwar kein tatsächliches, wohl aber ein gedankliches Innehalten. Dem Gegner dabei – wie im Falle Stöltens – Heldentum zuzuerkennen, war aber nur möglich, weil dieser Wert selbst internalisiert war. Dabei spielte die diametral entgegengesetzte Zielgerichtetheit des gegnerischen Verhaltens für die Zuschreibung offensichtlich keine Rolle. Die Handlung allein verdiente Respekt, weil sie ein aussichtloses Handeln aus einem ›besseren Geist‹ heraus war, wogegen er selbst diesmal auf der materiell überlegenen Seite stand. Weil er das Ideal aber teilte, war er bereit, die Szene eine ›große‹ zu nennen.

Mit der Einschränkung, »daß die Polen etwas bewiesen, was wir freilich noch nicht zeigen konnten«[97], wurde der Kampf des polnischen Volkes zu der oben schon diagnostizierten vorbildhaften Vorwegnahme dessen, was auch vom deutschen Volk im Endkampf zu erwarten sei. Seit der Invasionserfahrung spürte Stölten, daß dieser Endkampf nicht mehr lange auf sich warten lassen würde.[98]

Was bedeutete es, daß für Stölten »Geschichte nichts mit Gerechtigkeit zu tun hat, wenn der Begriff Volk mehr und mehr von dem der Großmacht erdrückt wird und ein Ereignis wie dieses zulässt?«[99] Es ist dies wohl kaum als Zeichen eines gedanklichen Ausbruches zu deuten. Vielmehr zeigt Stöltens

---

[96] Bartov: Hitlers Wehrmacht, S. 171.
[97] Peter Stölten an Dorothee Ehrensberger, Brief vom 5. Oktober 1944.
[98] In einem Brief vom 20. Oktober 1944 an Dorothee Ehrensberger faßte er die Wirkung des Warschauer Aufstandes auf sich selbst noch einmal in diesem Sinne zusammen: »[...] so ist es Beispiel und [...] so an die Ehre packend, daß es erzieherischer ist als ein Riesenbrimborium um Heldentum etcpp.«
[99] Ebd. Stölten befindet sich mit den genannten Begrifflichkeiten im Konsens mit seiner Zeit. Carlo Schmid führt in seinen bereits genannten Erinnerungen aus der Phase seiner Hochschultätigkeit in Tübingen vor Kriegsausbruch 1939 aus: »Es versteht sich von selbst, daß gerade in einer Zeit, da man Geschichte mehr und mehr als Geschichte von Völkern und nicht so sehr von Staaten, sogar mehr von Rassen als von Völkern zu betrachten begann, das Problem des Verhältnisses von Volk und Staat und von Volk und Nation in meinen Vorlesungen erörtert werden musste. Kann man es den Völkern überlassen, von ihren ›natürlichen‹ Bedürfnissen aus die Geschichte zu bewegen? Oder soll es nicht vielmehr ein rational funktionierendes Geflecht von Institutionen geben, die jene ›Bewegungen‹ nach innen und nach außen regulieren? Sollen Naturkräfte gelten, Staatsräson oder Gruppenräson?«, Schmid: Erinnerungen, S. 168f. Zu den Begriffen ›Volk‹ und ›Nation‹ siehe auch Fritz Gschnitzler (Hg.): Volk, Nation, in: Geschichtliche Grundbegriffe, Bd. 7, Stuttgart 1993, S. 141-436, hier: S. 389-392.

Formulierung die Änderung der Eckpunkte eines Koordinatensystems von bisher gültigen Werten auf, in dem er sich neu einrichtete. Wie schon nach dem Invasionserlebnis gelang es ihm – unter Mühen –, Brüche zu kitten: Er hatte in Warschau zweifellos »nur« auf der Seite des überlegenen Materials gestanden. Nunmehr konnte durch die sich abzeichnende Unterlegenheit der Wehrmacht gegenüber der erdrückenden Übermacht der Alliierten an allen Fronten das deutsche Volk wenn schon nicht zum Vertreter der guten und richtigen Gesinnung, so doch wenigstens zum Opfer eines unglücklichen Geschichtsverlaufes mystifiziert werden.

Da Stölten in Kategorien von Tapferkeit um ihrer selbst willen dachte, konnte er offenbar kaum eine kritische Position gegenüber der politischen Führung entwickeln, sondern nur feststellen: »Gottes Gedanken sind nicht unsere Gedanken.«[100] Jugendliches Draufgängertum und die Hingabe an das Ideal, obgleich die Realitäten die Kapitulation verlangt hätten, wurden zum tertium comparationis der gedanklichen Solidarisierung Stöltens mit den größtenteils jungen polnischen Aufständischen. Im Sinne dieser Konsequenz gab Stölten ihnen moralisch die Hand und trat, unerschrocken der Vermutung ins Auge sehend, daß der eigene (End-)Kampf wohl aussichtslos sein werde, in seine letzte Kriegsphase ein.

Stölten hatte damit im Oktober intuitiv eine Übertragung des Warschauer Kampfes auf die kommenden Ereignisse vorgenommen, die Himmler unwesentlich später, im November 1944, vor Vertretern von Partei, Wehrmacht und Wirtschaft als Losung vorgeben sollte:

> Es läßt sich nichts so ausgezeichnet verteidigen wie eine Großstadt oder ein Trümmerfeld. Hier müssen wir [...] das Land verteidigen. Es muß so sein, daß man sich im Trümmerfeld wirklich bis zum allerletzten wehrt. Das Wort, ›bis zur letzten Kartusche und Patrone!‹ darf keine Redensart, sondern es muß eine Tatsache sein. Es muß heiliger Ernst sein, daß das für uns leidvolle und verlustvolle Vorbild, das Warschau uns gegeben hat, für jede deutsche Stadt, die durch irgendein Unglück umgangen und belagert wird, von der Wehrmacht und vom Volkssturm vorgelebt wird.[101]

Hier haben wir einen Beleg, daß sich bei völlig unterschiedlicher Motivlage Stöltens Opfergang mit der Selbstvernichtungspolitik der nationalsozialistischen Führung treffen konnte. Bei Stölten haben wir den soldatischen Mut und die Bereitschaft zum letzten Einsatz für die von der politischen Führung

---

[100] Peter Stölten an Dorothee Ehrensberger, Brief vom 12. August 1944.
[101] BA, NS 19/4017: Redeauszug vom 3. November 1944. Zitiert aus: Kunz: Wehrmacht, S. 143.

vorgegebenen Ziele gefunden. Dabei gestattet er sich nicht, diese Ziele auf ihre Rechtlichkeit, ihre Moral zu befragen. Er nimmt sie als seinem Urteil entzogen, als Äußerungen der von Gott oder dem Schicksal vorgesetzten Obrigkeit an. Dieses hindert aber nicht seine Einsicht in das, was über das ihm zugängliche einzelne Geschehen hinausgeht. So sieht er bereits voraus, was die Warschauer Kämpfe mit der Verteidigung deutscher Städte gemeinsam haben werden: die Notwendigkeit für jeden Kämpfer, sein Leben in die Schanze zu schlagen.

Auf der Ebene Himmlers ist dies der Geist, den die nationalsozialistische Führung für ihren Selbstvernichtungskampf braucht. Auf der Ebene Stöltens aber ist dieser Geist natürliche Bedingung ehrenhaften Soldatentums. Was im Kampf ein Wille zu Heldentum ist, wird von der Führung für ihre Vernichtungsstrategie ganz bewußt mißbraucht; dies zeigt in aller schrecklichen Klarheit die Gegenüberstellung von Stöltens Fazit aus Warschau mit dem Himmlerschen Redeauszug. Es sind die Verbrechen an der Spitze, die einen Charakter wie Stölten in seine persönliche Tragik stürzen. Diese Tragik ist eine persönliche, weil seiner eigenen Selbstmobilisierung und seinem Pflichtbewußtsein geschuldet. Wenn jemals, dann wird hier das ›richtige Leben vom falschen‹ in Anspruch genommen.[102]

---

[102] Um es mit dem preußischen Militärtheoretiker Clausewitz zu sagen: »Wie hoch der Wert des Mutes und der Standhaftigkeit im Krieg angeschlagen werden muß, so gibt es doch einen Punkt, über den hinaus das Verharren im Kriege nur eine verzweifelte Torheit genannt und also von keiner Kritik gebilligt werden kann.« Vgl. Claus von Clausewitz: Vom Kriege, München 2003, S. 243.

VI. Das Ende: Der Zusammenbruch im Osten 1944-1945

VI.1. Die Wehrmacht im Endkampf

Für das Verständnis der Endphase des Zweiten Weltkrieges ist ein Einblick in die Verfassung der Wehrmacht in dieser Phase bedeutsam. Die schwierige Quellenlage und die Auflösungserscheinungen der deutschen Streitkräfte ab Herbst 1944 (organisatorisch, materiell oder personell) erschweren eine umfassende Beurteilung. Diese Quellenlage aufzubereiten bemüht sich Kunz in seiner bereits zitierten Publikation.
Mit ihr erhebt der Autor den Anspruch, die gängige Vorstellung einer ungeachtet der Aussichtslosigkeit bis zur Selbstvernichtung kämpfenden Truppe auf ihre Tragfähigkeit hin zu untersuchen.[1] Aus seiner Darstellung ist hier besonders einschlägig das Kapitel ›Die Individualität des Kriegsendes‹.[2]
Mit umfangreichen, allerdings bisweilen etwas bezugslos aneinandergereihten Nachweisen stellt Kunz die These auf, die Wehrmacht habe keinesfalls überall bis zur Kapitulation gemäß ihren Durchhaltebefehlen gekämpft. Das Verhalten der in dieser Phase rund zehn Millionen Soldaten sei überaus unterschiedlich gewesen, ebenso wie die Motivation, den Kampf einzustellen oder (mit ebenfalls unterschiedlichen Motiven der Selbstmobilisierung) bis zur sprichwörtlich ›letzten Patrone‹ zu kämpfen. Hierbei griff Kunz wegen fehlender Quellen häufig auf Erinnerungen von Soldaten nach Kriegsende

---

[1] Seine Ergebnisse können in fünf Thesen zugespitzt werden, die hier mit einer Ausnahme nicht diskutiert werden sollen: 1. Der Kampf der Wehrmacht folgte ab Herbst 1944 keiner rationalen Logik mehr. 2. Bei Kriegsende vollendete sich durch die völlige gesellschaftliche Ausschaltung des Militärs die nationalsozialistische Revolution. 3. Das Dritte Reich fühlte sich auch gegenüber der eigenen Bevölkerung an keine ethischen Selbstbeschränkungen mehr gebunden. Im Endkampf erreichte der totale Krieg seinen Höhepunkt. 4. Aufgrund der großen personellen Ausfälle in den letzten 12 Monaten des Krieges – hier fielen mehr deutsche Soldaten als im gesamten Krieg zuvor – erfolgte eine grundlegende Umwälzung der Personalstruktur des Heeres. 5. siehe oben Schlußfolgerung aus Kapitel C. III.4, Kunz. Diese These wird im Zusammenhang mit Stöltens Zeugnissen in der vorliegenden Arbeit unter C VI.2. erörtert. Zu den deutschen Verlusten, in den Monaten Juli bis September 1944 beispielsweise im Tagesdurchschnitt mit etwa 5.750 Soldaten beziffert, vgl. Rüdiger Overmans: Deutsche militärische Verluste im Zweiten Weltkrieg, München 1999 (Beiträge zur Militärgeschichte, 46), S. 279. Stölten selbst erwähnte erstmals 1944 ebenfalls die hohen Verluste seit Kriegsbeginn, ohne sie zu kommentieren: »In einer Frontzeitung waren die Offiziersverluste bis März diesen Jahres mit 80.000 angegeben. In meiner Kompanie ici [sic] sind ja allein in diesen Sommerwochen 4 im ›Panzergrab‹ geblieben.« Peter Stölten an Dr. Wilhelm Stölten, Brief vom 1. November 1944.
[2] Vgl. Kunz: Wehrmacht, S. 288-322.

zurück, ohne die dabei nötige Quellenkritik zu üben. Damit gelangt er bisweilen zu jenen plakativen Vorstellungen, die er mit seiner Arbeit eigentlich auszuräumen hoffte. Stöltens bis zum letzten Tag erhalten gebliebene Korrespondenz erlaubt, Kunz' Thesen anhand seines Falls zu prüfen.
Die Geschichte der Wehrmacht und die des Nationalsozialismus muß seit 1933 als eine Einheit betrachtet werden.³ Mit dem Verlust der strategischen Initiative an allen Fronten um die Jahreswende 1942/43 standen die ideologisch aufgeladenen militärischen Aktionen endgültig in keinem vernünftigen Verhältnis mehr zu den tatsächlichen Möglichkeiten. Wohl erkannten führende Militärs, wenn auch häufig erst ausgelöst durch Krisen, daß sie diesen zentralen Grundsatz ihrer Kaste als Bündnispartner Hitlers schon mit dem Krieg gegen die Sowjetunion verraten hatten⁴, doch verfolgten sie mehrheitlich ihre selbstgewählte Rolle als »Erfüllungsgehilfen im totalen Krieg«⁵, bis der Tag der bedingungslosen
Kapitulation sie darin stoppte.⁶ Sie bemühten sich später häufig erfolgreich, ihre Verantwortung zu leugnen, auch wenn sie von Gerichten verurteilt wurden.⁷

---

3   Vgl. dazu die Argumentation von Manfred Messerschmidt in seinem Aufsatz »Die Wehrmacht im NS-Staat«, in: Karl Dietrich Bracher (Hg.): Deutschland 1933-1945. Neue Studien zur nationalsozialistischen Herrschaft, Bonn 1992, S. 377-403.
4   So notierte der Chef des Generalstabes des Heeres Halder am 23. Juli 1942 in sein Tagebuch: »Die immer schon vorhandene Unterschätzung der feindlichen Möglichkeiten nimmt allmählich groteske Formen an. Krankhaftes Reagieren auf Augenblickseindrücke und völliger Mangel in der Beurteilung des Führungsapparates und seiner Möglichkeiten geben dieser sogenannten Führung ihr Gepräge.« Halder: Kriegstagebuch, S. 489.
5   Zitiert nach: Jost Dülffer: Vom Bündnispartner zum Erfüllungsgehilfen im totalen Krieg. Militär und Gesellschaft in Deutschland 1933-1945, in: Michalka: Der Zweite Weltkrieg. Analysen, S. 286-300.
6   So urteilte Ulrich von Hassell bereits im Frühjahr 1943, die deutsche Generalität habe »[...] wohl technisches Können oder physischen Mut, aber wenig Zivilcourage, gar keinen Überblick oder Weitblick und keinerlei innere, auf wirklicher Kultur beruhende geistige Selbstständigkeit und Widerstandskraft [...]. Der Mehrzahl sind außerdem die Karriere in niedrigem Sinne, die Dotationen und der Marschallstab wichtiger als die großen, auf dem Spiele stehenden sachlichen Gesichtspunkte und Werte [...]. Alle, auf die man gehofft hat, versagen, und zwar [...] in besonders elender Weise [...].« Siehe Friedrich Freiherr Hiller von Gaertringen (Hg.): Ulrich von Hassel. Aufzeichnungen, Berlin 1989, S. 360. Zur erwähnten Dotationspraxis vgl. Gerd R. Ueberschär/Winfried Vogel (Hg.): Dienen und Verdienen. Hitlers Geschenke an seine Eliten, Frankfurt a.M. 2000, insbesondere S. 101ff., sowie S. 146ff.
7   Zur Verurteilung des OKW siehe Hans-Heinrich Jescheck: Nuremberg Trials, in: Rudolf Bernhardt (Hg.): Encyclopedia of Public International Law, 3. Bd., Amsterdam 1997, S. 747-754, hier: S. 751f.: »The trial of the Wehrmacht High Command (Trial of Wilhelm von Leeb and others, case XII): [...] The convictions for war crimes were primarily

In der Endphase des Krieges operierte die Wehrmachtsführung auf dem Rücken ihrer eigenen Soldaten und der deutschen Zivilbevölkerung nach einer »Strategie der Selbstvernichtung [...] die mit dem professionellen Selbstverständnis preußisch-deutscher Militärtradition nichts mehr zu tun hatte.«[8] Die Treue zum Führer blieb erste Handlungsmaxime.
Die deutsche Ostfront wurde Ende 1944 zwischen Ostsee und Karpaten trotz der zu erwartenden übermächtigen sowjetischen Offensive nicht verstärkt, sondern geriet durch die von Hitler und dem OKW vorgenommene Weichenstellung zur Westoffensive in eine gefährliche Lage. Mit ungeheurem organisatorischen und menschlichen Aufwand wurde ganz Ostdeutschland in eine monumentale Festung verwandelt, deren vermeintliche Stärke inszenierte Illusion war. Auf der ideologischen Basis des »Alles oder Nichts« wurde ein unbedingter Durchhaltewille befohlen und allzu häufig befolgt, der auch von der Angst geprägt sein mochte, angesichts des Charakters der deutschen Kriegsführung im Osten von den sowjetischen Soldaten keine Gnade mehr erwarten zu können. Die Akten aus dieser Kriegsphase spiegeln ein kriminelles Drama wider, dessen Irrationalität schwer zu begreifen ist: Es gab kein erfolgversprechendes Konzept mehr, statt dessen Halten um jeden Preis[9], Improvisation[10] und

---

based on the execution of the ›Commissar‹ order (›no quarter for this group‹) and the ›Commando‹ order (›no quarter for groups fighting behind the front-line‹)."

[8] Diesen Begriff wählte Heinrich Schwendemann in seinem Vortrag »Professionalität und militärische Verantwortlichkeit im Endkampf um das Dritte Reich. Strategie der Selbstvernichtung: die Wehrmachtführung in der Endphase des Krieges, Freiburg i.Br. 1997. Siehe hierzu auch ders.: Endkampf und Zusammenbruch im Osten, in: Freiburger Universitätsblätter, 130 (1995), S. 9-27 sowie ders.: Strategie der Selbstvernichtung. Die Wehrmachtführung im ›Endkampf‹ um das ›Dritte Reich‹, in: Rolf Dieter Müller/Hans-Erich Volkmann (Hg. im Auftrag des Militärgeschichtlichen Forschungsamtes): Die Wehrmacht. Mythos und Realität, München 1999, S. 224-244.

[9] Diese Situation sollen Akten aus dem Schriftverkehr der 4. Armee belegen, der Stöltens Einheit unterstellt war: BA-MA RH 20-4/612. Geheimes Fernschreiben Hoßbach vom 14. Januar 1945: »Jeder Soldat der 4. Armee muß wissen, daß er in jeder Lage seinen Platz nur auf Befehl verlassen darf. Wer ohne Befehl seines Vorgesetzten, auf Gerüchte oder Nachrichten hin, dass der Feind in die eigenen Stellungen ein- oder durchgebrochen sei, seinen Platz verlässt, um sich in Sicherheit zu bringen, ist kriegsgerichtlich zu verfolgen.« Vgl. hierzu auch Friedrich Hoßbach: Aus den Kämpfen der 4. deutschen Armee um Ostpreußen in der Zeit vom 15.8.1944 bis 28.1.1945, in: Allgemeine Schweizerische Militärzeitschrift, 116 (1950), S. 138ff., S. 278ff., S. 351ff.

[10] BA-MA RH 20-4/626. Tagesmeldung Gen. Ltn. Heidkämper an OKH Mitte vom 22. Januar 1945: »Alle Bewegungen werden durch die steigenden Transportschwierigkeiten auf der Eisenbahn, die katastrophale Betriebsstofflage und die durch Ziviltrecks verursachten Straßenverstopfungen entscheidend beeinflusst [...]. Ein sich anbietender erfolgversprechender Einsatz der Pz. Gr. Div. ›Großdeutschland‹ gegen Allenstein kann

radikale Disziplinierungsbefehle[11], da das Gros der Soldaten die verlangte Selbstaufopferung nicht freiwillig leistete. In diesem Zusammenhang besonders einschlägig erscheinen die am 28. Januar vom OKW herausgegebenen ›Bestimmungen über das Verhalten von Offizier und Mannschaften in Krisenzeiten.‹[12]

Die Führung gab sogenannten militärischen Erfordernissen Priorität vor der Rettung der ostdeutschen Zivilbevölkerung, deren millionenfaches Flüchtlingselend Folge der unbedingten Loyalität der Wehrmacht zur Führung wurde. Das nach 1945 wichtigste Rechtfertigungsargument der Militärs, den Krieg im Osten fortgesetzt zu haben, um die deutsche Bevölkerung vor den Greueln der Roten Armee zu schützen, ist zum großen Teil falsch. Der Generalstab führte nicht Krieg, um Frauen und Kinder zu retten, sondern um Hitlers Haltebefehle umzusetzen.[13] Für die ihm anvertrauten Soldaten

---

wegen Betriebsstoffmangel zunächst nicht erfolgen. Wir improvisieren.« Auch Stölten vermittelte seiner Familie, allerdings humorig, ein Bild von der mangelnden Beweglichkeit wegen fehlendem Benzin: »Gern hätte ich den P.W. gesprochen, aber er liegt etliche Kilometer von hier entfernt und Sprit gehört ja zu den Fragezeichen des 6. Kriegsjahres.« Peter Stölten an Margarete Stölten, Brief vom 5. November 1944.

[11] BA-MA RH 20-4/612. Geheimes Fernschreiben Hoßbach vom 26. Januar 1944: »Wenn nicht am 27.1., 5:00 Uhr, die befohlenen 25 Panzer oder Sturmgeschütze bei VI. A.K. einsatzbereit eingetroffen sind, wird der für das Versäumnis Verantwortliche unverzüglich kriegsgerichtlich abgeurteilt. Armeerichter sofort fliegendes Kriegsgericht zusammenstellen«, sowie ebd. Fernschreiben von Reinhardt vom 23. Januar 1944: »Trotz Betriebsstoffknappheit und vielfach wiederholter Befehle trifft man noch immer auf mit Plunder beladene Kraftfahrzeuge. Ich habe Feldjäger und Wehrmachtsstreifen angewiesen, Fahrzeuge, die nicht mit kampfnotwendigem Gerät beladen angetroffen werden, an Ort und Stelle zu beschlagnahmen und der nächsten Wehrmachtsfahrbereitschaft zuzuführen. Die verantwortlichen Vorgesetzten werde ich in jedem Falle vor ein Kriegsgericht stellen lassen.« Ebd. auch AOK 4 an VII. P. K. Kom. General, 23. Januar 1945: »Ich richte die dringende Forderung an Sie, dafür zu sorgen, daß die Ihnen unterstellten Truppen keinen Schritt nach rückwärts sich absetzen, ohne nicht vorher die Genehmigung der Armee eingeholt zu haben. Von dem Grade der Standhaftigkeit des VII. Panzerkorps hängt der Bestand einer ganzen Armee ab, gez. Hossbach.«

[12] BA-MA, RW 4/v.709: Chef OKW/WR (I/3) Nr. 101/45g. Mit äußerster Härte sollten Verletzungen von Dienstpflicht und Kampfmoral durch jeden Soldaten, auch gegenüber Vorgesetzten, durchgesetzt und im Falle von Verletzung mit Waffengewalt geahndet werden. Siehe hierzu auch OKW-Erlaß vom 5. Februar 1945, BA-MA, RH 19/ XV/3, Chef OKW/Id Nr. 10/45g.: »Gegen Versagen in Einsatzbereitschaft und Pflichterfüllung [...] aller Dienstgrade ist mit härtesten Strafen einzuschreiten, weil sie der Zersetzung der Wehrkraft Vorschub leisten.«

[13] Vgl. hierzu Heinrich Schwendemann: ›Deutsche Menschen vor der Vernichtung durch den Bolschewismus zu retten.‹ Das Programm der Regierung Dönitz und der Beginn einer Legendenbildung, in: Jörg Hillmann/John Zimmermann (Hg. im Auftrag des Militärgeschichtlichen Forschungsamtes): Kriegsende 1945 in Deutschland, Beiträge

bedeutete dies den tausendfachen Tod. In den fünf verbleibenden Kriegsmonaten des Jahres 1945 fielen mehr deutsche Soldaten als in den beiden Jahren 1942 und 1943, insgesamt etwa 1,2 Millionen. Nur die wenigsten Generäle waren bereit, den von ihnen befohlenen letzten Opfergang ihrer Truppen in der Schlußphase zu teilen: Von 3149 Generälen der Wehrmacht fielen 372 im Einsatz, weitere 171 starben in Kriegsgefangenschaft. Die Todesrate ihrer Mannschaften war doppelt so hoch.[14]

Der Schwerpunkt der sowjetischen Operationen lag zum Jahreswechsel 1944/45 auf dem Mittelabschnitt der Ostfront. Hierhin, nach Ostpreußen, war Stölten nach den Ereignissen aus Warschau abkommandiert worden. Nicht überraschend griff die Rote Armee Mitte Januar 1945 auf einer Breite von rund 750 Kilometern aus ihren Brückenköpfen an Narew[15] und Weichsel an. Die materielle und personelle Überlegenheit der Roten Armee gegenüber den deutschen Truppen war ungeheuer. Schon am ersten Tag der Offensive (14. Januar 1945) wurden die Linien der 9. Armee und der (Stöltenschen) 4. Panzerarmee durchbrochen. Viele Verbände wurden an diesem Tag aufgerieben und eingeschlossen.[16] Hinter den deutschen Frontverläufen sorgte nach den schlechten Erfahrungen des Rückzugs der Wehrmacht auf dem Gebiet der Sowjetunion ein gestaffeltes System aus Sperr- und Kontrollzonen für Disziplin. Himmler, der mit Hilfe eines eilends geschaffenen Befehls- und Kommandostabes die zurückweichenden Wehrmachttruppen zur ›Heeresgruppe Weichsel‹ zusammenfassen sollte, meldete am 23. Januar an Fegelein, es gäbe keine Front mehr, »nur ein großes Loch«.[17] Über 3,5 Millionen Deutsche befanden sich zu diesem

---

zur Militärgeschichte, 55, München 2002, S. 9-33. Siehe ebenfalls Walther Hubatsch: Flüchtlingstransporte aus dem Osten über See. Die letzten Geleitaufgaben der deutschen Kriegsmarine, in: Jahrbuch des ostdeutschen Kulturrates, 9 (1962), S. 404-427.

[14] Zahlen nach Neitzel: Abgehört, S. 503, Fn 188.

[15] Zu den Ereignissen am Narew-Brückenkopf, wo Stölten den russischen Angriff erwartete, siehe BA-MA RH 20-4, 623 sowie BA-MA RH 20-4, 626. Demnach befand sich Stölten vermutlich an einem vorgeschobenen Gefechtsstand bei Bartniki, 5 km nordöstlich von Praschnitz.

[16] Mit großer Aufmerksamkeit wurde diese Entwicklung von der politischen Führung aufgenommen, schuf die Rote Armee doch mit ihren Bewegungen Voraussetzungen für den späteren Angriff auf Berlin. So notierte Goebbels am 16. Januar 1945 in sein Tagebuch den zutreffenden »Eindruck, daß die gesamte Mittelfront ins Rutschen gekommen ist« und fand dies vier Tage später »geradezu beängstigend.« Elke Fröhlich (Hg. im Auftrag des Instituts für Zeitgeschichte und mit Unterstützung des Staatlichen Archivdienstes Rußland): Die Tagebücher von Joseph Goebbels, S. 135 sowie S. 165.

[17] BA-MA, RH 2/331a: Fernschreiben Himmler an Fegelein vom 23. Januar 1945. Zitiert nach: Kunz: Wehrmacht, S. 84.

Zeitpunkt bei eisiger Kälte auf einer improvisierten, verzweifelten Flucht vor der immer rascher sich nähernden Roten Armee.[18] Auch Stölten wurde Zeuge, allerdings angeordneter Fluchtbewegungen und berichtete diese, in bemühter Harmlosigkeit, seinen Angehörigen:

> Zuweilen bin ich Tag und Nacht unterwegs im Krisengebiet Deutschland, rolle über letzte vereinsamte und verstörte Gänseseelen und drücke meinen Wagen durch kilometerlange Kuhherden mit Muhgebrüll, Gehupe und einigen derben Schubsen. Türmende Kühe sind in ihrer Komik der Bewegung erbauend – doch sie gehören in die Nähe der Trecks. Da rollen auf Sandwegen ab und zu von Fliegern gehetzt Mädchen in feschen Pelzen, Kriegsgefangene auf Leiterwagen mit Truhen und Säcken, manchmal sind auch nur 10-12jährige Kinder auf dem Bock, dahinter das Gesicht scheint zu sagen, sie hielten die Russen ja doch nicht auf. (18. Oktober 1944)
>
> Himmel, wir erben ein Gut! – Ja, Himmel! Die allgemeine Tristesse, die die militärische Lage in das Land trug, wurde heute wieder uns allen nah und deutlich. Heute morgen bekamen die Zivilisten Befehl, binnen 4 Stunden zu räumen. Die ›Gnädige‹ hatte eine phantastische Ruhe und Umsicht, doch beim Abschied waren in allen Augen doch ein paar Tränen. Der Treck ging los.[19]

---

[18] Vgl. hierzu den einschlägigen Bericht von Marion Gräfin Dönhoff: Namen, die keiner mehr nennt. Ostpreußen – Menschen und Geschichte, München 1977, siehe S. 10f., 20f.: »Mitte Januar war die russische Offensive losgebrochen gegen eine Front, die dünn und zerbrechlich war wie das Eis im Frühjahr. Es gab deutsche Divisionen, die nur noch aus ein paar hundert Mann bestanden. Es gab Panzereinheiten, die ein Drittel ihrer Fahrzeuge sprengten, um auf diese Weise Treibstoff für die restlichen Panzer zu gewinnen. Und es gab in der Führung niemanden – nicht einen einzigen der doch in hundert Schlachten bewährten Generale –, der den Mut gehabt hätte, Hitlers dilettantische Strategie vom Tisch zu fegen und die Führung selbst in die Hand zu nehmen, um wenigstens dieses sinnlose Sterben zu verhindern […]. Und so kam es, daß jene chaotische Situation heraufbeschworen wurde, in deren Strudel auch ich geriet. Nämlich das Ineinanderfluten von drei großen Wellen: Das Zurückströmen einer geschlagenen Armee, die planlose Flucht der Bevölkerung und das Hereinbrechen eines zu äußerster – vergeltender – Grausamkeit entschlossenen Feindes […]. Diese merkwürdige Mentalität der Nationalsozialisten: das Unmögliche zu wollen, die fehlenden Kräfte durch Illusionen zu ersetzen und jeden, der diese Illusionen nicht teilte, als Verräter zu behandeln, diese Methode hatte gerade in jenen Januartagen erstaunliche Blüten getrieben. Als die Not am größten war und die irrsinnige oberste Führung ihre Quittung augenfällig präsentiert bekam, begann der ›größte Feldherr aller Zeiten‹ wild um sich zu schlagen, Soldaten wurden erschossen und Generale abgesetzt. In jenen verzweifelt kritischen Januartagen, in denen viele Hunderttausend Deutsche – Soldaten und Zivilisten – umkamen, hat Hitler einen Heerführer nach dem anderen ausgewechselt [darunter auch den Oberbefehlshaber der 4. Armee, Hoßbach, A.I.].

[19] Peter Stölten an Dorothee Ehrensberger, Brief vom 20./23. Oktober 1944.

Am 31. Januar erreichten sowjetische Truppen Küstrin und standen damit 60 Kilometer vor Berlin. Peter Stölten war zu diesem Zeitpunkt schon eine Woche tot.[20]

VI.2. Stöltens letzte Briefe

Welche Zeugnisse haben wir von Stölten aus der Phase des militärischen Zusammenbruchs? Erst elf Tage vor seinem Tod reißt die Korrespondenz ab; vorher erreichte Eltern, Freundin, Freunde und Patenonkel regelmäßig Post, die ein vielgestaltiges Bild seiner Verfassung spiegelt. Die Briefe seiner Angehörigen hingegen unterlagen in dieser Phase häufigen Zustellschwierigkeiten.[21] So fand Stölten Mitte Oktober 1944 bei einem Aufenthalt auf

---

[20] Der Zeitpunkt von Stöltens Tod korreliert damit mit jener Phase, in der über den gesamten Kriegsverlauf hinweg deutlich die höchste Wahrscheinlichkeit für einen deutschen Soldaten vorlag, im Kampf zu sterben. Im Januar 1945 fielen 8,5% der deutschen Soldaten, nach Statistik der deutschen Dienststellen insgesamt 451.742 Männer – so viele deutsche Soldaten starben in keinem anderen Monat des Zweiten Weltkrieges zuvor und danach. Es ist dies wohl maßgeblich der übermächtigen russischen Offensive geschuldet. Als Angehöriger des Jahrgangs 1922 ist Stölten damit zu jenen 31,4% Soldaten dieses Geburtsjahres zu zählen, die ihren Einsatz im Krieg nicht überlebten. Dieser Jahrgang steht mit 4,3% Toten der Gesamttoten der deutschen Soldaten an zweiter Stelle der Statistik mit den höchsten Verlustzahlen. Nach dem Bevölkerungsstand von 1938 hatte Stöltens Jahrgang eine männliche Gesamtstärke von etwa 650.000. Zu den Zahlen vgl. Overmans: Deutsche militärische Verluste, S. 234 sowie S. 239.

[21] Insbesondere das unverschuldete Ausbleiben von Dorothees Briefen war für Stölten schwierig. Es sei gestattet, daß an dieser Stelle mit dem Versuch einer Traumdeutung Stöltens Verhältnis hierzu beleuchtet wird. Aus Warschau hatte Stölten Dorothee Ehrensberger einen seiner Träume geschrieben: »Gestern träumte ich endlich einmal wieder von Dir. – Bahnhofstunnel Schlachtensee. Ich stehe am Schalter und sehe mich um. Auf der Treppe steht in blauem Mantel Petrine [eine gemeinsame Freundin, A.I.]. Darunter, mir zugewandt, groß, gerade, schlank in einem weißwollenen senkrecht fallenden Mantel: Dorothee. Die Haare etwas dunkler, überhaupt ein klarer Kontrast zwischen hell (Haut) und dunkel (Haar, Augen, Lippen) im Gesicht, – ein schönes Bild, Du erzähltest mir, warum Du müde seist und ich fand nur noch Zeit zu sagen, daß es nicht nötig sei, daß Du berichtest darüber.« Peter Stölten an Dorothee Ehrensberger, Brief vom 16. September 1944. Gleich im Anschluß an diesen Traum berichtet Stölten von den dann glücklich eintreffenden Briefen Dorothees vom 5.-10., 11., 12., 13. September, woran man ihre dichte Schreibfrequenz ablesen kann. Stölten empfand jede durch Poststau oder auch einmal andere Umstände entstandene Pause schmerzhaft, hatte gleichzeitig aber den Anspruch, keinerlei Druck durch Nachfragen auf seine Freundin auszuüben, die ihn im Traum als ordnendes, reines Wesen, fast wie eine Heilige, mit dem Bekenntnis einer Müdigkeit ansprach. Daher fand er sogar im Traum eine Formulierung des Verständnisses, die ihm im wachen Zustand innere Verhaltensformel gewesen sein mag. Vgl. zu den verunsicherten Reaktionen auf ausbleibende Post Humburg: Das Gesicht des Krieges, S. 248ff.

einem Gut, wo er die »Dinge allhier ruhend und doch bewegt, eintönig und doch bunt, abstossend und doch erholsam« beurteilte[22], Zeit, auch entfernteren Bekannten zu schreiben:

> Generalperspektiven gehören heute hierher: Klubsessel, eine Gnädige mit Fingernägelbeschau und gewinnenden Formen, Witze von 1933 und vor der Tür die Lebensverhältnisse von 1946 [sic], Krieg eines Versorgungsoffiziers [...] in einem Zipfel des Reiches auf einer Insel im größten Elend! Die innere Insel, auf die man krötenhaft zum Abend zu kriechen gewohnt war: Post – bleibt aus. So kann ich bei der sehr geringen Zeit, die ich zumeist habe, mehr in die Runde denken, bin ich nicht ausschließlich damit beschäftigt, die Bälle zurückzuschlagen, die in rasanter Folge kommen [...]. Die gefährlichen Nummern in diesem Wanderzirkus waren bislang vergeben, doch werde ich in die wahrscheinlich leer und leerer werdenden Stellen vorne nachrücken – – es wird auch Zeit. Gutssitz und 2 Wagen, geschenkte Kühe etc. ist des sogenannten Guten zu viel.

Durch die Erlebnisse von Warschau, so nahm es Stölten selbst wahr, hatte der

> Krieg als inneres Erlebnis eine entscheidende Wende erhalten vom persönlichen Abenteuer, was es für mich in 1. Linie war, zu einem höheren Ernst, der mich noch nicht hart genug findet – immer noch zu viele Wünsche und noch nicht das Gefühl im Ganzen hinter der Erkenntnis, daß zur Zeit alles daran krankt, daß jeder noch hofft, immer wieder wenigstens den anderen Tag zu erleben, statt alles einzusetzen! Gehorsam, mehr haben wir nicht zu verantworten. Wenn Du wüßtest, wie müde alles ist [...] wir waren alle erschreckt. Dies muß anders werden, sonst ist nicht viel zu hoffen. – Aber auch in mir ist der Wurm drin, von dem ich jedoch hoffe, daß er wieder zugrunde geht in der stärkeren Welt des Einsatzes, der ja auch für mich bald wieder kommen muß.[23]

Als Troßführer bei einem Divisionsstab in Ostpreußen wartete auf ihn

> der Krieg um die ostelbischen Güter, das ganze schreckliche Bild des Krieges im eigenen Land – was kommt? Schon da! 2 Tage und Nächte war wieder der große Betrieb und keine Zeit zum Schreiben. Nun fahre ich gleich vor und übernehme die Kampfstaffel der Abteilung, das heißt den Rest, der nach den wenigen dicken Tagen noch kampfbereit ist. Gestern fiel der Kommandeur.[24]

---

[22] Peter Stölten an I., Brief vom 19. Oktober 1944. Auch das folgende Zitat ist diesem Brief entnommen.
[23] Peter Stölten an Dorothee Ehrensberger, Brief vom 18. Oktober 1944. Die Formulierung des inneren Erlebnisses Krieg entlehnte Stölten dem Roman von Ernst Jünger: Der Kampf als inneres Erlebnis, Berlin 1922.
[24] Peter Stölten an Dorothee Ehrensberger, Brief vom 20./23. Oktober 1944. Im gleichen Brief resümierte er sein Jahr 1944: »Nicht häufig erlebt einer so viel Vielseitiges. Was hat

»Keine Sekunde ohne Kampflärm. Wie sehr hat sich der Krieg in den letzten drei Jahren geändert?«[25], tauchte als Motivfrage immer wieder zwischen den Zeilen auf. Stölten, der immerhin einmal an einem der weltbesten Panzertypen ausgebildet worden war, reagierte entsetzt auf den Zustand des einstigen Blitzheeres und »bis zu Tränen wütend über unsere Blechbüchsen […], als ich schwerste russische Sturmgeschütze zu 4 Stück daran mit der Breitseite vorbeiziehen sah, und ein Schuß nach dem anderen abprallte, außer einen zum Brennen aber nicht zum Halten brachte.«[26]

Halb zynisch, halb scherzhaft hatte er wenige Tage zuvor in gleicher Anspielung auf die Anforderungen in der Rolle materieller Unterlegenheit einen Brief an die Familie mit »Liebe Partisanen der Zukunft, Garanten der Zukunft, lieber Volkssturmmann und lieber Reservemann Opa!« addressiert.[27] Er fühlte seine »Wesensschatten tanzen auf einer Skala mit Minus davor […], verstand zutiefst, wenn nicht voll Sehnsucht, Ostpreußens Neigung zu starken Schnäpsen«[28] und kämpfte schwer darum zu lernen,

> daß alles Schicksal von Gott kommt und seiner Unentrinnbarkeit wegen zufrieden genommen werden will – und <u>doch</u> zu lieben, zu planen und zu bauen. D.h., zu gleicher Zeit die Nichtigkeit und auf der anderen Seite Größe und Auftrag des Lebens zu erkennen.[29]

Der formulierte Widerspruch zwischen einer Nichtigkeit allen Lebens und dem dennoch so wichtigen Bejahen desselben war im fiktiven Lazarett-Gespräch wenige Monate zuvor dadurch aufgelöst worden, daß ein Nicht-Vertrauen auf Gottes unerforschliche Wege als Schwäche ausgelegt und mit Klassiker-Zitaten bestritten worden war. Nun machte sich die Furcht einer etwaigen Sinnlosigkeit wieder breit. Auch wenn Stölten stark gegen sie ankämpfte, schloß er doch – wie die Schlußsätze der folgenden Brief-

---

man auf allen Gebieten gelernt! Käme doch einmal die Zeit und Gelegenheit, all das anzuwenden! Ein buntes Jahr: Fallingbosteler Kameradschaft, Verduner Entdeckerlust und Wohlleben, Rabenhorst malen, Du und Theater, Fkl-Fibel [Stölten hatte diese illustrieren dürfen, A.I.], Wien, Budapest, Paderborn, die neusten Panzer, Hauptquartier, dazwischen wieder Dorothee, Rüstungswerke, Chateaus [sic] und Wein (wie immer), Invasion mit allen Erlebnissen, Lazarett, Frankreichs Kathedralen, wieder Paris, Sonnenfahrt durch Deutschland, […]. Warschau, erst Führer der Sturmgeschütze selbständig, – dann Pech, nun Ostfront, nach x Sachen Trossführer.«

25 Peter Stölten an Dorothee Ehrensberger, Brief vom 25. Oktober 1944.
26 Ebd.
27 Peter Stölten an seine Familie, Brief vom 18. Oktober 1944.
28 Peter Stölten an Dorothee Ehrensberger, Brief vom 11. November 1944.
29 Ebd.

passage belegen – keinen Frieden mehr mit der damaligen Argumentation. Vergessen fand er wohl für ein paar Stunden, als er in einem der Wehrmacht überantworteten Gut durch die dortige Bibliothek stöberte. Während sich um ihn herum die Zivilisten zu Trecks zusammenschlossen, las und charakterisierte er mit stilsicherer Feder, ohne wirklich aufnehmen zu können

> den klugen Lichtenberg, den gefallsüchtigen Wilde, den weltfern versponnenen Rilke, dunklen Dostojewskij, den mattgefärbten tiefen Hofmannsthal, verliebten Binding, blassen Hesse, E.A. Poes herrliche Grausamkeiten, den wegen seiner Eleganz und spielerischen Phantasie reizvollen, sündhaften und vielgelästerten Boccaccio, den erfrischenden stets genießbaren Wilhelm Busch, den Modedichter Eugen Roth, Verlaine, de Valéry, Li-tai-pe, Hölderlin, kaum etwas richtig. Alles lag in einem Bett und versank im Schlund einer Müdigkeit und fand in meinem Wesen keine Stelle mehr, an die es sich wenigstens für die Vergänglichkeit einer Stunde hätte anschmiegen können, geschweige denn eine, die etwas ganz in sich aufgenommen hätte. Doch wer weiß, ob es nicht morgen wieder losgeht wie die Feuerwehr, weil der Russe befiehlt, ob ich nicht morgen schon in schweren Gedanken oder in heißbebendem erwartungsvollen Übermut in den Angriff rolle?[30]

Stölten fühlte in diesen Tagen wie ›zweigleisig.‹ Einerseits empfand er starke Lebensintensität in der ihn umgebenden Zerstörung und konnte dem ihn umgebenden Untergang eine gewisse Ästhetik nicht absprechen:

> So erlebt man den Tag wieder intensiver, lebt heftiger und sieht in Pausen mehr Schönheit eines Morgens oder das Besondere einer Nacht, wo vor und hinter einem alle Gehöfte lichterloh brennen und immer mehr von den Russen in Brand geschossen werden, so daß man schwarz über den weithin smaragdgrün leuchtenden Wiesen steht, genießend und die Geräusche des nahenden Feindes belauschend, wenn man nicht die kalte Nacht auf kaltem Eisen im Winde zu verschlafen sucht.[31]

Müssen wir uns, so wie Camus im *Mythos von Sisyphos* schrieb, Stölten als einen innerhalb seiner soldatischen Welt »glücklichen Menschen«[32] vorstellen, wenn er im gleichen Brief formuliert: »Jetzt muß ich mich nur wieder um Einiges kümmern, denn seit heute ist meine Erwartung wahr: Ich bin wieder, was ich war, 1. Zugführer (allerdings auch einziger) in der 1.! Kompanie

---

[30] Ebd.
[31] Peter Stölten an Dorothee Ehrensberger, Brief vom 25. Oktober 1944.
[32] So Camus' bedeutende philosophische Schlußfolgerung »über einen Menschen, der in einer absurden Welt auf sich selbst zurückgeworfen dennoch durchhalten müsse.« Vgl. Albert Camus: Der Mythos von Sisyphos. Ein Versuch über das Absurde, Reinbek bei Hamburg 1978, Vorwort.

und mit Geschick und Vorgesetzten sehr zufrieden.«? Andererseits gab es einen Teil in ihm, der »Tod und Untergang, Massenmord Europas sieht!!«[33] und sich wünschte: »Ach, 17 möchte ich noch einmal sein, mir Häuser bauen, Bilder malen, Frau und Kinder erträumen, an ein rauschendes Leben glauben ohne einmal zu fragen, ob es wohl wahr werden könnte! Heute tut dies alles weh und darf ich's? Wieviel ärmer bin ich geworden.«[34] Um ihn herum befand sich zeitgleich seine nächste Umgebung in Auflösung:

> Wenn ich jetzt auf die Straße ginge und dem Posten erzählte, eben wäre eine Sondermeldung gekommen, wonach gestern das letzte amerikanische Flugzeug über Deutschland war, während heute alle vernichtet seien wie in Zukunft, würde es die Kompanie in einer Minute ohne daran zu zweifeln aufgenommen haben, soweit ist der Wunderglaube, das Aufsaugen von Weissagungen, astrologischen Berechnungen, Bibelstellen und Parolen aller Art. Ist das bei Euch auch so toll, und toll die Internationalität der Urheber? Ich unterbinde dergleichen soweit ich kann, bin mir nur noch nicht im klaren, ob sie in weitsichtiger Berechnung vom ausländischen Geheimdienst, in einer Berechnung auf heute und morgen von uns oder nur von den verängstigten Herzen des Volkes aufgebracht wurden.[35]

Wenige Tage später wurde er (für ihn selbst ironischerweise) »vorübergehend spaßeshalber NSFO, d.h. national... Führungsoffizier [sic] und alias ein Jünger unseres Doktors, fühle mich dabei aber nicht allzu wohl.«[36] An seine Freundin schreibt Stölten deutlicher: »Nachteilig ist dabei die angeborene Scheu vorm NS-Phrasendreschen. Alle Informationsblätter bleiben liegen und ich sauge aus den Fingern und zum Schluß ist es genau dasselbe.«[37] Mit diesem durchaus wagemutigen Brief belegt Stölten erneut Distanz zum politischen System.

Nationalsozialistische Führungsoffiziere waren seit Dezember 1943 eine Institution innerhalb der Wehrmacht, deren Aufgabe in der politisch-weltanschaulichen Indoktrination der Soldaten bestand.[38] Zwischen Dezember 1943 und dem Ende des Krieges widmeten sich annähernd 50.000 Offiziere

---

[33] Peter Stölten an Dorothee Ehrensberger, Brief vom 11. November 1944.
[34] Peter Stölten an Dorothee Ehrensberger, Brief vom 3. Januar 1945.
[35] Peter Stölten an seine Familie, Brief vom 15. November 1944. Zum Phänomen des Gerüchtes vgl. Gordon W. Allport/Leo Postman: The psychology of Rumor, New York 1965. Zu den Bemühungen der Wehrmachtführung, Gerüchtebildung im Rußlandkrieg für ihre Zwecke zu nutzen, vgl. Humburg: Das Gesicht des Krieges, S. 235ff.
[36] Peter Stölten an Margarete Stölten, Brief vom 19. November 1944.
[37] Peter Stölten an Dorothee Ehrensberger, Brief vom 24. November 1944.
[38] Zu Genese und Wirkung der NSFO, vgl. die Dissertation von Arne Zoepf: Wehrmacht zwischen Tradition und Ideologie. Der NS-Führungsoffizier im Zweiten Weltkrieg, Frankfurt a.M. 1988.

aller Wehrmachtsteile der politischen Schulungs- und Erziehungsarbeit. Die Partei hatte sich, wie schon oben bemerkt, damit ein weiteres ›Einfallstor‹ innerhalb der Wehrmacht geschaffen. Ziel war, mit dem NSFO als »Typ des kommenden deutschen Offiziers« einen »richtungsweisenden Bannerträger« zu schaffen, »der alle Opfer bringt, um aus dem deutschen Offizierskorps und der gesamten Wehrmacht eine einzige Willensgemeinschaft zu formen, die uns der Garant des Sieges ist.«[39] Der NSFO sollte Endsiegfanatismus erzeugen und denkbare Formen des Zweifels oder der Resignation weitermelden, für die die Todesstrafe angedroht wurde.[40] Hierfür gab es umfangreiches Schulungsmaterial, das in der Partei-Kanzlei vom OKW und den Oberkommandos der Wehrmachtteile herausgegeben wurden.[41] Häufig erreichten diese Unterlagen wegen des beginnenden Zusammenbruchs aber nicht mehr ihre Empfänger, insbesondere an umkämpften Fronten, oder konnten wegen Papiermangels nicht in ausreichender Menge gedruckt werden.

Der tatsächliche Nutzeffekt der mit soviel Erwartungen aufgebauten Institution dürfte gering gewesen sein, zumal die Wehrmachtselite die Einführung eines ›Politoffiziers‹ mehrheitlich ablehnte.[42] Der geringe nachzuweisende Mobilisierungseffekt mag auch dadurch bedingt gewesen sein, daß durch die truppeninterne Auswahl ab Regiments- und Bataillonsgröße[43] Männer zum NSFO ernannt wurden, die schlicht das Vertrauen der Mannschaften hatten und bisweilen ganz und gar keine Nationalsozialisten waren.[44] Die

---

[39] BA-MA RH 6/404. Vorträge während des 5. NSFO-Lehrgangs vom 5.-17. Juni 1944, Auszug der Rede des Obersten Hübner. NSFO als Institution waren eine Kopie der sowjetischen Politkommissare.

[40] Den Katalog über die Gründe zur Verhängung der Todesstrafe stellte der Chef-NSFO der Luftwaffe mit Erlaß vom 1. November 1944 zusammen. Als Punkte wurden u.a. genannt: »Zweifel am Führer und am Endsieg, Äußerungen gegen die NS-Weltanschauung, Zweifel an der Berechtigung des den Deutschen aufgezwungenen Lebenskampfes, Äußerungen mangelnden Vertrauens in die deutsche Kraft, den Angriffsgeist der Truppe oder die Schlagkraft der deutschen Waffen, Verbreitung von Nachrichten oder Kampfmüdigkeit, Zweifel am Sieg, Zweifel am Übel des Bolschewismus oder Favorisieren westlicher Demokratien«, Rudolf Absolon: Das Wehrmachtstrafrecht im Zweiten Weltkrieg, Kornelimünster 1958, S. 90ff.

[41] Vgl. etwa BA-MA, RH 19 IV/250: AOK 19/Abt NSF, Mitteilungen für den NSFO Nr. 1/45 vom 7.1.1945.

[42] Manfred Messerschmidt: Die Wehrmacht im NS-Staat. Zeit der Indoktrination, Hamburg 1969, S. 372 sowie S. 452.

[43] Bis zur Ebene der Divisionsstäbe wurden den jeweiligen Kommandeuren NSFO zugeteilt und auch direkt unterstellt. Auf Kompanieebene wurde automatisch der Kompaniechef, darunter der Zugführer NSFO. Vgl. Kunz: Wehrmacht, S. 241.

[44] Vgl. die Beispiele bei Arne Zoepf: Wehrmacht zwischen Tradition und Ideologie. Der NS-Führungsoffizier im Zweiten Weltkrieg, Frankfurt a.M., S. 166ff.

eigentlich vorgeschriebene Eignungsprüfung durch die Partei fiel in den Endkriegswirren zumeist aus; so blieb der Titel bis zum Schluß an Stölten hängen.

Stölten hinterfragte in dieser Zeit sein Leben und fand es »voll einer hohen persönlichen Unsicherheit und voller Zweifel – trübe.«[45] Eine Anrede in einem Brief an einen promovierten Bekannten vom 1. November 1944 spiegelt wider, wie sich Peter Stölten – wenn auch vielleicht nur in dem Moment und auch um zu provozieren – empfand: »Lieber Doktor! Die üble Anrede, mit der ich den Abstand eines Schlächters vom geistigen Menschen zum Ausdruck bringe, ohne es an sich zu wollen, bitte ich darum, nicht übel zu nehmen.« Seine größte Hoffnung war es, seine Freundin auf dem vorweihnachtlichen Urlaub in Zehlendorf zu treffen. War ihm inzwischen »der Pinsel so fremd geworden wie einem Eskimo ein Fischbesteck«[46], sollte die Begegnung in Berlin an Lebensmut zurückgeben, was der Krieg verschlissen hatte. Es wurden glückliche Tage, und doch manifestierte sich ein für sein junges Alter ungewöhnlicher Konflikt: Peter quälte sich damit, ob er als künftiger Künstler mit möglicherweise unstetem Lebenswandel seine Freundin so an sich binden dürfe, wie er es sich im tiefsten Herzen wünschte. Selbstzweifel und hohe Ansprüche an die eigene Verantwortlichkeit für das Glück des ihm liebsten Menschen machten den Abschied von Zehlendorf diesmal besonders schwer. Er hatte Dorothee Ehrensberger nur kurz gesehen, mußte schon wieder für eine ungewisse Zeit loslassen, sich auf Briefe beschränken und fürchten, sie niemals wiederzusehen. In einem auf die Berliner Tage rückblickenden Brief wird das ganze Ausmaß der inneren Krise deutlich, auch wenn er seine Ratlosigkeit zu Recht als »die Schuld der Zeit«[47] erkannte. Er gestand seinem Freund Udo ein: »Ich befinde mich im Moment und die nächste Zeit noch in einer Krisis, deren Auswirkung Du im ›Gespräch‹ verspürt hast. Du hast mich da nicht ganz verstehen können, da ich es nicht vermochte, mich hinreichend auszudrücken.«[48] Die Zeit nach dem Krieg, der sein Leben so bestimmt hatte, stellte er sich »dunkel und hoffnungsarm und voll unerhörter Armut«[49] vor, was »sicher sowieso eine völlig neue Einstellung dem Leben gegenüber notwendig« machte.

---

[45] Peter Stölten an Dorothee Ehrensberger, Brief vom 24. November 1944.
[46] Peter Stölten an Dorothee Ehrensberger, Brief vom 19. Dezember 1944.
[47] Peter Stölten an Dorothee Ehrensberger, Brief vom 21./22. Dezember 1944.
[48] Peter Stölten an Udo Schulz, Brief von Neujahr 1945.
[49] Peter Stölten an Dorothee Ehrensberger, Brief vom 21./22. Dezember 1944. Auch die folgenden Zitate sind, falls nicht anders kenntlich gemacht, diesem Brief entnommen.

> Doch wie lange wird dann diese notdürftige Ordnung währen? Nach diesem Krieg kommt bald, vielleicht in 20 Jahren, ein nächster, der sich heute schon fern erkennen läßt. In jedem Fall scheint mir das Leben dieser [seiner, A.I.] Generation durch Katastrophen bemessen.

»Mein Wachsen ist kümmerlich, da es sich widerstrebend nach einer Sonne sehnt, die im Rücken irgendwo steht. Mag es mir das Schicksal auch auf diesen Weg gesetzt haben, mein Ziel liegt nicht auf dem Weg, den ich seit Jahren zu gehen gezwungen bin.« Jedoch, so klar er dies wußte, so schwierig war es auch, ein privates Abseits zu leben und den Spagat zu halten. Während seiner Kriegszeit hatte er nur wenige Kameraden gefunden, die zum Freund taugten.[50] Davon waren die besten mittlerweile tot: »Wenn ich noch Kameraden wie Karl hätte, wäre dies auch schon leichter zu überschauen.« So aber sah er sich in der persönlichen Krise allein. Der Rabenhorst, sein Zehlendorfer Atelier, hing voll mit Sachen »die ich innerlich los bin.«
Als er an der Front wieder in der Welt war, »die mit meiner ursprünglichen nur die Grenze gemein hat«[51], gab ihm dann zwar »die kameradschaftliche Gebundenheit den besonderen Willen, im Kampf den fest erwarteten Schneid zu zeigen.«[52] Doch in seinen Augen geschah gleich einem Fluch, ähnlich wie in Warschau in seinem Dienstbereich, unmittelbar darauf ein Unglück. Stölten trug an einem Stellwerk mit die Verantwortung für Gleisregelungen, dabei unterlief ein Fehler:

> Zwei meiner Transporte brachten ein größeres Eisenbahnunglück zustande, da ein Lokführer ein Signal übersehen hatte. Ich bin gegen dergleichen inzwischen sehr empfindlich geworden, auch wenn ich nur äußerst unmittelbar beteiligt bin. Daß es gleich nach meinem Amtsantritt passieren musste, schien mir typisch, und die Warschauer Ereignisse kamen alle hoch. Seitdem habe ich ja irgendwo einen Sprung.[53]

In den Neujahrsgedanken am 1. Januar 1945 endlich konnte Peter Stölten »keine Ziele mehr« formulieren, nur noch »Wünsche«:

> Immer ohne Schwanken tapfer zu sein, und tapferer noch in meinem eigensten Leben, daß ich mich mit der Malerei herumschlage und nicht mit dem gleichen

---

50 Zum Begriff der Kameradschaft vgl. Hans-Paul Bahrdt: Die Gesellschaft und ihre Soldaten. Zur Soziologie des Militärs, München 1987, S. 94-99.
51 Peter Stölten an Dorothee Ehrensberger, Brief vom 23. Dezember 1944.
52 Ebd.
53 Peter Stölten an seine Eltern, Brief vom 31. Dezember 1944.

geringen Können dastehe wie nach diesem Jahr, oder wenigstens sonst erfahre, was mir Not tut. Dass ich im Ganzen ernst und treu bin, werde und bleibe.[54]

Entsprach Stöltens selbstvorgenommene Tapferkeit dem, über das im folgenden nur spekuliert werden kann? Der letzte Brief Stöltens an seine Familie datiert vom 14. Januar. Peter Stölten wußte von der ungeheuren Übermacht der Roten Armee[55] und »melde«(te) in Erwartung »des großen Schaltvorganges«, eines gehörigen »Schlamassels« beklemmend weitsichtig und ohne Einhaltung der von der Zensur geforderten Geheimhaltung über den genauen Aufenthaltsort »den geregelten Postgang ab.«[56]

> Liebe Familie!
> Täglich beginnt nun der Russe an einer Stelle einen Angriff. Vorgestern bei Baranow, gestern südlich Ebenrode und heute bei Roszan. Man tanzt seitdem ziemlich gespannt von einem Bein aufs andere, so wie ein Boxer, der hin und hertänzelnd den Schlag des Gegners möglichst günstig abfangen will. Nun kommt langsam Klarheit in den Laden und wir erwarten an einem der Brückenköpfe nun die Schwerpunktbildung, sitzen auf den warmen Karren und gepackten Klamotten und wälzen unsere Theorien und verwetten die Stunden, die uns noch bleiben und warten, – er kommt ja zu uns [...]. Seit Tagen gibt es für alle guten Vorsätze ja nur rote Striche. Und nun kommt davon ein ganz großes Gekrakel, auf das wir lächelnd und in aller Ruhe warten [...].
> So bleibt Euch mein alter Wunsch: Laßt es Euch gut gehen [...].
> Viele, viele Grüße Euch allen, Euer Peter.

Der Brief vermittelt große Ruhe, selbst beim heutigen Leser, der um die ungeheuren Kämpfe weiß, die um Peter tobten. Wie mag der Brief auf die Familie gewirkt haben? Half es ihr, daß Peter sich hier – ob real gefühlt oder in liebevoller Zugewandtheit bemüht, dies muß verborgen bleiben – in einer zuversichtlichen Gelassenheit präsentierte, die als letztes Zeugnis überdauert hat und mit langen Abständen über die Jahrzehnte immer wieder von den trauernden Angehörigen gelesen wurde?
Aus dem Bericht, den ein ehemaliger Kamerad Peters 30 Jahre später gab,

---

[54] Peter Stölten an Dorothee Ehrensberger, Brief vom 1. Januar 1945.
[55] Diese hatte er zuvor im letzten erhaltenen Brief an Dorothee Ehrensberger bereits erwähnt: »Vorhin hörte ich die Zahlen der gegenüberliegenden Divisionen – ich konnte nur noch lachen, lächerliche Überlegenheit! Soll ich wieder träumen und lohnt es denn, das Leben so ernst zu nehmen? – Ist Glück nicht auch ein Ziel des Lebens und wer fragt danach, woher es genommen wird?« Peter Stölten an Dorothee Ehrensberger, Brief vom 3. Januar 1945.
[56] Peter Stölten an seine Familie, Brief vom 14. Januar 1945.

ergibt sich ein Bild über die Ereignisse des 24. Januar 1945.[57] An diesem Tag, bei bedecktem Wetter und Frost[58], lautete der Befehl, deutsche Infanterie beim Gegenangriff auf ein bereits von der Roten Armee besetztes Dorf zu unterstützen.

> Ich steh' in Hosen und will mich waschen, kommt der Peter und sagt, ›zieh' Dich an, wir machen noch einen Gegenangriff. Der Russe ist in Jadden, wir haben Order, ihn dort rauszuwerfen.‹ Das heißt, die Infanterie zu unterstützen. Ich sagte, laß' uns erst die Kartoffeln essen, die sind grad' fertig. – Ich schreib' es Ihnen so wie es wirklich war. – ›Ach, die können wir nachher essen, es dauert nicht lang!‹ Ab ging die Post. Wir fuhren mit 4 Panzern mit Karacho rechts von der Straße über freies, schneebedecktes, hügeliges Feld. Vorn lag Jadden auf einer Anhöhe, am Ortsrand Bäume und dazwischen Pak an Pak und Panzer; da war der Iwan, den wir den ganzen Tag vergeblich versucht haben, aufzuspüren. Wir bekamen gleich Feuer und schossen selbst einige Pak's mit Erfolg ab. – Vor uns ein Hügel, noch rasch durch eine Mulde, mir kam sie gelegen, bot sie uns doch für einen Augenblick Schutz. Wir fuhren im Gefecht nebeneinander. Rechts von uns Peter, links von uns die beiden anderen Fahrzeuge. Kinsky, mein Kommandant, hatte das Kommando. Da, auf einmal unter uns ein Bersten, wir saßen fest, ich seh' nach rechts, Peters Panzer ebenfalls, links die beiden anderen auch. Da muß ein zugefrorenes Rinnsal mit Schnee bedeckt gewesen sein. Wir sackten ziemlich tief und der Kampfraum lief halbvoll Wasser, und das bei 20 Grad Kälte.

Von den vier losgefahrenen Panzern bekam nur Peter Stölten seinen Kampfwagen frei. Nachdem er vergeblich versucht hatte, die anderen Panzer herauszuziehen, fuhr er mit seiner Besatzung weiter.

> Es war das letzte Mal, daß ich ihn gesehen habe. Er fuhr einfach davon, ganz alleine auf den massierten Feind drauflos. Die anderen versuchten, den Panzer frei zu bekommen und rätselten, wie hat der Stölten das gekonnt? Mir war das so egal, ich in den Panzer an's Funkgerät und wollte den Peter zurückholen. Hab' auch Verbindung mit ihm bekommen, es war sehr schwer, weil wir in der Talsenke standen und die UKW-Wellen, unsere Funkgeräte waren mit solchen

---

[57] Bericht von P.W. an Dorothee Ehrensberger über die Ereignisse des 24. Januar 1945 vom 22. Januar 1975. Die folgenden Zitate sind, sofern nicht anders kenntlich gemacht, diesem 30 Jahre nach dem Ereignis verfaßten Bericht entnommen. Dieser und ein im folgenden noch zitierter Brief eines weiteren Kameraden (W.S.) vom 12. Oktober 1946 an Margarete Stölten sind neben dem Kondolenzschreiben Major Sahmels die einzigen Quellen, die zu den Umständen von Stöltens Tod vorliegen. Sie sind für eine Vorstellung von Stöltens Ende einziger Anhaltspunkt und werden daher – eingedenk der quellenkritischen Probleme, die P.W. ausräumen wollte (»Für all das Geschriebene hier gibt es Zeugen und Sie dürfen mir glauben, es ist wahr«, ebd.) – ausführlich zitiert.

[58] BA-MA RH 20-4/612: Ia Nr. T24/45 geh., A.H.Qu., Morgenmeldung vom 25.1.1945: »Wetter: Bedeckt, leichter Frost.«

ausgerüstet, die Eigenart haben, von Bodenerhebungen abgelenkt zu werden. Nun, ich bekam ihn und dürfte der letzte sein, der mit ihm gesprochen hat. Ich sagte, ›Komm' zurück‹, er fragt (das wörtlich), ›geht es um die eigene oder die allgemeine Lage‹, was sollte ich ihm sagen? Wir kannten ja nur die eigene Lage, ich durfte ihn doch nicht anlügen und wußte doch nichts zu sagen, ich hab' irgendwas gestammelt, da kommt ganz klar durch den Funk seine Stimme: ›P.W. nuschelt!‹. Ich antwortete ihm dann, daß es um unsere eigene Lage ginge. Er antwortete, ›dann muß ich weiterfahren, sonst kommt der Angriff zum Erliegen‹. […] Ich habe nichts mehr gehört! […] Der Angriff war gescheitert und wir vom Russen umgangen […] wir fuhren direkt auf Jadden los, er [Graf Kinsky, A.I.] hatte wohl Angst, wir könnten uns wieder festfahren und wollte es auf der Straße versuchen. Ich sagte: ›Mann, Sie fahren ja geradwegs auf den Russen los‹ und nun kam seine Einstellung, leider mit falscher Handlungsweise: ›Ich fahr' nicht zurück, erst muß ich wissen, was mit Leutnant Stölten ist‹. Das war das letzte, der Russe hatte uns längst ausgemacht und auf uns gewartet, seine Kanonen waren auf uns gerichtet, es gab einen Knall und Graf Kinsky sackte in den Turm […]. Ich konnte die angreifenden Russen mit dem Maschinengewehr erledigen, während die anderen Kameraden mit viel Mühe, aber unversehrt, den Panzer verließen. Das war schwierig, versperrte der tote Kinsky doch die Ausstiegsluke […]. Wir suchten den Major [Sahmel, A.I.] auf mit seiner dämlichen Order, wir haben ihn aus dem Schlaf geholt und wollten wissen, was mit Stölten los ist. Er sagte, es wäre alles gut verlaufen, anfangs, eben durch die Anwesenheit von Peters Panzer, auch die Infanterie wäre schwungvoll und zuversichtlich gewesen, er hätte in einem MTW [Mannschaftstransportwagen, A.I.] in unmittelbarer Nähe des Panzers gestanden, als der Panzer einen Treffer erhielt und später zu brennen anfing. Er sagte: ›Sie müssen alle tot gewesen sein, es waren keine Schreie zu hören‹.[59]

[59] Bericht P.W. an Dorothee Ehrensberger, 22. Januar 1975. Dieser Bericht ergänzt den bereits erwähnten Brief des Kameraden W.S. an Margarete Stölten vom 12. Oktober 1946 und verleiht ihm zusätzliche Glaubwürdigkeit: »Leider kann ich Ihnen nicht so ausführlich von Peters letzten Tagen berichten, wie Sie es vielleicht erhofft haben. Ich war gerade in dieser Zeit kaum mit Peter zusammen, da unsere Abteilungen in kleine Kampftruppen aufgeteilt war, die an ganz verschiedenen Stellen eingesetzt wurden. Den genauesten Bericht hat Ihnen mein ehemaliger Ladeschütze P.W. geben können, der damals im Panzer von Leutnant Graf Kinsky den letzten Angriff von Peter mitfuhr. Ich erinnere mich nur noch an unsere letzte Begegnung in der Unterkunft im Raume Mensgut-Passenheim. Es war in den Vormittagsstunden des Tages, an dem Peter den Kampfauftrag zu seinem Einsatz erhielt, den er mit seinem Tod besiegelte. – Ich sehe ihn im Gedächtnis noch in seiner stets lebenslustigen Art, die er in allen Lagen bewahrte, mit seiner Besatzung beisammen sitzen. Und dies mag wohl das Typische für Peter gewesen sein, daß er sich unter seinen Männern stets am wohlsten fühlte […]. An eben diesem Tage wünschten wir uns ein baldiges Wiedersehen, was uns leider versagt geblieben ist. Am nächsten Tag wurden die ersten Erfolge von Peters Kampfgruppe gemeldet. Der Kommandeur Major Sahmel lobte besonders Peters Kampfweise und machte sie zum Gegenstand einer Offiziersbelehrung; daß Peter nämlich, um seinen Panzer vor überraschtem Abschuß zu bewahren, aus dem Wagen stieg, sein Scherenfernrohr unter den Arm nahm und dem Panzer voranging, um das Gelände und die Feindlage zu erkunden.

Der Kondolenzbrief des zuständigen Kommandeurs seiner Panzer-Abteilung 302 war formuliert, wie es die Schulungsbücher in einem solchen Fall vorschrieben.

> Sehr geehrter Herr Stölten!
> Tief betrübt erfülle ich die traurige Pflicht, Sie von dem Heldentode Ihres Sohnes Peter in Kenntnis zu setzen. Ihr Sohn Peter war, nachdem es dem Gegner geglückt war, in Jadden einzudringen, beauftragt, eine Panzer-Kampfgruppe im Angriff auf diesen Ort zu führen. Es gelang ihm, in schneidigem Angriff den Ort wieder zu nehmen und die eigne Infanterie in ihre alten Stellungen zu führen. Er vernichtete dabei selbst mehrere Panzer, Pak und schwere Infanteriewaffen. Auf der Höhe seines Triumpfes [sic] über seinen Sieg erreichte ihn der feindliche Paktreffer, der seinen Wagen sofort in Flammen aufgehen ließ. Er und seine Männer waren sofort tot.
> Möge Ihnen die Tatsache, daß Ihr Sohn Peter sofort tot war und nicht zu leiden brauchte, ein schwacher Trost sein in dem Leid, daß Sie nun betroffen hat. Der Tod Peters, mit dem mich als Kommandeur ein besonders herzlich kameradschaftliches Verhältnis verband, reißt in den Reihen der Abteilung eine Lücke, die sich nie wieder wird schließen lassen.
> Mit dem Ausdruck meiner aufrichtigsten Teilnahme grüße ich Sie im Namen des Offizierskorps der Pz.Abt.302, als Ihr sehr ergebener
> Sahmel[60]

Die Briefmarke des Kondolenzumschlages zierte der Stempel einer Versicherung: »Eigene Vorsicht – bester Unfallschutz«.

> – Danach wurde die Abteilung verlegt und etliche Tage blieb jede Nachricht aus. In dem ersten Bericht danach wurde dann plötzlich gemeldet, daß Peter gefallen sei. Das bedeutete einen schweren Schlag für die Abteilung. Mich hat die Meldung besonders berührt, da ich mit Peter einen guten Kameraden verloren hatte, mit dem mich 4 Jahre gemeinsamer Erlebnisse verbunden hatten.«

[60] Kondolenzschreiben des Kommandeurs Major Sahmel, Panzer-Abteilung 302 (FKL), Abt. Gef.Std., 2. Februar 1945, Feldpostnummer 25 870 A. Mit Eingang dieses Briefes nahm die Familie Stölten zunächst den 1. Februar 1945 als Peters Todestag an. Die Pz.Abt. 302 stand jedoch an dem Tag, an dem Major Sahmel seinen Kondolenzbrief verfaßte, bereits etwa bei Heilsberg eingekesselt. Wie der Brief noch befördert werden konnte, ist unklar. Der Kampf um Jadden fand am 25. Januar 1945 statt. Dieser Tag oder der 24. Januar (Bericht P.W.) ist daher wohl als Stöltens Todestag anzunehmen. Im Rahmen der Bemühungen um eine Todeserklärung zur Erlangung einer Todesurkunde wurde festgestellt, daß der Tag, an dem Peter Stölten gefallen ist, nicht bekannt und Stölten vermisst ist. Keinerlei Nachrichten, Urkunden, Erkennungsmarke oder -nummer sind überliefert (vgl. Brief von Dr. Paul Rehfeld, 26. Mai 1950). Eigene Ermittlungen unter Angabe Stöltens letzter Feldpostnummer 56041 bei der in Berlin ansässigen ›Deutschen Dienststelle für die Benachrichtigung der nächsten Angehörigen von Gefallenen der ehemaligen deutschen Wehrmacht‹ ergaben leider das gleiche Bild. Vgl. Brief vom 2. September 2005, WASt, V/2-456, Hr. Kühmayer an Astrid Irrgang.

Das Dörfchen Jadden, nördlich Allensteins, wurde tatsächlich für wenige Stunden zurückerobert, bis es am nächsten Morgen von der Roten Armee endgültig überrannt wurde.[61]

---

[61] BA-MA RH 20/4-611. Ia Nr. T 25/45 geh.; A.H.Qu., den 25.1.45, VII. Pz.Korps, Hptm. Jagenberg, 23.10 Uhr: »Feind trat fast auf der gesamten Korpsfront mit starken Kräften, überall von Panzern unterstützt, im Laufe des 25.1. zum Angriff an. Es gelang ihm, um 8:00 Uhr angreifend, die schwache Sicherungslinie zwischen Roskitten und Wartenburg zu durchstoßen, Groß-Dammerau, Jadden, Alt-Vierzighuben zu nehmen und in den Seeburger Stadtwald einzusickern. Durch mehrfache Gegenangriffe von Roskitten auf Rosenau, das genommen wurde und wieder verloren ging, von Tollack auf Jadden, das zurückgewonnen wurde [...] konnte der Feind den Einbruchsraum nur langsam erweitern. Eigene schwache Kräfte stehen in diesem Raum nur bei Roskitten, Neu Vierzighubern, Tollack, Jadden, Groß Lenkendorf, südlich und ostwärts Zehnhuben. Durch diesen feindlichen Vorstoß ist der Zusammenhalt [... A.I.] der Front des Korps gefährdet.« Vgl. hierzu auch die Dokumentation des Tages in a) KTB OKW, 25. Januar 1945: »Nördlich Allenstein mußten die eigenen Kräfte, die nur aus Sicherungen bestehen, etwas zurückgenommen werden. In Ostpreußen Fortsetzungen der Absetzbewegungen« sowie b) Wehrmachtbericht vom 25. Januar 1945: »In Ostpreußen versucht der Feind, seinen Einbruch in Richtung Elbing nach den Flanken zu erweitern. Erbitterte Kämpfe sind im Gange. Östlich davon wurde unsere Verteidigungsfront an die masurische Seenplatte zwischen Ortelsburg, Lötzen und Angerburg zurückgenommen und gefestigt.« Zitiert nach: Erich Murawski: Der deutsche Wehrmachtbericht 1939-1945. Ein Beitrag zur Untersuchung der geistigen Kriegführung. Mit einer Dokumentation der Wehrmachtberichte vom 1.7.1944 bis zum 9.5.1945, Boppart a.Rh. 1962 (Schriften des Bundesarchivs, 9).

VII. Das Spektrum der Stöltenschen Briefe

VII.1. Zur Konstruktion der Studie

Wie groß auch immer sowohl beim Verfassen als auch beim Lesen der exemplarischen Kriegsbiographie Stöltens, die Bemühung um Distanz gewesen sein mag: Weil es sich um allzu Menschliches handelt, wird es zwangsläufig zu einer Form der Identifikation gekommen sein. Vielleicht äußerte diese sich beim Verfassen oder Lesen der vorliegenden Arbeit darin, Stöltens Sprachstrategien bisweilen selbst erlegen zu sein.
Ein Zeichen hierfür wäre etwa, wenn die von Stölten seinerzeit beabsichtigte verharmlosende Beschreibung seiner Kriegswelt trotz der in Hauptteil B diskutierten Vorbehalte zwischendurch tatsächlich glaubhafter wirkte als die ebenfalls skizzierten Fakten seiner jeweiligen Schreibumgebung, die allein den Subtext seiner Berichte aufspüren und die intendierte Absicht als solche aufdecken können. Stölten, so wie er sich selbst darstellt, ist gewiß eine angenehmere Vorstellung, als die eines tötenden Soldaten. Der Leser muß aber die Stärke haben, sich selbst keine Seite von Stöltens Erlebnishorizont durch dessen eigene Strategie beschränken zu lassen. Er ist aufgefordert, das zu denken, was Stölten verschweigt. Weil dies zwangsläufig Emotionen weckt, ist die Tendenz der retrospektiven Selbstgerechtigkeit im Urteil über das Vergangene groß und bedarf der Gegensteuerung. Dazu gehört das Eingeständnis, daß es sich bei der dargestellten Kriegsbiographie Stöltens um ein Konstrukt in mehrfacher Hinsicht handelt: Als Quelle lag nur vor, was Stölten selbst für mitteilungsfähig und -würdig hielt, seine Angehörigen mögen ihrerseits vielleicht nicht jeden Brief aufgehoben oder – sehr verständlich – manch allzu Persönliches vor fremdem Blick geschützt haben. Schließlich wurde für die vorliegende Arbeit aus dem vorhandenen Fundus noch einmal ausgewählt, wenn auch eingedenk des Hilbergschen Mottos: »Vollständigkeit plus Masse.«[1]
Die Gedanken der an dem Drama Beteiligten sollten möglichst intakt bleiben. Gleichzeitig sollten die Aussagen Stöltens durch zusätzliche Informationen etwa über den jeweiligen historischen Standort seiner Briefe ergänzt werden, was das kohärente Bild, das er vermitteln wollte, nicht selten bricht.

---

[1] Raul Hilberg: Unerbetene Erinnerung. Der Weg eines Holocaust-Forschers, Frankfurt a.M. 1994, S. 68.

Diese Arbeit mag deshalb streng genommen vielleicht eher selbst als eine historische Quelle über die Rezeption des Kriegserlebens eines Soldaten von 2005 gesehen werden, denn als eine Entschlüsselung Stöltens originärer Wirklichkeit. Bei dem Blick auf vergangene Epochen stört jene, die nicht Gegenstand der Untersuchung ist: die eigene. Insbesondere bei dem Bemühen, durch die in autobiographischen Texten enthaltenen Wirklichkeitskonstruktionen einstiger Menschen Vergangenes zu erklären, erschweren die eigenen zeitbedingten Wirklichkeitskonstruktionen die Grenze der Erkenntnisfähigkeit. Schon diese Überlegungen zeigen, wie bereits zu Eingang dieser Arbeit dargestellt, die Problematik der Unterstellung einer durch Feldpostbriefe rekonstruierbaren Authentizität auf. Das authentische Erleben Peter Stöltens aber entzieht sich für immer jeder Rekonstruktion. Wenn es überhaupt Authentizität gibt, so besaß ganz allein er sie, weil er seine Geschichte lebte und nicht um ihren Ausgang wußte.

Die ex-post-Perspektive lebt von der mehrfachen Vermittlung des Vergangenen. Hierdurch ermittelte Fakten werden nie identisch sein »mit der als ehedem wirklich zu denkenden Totalität vergangener Zusammenhänge.«[2] Diese ebenso herausfordernde wie Bescheidenheit gebietende Grunderkenntnis der Geschichtswissenschaft, daß »jedes historisch eruierte und dargebotene Erlebnis von der Fiktion des Faktischen lebt«[3]: Sie gilt besonders hier, wo die »Aura der Echtheit«[4] der Quelle leicht darüber hinwegtäuschen kann.

Unter dieser wichtigen, im übrigen für jede historische Studie geltenden Voraussetzung[5] nun zu der Frage, welche Informationen aus der Briefserie Stöltens gewonnen wurden und wie sie objektiviert werden können: Der Spannungsbogen seiner Kriegserwartung konnte durch Quellen der Vorkriegssozialisation und solche der Rekrutenzeit aufgezeigt werden. In den ersten Wochen des Krieges gegen die Sowjetunion agierte Stölten auf dem Höhepunkt seines Selbstbewußtseins. Bereits nach der Slobin-Schlacht im Juli 1941 aber erhielt die innere Übereinstimmung mit dem äußeren

---

[2] Reinhardt Kosellek: Darstellung, Ereignis und Struktur, in: Ders.: Vergangene Zukunft. Zur Semantik geschichtlicher Zeiten, Frankfurt a.M. 1989, S. 144-157, hier S. 153. Zitiert nach: Latzel: Deutsche Soldaten, S. 82.

[3] Ebd.

[4] Ebd.

[5] Zur Frage nach der wissenschaftlichen Möglichkeit und kulturellen Notwendigkeit einer Auffassung von ›historischer Wahrheit‹ vgl. Richard J. Evans: Fakten und Fiktionen. Über die Grundlagen historischer Erkenntnis. Aus dem Englischen von Ulrich Speck, Frankfurt a.M./New York 1999, S. 78-126, insbesondere Kapitel IV ›Quellen und Diskurse‹, S. 104ff.

Geschehen erste Sprünge. Sie führten aber zu keiner wesentlichen Verschlechterung der Verfassung Stöltens. Erst im Zuge der Invasion 1944 kam es zu einer wirklich krisenhaften Situation.

Die Mobilisierung von Sinnmustern als Kitt für den Bruch gelang zunächst; mit der weiteren Belastung durch die Erfahrungen im Warschauer Aufstandes aber agierte Stölten auf insgesamt signifikant niedrigerem Stimmungsniveau. Das Warten auf den nächsten Urlaub, der Entwurf von Zukunftsperspektiven: Diese Orientierungspunkte jenseits der Kriegswelt funktionierten immer schlechter, bis ihm selber die Illusionsmache klar war und die genannten imaginären Refugien keinen ausreichenden Schutz mehr boten. Anfang und Ende von Stöltens Kriegsbiographie lassen sich kaum besser anschaulich machen als mit seinen eigenen Worten: »In der Hoffnung auf manches Abenteurer, und manches Erlebnis und manchen moralischen Nutzen« (1941), und »Ziele, keine mehr...« (1945).[6]

Fragt man nun nach dem, was Stöltens Identität in seinen fünf Kriegsjahren ausmachte, d h. nach den tiefer liegenden Interpretationsmustern, dann erweisen sich diese als bemerkenswert konstant. Es ist auffällig, wie wenig seine Leitvorstellungen aus der ›ideologischen Rüstkammer des Nationalsozialismus‹ kamen.

Stölten wollte teilweise selbst, was von ihm verlangt wurde; an keiner zentralen Stelle verweigerte er sich. Und da, wo er das Verlangte eigentlich nicht mittragen konnte, argumentierte er innerlich so lange, bis sein Handeln einen für ihn akzeptablen Sinn bekam. In diesem Sinne richteten sich seine Briefe gleichsam auch an ihn selbst. In dem durch das Schreiben hergestellten Zustand der Selbstaufmerksamkeit wurde er sich seines tatsächlichen Verhaltens seiner Intentionen und Widerstände bewußt. Die erkannten Diskrepanzen erzeugten die Motivation, sie zu reduzieren, um widerspruchsärmer leben zu können.[7] So sorgte er dafür, daß Fixpunkte

---

[6] Anfangs- und Endstimmung der Kriegsbiographie korrespondieren deutlich mit der des Soldaten Hans Olte. Anhand seiner Quellen entwickelte Latzel eine exemplarische Kriegsbiographie. Obwohl der dort untersuchte Soldat gänzlich anders als Stölten sozialisiert war, begann er seine Kriegskarriere 1940 ebenso erwartungsvoll mit den Worten »(...) ach, könnte ich doch auch so mit den Soldaten gehen.« Im Mai 1944 schließlich resümierte er resignativ (und mit deutlicheren Worten als Stölten): »Wann ist nun endlich dieses Morden zu Ende?«, Latzel: Deutsche Soldaten, S. 51 sowie S. 90.

[7] Die dem zugrundeliegende Theorie kommt aus der Sozialpsychologie. Demnach streben Menschen ein Gleichgewicht ihres kognitiven Systems an und haben das Bedürfnis, Ereignisse in sinnvoller Weise zu strukturieren. Dissonante und konsonante Erkenntnisse, die in relevanter Beziehung zueinander stehen, verursachen nicht aufgrund logischer oder kausaler, sondern aufgrund psychologischer Unvereinbarkeiten die Motivation der

– zum Schluß vor allem jener der Tapferkeit –, vorher etwa jener der Bejahung jeder Lebenslage im Vertrauen auf Gott und Schicksal – in Kraft blieben und versicherte sich damit der eigenen Identität.

Im folgenden soll der Versuch gemacht werden, einen systematischen Zugang zu Stöltens Briefen freizulegen, indem sie – in gebotener Knappheit – nach orientierenden Begriffen resümiert werden. Dies geschieht im Wissen darum, daß die damit vermittelte Konsistenz und Kausalität der Charakterisierung von Stölten nur eine Annäherung bleibt. Dafür mag folgendes Bild stehen: »Menschen operieren parallel auf unterschiedlichen Ebenen und nicht gleichsam auf einem Gleis [...]. Das Bild des sich hin- und herwindenden Mäander mag diese unkalkulierbar-sprunghafte Variationsbreite näherungsweise treffen.«[8]

Die Fragen, die hier an den Stöltenschen Entwicklungsfluß gestellt werden und ihn in ein darstellbares »Flußbett« kanalisieren, wurden in ausgesuchten Fällen analog zu jenen von Latzel und Humburg gewählt, wenn ein Vergleich Stöltens mit den Feldpostergebnissen der beiden Forscher möglich und erkenntnisreich schien. Dabei sei noch einmal darauf verwiesen, wie wertvoll der Stöltensche Fundus für den ergänzenden Umgang mit Latzels Ergebnissen ist, mußte dieser doch mit Blick auf die Schlußphase des Krieges wegen fehlender Quellen darauf verzichten, »subkutanen Stimmungsschwankungen im Kriegsverlauf nachzuspüren« und damit die interessante »Phase der Auflösungserscheinungen unberücksichtigt« lassen.[9]

VII.2. Topoi

a) Deutschland:

Stölten erwähnt sein Land namentlich nur zweimal in der gesamten Korrespondenz und dies jeweils in einem Zusammenhang von Heimweh und Sehnsucht. Etwa 1944:

> Beim Morgengrauen kamen wir ins Lahntal, das sich uns bald mit allen Schönheiten im durchsonnten Nebel darbot. Auch mit verbundenen Augen hätten wir sicher gespürt, dass wir in Deutschland sind. Es ist in allem so viel schöner als

---

Dissonanzauflösung. Sie ist notwendig, sobald der Dissonanzkonflikt virulent wird. Vgl. Dieter Frey (Hg.): Kognitive Theorien, Toronto 1993, S. 276ff.

[8] Alf Lüdtke (Hg.): Alltagsgeschichte. Zur Rekonstruktion historischer Erfahrungen und Lebensweisen, Frankfurt a.M. 1989, S. 566.

[9] Latzel: Deutsche Soldaten, S. 129.

Frankreich und neben der französischen grauen Eintönigkeit in seiner Vielfalt und Individualität tief beglückend. Ja, Deutschland![10]

Stölten geht damit hinsichtlich der Ergebnisse zur Frage nach der Äußerung nationaler Identitätsstiftung in einschlägigen Untersuchungen konform.[11] Es liegt keinerlei ideologische Aufladung vor; die Begriffe ›Reich‹, ›Großdeutschland‹, ›Nation‹ kommen bei Stölten nicht auf das Briefpapier, Deutschland wird mit einfacher Heimatliebe und vertrauten Kindheitserinnerungen assoziiert. Damit findet sich in den Stöltenschen Briefen keine Entsprechung für die Beobachtung der Mentalität von deutschen Soldaten etwa an der Ostfront, in der die Berufung auf die deutsche Nation als »Bestimmung vermeintlich natürlicher Ungleichheit und der Glaube an die eigene Überlegenheit« letztlich als Erleichterung für die »Legitimation des Tötens« ausgemacht wird.[12]

b) Führerbindung:

Schon anläßlich einer Unterhaltung mit seinem schwierigen ersten Vorgesetzten in Rußland durchschaute der junge Stölten, »daß jeder den Führer sich selbst (ein)bildet, ihn nach sich selbst und nach seinem Idealbild macht, sofern er nicht wild anti ist«.[13]

Seine Beziehung zur obersten Autorität war von Hause aus kritisch, er erlag keiner ausgeprägten Glaubensbereitschaft und reproduzierte keinen Führer-Mythos, wie viele andere deutsche Soldaten.[14] Daß er wohl aus Vorsicht nur in seinem Tagebuch und nur das einzig zitierte Mal direkt vom »Führer« sprach und ansonsten in keinem Brief diese Figur jemals erwähnte, zeigt einen hohen Grad an Nicht-Identifizierung. Hierfür spricht auch Stöltens unbefangener Umgang mit Hitler-Karikaturen, die er mehrfach zeichnete. Hitler war politisch für Stölten zwar wie ein Turm in der Ecke des Schachbretts, dessen Handeln auch ihn als Figur mitbestimmte, er war

---

[10] Peter Stölten an Dorothee Ehrensberger, Brief vom 19. August 1944.
[11] Latzel: Deutsche Soldaten, S. 303ff.
[12] Müller: Kriegsmentalität, S. 89.
[13] Peter Stölten, Tagebucheintrag vom 21. Juni 1941: »Wir haben die Aufrufe des Führers und der Generäle zur Kompanie gebracht. Geyr: ›Drauf und durch!‹ Der Führer: ›Ich habe lange schweigen müssen…‹ Mann [sein Vorgesetzter, A.I.] und ich unterhalten uns noch eine Weile: ›Er ist doch der Gerissenste. Er hat sie doch beschissen…‹ Jetzt geht es mir zum 1. Mal klar auf, daß jeder den Führer sich selbst (ein)bildet [s.o., A.I.]«.
[14] Vgl. Ian Kershaw: Hitlers Popularität. Mythos und Realität im Dritten Reich, in: Hans Mommsen/Susanne Willems: Herrschaftsalltag im Dritten Reich. Studien und Texte, Düsseldorf 1988, S. 24-96.

aber nicht die Größe, die das Brett tatsächlich in ihren Händen hielt und eigentlich nachdenkenswürdig war. Dafür setzte Stölten komplexe Begriffe wie die Zeit, das Schicksal oder Gott ein, an denen er sich z.T. verzweifelt abarbeitete.[15] Es ist bezeichnend, daß in einem Vortrag über »Die historische Größe«, den Stölten in seiner Eisenacher Zeit vor anderen Wehrmachtsangehörigen im sogenannten »Wehrgeistigen Unterricht« zu halten hatte, die Reihe seiner beispielhaften Protagonisten mit Bismarck enden läßt, ohne die naheliegende Gelegenheit wahrzunehmen, den »Führer« als Kulminations- und Schlußpunkt seiner Rede einzusetzen.[16]

c) Schicksal:

»Lernen: Dass alles Schicksal von Gott kommt und seiner Unentrinnbarkeit wegen zufrieden genommen werden will – und doch zu lieben, zu planen und zu bauen.«[17] Sinn und Widersinn seines eigenen Lebensfadens vertäute Stölten in einem vagen Schicksalsbegriff[18], der gleichermaßen christliche wie klassisch-antikische Züge trug. Einerseits wurde Gott als schicksalsmächtig begriffen, andererseits betrachtete Stölten das Schicksalsthema vor den Folien von Hölderlin-Texten, die eigentlich von einer inneren Entfremdung vom Christentum sowie dem Idealismus der deutschen Romantik gefärbt sind. Stölten glaubte an ein Insgesamt alles Seienden, das das Dasein eines

---

[15] Humburg resümiert, daß in den von ihm untersuchten Feldpostbriefen kaum der Name Hitlers oder ›der Führer‹ fällt, vgl. ders.: Das Gesicht des Krieges, S. 228. Latzel hingegen konstatiert eine ausgeprägte und artikulierte Glaubensbereitschaft an den Führer im Rahmen seiner Studie, vgl. ders.: Deutsche Soldaten, S. 235ff.

[16] Peter Stölten: »Die historische Größe«, Vortragsskizze in Stichpunkten, Privatarchiv Kessler. Vgl. hierzu auch Peter Stölten an Udo Schulz, Brief vom 19. Februar 1943: »Ich meinte, Geschichtsschreibung müsse objektiv sein, leidenschaftlich den Geist der beschriebenen Zeit zu erfassen suchen und unter größtmöglicher Berücksichtigung aller Quellen und Gesichtspunkte, für alle Zeiten gleich welche politische Strömung die eine oder andere hat, das Lehrreiche, Vorbildliche, Anspornende enthalten und stand gegen unseren Inspektionsbesten und 2 Chefs als Hauptgegner, die der Meinung waren, jede Zeit müsse wahr aus den ihr wertvollen Quellen eine Geschichte für sich schreiben [...]. Nun ist das Problem irgendwie der Kern meines am Donnerstag angesetzten Vortrags: »Die historische Größe« (nach Burkhardt), der mir durch die ganze Zeit schwer wird und nur den einen Eindruck erlaubt: Betrachtungen der Geschichte von einem unveränderlichen hohen geistigen Standpunkt aus, dem Kulturellen. Ich werde wahrscheinlich noch während des Vortrags ausgezählt [...].«

[17] Peter Stölten an Dorothee Ehrensberger, undatierter Brief, vermutlich Herbst 1944.

[18] Latzel beschreibt, daß in der Feldpost des Zweiten Weltkrieges der Schicksalsbegriff als Bezeichnung für eine Sphäre zeitloser, undurchschaubarer Macht im Vergleich zu den Korrespondenzen des Ersten Weltkrieges die Vorstellung von Gott weitgehend ablöste. Vgl. ders.: Deutsche Soldaten, S. 269ff.

Menschen wie das eines Volkes gleichermaßen bestimmt und beeinflußt, aber nicht vom Menschen selbst geändert werden kann. Im Gegensatz zum modernen und nüchternen Denken seiner Zeit verblaßte die Macht des Schicksals bei Stölten nicht begrifflich, sondern wurde von ihm einmal tragisch, einmal feindlich und düster, einmal gnädig oder reich beschrieben. In Grenzsituationen fürchtete er das Nichts, empfand dies dann aber als persönliches Versagen: »Völkerschicksale sind verschieden, tragisch und glücklich wie Menschenschicksale, an denen unser Gerechtigkeitsgefühl oft verzweifelt. Gottes Gedanken sind nicht unsere Gedanken.«[19] Das Ja zum Leben, so wie es sich ihm in seiner Zeit bot, begriff er als Aufgabe und wünschte sich Tapferkeit, um sie zu bewältigen, empfand aber in der Schlußphase des Krieges sein »Wachsen [hieran, A.I.] kümmerlich.«[20] Stölten konnte viel mit einem gedanklichen Bild anfangen, daß ihm sein Patenonkel einmal als Antwort auf einen krisenhaften Brief geschrieben hatte: »Leben ist ein Auftrag.«[21]

d) Tapferkeit:

Tapferkeit gehört wesentlich in das Assoziationsfeld des Militärischen und gilt als Zentraltugend des Soldaten. Auch im 20. Jahrhundert verpflichteten die drei Eide vor 1939 (der »Reichsverfassungseid« vor 1933, der nach der ›Machtübernahme‹ 1933 auf »Volk und Vaterland« und der nach dem Tode Hindenburgs 1934 auf den »Führer«) junge deutsche Männer wörtlich zur Tapferkeit, und auch die Gelöbnisformel der Bundeswehr, »Recht und Freiheit des deutschen Volkes« zu verteidigen, fordert von ihren Soldaten ein, dies »tapfer« zu tun.[22]

Tapferkeit war für Stölten erstrebenswert und mußte bewiesen werden. Diese Auszeichnung gestand er auch dem Gegner zu, gleich, ob es sich um Rotarmisten oder Warschauer Aufständische, auch Frauen, handelte. Besonders letzteres ist ungewöhnlich, weil Tapferkeit im militärischen Sinne traditionellerweise männlich konnotiert ist. Doch für Stölten verdiente die Tat allein Respekt. Einerlei, aus welcher Motivation heraus sie vollzogen wurde, machte sie die tapferen Menschen zu Gleichen. Für sich selbst

---

[19] Peter Stölten an Dorothee Ehrensberger, Brief vom 12. August 1944.
[20] Peter Stölten an Dorothee Ehrensberger, Brief vom 22. Dezember 1944. Zu Unterschieden und Gemeinsamkeiten in der Beanspruchung des Schicksalsbegriffes in Latzels Untersuchung vgl. ders.: Deutsche Soldaten, S. 269ff.
[21] Dr. Meyer-Eckhardt an Peter Stölten, Brief vom 4./5. Februar 1943.
[22] Vgl. hierzu die Ausführungen von Latzel zu Tapferkeit, in: Ders.: Deutsche Soldaten, S. 279ff.

wandte er den Begriff vor allem privat an. Als Soldat wünschte er sich, »schneidig« zu sein.[23] »Tapferkeit« ging für ihn darüber hinaus, ob er sich auf 2 m Entfernung einem russischen Panzer zu nähern wagte oder nicht. Gleichwohl sorgte sein Schicksalsverständnis – die unbedingte Bejahung jeder Lebenslage – dafür, daß er sich eben diesem feindlichen Panzer unbedingt nähern müßte, anstatt sich abseits zu stellen, denn dies hätte für ihn bedeutet, seinem Schicksal ausweichen zu wollen. Pflichtbewußtes Standhalten, Aushalten und Erdulden mit sturer Ruhe und festem Herzen ist die eine Lesart dieses Tapferkeitsverständnisses, die andere – objektivierte – gibt einen Hinweis darauf, weshalb auch ein nicht-nationalsozialistischer junger Mann wie Stölten vermutlich widerspruchslos den Befehl ausgeführt hätte, Zehlendorf bis zur letzten Häuserecke zu verteidigen, ja, ihn – bedenken wir seine Warschauer Schlußfolgerungen – möglicherweise gar nicht erst hätte erteilt bekommen müssen.[24]

e) Kämpferhabitus:

Stöltens Kämpferhabitus war nicht fanatisch. Er bediente sich für die im Krieg von ihm produzierte und ihn auch selbst bedrohende Aggression nicht der ideologischen Begründungen der Nationalsozialisten. Er verfügte nicht einmal über explizite Feindbilder, häufig – wie etwa aus Frankreich oder dem Warschauer Aufstand überliefert – war sogar das Gegenteil der Fall.[25] Er erfaßte einzelne Menschen meistens individuell (etwa in seinen Rußlandaquarellen) und fast nie als anonyme Bedrohungspotentiale. Was andere an rassisch gefärbten Vorurteilen zeigten, war bei ihm ein sehr seltenes Klagen, etwa über schlechte hygienische Verhältnisse in der Fremde. Gleichwohl kämpfte er gründlich und zuverlässig und hatte eine überpersönliche Einstellung zu seinem Auftrag entwickelt. Daß er tötete, fand nur einen hoch chiffrierten Ausdruck in den Briefen, brach aber dennoch in

---

[23] »Diese Möglichkeit der Aktivität macht ruhig und stark. Lächeln muß ich aber über meine Leute, die mir zu oft zeigen – auch Offz. gegenüber – daß sie bedingungslos von mir überzeugt sind. Was braucht es mehr? Dann sehe ich die Ängstlichkeit der Feldwebel, den restlosen Mangel an Schneid bei den meisten Grenadieren und freue mich, phantasieloser zu sein.« Peter Stölten an seine Familie, Brief vom 8. September 1944.

[24] Damit paßt Stöltens Verhalten nicht zu dem Befund einer begrenzten Opferbereitschaft am Ende des Krieges, die Latzel seinen untersuchten Feldpostbriefen ablauscht. Vgl. ders.: Deutsche Soldaten, S. 373.

[25] Hiermit befindet sich Stölten, insbesondere in seiner Anerkennung gegnerischer Leistungen, in einer Außenseiterrolle. Humburg beziffert in seiner Untersuchung den Anteil an deutscher Soldatenpost, der dem Feind Respekt zollt, auf lediglich 2%. Vgl. ders: Das Gesicht des Krieges, S. 197.

Einzelfällen auf, etwa als er sich Ende 1944 als »Schlächter« bezeichnete. Insgesamt aber bemühte sich Stölten erfolgreich um die Aufrechterhaltung einer Normalität, die nach dem Durchbrechen von Alltagsroutine immer wiederhergestellt wurde. Stölten zog die aktive Kämpferrolle mit eigenen Einflussmöglichkeiten der erlebten Passivität des Abwartens vor. Damit schützte er sich vor dem inneren Rollenwechsel vom Angreifer oder Verteidiger zum hilflosen Opfer seiner Ängste und Phantasien oder des Kriegsgeschehens. Dabei sah sich Stölten weniger als wagemutiger Exekutor einer politischen Vorgabe, sondern eher als jemand, der einen zeitlos gültigen, tradierten gesellschaftlichen Konsens von Pflichterfüllung vertritt.

f) Normalität:

Der Wunsch nach Normalität, nach einem geordneten Leben ist in der Regel ein psychologisches Grundbedürfnis. Auch Stölten hatte es. Seine als normal sozialisierten Standards der Lebensführung (ein ordentliches Zuhause, geregelter Tagesablauf, Reflexion und warmes Essen), wurden von ihm nicht völkisch unterlegt und dienten nicht der Stigmatisierung des ›minderwertigen‹ Gegners etwa in der Sowjetunion, wenn der diesen Standards nicht genügte. Er setzte seinen Begriff von Lebensnormalität nicht zur Aburteilung der Bevölkerung beispielsweise der besetzten Länder ein und vergewisserte sich damit seiner Gewaltbereitschaft gegen Fremd- und Andersartiges. Und dennoch bleibt der beschreibungs-bedürftige Befund, daß ein sensibler und hoch gebildeter junger Mann mittels seiner Vorkriegssozialisation in der Anomalie nicht nur der regulären Kriegsführung eine ›normale Nische‹ etablieren konnte, sondern auch noch zu einem Zeitpunkt, als Konsens über das Geschehen auch von ihm nicht mehr vorausgesetzt werden konnte. In diese Nische zog er sich, etwa anders als Böll, nicht passiv zurück, sondern von ihr aus nahm er engagiert jahrelang am Kriegsgeschehen teil. Für Stölten gehörte mit der Zeit das Unaussprechliche, Nie-Gedachte zur Normalität. So wird erklärlich, weshalb er, der weit entfernt von den Überzeugungen des Nationalsozialismus dachte und diese daher nicht zur Selbstmobilisierung nutzen konnte, motiviert, handlungsfähig und psychisch ›intakt‹ blieb.[26]

---

[26] Christopher Browning ging in einer seiner Untersuchungen eben diesem Befund in einer Extremsituation nach. Im Zentrum standen Männer und Handlungen, die nichts mit Stölten gemein haben. Es sei dennoch gestattet, Brownings These hier anzuführen, da sie die Frage nach ideologischen Voraussetzungen von Mitwirkenden im Krieg als Handlungsmotiv zu beantworten sucht. Browning setzte den institutionellen Rahmen des

Die Anpassungsschwierigkeiten an die Welt des Krieges erscheinen beim Quellenstudium verblüffend gering.²⁷ Die Stöltenschen Legitimationstheorien waren allesamt ›zivile‹ und keine kriegerischen und begründeten doch ein totales Novum seiner Biographie: ihn als Soldaten. Rechenschaft schuldig blieb Stölten sich selbst und seiner Bezugsgruppe (den Kameraden) gegenüber. Als letzte Rechtfertigungsbastion blieb die schon zitierte Auffassung vom »Gehorsam – mehr haben wir nicht zu verantworten«; ein soldatischer Kurzschluß, der sicher auch generationsbedingt ist, in jedem Falle angesichts der komplexen Denkweise Peter Stöltens bemerkenswert bleibt. Es muß offen bleiben, ob Gehorsam als Primärtugend ohne ausreichende Projektion

---

Genozids mit dem individuellen Verhalten einer exemplarischen Tätergruppe zusammen, nämlich einer Polizeieinheit, die hinter der Front Massenexekutionen vornahm. Dabei kam er in seiner Studie zu einer vergleichbar geringen Einschätzung nationalsozialistischer Motive als Handlungslegitimation der von ihm untersuchten Angehörigen des Hamburger Reserve-Polizeibataillons 101 in Polen. Vielmehr rückte er Gruppenkonformität, die Gefahr der persönlichen Isolierung nicht aktiviertes persönliches Verantwortungsgefühl in das Zentrum seiner Schlußfolgerungen. Daß die untersuchten Polizisten trotz unausgeprägter nationalsozialistischer Ideologie in überwiegender Mehrzahl von der gegebenen Ausstiegsmöglichkeit bezüglich der Exekution von polnischen Juden keinen Gebrauch machten, ist ein weitaus beunruhigenderer Befund, als wenn den Männern eine nationalsozialistische Letztbegründung zugeschrieben werden könnte. »Wenn die Männer des Reserve-Polizeibataillons 101 unter solchen Umständen zu Mördern werden konnten, für welche Gruppe von Menschen ließe sich dann noch Ähnliches ausschließen?« Ders.: Ganz normale Männer. Das Reserve-Polizeibataillon 101 und die »Endlösung« in Polen, Hamburg 1996, S. 247. Anders interpretierte Daniel Goldhagen. Er behandelte das von Browning untersuchte Polizeibataillon 101 wie ein repräsentatives Sample für die zeitgenössische männliche Bevölkerung in Deutschland und zog ohne Qualifikationen den Schluß, »daß auch Millionen anderer Deutsche nicht anders gehandelt hätten, wären sie in entsprechende Positionen gelangt«. Da er den untersuchten Polizeibeamten eine reflektierte Stellungnahme zu ihren eigenen Handlungen und Verwicklungen zusprach (»die Täter lebten in einer Welt, in der Nachdenklichkeit, Diskussion und Auseinandersetzung möglich waren«) begriff er ihre Situation – ebenso wie Browning – nicht als Zwangslage. Anders als sein Kollege unterstellte Goldhagen den deutschen Beamten jedoch, sie hätten ihr Verhalten für legitim gehalten. Auf diesem Weg gelangte er zu seiner heftig umstrittenen zentralen These, daß letztlich ideologische Auffassungen die mörderische Praxis dieser Täter erklären. Goldhagen: Hitlers willige Vollstrecker, S. 22 sowie S. 318. Zur Goldhagen-Kontroverse vgl. Dieter Pohl: Die Holocaust-Forschung und Goldhagens Thesen, in: Vierteljahreshefte für Zeitgeschichte, 1, 1997, S. 1-48. Zu der oft ausgesprochenen Unterstellung, Goldhagen verwechsle in seiner Untersuchung heuristische Modelle und Begriffe mit empirischen Abläufen, vgl. ebd., S. 35ff.

27 In seinem langen Brief an Dorothee Ehrensberger über den letzten gemeinsamen Tag mit Peter schreibt P.W.: »Erstaunlicherweise stiegen wir in unsere Panzer zum Angriff wie heute in den PKW. Jedenfalls ließ sich keiner etwas wie Angst anmerken. ›Es geht auf Arbeit‹, sagte Peter öfter scherzhaft. Zitiert aus: P.W. an Dorothee Ehrensberger, Brief vom 22. Januar 1975.

übergreifender Werte von Peter stehen gelassen werden konnte, oder ob hier nicht ein Nachdenken zu Ende kam, ehe es – im Falle der Erklärung von Gehorsam als Sekundärtugend – fragwürdig geworden wäre. Bei der Aufrechterhaltung von Normalität im Krieg half Stölten in jedem Fall die Konstruktion einer Art psychologisch zwingenden, inneren Aufspaltung:

> Kommiß, dienstlicher Erfolg, Achtung von Kameraden und Vorgesetzten, Ehre, dies ist eine Welt – und eine andere: Liebe, zu Hause! Die letzte steht höher, aber mit weniger Notwendigkeit in meinen Augen, doch beide berühren sich nicht. Freuden darin sind Freuden darin, und Freuden hierin bleiben Freuden hierin, eins nimmt dem anderen kaum etwas. Es kann ja auch nicht zusammengehören.
> So oder so will ich zum Schluß die eine Welt vergessen haben.[28]

Mit seiner verständlichen Absichtserklärung, die Welt des Krieges vergessen zu wollen, mag die Vermutung naheliegen, wie schmerzhaft und mühsam es wohl auch für eine Persönlichkeit wie Stölten gewesen wäre, eine spätere Auseinandersetzung mit den eigenen Erinnerungen auszuhalten.

g) Unbeschreibbares:

Der ungeheure Schreibfluß Peter Stöltens entsprang einer Quelle des Grauens, die meist ungenannt blieb. Die Ereignisse wurden wohl erst später zum Erlebnis, weil sie sich dem Begreifen lange entzogen, indem Stölten sie nicht verbalisierte.[29] Instinktiv wandte Peter Stölten die Erkenntnis an, dem Grauen um jeden Preis einen Sinn zuschreiben zu müssen. Nirgendwo aber finden wir explizit Reflexionen über diesen Überlebensmechanismus; und um so verzweifelter schrieb er einen Brief nach dem anderen.

Die grauenvollen Erlebnisse zu verarbeiten, blieb wenig Zeit, weil ständig neue hinzu kamen, die er aber auch (eine geradezu klassische Double-Bind-Situation) herbeiwünschte, um in Aktivität vergessen zu können, was in der (seltenen) Stille zu schwer wurde. Weil er nicht verarbeiten konnte (»zu irgendwelchen Bildern finde ich innerlich nicht, ginge es ohne Krach, Radio, ganz allein? Ja, ich würde mich wohl bis in meine dunkelsten Winkel durchquälen und irgendwelche Bilder des Schmerzes malen. Daß ich es

---

[28] Peter Stölten an Dorothee Ehrensberger, Brief vom 7. September 1944.
[29] Zur Erinnerung: »Was schreibt man aus dem Krieg? Die Leistungen seines Haufens... Als letzter Punkt kämen Greueltaten. Aber wessen soll man da schreiben?«, Peter Stölten an Jürgen Maßmann, Brief vom 11. August 1941. Die Sprachlosigkeit gegenüber erlittenem und verursachtem Leid ist ein allgemeines Phänomen von Feldpostuntersuchungen. Für viele vgl. Latzel: Deutsche Soldaten, S. 375.

jetzt nicht kann, tut mir weh.«³⁰), weil gleichzeitig aber auch sein Konfliktbewältigungsmechanismus der unbedingten Sinnzuschreibung nicht elastisch war, wurde sein Spagat im Gleichschritt mit den Kriegsereignissen immer gewagter, ja verzweifelter. Mit seinem besten Freund Udo wünschte er sich zwar die bereits zitierte Aussprache, um

> jene Dinge in seine Freundeshände zu legen, die bis zum furchtbaren Ausdruck die Seele immer wieder beschäftigen [...], indem ich sachlich und genau berichte, was ich weiß (und es ist nur ein Teil, was ich weiß, was man mir sagte) und was ich sicher in meinem Leben nicht mehr über die Lippen bekomme. Ob es ganz hülfe?³¹

Bezeichnenderweise aber sprechen gerade die Briefe an diesen Freund noch weniger Greuel und Schrecken an als die an die anderen Korrespondenzpartner gerichteten. Der Schriftwechsel mit Schulz scheint Stölten, abgesehen von freundschaftlicher Verbundenheit, mit der Zeit eher dazu zu dienen, seine Soldatenrolle, auch in Abgrenzung zum wieder zivil lebenden Schulz, zu definieren.

h) Zukunftserwartung:

Je weiter der Krieg fortschritt, um so ausweglosser zeichnete Stölten das persönliche Zukunftsbild. In Warschau findet sich erstmals echter Zweifel an einem intakten Weiterleben, wenn überhaupt an einer Rückkehr. Dies mag besonders deutlich eine Passage aus einem Brief illustrieren, der an seine Berliner Zeichenlehrerin gerichtet war, gegenüber der Stölten weniger Hemmungen einer inneren Zensur gespürt haben dürfte:

> Daß Sie für mich Farbe besorgen wollen, hat mich sehr gerührt. Bringen Sie bitte viel in unseren Keller – für sich selbst! Ich komme in diesem Krieg nicht mehr zum Malen, meine ich – und überhaupt noch einmal? Sie wollen doch noch ihre besten Bilder malen! Ich hoffe und wünsche nur, daß sie auch jetzt entstehen mögen. Diese starken Wünsche entspringen einer großen Liebe und Neigung zu ihren Bildern. Darf es bei einem Schüler anders sein?³²

Seine private Zukunft beschäftigte ihn mehr als die künftigen gesellschaftlichen Entwicklungen, auch wenn sich hierfür ebenfalls Bemerkungen finden, die auch im folgenden erwähnt werden. Bemerkenswerterweise schien ihm

---

[30] Peter Stölten an Dorothee Ehrensberger, Brief vom 12. Januar 1945.
[31] Peter Stölten an Dorothee Ehrensberger, Brief vom 11. November 1944.
[32] Peter Stölten an Fräulein Breusing, Brief vom 13. September 1944.

die Zeit nach dem Krieg ungewisser, als jene ihm mittlerweile vertraute im Krieg. Die Anpassungsleistung an den Krieg ging mit den langen Kriegsjahren auf Kosten der Phantasie über eine glückliche Zukunft: »Die Zukunft voller Zweifel, solange sie im Frieden liegt, Kraftgefühle und Komplexe [...].«[33] Er selbst empfand diese innere Verfassung als »arm. 3x verfluchte Vernunft! 10x verfluchtes Halbtalent.«[34]
Gingen die Phantasien in der Anfangsphase seiner Kriegskarriere neugierig in Richtung des nächstes Kriegserlebens, übersprangen dann mit zunehmender Kriegsbelastung diese und wandten sich vorwärts Richtung Kriegsende und der dann wiedererlangten zivilen Lebensform, so drehte sich seine Sehnsucht in der Schlußphase retrospektiv ins unwiderruflich Vergangene, in eine Zeit, als er noch siebzehn war, alles offen lag, und keine weltgeschichtlichen Ereignisse die eigene Lebensgeschichte irreversibel verändert hatten: »Die Sehnsucht [...] der Erinnerung ist in diesen ausweglosen Tagen hoch wie nie.«[35]
In der Phantasie im eigenen Lebensbuch ein paar Seiten zurückzublättern und sich auszumalen, wie die Lebensalternative hätte aussehen können, war selbstquälerisch und trostlos. »An eine Zukunft denke ich ohne gründlichen Ernst, scheue die unendlichen Kopfzerbrechen, die eine noch nicht fest gefallene Entscheidung in jeder Hinsicht noch kostet [...] und werde damit so glücklich wie ich kann.«[36] Auf Dorothees Nachfragen nach der gemeinsamen Zukunft, die sich beide wünschten, antworte er einmal:

> Du machst Dir Gedanken um unsere Zukunft? Mir schien es ohne sie immer schöner. Doch konnte ich sie auch manchmal nicht verbannen. Freilich, wir müssten einmal lange miteinander sprechen. – Abgesehen, davon, daß zu 50% andere Größen bestimmen als wir einsetzen, ist noch soviel unklar. Im Gespräch könnten wir an irgendetwas, was wir lange ausmalen, hängen bleiben. In einem Brief kann man sich Zeit nehmen und durchführen, obwohl tausend Täuschungen einschleichen würden. Soll ich's versuchen? Ach, Dorothee, ich würde, glaube ich, doch in einem Knäuel von Fragezeichen stolpern.[37]

---

[33] Peter Stölten an Dorothee Ehrensberger, undatierter Brief, vermutlich Herbst 1944.
[34] Peter Stölten an Dorothee Ehrensberger, 3. Januar 1944. Mit dem Halbtalent spielte Stölten auf seine Unsicherheit für den Wunschberuf Maler an und zitierte wörtlich Kleist (Penthesilea): »Die Hölle schenkt dem Menschen ein halbes Talent. Der Himmel schenkt ihm ein ganzes oder gar keins.«
[35] Peter Stölten an Dorothee Ehrensberger, Brief vom 1. September 1944.
[36] Peter Stölten an Dorothee Ehrensberger, Brief vom 15. November 1944.
[37] Ebd.

Es war »die Nähe des Todes«, die ihm seines Erachtens »das Recht« gab, »auch ohne Sicherheiten das Leben voll zu genießen.«[38] »Jeder Augenblick soll ein Höhepunkt, eine tanzende Seligkeit werden und keinen Platz lassen für gestern und morgen«[39], dieses Zitat verdeutlicht eine besondere Engführung seiner Perspektive.

Eben dieser antizipierte und ständig anderen Menschen zugefügte Tod drohte aber unüberwindbar und jederzeit als letzte Wahrheit des Krieges und muß Stölten aufgelegen haben, auch wenn er in seiner Korrespondenz wohl aus Gründen innerer Zensur seinen Nächsten kaum Einblick in diese Ängste gewährte und statt dessen Lebensmut versprach: »Doch die Hoffung […] aufgeben, hieße das Leben aufgeben – das aber bis zur letzten Sekunde nicht.«[40]

Die Verhältnisse nach dem »gewonnenen Krieg«[41] stellte sich Stölten schwierig vor:

> Nach dem Bericht unseres NSFO, den er mir einigermaßen vertraulich von einer Tagung machte, wird eine große Entscheidung, in geistigen Fragen, Kirche etc. erzwungen werden, wodurch dann, wie ich hoffe, die Klarheit auch unserer persönlichen Einstellung gefördert wird – und das tut Not.

Hier verwundert die Formulierung des ›gewonnenen Krieges‹ angesichts der zahlreichen bereits zitierten Zeugnisse, daß Stölten Deutschland dem ›besseren Material‹ unterliegen sah. So mag dies als verklausulierte Anregung zu Überlegungen für eine Zeit nach dem tatsächlich ›verlorenen Krieg‹ gemeint sein. Hierzu würden auch Stöltens benannte Sehnsucht nach Klarheit und persönlichen Einstellungen besser passen, die er – wie schon ausgeführt – von nationalsozialistischer Weltanschauung nicht erwarten würde. Auch ein Brief an seinen Vater stützt diese Lesart:

> […] Ortelsburg, eine Stadt, die wegen etwas Artilleriebeschuß im kleinen Weltkrieg, was mit Bombenzerstörung bestimmt nicht zu vergleichen war, neu aufgebaut worden. Wenn ich daneben an eine alte deutsche Stadt denke – man liest im Moment traurige Dinge von Freiburg – so fühlt man ganz, daß auch der so oft hochgehobene innere Besitz der Bilder, Deutschland sein liebes, zerstörtes Gesicht nicht zurückgeben kann und daß an vielen Stellen die alte Beseeltheit durch gleichgültige Sturheit ersetzt werden wird, wie O. zeigt. Zu retten, was

---

[38] Peter Stölten an Dorothee Ehrensberger, Brief vom 21./22. Dezember 1944.
[39] Peter Stölten an Dorothee Ehrensberger, Brief vom 28. November 1944.
[40] Peter Stölten an Dorothee Ehrensberger, Brief vom 26. Juli 1944.
[41] Peter Stölten in der Neujahrsnacht 1944/45 an Udo Schulz. Auch die folgenden Zitate sind diesem Brief entnommen.

zu retten ist, dessen bedarf es Männer mit einer unerhörten Einfühlungsgabe, bei einer trotzdem sehr selbstständigen Kultur, die nicht nur wiederherstellen, sondern alten Geist mit dem Neuen vereinen kann. Zum 1. Mal reizt mich also auch, wenn nichts anderes aus mir wird, in dem größeren gesteckten Rahmen mitzuwirken. Wüßte man dabei nur nicht, daß der nächste Krieg wieder alles wegfrisst!!⁴²

Es war ihm »eine schwere Gewissheit, daß Du [Dorothee, A.I] mir noch einmal recht geben musst. Doch weiß ich, daß Du trotzdem in Deiner alten Linie weiterleben wirst, wenn auch äußerlich anders.«⁴³ Angesichts der Meldungen der Wochenschau, nach denen er glauben mußte, daß sich 70% der 16jährigen freiwillig meldeten, schrieb er fassungslos:

> Wenn ich daran denke!! – – und dann an meine 6 Jahre mehr, dann daran, daß der Krieg nun in 2 Jahren vielleicht aus ist, (wenn die neuen Waffen wirken), wo selbst man dann mit dem Wissen eines 16jährigen vor dem Alltag steht – ganz klein und dumm, dann gibt es beim Friedensausbruch nicht einmal ein Aufatmen, das ich auch der unbeschwertesten Leutnanthaut gönnte. – An Frieden denk' ich an sich schon ewig nicht mehr.⁴⁴

Der unsere Überlegungen abschließende Gedanke Stöltens, 14 Tage später gleichsam an sich selbst gerichtet, dürfte letztlich bedeutender zu gewichten sein, als alle beschriebenen Selbstzweifel: »Wenn Du da einmal leidlich rauskommen solltest, so hast Du schon bald mehr als Glück gehabt.«⁴⁵

---

[42] Peter Stölten an Dr. Wilhelm Stölten, Brief vom 3. Januar 1945. Der hier enthaltene Wunsch nach Engagement für die Zeit nach dem Krieg wird den Vater erfreut haben. Dr. Wilhelm Stölten selbst gab schon 1934 einen hellsichtigen Hinweis, welche Aufgabe ein Mann wie er in den kommenden Jahren auf sich zukommen sah: »Lieber Freund, […] man hätte sich so unendlich viel zu sagen in dieser Zeit, die an allem rüttelt und alles in Frage stellt, die aber dafür auch die eigene Position und die feste Gegründetheit stärker in Erscheinung bringt. Das Ringen der Zukunft wird um das Christentum gehen, um nichts anderes. Das Christentum wird dabei den Kampf kämpfen für jede wirkliche Religion, die nicht zufrieden ist, Ausfluß menschlicher Phantasie, menschlichen Machtwillens, menschlicher Selbstheit zu sein, sofern sie etwas von Gott weiss, der Herr über alles ist, oder der überhaupt nicht ist. Aus dem wir in Kraft und in Freudigkeit leben und ohne den wir nur zu leben scheinen, oft laut und lärmend genug, aber nicht in der stillen Sicherheit, die allen echten Lebens Zeuge ist. Ich sehe meine Aufgabe darin, für solches echtes Verständnis zu kämpfen, wo ich nur kann!« Dr. Wilhelm Stölten an Dr. Victor Meyer-Eckhardt, Brief vom 22. Dezember 1934, NL Meyer-Eckhardt, HHI, Düsseldorf.
[43] Peter Stölten an Dorothee Ehrensberger, Brief vom 12. August 1944.
[44] Peter Stölten an Dr. Wilhelm Stölten, Brief vom 1. November 1944.
[45] Peter Stölten an Dorothee Ehrensberger, Brief vom 15. November 1944.

i) Sterben:

Ähnlich wie das Unbeschreibbare bezog Stölten das Sterben zwar in seine Kalkulationen ein (etwa beim Verfassen des Testaments oder der Erwartung des eigenen Todes zu Beginn der Invasion), seine existentielle Herausforderung aber konnte (wer kann es?) kaum von ihm beantwortet werden. Angesichts der individuellen Bedrohung, von der Stölten, anders als etwa Heinrich Böll, wie weiter unten ausführlicher zu zeigen sein wird, an keiner Stelle offen angstvoll schreibt, dürften die immer wieder gefundenen Sinnstiftungen, wie etwa im Le Mansschen ›Gespräch‹ überliefert, versagt haben. Er selbst gibt an einer einzigen Stelle in seiner Korrespondenz einen Hinweis auf seine Verfassung in einem erwarteten Todesmoment:

> Ich denke immer an Dich und unsere Familien – als ich in der Stichflamme der Explosion [2. Warschauer Unfall, A.I.] blitzartig meine letzte Lebenssekunde zu sehen glaubte und bei allem furchtbaren, was ich sehe und noch mehr höre – das bedeutet aber genauso: sehe. Möge das Geschick nicht zu hart mit Euch sein.[46]

Anders als in einer empirischen Untersuchung beleuchtete Fälle kompensierte Stölten die Angst vor dem Tod nicht durch ideologische Verklärung.[47] Stöltens Tatbereitschaft war groß, seine persönliche Opferbereitschaft für »die allgemeine Lage« auch. Todesmut war ihm seit der Invasionserfahrung ein ganz unpolitischer, kameradschaftlicher Auftrag.[48] Obwohl er auf eine Art und im Namen der gleichen Sache starb, wie Tausende anderer junger Männer vor und in den verbleibenden Kriegsmonaten nach ihm, hat er sein Sterben, so er noch Zeit dazu hatte, als individuelle Erfahrung erlebt. Vielleicht konnte er in diesem letzten Moment noch sub specie aeternitatis einen Sinn in seinem Sterben finden?

Die Romanfigur Süsmann aus Zweigs *Erziehung vor Verdun* setzt sich noch mit dem Befund frei: »Meinen Eltern: es hat gelohnt. Dem Leutnant Kroy-

---

[46] Peter Stölten an Dorothee Ehrensberger, Brief vom 26. August 1944.
[47] Vgl. Rosenthal: »Wenn alles in Scherben fällt«, S. 99. In diesem Sinne, jedoch ohne vergleichbare Datenerhebung, argumentiert auch Marcus Funck: In den Tod gehen. Bilder des Sterbens im 19. und 20. Jahrhundert, in: Ursula Breymayer u.a. (Hg.): Willensmenschen. Über deutsche Offiziere, Frankfurt a.M. 2000, S. 227-235.
[48] Bei Ernst Jünger findet sich für diese Vorstellung ein berühmt gewordenes Bild: »Der Fürst hat die Pflicht, im Ringe seiner letzten zu sterben. Das können die Unzähligen verlangen, die vor ihm in den Tod gingen.« Aus: Jünger: Kampf als inneres Erlebnis, S. 52. Stölten kannte den Text und resümierte seine Kriegserfahrungen im Jahr 1944 einmal unter der Formel »Krieg als inneres Erlebnis« an Dorothee Ehrensberger, Brief vom 12. Oktober 1944 (Kapitel C VIII.2).

sing: es hat nicht gelohnt.« Die Wahrheit lag zwischen diesen beiden Polen irgendwo. Aber, wie ein Weiser verzeichnete, nicht in der Mitte.⁴⁹ Vielleicht sah Stölten die Frage des ›Wozu?‹ und den Handlungsspielraum der eigenen Person aber auch bis ganz zum Schluß gleich. Es kann kein Trost sein, daß er dabei vielleicht an Jadden gedacht haben könnte.

j) Einsamkeit:

Es ist bereits häufiger angesprochen worden, daß Stölten kontemplative Phasen für seine Heimaturlaube herbeisehnte, im Regelfall an der Front aber scheute. Das folgende Zitat macht die für sein Alter beachtliche Reflexionshöhe Stöltens deutlich, in der er über Einsamkeit als conditio humana dachte.

> [...] sonst aber sind wir, wenn wir tief, wahr und echt sind, immer einsam, es sei denn, wir gingen geistig große Wege und Gedanken, die uns die Vergangenheit und eine mögliche Zukunft der Welt in eines überblicken lassen wie einen Stern in einem Fernrohr. Und dann vermeinen wir uns selbst auf unsere Handfläche legen zu können, bis wir vor dem Atem des eigenen Lächelns davon fliegen, wie eine Schneeflocke leicht. Sonst sind wir uns schwer, zu schwer, und ich glaube, dies richtig auf sich zukommen lassen zu können, ist auch schon etwas. Haben nicht alle Angst davor, sofern sie überhaupt ihre Stumpfheit zu erkennen vermögen – was wären sonst alle billigen Unterhaltungen, billigen Gemeinsamkeiten und sinnlosen ›Vergnügungen‹.⁵⁰

Erst aus der letzten Schlußphase des Krieges sind Briefe überliefert, daß Stölten Sehnsucht nach Alleinsein hatte:

> Auf dem Marsch hierher [wohl von Korschen in sein Quartier bei Seeligenfeld, A.I.] unter dem kalten Nachtfrosthimmel konnte ich an meinen steifgefrorenen Ohren schon meine Packtasche aufhängen, und zuweilen hätte ich am liebsten meinen Schlafsack aufgerollt und mich unter den gläsernen Himmel mit Mond und durchsichtigen sparsam geschwungenen Wolkenrippen gelegt, um so noch so lang wie möglich mit mir allein zu sein.⁵¹

---

49 Arnold Zweig: Erziehung vor Verdun, S. 513.
50 Peter Stölten an Dorothee Ehrensberger, Brief vom 16. August 1944.
51 Peter Stölten an Dorothee Ehrensberger, Brief vom 21./22. Dezember 1944 sowie Brief vom 12. Januar 1945: »Beim Dienst schicke ich die Kompanie immer voraus oder gehe weit voran.«

k) Liebe:

Humburg hat sich die Mühe gemacht, in seiner Feldpostuntersuchung Äußerungen über das Themenfeld ›Liebe‹ zu zählen. Er beziffert diese auf etwa 1.900 einschlägige Stellen, denen nur etwa 270 über feindselige Regungen gegenüberstehen.[52] Auch Stölten läßt sich in seiner Korrespondenz zu Dorothee Ehrensberger in diese Beobachtung einordnen. Eindrucksvoll belegt sie die fiktive Gegenwelt, die Briefe zur Kriegsrealität entwarfen. Für Stölten war Liebe jedoch kein Grund zur Schonung, sondern als emotionale Bindung in der Endphase des Krieges eher Motivation von Verteidigungshandlungen für die Heimat. Über Liebe hat Stölten berührende Worte gefunden:

> [...] die Liebe, die beseeligende Sicherheit ihrer Kräfte, das Geborgensein aller auseinanderstrebenden Teile des Wesens und der Gedanken in einem Gefühl, die einzige Kraft, die menschliche Harmonie zu bilden vermag. Aber in dieser Stärke bleibt sie nun einmal das seltene Geschenk kurzer Lebensabschnitte.[53]

Stölten blieb über die gesamte Kriegsdauer hinweg an Dorothee Ehrensberger gebunden. Vorstellung und Gewißheit dieser gegenseitigen Verbundenheit waren sein zentraler Kraftquell. Wenn er, was selten vorkam, wirklich verzweifelt war, fürchtete er, ihrer nicht wert zu sein, sie mit sich gleichsam zu überfordern:

> Du hast gute Menschen in Deiner Nähe, wertvolle Bücher, überhaupt Geist in jeder Form, die Sonne – hoffentlich bist Du nur recht glücklich und denkst kaum an mich. Denn ich müsste mich schämen, wo ich wochenlang so wirklich nichts bin, innerlich vor allem alles andere als eine Kraft. Müßte ich ein Bild malen, ja, ich wüßte nicht wie! Und ob ich Dich da überhaupt richtig lieben kann?[54]

»Du weißt nicht, wie sehr ich Dich entbehre: wie der Kranke ein Heilmittel. Wie anders würde alles, alles, wenn ich nur eine Stunde mit Dir durch diese Wiesen gehen könnte.«[55] Die Rolle seiner Freundin mag in der lebensfrohen Angelika, deren Worte die beängstigende Vorstellung vom Nichts im Le Mansschen ›Gespräch‹ besiegen, einen Ausdruck gefunden haben. In Stöltens Neujahrsbrief vom 31. Dezember 1944 stand nicht umsonst als

---

[52] Humburg: Das Gesicht des Krieges, S. 173ff.
[53] Peter Stölten an Dorothee Ehrensberger, Brief vom 16. August 1944.
[54] Peter Stölten an Dorothee Ehrensberger, Brief vom 26. Juli 1944.
[55] Peter Stölten an Dorothee Ehrensberger, Brief vom 20./23. Oktober 1944.

wichtigster »Wunsch: Daß ich Dich weiter lieben darf wie in den letzten Jahren.«

Es ist unschwer vorzustellen, wie massiv Stölten durch den Poststau in den letzten Kriegswochen, der die für ihn lebenswichtige Verbindung zu seiner Freundin unterbrach, geschwächt wurde und möglicherweise auch anfällig dafür, die Selbsterhaltung noch weiter als zuvor zur Seite zu stellen.

VIII. Peter Stölten und Heinrich Böll. Versuch einer Gegenüberstellung

Wir sind in der glücklichen Lage, neben dem Feldpostkonvolut Stöltens eine Feldpostsammlung großen Umfangs zu besitzen, die in jüngerer Zeit (2001) ediert und von Jochen Schubert sowie dem Philologen James H. Reid[1] hilfreich kommentiert wurde, und an den Leser mit dem Anspruch literarischer Qualität und, jedenfalls in der Nachkriegszeit erworbener, moralischer Autorität herantritt[2]: die Feldpostbriefe des späteren Literaturnobelpreisträgers Heinrich Böll. Sie waren in den Jahren 1939-40 ausschließlich an seine Familie gerichtet seit Ende 1940 mehrheitlich an seine Braut, dann Ehefrau Annemarie Cech, die die Briefe auf testamentarischen Wunsch Bölls auch zur Veröffentlichung freigegeben hat. Die vorliegenden Briefe können als einzige literarische Arbeiten Bölls aus den Kriegsjahren gelten, sieht man von wenigen, meist lyrischen Fragmenten, ab. Sie dokumentieren damit für die umfangreiche Böll-Forschung eine Phase, die bis dahin als weitgehend unbekannt und unerschlossen gelten konnte und geben beredt Zeugnis von dem Bemühen Bölls, sich in einer als Zwang erfahrenen Lebenssituation zurecht zu finden. Für die Literaturwissenschaft entsteht dank dieser Quellen die Möglichkeit, den Zusammenhang lebensgeschichtlicher Erfahrungen des Autors Böll und seiner literarischen Texte, insbesondere hinsichtlich der späteren literarischen Auseinandersetzungen mit der Kriegszeit, zurückzuverfolgen. Für die Geschichtswissenschaft bieten die Zeugnisse wertvolle Einblicke in das Agieren und Verarbeiten eines weiteren der ca. 18-20 Millionen Wehrmachtssoldaten, und damit auf die Lage des von Wette einschlägig titulierten »kleinen Mannes.«

Anders als der Stöltensche Fundus ist die Böllsche Sammlung von seiner Ehefrau durchgesehen und in Teilen – erklärtermaßen – von der Veröffentlichung ausgeschlossen worden. Durch eckige Klammern gekennzeichnete Auslassungen finden sich nahezu in jedem Briefbeispiel.

Ist es bei Stölten möglich, Person und Erleben von unterschiedlichen Adressaten aus zu beleuchten – immerhin konnten Antwortbriefe der meisten Adressaten mindestens eingesehen und bisweilen zitiert werden – ist der

---

[1] Vgl. etwa James H. Reid: Heinrich Böll. Ein Zeuge seiner Zeit, München 1991.
[2] Heinrich Böll. Briefe aus dem Krieg 1939-1945, hg. und kommentiert von Jochen Schubert. Alle im folgenden genannten Feldpostbriefe Bölls sind dieser Ausgabe entnommen und werden mit Datum, Briefnummer und Seitenangabe dieser Edition zitiert. Auf die bibliographische Nennung wird verzichtet.

Böllsche Quellenfundus »aus einem Guß« und beschränkt sich auf, allerdings intensive, Berichte Bölls an seine Frau und Familie; Antwortschreiben liegen nicht vor, das Dialogische fehlt, »es sind Einbahnstraßenbriefe.«[3] Dennoch liegt ein Vergleich der Stöltenschen Korrespondenz mit einem Fundus nahe, dessen Autor als spätere »Person der Zeitgeschichte« und streitbarer Linksintellektueller Maßstäbe gesetzt hat. Vorab sei bemerkt, daß angesichts der Qualität des Stöltenschen Fundus dieser Vergleich nicht zu ambitioniert erscheint.

Die beiden Briefsammlungen ermöglichen – gelegentlich überraschende – Vergleiche, etwa hinsichtlich des Autorenmilieus, des Weges, über den beide Verfasser zum Militär kamen, der Zeit ihres Militärdienstes, hinsichtlich der von dort überlieferten Einstellung zum Kriegsgeschehen sowie dessen Verarbeitung, des Sprachstils der Kommunikation, Überlegungen zur Nachkriegszeit oder insgesamt der Persönlichkeitsstruktur. Uneingeschränkte Übereinstimmung besteht in der artikulierten Bedeutung der postalischen Verbindung mit der Heimat und der ungewöhnlich hohen Schreibintensität. Stöltens Äußerungen zur Wichtigkeit dieser Verbindung mit der Heimat können an dieser Stelle als bekannt vorausgesetzt werden. Bei Böll liest es sich ebenso deutlich, wofür beispielhaft drei Briefpassagen stehen mögen:

> Heute hat es gar keine Post gegeben, für niemanden; es ist unterwegs schon irgendein Unglück geschehen; ich erfuhr das schon heute Mittag, also war der ganze Nachmittag eigentlich schon verloren, denn wenn die Hoffnung auf die Post ausgelöscht ist, was soll da noch unser kümmerliches Leben erhellen?[4]
>
> Ich sitze an einem winzigen Tisch, der sehr wackelig ist, und schreibe Dir. Glaubst Du, daß ich nicht leben könnte, wenn ich nicht jeden Tag schreiben könnte? Es schreibt sich schlecht an diesem wackeligen Tisch.[5]
>
> Die Post wird auch um 4 Uhr wieder hier sein und mir heute bestimmt etwas bringen; sie bringt für mich das Leben, immer, immer bringt sie mir das Leben; ich schreibe es mit großen Lettern: SIE IST MEINE EINZIGE FREUDE, MEIN EINZIGER TROST – außer dem Gebet.[6]

---

[3] Rupert Neudeck: »Gott verläßt uns doch nicht«– Sechs Jahre Krieg – gespiegelt in den Briefen Heinrich Bölls, in: Georg Langenhorst (Hg.): 30 Jahre Nobelpreis Heinrich Böll. Zur literarisch-theologischen Wirkkraft Heinrich Bölls, Literatur – Medien – Religion, Bd. 7, Münster 2002, S. 239-250, hier: S. 239.

[4] Heinrich Böll an Annemarie Böll, Brief Nr. 599, Frankreich, den 12. August 1943, S. 838. Orts- und Datumsangabe werden so zitiert, wie Böll sie selbst angab und sind daher nicht einheitlich.

[5] Heinrich Böll an Annemarie Böll, Brief Nr. 620, Am Kanal, den 3.9.43, S. 871.

[6] Heinrich Böll an Annemarie Böll, Brief Nr. 452, 21. Februar 1943, S. 622.

Anders als Stölten hatte es sich Böll sogar zur Gewohnheit gemacht, Briefe seiner Frau bisweilen nicht direkt zu lesen, sondern als sogenannte ›Reservebriefe‹ für Zeiten aufzusparen, in denen der Postverkehr stockte.[7]
Deutlich unterschieden ist bei Böll und Stölten der familiäre Hintergrund. Während Stölten Sohn eines gebildeten, protestantischen und sozial engagierten Elternhauses war, hatte Böll in dieser Hinsicht einen schwereren Weg. Er stammte aus einem eher engen, kinderreichen, kleinbürgerlichen Milieu. Der Katholizismus durchdrang alle Lebensbereiche.[8] Bölls Vater Viktor war Schreiner und Bildhauer. Im Zuge des Kurssturzes an der New Yorker Börse am 24. Oktober 1929 brach die *Rheinische Kreditanstalt* zusammen, für die Bölls Vater als Bürge gezeichnet hatte. Die Familie geriet in massive wirtschaftliche Bedrängnis. Gerichtsvollzieher kamen, es folgten Umzüge in immer kleinere Wohnungen. Die Angst vor sozialem Abstieg in einer Stadt wie Köln, in der die Arbeitslosenquote im Winter 1931/32 bereits 30,8% betrug, begleitete Kindheit und Jugend Heinrich Bölls. Es ging in einer Art bescheiden zu, die Stölten nicht kennenlernte.
Stölten wurde in der Großstadt Berlin sozialisiert, Böll im rheinischen Köln. Anders als Stölten war Böll nicht Mitglied der Hitlerjugend. Als Angehöriger eines katholischen Jugendverbandes machte er im Alltag Erfahrungen mit der Gewalt umherziehender Jungnazigruppen, die ihn – der nie eine Nähe zum Nationalsozialismus fühlte – vollends auf Distanz zum politischen System brachten. Förderung konnte Böll von zuhause kaum erwarten; vielleicht ist es auch nicht zu gewagt zu behaupten, daß in der hier interessierenden Zeit Bölls literarisches Talent trotz erster erzählender Texte auch noch nicht erkennbar ist.[9]

---

[7] »Ich denke mit Schrecken an die Tage bei Jassy; ich habe wieder alles verloren, besitze nur noch Rock und Hose, Deine Photos, meine Bibel und Geld und Tabaksbeutel; auch meine alten, treuen Begleiter, das Taschenmesser Deines Großvaters und das Portemonnaie Deiner Großmutter habe ich noch; sonst ist alles verloren, mein ganzes Gepäck, alle meine Reservebriefe von Dir, die noch zum großen Teil nicht gelesen waren, alles Rasier- und Waschzeug, Tabak und Strümpfe, und zwar ist das unmittelbar in die Hände des Russen gefallen.« Heinrich Böll an Annemarie Böll, Brief Nr. 808, Ungarn, den 4.6.44, S. 1053.

[8] »Sie müssen sich vorstellen, wie der Konfessionalismus unser Leben noch bestimmt hat […]. Ich weiß, daß ein Onkel von mir eine evangelische Frau heiratete, das war einfach eine Katastrophe, mit dem wurde zwanzig Jahre nicht gesprochen – das müssen Sie sich vorstellen. Aus diesem Milieu komme ich, von dem bin ich geprägt.« In einer Diskussion mit Schülern in Pulheim (1982), zitiert nach: Sulzer-Reichel (Hg.): Heinrich Böll. Von Victor Böll und Jochen Schubert, München 2002, S. 13.

[9] »Wenig später, in den Jahren 1939 und 1938, habe ich selbst zu schreiben angefangen. Die Stoffe meiner ersten Erzählungen ergaben sich aus dem mir vertrauten Milieu des immer

Rückblickend bezeichnete Böll das Jahr 1936, er ist gerade volljährig, als Jahr, in das »eine Bombe einschlug«[10]: Böll entdeckt die Autoren des französischen *renouveau catholique*, allen voran Léon Bloy (1846-1917), dessen Schrift *Das Blut der Armen* Böll als Deutung einer Armutstheologie begreift. Bloy wurde Bölls erstes großes Vorbild[11], 1940 fand er für ihn in einem Feldpostbrief große Worte:

> Weißt Du auch, daß ich unmittelbar durch Léon Bloy gerettet worden bin; durch diesen Mann, den ich am meisten liebe von allen, die je in Europa Bücher geschrieben haben. Erst Jahre später ist mir dieses alles zum Bewußtsein gekommen; heute übersehe ich einigermaßen diesen ganzen Wust. Es ist vieles zusammengekommen in diesem Winter 1936/37, der entscheidend für mein Leben war [...]. Ihn müßte ich zuerst nennen: Léon Bloy. Manchmal meine ich, daß ich danach erst geboren und getauft worden bin. Seit dieser Zeit geht es auf und ab mit mir, aber ich lebe, lebe, lebe. Ich bin nicht mehr tot. Es wird mir ganz kalt, wenn ich bedenke, daß ich vielleicht wirklich so tot geblieben wäre.[12]

mehr herabkommenden Kleinbürgertums, das sich als Schutz Ironie, Hysterie und auch bohèmehafte Attitüden zugelegt« (Heinrich Böll: ›Dostojewskij – heute?‹ (1971), zitiert nach: Sulzer-Reichel: Böll, S. 26. In dieser Phase entstehen etwa die Erzählungen: Die Inkonsequenzen des Christoff Sanktjörg (Niederschrift 1936), Die Brennenden (Niederschrift 1937), Am Rande der Stadt (Niederschrift 1937), Annette (1938), Am Rande der Kirche. Tagebuch eines Sünders (Niederschrift 1939). Vgl. Schubert: Heinrich Böll, S. 1498f.
In der Allgemeinen Beurteilung seines Abiturzeugnisses am Staatlichen Kaiser-Wilhelm-Gymnasium zu Köln steht: »Körperbeschaffenheit: Breit, groß, doch wenig leistungsfähig, durch häufiges Kranksein vom Turnen auf Grund eines ärztlichen Attestes befreit und in seiner körperlichen Beschaffenheit stark gehemmt. Familienverhältnisse: Geordnetes Familienleben, doch sehr dürftige Verhältnisse. Der Vater, Bildhauer, ist seit langem arbeitslos. 6 Kinder. Begabung: gut begabt. Leistungen: Im allgemeinen genügend, teilweise, besonders in Mathematik und Physik, gut. Seinen Anlagen nach könnten seine Erfolge besser sein, daß sie nicht durchweg gut sind, ist wohl auf Krankheit und häufiges Fehlen zurückzuführen. Betätigung in n.s. Verbänden: Ist wegen seiner Krankheit nicht organisiert. Charakter: Schwerblütig, verträglich, vielleicht nicht energisch genug. Fügt sich anscheinend mit Gelassenheit in seine dürftigen Verhältnisse, die er durch eigenes Verdienen zu bessern sucht. Berufswünsche: Verlagsbuchhändler. Er ist für den Beruf besonders durch seine Neigung zur Literatur geeignet«. Aus: Schubert: Heinrich Böll, S. 1499.

[10] Vgl. Sulzer-Reichel: Böll, S. 26.
[11] »Ich habe noch in Léon Bloys Tagebüchern gelesen, und ich spüre es wie immer, daß das wirklich mein Leben und mein Ziel ist, nur zu sagen, meinetwegen nur auf deutsch zu sagen, was er französisch gesagt hat. So ist es [...] und ich bitte Gott immer darum, mir Gelegenheit zu geben. Ist es nicht ganz sonderbar, daß Léon Bloy im November 1917 gestorben ist und ich im Dezember 1917 geboren wurde? Eben, als mir das beim Lesen des Buches klar wurde, erschrak ich richtig«. Heinrich Böll an Annemarie Cech, Feldpostbrief Nr. 202 vom 9. Januar 1942, S. 285.
[12] Heinrich Böll an Annemarie Cech, Brief Nr. 99, S. 136f.

Ähnlich wie bei Stöltens war der Familienzusammenhalt eng und das Verhältnis zu Geschwistern und Eltern äußerst liebevoll.
Böll trat – geboren am 21. Dezember 1917 (»Ich bin also geboren als Untertan Wilhelm II., das darf man nicht vergessen. Und ein Jahr habe ich als dieser Untertan gelebt«[13]) – kaum 22jährig in den Zweiten Weltkrieg ein. Als Stölten 1945 fiel, war er gerade 22 Jahre alt geworden. Die entscheidenden Jahre seines Erwachsenwerdens fallen in die Kriegszeit. Stölten wurde von einem starken Temperament vorangetrieben, welches ihn Erlebnisse wie den Kriegseintritt suchen ließ, während Böll in einem Phlegma ruhte, das er sich auch selbst zuschrieb.
Nach seinem Abitur absolvierte Böll in Köln eine Buchhändlerlehre.[14] Teil des Lehrvertrages wurde seine Mitgliedschaft im Bund reichsdeutscher Buchhändler, die mit einer Mitgliedschaft in der Reichsschrifttumskammer verbunden war. Nach Ende seiner Buchhändlerlehre erklärte Böll seinen Austritt aus der Reichsschrifttumskammer; für einen jungen Mann, der eine Buchhändlerkarriere anstrebte, ein mutiger Schritt. Tatsächlich arbeitete er im Anschluß an seine Lehrzeit in der Schreinerei seines Bruders Alois und verrichtete schon ab November 1938 seinen Reichsarbeitsdienst bei einem Arbeitskommando in Kassel. Hier erreichte ihn auch sein Gestellungsbefehl. Schon am 3. September 1939 wurde Böll als Schütze der deutschen Wehrmacht vereidigt und der 3. Kompanie des 484. Infanterie-Ersatz-Bataillons zugewiesen.[15] Böll zählte das halbe Jahr Reichsarbeitsdienst stets zu seiner Kriegszeit hinzu, so daß er auf sieben Jahre Dienst in Uniform kam[16] und beschrieb seine Schul- und Lehrzeit rückblickend »als ein Leben auf den Krieg zu. Seit der Rheinlandbesetzung seien er und seine Schulkameraden für einige Lehrer ›Morituri‹ gewesen.«[17] Böll wurde erst 1941 zum Gefreiten

---

[13] Heinrich Böll: Schreiben als Zeitgenossenschaft (1982), zitiert nach: Sulzer-Reichel: Böll, S. 7.
[14] Die Skizzierung seiner Biographie folgt der Chronik aus der oben genannten Edition, S. 1495ff.
[15] Die Stationen von Bölls Kriegszeit, insbesondere auch seine jeweilige Truppenzugehörigkeit, sind im Detail bekannt. Sie jeweils anzugeben, erscheint im vorliegenden Kontext unnötig. Gewünschte Daten können gefunden werden bei Sulzer-Reichel: Böll, S. 34-37.
[16] »Am 15. September 1945 nachmittags 16.15 verließ ich endlich den letzten Stacheldraht im Schatten der Bonner Universität, wo ich glücklichere Tage gesehen hatte… es erfaßte mich ein Schwindel, das Bewußtsein, frei zu sein nach fast 7 Jahren.« Heinrich Böll an seinen Freund Ernst-Adolf Kunz, in: Herbert Hoven (Hg.): Die Hoffnung ist wie ein wildes Tier. Der Briefwechsel zwischen Heinrich Böll und Ernst-Adolf Kunz 1945-1953, Köln 1994, S. 11.
[17] Schubert: Heinrich Böll, S. 1521.

und dann erst wieder 1943 zum Obergefreiten befördert und bekleidete damit niedrige Mannschaftsdienstgrade.[18]

Auch die Dienstorte beider Männer waren recht unterschiedlich. Stölten erlebte den Krieg als Freiwilliger an zentralen Fronten, Böll mehrheitlich in abseitigen Etappen mit häufigeren Urlauben. Er war zwar fast vom ersten Tag an dabei (und damit länger als Stölten), allerdings beschränkte sich seine Fronterfahrung auf weniger als vier Wochen, und zwar auf drei Wochen auf der Halbinsel Kertsch an der Krimfront im November/Dezember 1943[19] und zwei Tage in Jassy, Rumänien, Ende Mai 1944.

An das Schwarze Meer kam Böll also ein gutes Jahr, nachdem Stölten auf der Suche nach seiner Einheit dort gewesen war; so kreuzten sich, wenn auch in gehörigem zeitlichem Abstand, die Linien ihres jeweiligen militärischen Lebens zum ersten Mal. Ein zweites und letztes Mal, wieder im Abstand von etwa einem Jahr, folgten sie einander, diesmal in umgekehrter Reihenfolge, an der französischen Invasionsfront. Hätte Stölten für Böll der Gesprächspartner und Kamerad sein können, den er immer so vermißte?[20]

Bölls Einsätze auf der Halbinsel Kertsch und im rumänischen Jassy endeten durch Verwundung vorzeitig, was Böll beide Male, anders als Stölten, als »eine gute Fügung, die mich aus dem großen, großen Elend, der furchtbaren

---

[18] Immer wieder betonte Böll in seiner Feldpost, daß eine Offizierslaufbahn für ihn nicht in Frage komme. Vgl. Heinrich Böll an seine Mutter, Brief Nr. 282, 19. Juli 1942, S. 399: »Ich bin es maßlos leid, so jahrelang als einfacher Soldat herumzulaufen, ohne die geringste Bequemlichkeit und Vergünstigung; vor allem aber ist es so beschissen, immer, immer mitten in der Masse drinzustecken; ich habe es mir oft und lange, lange überlegt, ob ich nicht Offizier werden soll; es wäre so einfach; in wenigen Monaten schon könnte ich als Leutnant herumlaufen, da ich ja die nötige Dienstzeit auf dem Buckel habe, aber ich will es nicht; nein, ich werde niemals mehr Gedanken mir darüber machen, ich will es nicht […], ich meine fast, es wäre Verrat an allem, was wir haben mitmachen und erleiden müssen, wenn ich jetzt Offizier werden wollte, weil mir der Dreck da unten nicht mehr gut genug ist.«

[19] Seit dem 1. November 1943 war die 17. Armee mit rumänischen Verbänden infolge der russischen Sommeroffensive auf der Krim abgeschnitten. Kiew wurde am 6. November von den Deutschen geräumt und bereits eine Woche später besetzte die Rote Armee das 130 Kilometer westlich gelegene Shitomir. Die strategische Bedeutung der nunmehr abgeschnittenen Krim war gering, dennoch gab die Wehrmacht erst ab April 1944 gebietsweise ihren Widerstand auf. Bei Vollendung der russischen Eroberung der Krim am 12. Mai 1944 wurden rund 100.000 tote und gefangene deutsche Soldaten gezählt.

[20] »Ich werde auch einmal wieder einigermaßen vernünftig werden, wenn ich wieder unter Menschen sein werde, die mich verstehen, mit denen ich reden kann, wie ich denke.« Heinrich Böll an Annemarie Cech, Brief Nr. 105, 11. Dezember 1940, S. 142f.

Gefahr befreien sollte«[21], erlebte. Gefährdet wurde er allenfalls noch einmal in den letzten Kriegswochen, als die amerikanischen Streitkräfte bereits in Deutschland waren, wobei nach Bölls Auskunft die Gefahr, erschossen zu werden, eher von der Wehrmacht ausging.

Bei Kriegsbeginn kam Böll zunächst zur Ausbildung nach Osnabrück, wo er etwa zehn Monate, ganz nach Gepflogenheit der Wehrmacht, die die Kohäsion der Armee durch Nahmilieus zu stärken suchte, mit Kameraden aus seiner engeren Heimat Köln Dienst tat. Er wirkte unsoldatisch, ungeschickt, kam daher nicht an die Front, sondern im Juni 1940 nach Bromberg ins eingegliederte Westpreußen. Aus dieser Phase ist ein Brief erhalten geblieben, der Bölls Gläubigkeit, Abstand zu den eigenen Kameraden und Fähigkeit zum Mitleiden anrührend dokumentiert:

> Eben war jemand hier bei uns, ein Hinkender mit einem unbeschreiblich edlen und jammervollen Gesicht; der stotterte, sobald man ihn ansah, hielt hilflos und völlig unsinnig seinen Wehrpaß in der Hand und stotterte dauernd nur das eine Wort: abmelden, abmelden.
> Sie lachten alle und fraßen sich satt an seiner völligen Verlassenheit; der Mann wäre fast gestorben vor Qual und Not, und er schwitzte vor Leid; oh Gott, er hing oben am Kreuz; ich konnte zum Glück den Mann verstehen und ihn aufklären und ihm sagen, an wen er sich zu wenden habe; glaubst Du, daß er einfach überströmte vor Dankbarkeit, weil ich nur ganz konventionell höflich zu ihm war... es ist unglaublich traurig, daß immer und überall Christus gekreuzigt wird. Ist es nicht unsagbar erschütternd, daß man ihm, der wirklich unser Bruder ist, so begegnen kann und daß man seiner Kreuzigung beiwohnen kann; ich bin ganz außer mir... Wir wollen nie an seiner Kreuzigung teilnehmen, wir wollen immer versuchen, sein unermeßliches Leid zu mindern.[22]

Böll distanzierte sich in Bromberg von den Volksdeutschen, beobachtete gern das Leben der Bevölkerung und war – hier gleichen sich Stölten und Böll – angestrengt vom öden und strapaziösen Kasernenalltag. Während Stölten seine Rekrutenzeit jedoch eher humoristisch nach Hause vermittelte und nur seinem Tagebuch Bedrängnisse anvertraute, schlug der von Heimweh gequälte Böll einen anderen Ton an und benannte, wenn auch rechtfertigend, den destruktiven Charakter der Schikanen.[23] Beide ersehn-

---

[21] Heinrich Böll an Annemarie Böll, Brief Nr. 697, 6. Dezember 1943.
[22] Heinrich Böll an Annemarie Böll, Brief Nr. 97, S. 30. November 1940, S. 133f.
[23] Gleichgültigkeit gegen den eigenen Tod, eine Art psychischer Selbstmord, schwingt mit: »Man legt den Zivilisten ab, er wird wirklich kaputtgemacht. Man wird – nicht gerade stumpfsinnig – aber 300 Prozent kalt und gleichgültig, und völlig interesselos. Mir persönlich wäre es jederzeit völlig gleichgültig, ja manchmal sogar willkommen, wenn ich

ten den Einsatz als Entrinnen aus der Rekrutenzeit und täuschten sich über die Gefahren. Auch Böll erlag einer romantisierten Vorstellung vom Soldatsein, einem Erlebniswunsch, der jedoch auf wenige Proben gestellt werden sollte. Deutlich beschwor Böll in seiner Phantasie aber das Motiv des Heimkommens:

> Ich bin allen Ernstes froh, wenn ich vom Kasernen-Militarismus zum Feldsoldatentum überwechseln kann; meiner Meinung nach bedarf es keiner Frage für einen jungen Mann, der weder Frau noch Kinder (und Kegel) hat, welches Leben menschen- und mannwürdiger ist; Ihr wißt gut, daß ich mich in der Richtung nicht durch Filme usw. beeinflussen lasse; es ist wirklich eine erworbene, eigene Erkenntnis; außerdem möchte ich auch, da ich nun einmal Soldat im Kriege bin, auch den Krieg kennenlernen; und da von so unzählig vielen im Westen nur zehntausend gefallen sind, werde ich ja wohl wahrscheinlich wieder nach Hause kommen; das gibt natürlich ein unvorstellbares Fest.[24]

Statt Fronteinsatz kam Böll im August 1940 in die Etappe nach Frankreich (Amiens). Von hier aus schickte er – ebenso wie auch aus den anderen Stationen seiner Kriegszeit – häufig Feldpostpäckchen nach Hause, wie folgendes Zitat, allerdings aus Bölls Phase an der französischen Kanalküste, illustriert:

> Nach dem Essen habe ich mich erst auf meine Gemächer zurückgezogen und habe im Schweiße meines Angesichts gepackt, gepackt, elf Pakete, wirklich 11 Pakete: 2 für einen Kameraden, eins für den Feldwebel und 8 für mich, je zwei für Dich, eins mit Butter und eins mit viel Schreibpapier, 2 für Alois' Familie und 4 für zu Hause; die Eier habe ich in dieser Woche in ein Paket gepackt, weil ich für 2 nicht ausreichend hatte [...].[25]

Der französische Volksmund bezeichnete Soldaten wie Böll, die buchstäblich in Heerscharen durch das besetzte Land zogen und der französischen Volkswirtschaft durch Schwarzmarkt und Inflation erheblich schadeten, als »Doryphores« (Kartoffelkäfer).[26] Von Stölten ist kein schriftlicher Hinweis

---

von irgendwem oder irgendwoher plötzlich und unerwartet ›kaltgemacht‹ würde. Aber die Erziehung zu diesem Standpunkt ist die richtige Vorbereitung für einen Krieg, und das ist ja der Sinn unserer Ausbildung.« Heinrich Böll an Eltern und Geschwister, Brief Nr. 5, 27. September 1940, S. 19.

[24] Heinrich Böll an Eltern und Geschwister, Brief Nr. 46, 7. Juni 1940, S. 65.
[25] Heinrich Böll an Annemarie Böll, Brief Nr. 534, 1. Mai 1943, S. 738.
[26] Aly: Hitlers Volksstaat, S. 119. Götz Aly, der sich dem Thema Kriegsgewinne in seiner bereits benannten Publikation widmet, zählte in der Korrespondenz Bölls mehr als 300 einschlägige Hinweise. Er vermutet sicher nicht zu unrecht, daß die Editorin Annemarie

auf diese Art Käufe erhalten, auch wenn er ab und an natürlich ein Päckchen mit Kleinigkeiten schickte. Als Angehöriger der kämpfenden Truppe hatte er auch viel weniger Gelegenheit hierzu.
Böll erkrankte später an der Ruhr. Als Folge dieser Infektion verbrachte er dann eineinhalb Jahre gemeinsam mit anderen kranken und älteren Soldaten im Landesschutz bei Köln, wo er u.a. auch Fremdarbeiter in einer Fabrik bei Wesseling überwachte, in den Sidol-Werken in Köln arbeitete oder als Zugbegleiter eingesetzt wurde. Auch hier ist vom Kriegsgeschehen äußerst selten die Rede, vielleicht, weil Böll in dieser Phase Annemarie Cech kennenlernte, seine spätere Frau, an die auch die meisten Briefe gerichtet sind.
Die Bewachung der Zwangsarbeiter empfand er als »übles und irgendwie erbärmliches Geschäft […], diese großen, schattenlosen, sandigen Plätze mit Baracken übersät, die vollgesogen sind mit Hitze, ach, und die unzähligen schwitzenden Sklaven dazwischen, die irgendwie ihre Gedanken totzuschlagen versuchen.«[27] Doch gelingt Böll innere Abgrenzung, die er auch aktiv betreibt. »Ich bin sehr froh über dieses Kommando hier […] und herrlich ist auch diese Freiheit, denn wir sind doch [hier, A.I.] viel unabhängiger.«[28]
Das Leid der Zwangsarbeiter sah er, es berührte ihn, aber es führte nicht zu einer Ablehnung des Krieges im Osten, in dessen Zuge die Zwangsarbeiter rekrutiert wurden. Noch in Wesseling, nur fünf Tage nach der zitierten Lagerszene, schrieb Böll, daß er sich von einem Kriegseinsatz angezogen fühle:

> Auch am Soldatentum zieht mich dieses Absolutgestelltsein ungeheuer an, und es reizt mich geradezu; deshalb ist meine soldatische Sehnsucht wirklich, immer an der Front zu sein… und gerade jetzt, wo eine Offensive in Gang ist – und es muß doch herrlich sein, in diese unendliche Weite Rußlands vorzustoßen – ich leide maßlos darunter, so immer und immer den Krieg nur im Schatten, nur in Schulen und Kasernen zu verleben und zum allergrößten Teil in dumpfen und dreckigen Stuben, wie ein in Ehren Gefangener.[29]

Hier finden wir eine Stimmungsparallele zwischen Stölten und Böll, die sicher auf einen überwiegenden Teil der wehrfähigen Männer zutraf. Anders als Stölten blieb für Böll dieser Wunsch aber Fiktion. Eine freiwillige Meldung zur Rückversetzung, etwa nach Frankreich, setzte er nie in die

---

Böll auch für diesen Themenbereich Kürzungen und Auslassungen vornahm. Aly: Hitlers Volksstaat, S. 386.
[27] Heinrich Böll an Annemarie Cech, Brief Nr. 147, 24. Juni 1941, S. 198.
[28] Ebd.
[29] Heinrich Böll an Annemarie Cech, Brief Nr. 150, 29. Juni 1941, S. 205.

Tat um. Ihm stand – so schrieb er seiner Frau – der Kummer seiner Mutter im Weg: »Wenn ich ihre verweinten Augen sehe und ihr blasses Gesicht, und das Zittern ihres Gesichts, dann fällt meine ganze Lust zusammen wie nichts […], dann [bin, A.I.] ich wieder kuriert von meiner Sehnsucht für mindestens zwei oder drei Monate.«[30]

Ende April 1942 kam Böll wieder nach Frankreich, wo er bis Oktober 1943 in der ständigen Erwartung einer Invasion zumeist an der Küste der Normandie stationiert war und dabei »fast wie im Frieden [… A.I.] braun und gesund«[31] wurde. Aus dieser Zeit stammen die meisten Briefe, denn damals versah Böll eine Art Bürodienst und beteiligte sich am Bau des Westwalls. Zerstörungen begegneten ihm auf seinen zahlreichen Heimaturlauben, die er sich auch oft durch Simulation von Krankheiten und daraus folgenden Lazarettaufenthalten erschlich. Die Bilder von den Trümmern Kölns bestimmten sein Kriegsbild, nicht die zerstörten Badeorte an der Kanalküste. Warten, Müdigkeit, Überdruß, Stumpfsinn und Mutlosigkeit sind die Schlagworte, die diese Phase kennzeichnen und die später auch zum Leitmotiv von Bölls Nachkriegsliteratur wurden (etwa *Die schwarzen Schafe*, 1951 oder *Ansichten eines Clowns*, 1963). Anders als Stölten findet Böll jetzt deutliche Worte für den Wunsch nach dem Kriegsende:

> […] ich sehne mich ganz unaussprechlich nach Buntheit und Wärme und Frieden, und ich möchte, möchte, daß der Krieg ausgeht.«[32] [Er fühlte sich, A.I.] »maßlos, maßlos traurig und verzweifelt […]; es ist doch ein unendlich trauriges Geschehen, der Krieg, es ist so unfaßbar, daß man einfach jahrelang getrennt sein soll, daß das Natürliche einfach nicht berücksichtigt wird, daß Tausende vergewaltigt, verdorben und ermordet werden.[33]

In diesen Phasen suchte und fand Böll Trost im Glauben.[34] Bemerkenswerterweise finden sich aber auch bei Böll konkrete Beispiele eines im Krieg

---

[30] Ebd.
[31] Heinrich Böll an Annemarie Böll (das Paar hatte am 6. März 1942 geheiratet), Brief Nr. 253, 5. Juni 1942, S. 359.
[32] Heinrich Böll an Annemarie Böll, Brief Nr. 256, 9. Juni 1942, S. 363.
[33] Heinrich Böll an Annemarie Böll, Brief Nr. 271, 5. Juli 1942, S. 382.
[34] Vgl. Brief Nr. 277 an Annemarie Böll, 16. Juli 1942: »Mein einzig wirkliches Leben ist nur mein Glaube an die Wahrheit und das Wesen des Kreuzes« oder Brief Nr. 285 an Annemarie Böll, 24. Juli 1942: »2. Korinther II, 12. Darum bin ich guten Mutes in Schwachheit, in Mißhandlungen, in Nöten, in Verfolgungen, in Ängsten, um Christi Willen; denn wenn ich schwach bin, dann bin ich stark […]. Wenn ich nicht an Christus glaubte, an die Wahrheit, die Wirklichkeit und das Wesen des Kreuzes, dann lebte ich einfach nicht, dann litte ich nicht, dann wäre ich einfach NICHTS; das weiß ich, und die

erwachenden Jagdeifers, zumal, wenn dieser sich nicht mit einer gleichzeitigen konkreten Gefährdung der eigenen Person, aber der Hoffnung auf Urlaub verband: »Es ist ein ganz tolles Vergnügen, mit dem Fernglas eine Stunde oben auf dem Berg als Fliegerposten zu stehen; und außerdem hat man dann immer noch die Hoffnung, daß einem mal einer vor die Flinte fliegt, so richtig zum Abknallen; dann gibt es Extraurlaub.«[35] Kampferfahrungen an der Ostfront machte Böll nur drei Wochen, allerdings waren diese fürchterlich. Mehrere Tage verbrachte er gemeinsam mit einem Leutnant aus Nippes bei Köln in ein Erdloch eingegraben liegend in einem Sonnenblumenfeld, den russischen Gegnern auf 50-100 Meter gegenüber. Es ist die dortige Nähe zum Sterben von Freund und Feind (auch der junge Leutnant Spieß aus dem Rheinland starb direkt neben ihm), die ihn endgültig zum Antimilitaristen machte, auch wenn seine Angehörigen typischerweise nicht genau erfuhren, was sich in dem Sonnenblumenfeld konkret zugetragen hatte: »Ich kann es Dir nicht beschreiben, vielleicht kann ich Dir später erzählen.«[36] Die gelesenen und dann erlebten ›Stahlgewitter‹[37] heilten Böll von der Sehnsucht nach dem vorher genannten ›Absolutgestelltsein‹ des Soldaten: »Alles Unwesentliche, das ich noch hatte, habe ich nun endgültig begraben. Niemals kann eine solch irrsinnige Feuertaufe, wie sie uns gleich fünf Minuten nach unserem Eintreffen in der vordersten Linie empfing, spurlos an einem Menschen vorübergehen.«[38] Vertieft wurde sein entmystifizierendes Kriegserlebnis durch eine spätere Kampferfahrung

Gewißheit hält mich allein aufrecht. Ach, uns kann doch im Grunde nichts geschehen... denn wir haben doch die Hoffnung, daß Gott uns aufnimmt in sein Reich; denn selbst, wenn wir sterben müssen, werden wir uns doch wiedersehen und leben, leben.«

[35] Heinrich Böll an Eltern und Geschwister, Brief Nr. 297, 4. August 1942, S. 423. Auch an anderer Stelle offenbart sich Böll als Schütze: »Ich habe selbst schon mit dem M.G. auf manchen Engländer geschossen, der frech über die Dächer oder die Bäume hopste.« Heinrich Böll an Annemarie Böll, Brief Nr. 648, S. 911f.

[36] Heinrich Böll an Annemarie Böll, Brief Nr. 689, 21. November 1943, S. 952. Monate später bestätigte Böll sein Unvermögen, die bedrückenden Erlebnisse zu verbalisieren: »Ich hätte Dir gern noch von der Krim geschrieben, von diesen vier Wochen ununterbrochenen Kampfes, die so sehr entscheidend waren für mein Leben, aber ich kann es nicht.« Heinrich Böll an Annemarie Böll, Brief Nr. 715, 7. Januar 1944, S. 976.

[37] Böll schätzte die Publikation Jüngers, zog aber die Wichertsche Beschreibung der Kriegserlebnisse des »absolut ›Armen‹« den Jüngerschen Schilderungen des Krieges »des ›Mächtigen‹ vor.« Heinrich Böll an Annemarie Böll, Brief Nr. 838, 19. Juli 1944, S. 1092. Vgl. Ernst Jünger: In Stahlgewittern. Aus dem Tagebuch eines Stoßtruppführers, Stuttgart 1995.

[38] Heinrich Böll an Annemarie Böll, Brief Nr. 691, 25. November 1943, S. 954.

in Rumänien[39], bei der Böll das unprofessionelle Vorgehen der Stäbe im nachhinein deutlich benennt:

> Ich denke immer noch mit Schrecken an die Tage bei Jassy, nicht nur wegen der unbeschreiblichen Qualen und wegen des absoluten menschlichen Entsetzens, sondern vor allem, weil ich in jeder Stunde dieser Tage das vollkommene Versagen und die Unsicherheit der höheren Führung bemerkt und gespürt habe, und das ist für einen Soldaten, der bereit sein muß zu sterben, das Schlimmste, wenn er sich sagen muß, daß es strategisch sinnlos ist, und er andere sinnlos fallen sieht […].[40]

Eine Reaktion dieser Art ist bei Stölten nicht auszumachen. Auch nach der dramatischen Invasionserfahrung schrieb er in Erwartung der bevorstehenden Ereignisse in Warschau: »Gleich wie die Kraft und Gewalt dessen sein und bleiben mag – ich gehe wieder sehr gern in den Kampf. In wenigen Tagen geht es an die Ostfront.«[41]

Aus den Briefen dieser Zeit geht hervor, daß Böll nicht nur unter der Kriegswirklichkeit litt, sondern auch die Weite der russischen Landschaft als beklemmend erlebte. War Frankreich brav, umzäunt und ummauert gewesen, so war die russische Landschaft ohne Mauern, ohne Zäune. »So wie der Wind frei und ungehemmt in jede Ecke fegen kann, so können alle Dämonen überallhin. In Frankreich kann man wohl Angst empfinden, wenn man ein Haus betritt, hier ergreift Dich die Angst angesichts der flachen, schrankenlosen Felder, die ›frei‹ sind für alles!!!«[42] Diese Reaktion auf die Weiten Rußlands (»ich bin ein Mann aus dem Westen«[43]) war bei Stölten anders, er empfand sie als fesselnd, auch als Einladung zur Melancholie, keinesfalls aber als bedrückend.

Drei Monate verbrachte Böll in der Folgezeit in Lazaretten, und hier sind sich Stölten und Böll wieder einig: Es dominiert die Sehnsucht nach dem Einsatz, der besser zu sein scheint, als vergessen in der Etappe herumzu-

---

[39] »Ach, es war wirklich die Hölle. Als es dann Abend wurde, zum zweiten Mal Abend, mußten wir wieder schanzen, anstatt zu ruhen, morgens ging dann gleich der entscheidende Angriff vor, den ich bis zuletzt mitmachte. Als ich eben verwundet und notdürftig verbunden war, brachen russische Panzer ein und wir mußten laufen gehen; gleichzeitig wurde es 50 Meter vor uns schwarz vor russischer Infanterie! Das war dann das Schlimmste, diese Flucht […].« Heinrich Böll an Annemarie Böll, Brief Nr. 806, 2. Juni 1944, S. 1053.
[40] Heinrich Böll an Annemarie Böll, Brief Nr. 823, 24. Juni 1944, S. 1074.
[41] Peter Stölten an Dorothee Ehrensberger, Brief vom 5. August 1944.
[42] Heinrich Böll an Annemarie Böll, Brief Nr. 715, S. 976.
[43] Ebd.

liegen. Im folgenden werden Belege dafür angeführt, daß Böll dennoch in den Heilungsprozeß eingriff, weil er unbedingt im Westen, nicht im Osten eingesetzt werden wollte, vor dem ihm, wie oben zitiert, graute. Sogar als die Invasion begann, sehnte sich Böll aus seinem ungarischen Lazarett in Debrecen dorthin.[44] Er kam jedoch nicht mehr zum Einsatz. Die letzten neun Kriegsmonate verbrachte er in Deutschland. Seine insgesamt 31 Briefe von dort sind allerdings sehr wenig informativ.
Er verlebte die Zeit mit simulierten Krankheiten im Lazarett[45], war teils Deserteur, fälschte einen Urlaubsschein[46], schlüpfte bei einem Bruder unter und war nur kurze Zeit dienstleistender Soldat. Dies hinderte ihn aber nicht daran, jede Form von »Etappendrückebergern« in seinen Briefen deutlich zu verurteilen.[47] Im übrigen sah er in dieser Zeit seine junge Frau sehr oft und daher dürfte das Schreibbedürfnis deutlich geringer gewesen sein. In dieser Phase kam es bei Böll zu einem Entlastungseffekt: Mit dem Abstand vom Osterlebnis kamen unbearbeitete Reste zur Sprache, die Eindrücke waren weniger bedrohlich und für die Mitteilung zugänglich geworden – eine Entwicklung, die Stölten zu den beiden literarischen Versuchen *Gespräch* (Invasion 1944) sowie *Kampf im Dschungel* (Warschau 1944) führte.
Wie lesen sich Bölls Briefe? Die Sprache ist einfach, unverschraubt und präzise. Die Anlagen zur Literatur, zur scharfen Beobachtung und Beschreibung von Erlebtem, auch zur Ästhetisierung, finden sich bei Stölten mindestens so ausgeprägt wie bei dem späteren Weltautor Böll. Dessen Briefe haben insoweit noch wenig spezifisch Literarisches, obwohl der junge Böll dies immer leisten wollte und ebenso wie Stölten unter wenig so sehr litt wie unter der Tatsache, daß ihm die Jugendzeit fern jeglicher Bildung verstrich, ohne daß er etwas daran ändern konnte.
Böll hatte nach dem Abitur in Bonn bei einem Buchhändler gearbeitet und

---

[44] »Ich möchte wirklich für mein Leben gern an die Westfront, nicht nur, weil mich die Finsternis und die Verlorenheit des Ostens erschreckt, sondern vor allem, weil mich diese riesige Etappe der Ostfront mit ihren entsetzlichen Erscheinungen maßlos bedrückt […]. Ich glaube, daß im Westen die Atmosphäre etwas freier und menschlicher ist, weil die Front dort noch jung ist, oder wieder jung ist; und dann ist es von dort nicht so weit, nicht so grauenhaft weit nach Hause, und man könnte doch hoffen, daß man manchmal sogar Post bekäme, und bei der kleinsten Verwundung wäre ich in Deutschland.« Heinrich Böll an Annemarie Böll, Brief Nr. 824, 25. Juni 1944, S. 1076.
[45] Vgl. Schubert: Heinrich Böll, S. 1536, S. 1553 sowie S. 1576.
[46] Böll manipulierte seinen Urlaubsschein, der lediglich bis zum 5. März 1945 gültig war um 20 weitere Urlaubstage, indem er vor die 5 eine 2 schrieb. Vgl. Sulzer-Reichel: Böll, S. 37.
[47] Vgl. Brief Nr. 723, 25. Januar 1944, S. 982: »[…] die Reihe der Etappen-Drückeberger […], das scheußlichste Gesindel, das es gibt […].«

nur ein Semester lang Vorlesungen an der Kölner Universität besuchen können. Er hatte nicht den Bildungshintergrund, über den Stölten, obschon fünf Jahre jünger, verfügte. Vor dem Krieg war Bölls Welterfahrung außerordentlich provinziell gewesen. Seine Deutschlandkenntnisse beschränkten sich auf Köln und Umgebung, während Stölten schon einen Schüleraustausch in Norwegen erlebt hatte. Böll zog mit Vorurteilen in den Krieg. Die Holländer waren »ein müdes, verfressenes Volk«, die Engländer »das abscheulichste Volk der Welt«, »Frankreich der Erbfeind.«[48] Ende 1941 schrieb er aus Frankreich: »Ich freue mich, aber zugleich bin ich auch bedrückt von der Atmosphäre perversester Verworfenheit, die über dem Land liegt und in den Gesichtern zu lesen ist.«[49] In Le Mans angekommen, wo Stölten begeistert die dortige Kathedrale bestaunt hatte, schrieb Böll, diese sei »prächtig und vielgliedrig, und man kann kaum glauben, daß dieses Volk sie gebaut hat, diese widerlichen Männer, die sich weibisch herumlümmeln.«[50]

Solche Vorurteile sollten sich im Laufe der Kriegsjahre verlieren, z.T. auch in Bewunderung für die freiere französische Lebensart wandeln, sie zeigen aber, welchen Ballast Böll im Gepäck hatte. Er erlebte in dieser Hinsicht eine tiefgreifende Entwicklung, die er auch selbst im August 1943 einmal resümiert: »Ich habe wirklich eine Wandlung durchgemacht in diesen vier Jahren. Wenn ich bedenke, welch ein in Träumen versponnener Jüngling ich war, damals in diesem Sommer 1939.«[51]

Diese Verstörung über die Veränderungen der eigenen Person durch die Kriegserlebnisse reflektierte Stölten genauso deutlich wie Böll: »Ich kenne mich selbst kaum noch wieder«[52] oder, noch deutlicher: »Zum 1. Mal entdeckte ich beim Rasieren heute morgen auch einmal, daß mein an sich ewig gleich dummes Gesicht fremde Spuren trug, die ich nicht wiedererkannte. Man erlebt ja auch nichts Neues unabhängig, sondern alles ist bei solchem Erleben besonders klar hinzuaddiert.«[53]

Ebenso wie Stölten empfand auch Böll seine kriegerische Existenz im Verhältnis zu seinem früheren zivilen Leben als Spaltung: »Diese dauernde Bewußtheit, die Tatsache, immer wieder zwischen zwei absolut wesensfremden Welten hin- und hergerissen zu sein, immer sich teilen müssen und jeden Tag vollkommen umstellen zu müssen zwischen diesen beiden

---

[48] Heinrich Böll an Annemarie Böll, Brief Nr. 127, 24. Februar 1941, S. 173.
[49] Heinrich Böll an Annemarie Böll, Brief Nr. 201, 30. Dezember 1941, S. 278.
[50] Heinrich Böll an Annemarie Böll, Brief Nr. 201, fortgesetzt am 1. Januar 1942, S. 280.
[51] Heinrich Böll an Annemarie Böll, Brief Nr. 607, 20. August 1943, S. 849.
[52] Peter Stölten an Dorothee Ehrensberger, Brief vom 24. Juli 1944.
[53] Peter Stölten an Dorothee Ehrensberger, Brief vom 31. Dezember/1. Januar 1945.

Welten.«[54] Die Spaltung vermochte er natürlich nicht aufzuheben, er hatte aber ebenso wie Stölten das Bedürfnis, sie zu beschreiben: »Ich führe ein Leben, das nicht mein Leben ist, und mich doch mit allen Fasern gepackt hält.«[55] Stölten fand ähnliche Worte: »Mag es mir das Schicksal auch auf diesen Weg gesetzt haben – mein Ziel liegt nicht auf dem Weg, den ich seit Jahren zu gehen gezwungen bin.«[56]
Eine gewisse Aufhebung der Zweiteilung hatte Böll zunächst für möglich gehalten, indem er gedanklich den mannhaften Kampf dem blindwütigen Krieg gegenüberstellte: »[... A.I.] ich glaube, daß der Kampf etwas wahrhaft elementar Berauschendes und Schönes ist, aber der Krieg, das ist das absolute Elend.«[57]
Nach seinem ersten Kampferlebnis indessen half ihm diese Konstruktion nicht mehr weiter. Böll hatte die phantasierte Freude am Kampf verloren: niemals mehr suchte er in solchen Grenzsituationen Bewährung. Von diesem Zeitpunkt an klafft das aufgezeigte Verhalten der beiden Soldaten Böll und Stölten wie eine Schere auseinander, denn Stölten gestattete sich kein Abseitsstellen im Kampf. Die Kritik am Krieg ist in Bölls Briefen, anders als bei Stölten, bisweilen unvorsichtig laut und vernehmlich. Dies mögen beispielhaft die beiden folgenden mutigen Passagen illustrieren:

> Mich ekelt der Krieg an, er ist allmählich zu einer irrsinnigen Verwirrung geworden, es gibt keinen Glauben und keine Freude und keine Begeisterung mehr, und das Maß der Leiden unserer Infanterie ist erfüllt; die Offiziere taugen nicht mehr viel, und die Soldaten sehnen sich immer wieder nach neuen Verwundungen, die sie befreien aus der Hölle. Aber ich hasse auch die Hölle des Lazaretts, ich hasse die Hölle der Uniform, überhaupt die Uniform an sich.[58]
> Das Leben ist grausam, und der Krieg, jeder Krieg ist ein Verbrechen; für immer bin ich absoluter Anti-Militarist geworden in diesen letzten Monaten elender Quälerei.[59]

Böll erwähnte, anders als Stölten, das Attentat des 20. Juli 1944, jedoch ohne Stellung zu beziehen.[60] Er fühlte sich unter seinen Kameraden, zumal als

---

[54] Heinrich Böll an Annemarie Böll, Brief Nr. 191, 3. November 1941, S. 261.
[55] Heinrich Böll an Annemarie Böll, Brief Nr. 745, 20. Februar 1944, S. 1004.
[56] Peter Stölten an Dorothee Ehrensberger, Brief vom 22. Dezember 1944.
[57] Heinrich Böll an Annemarie Böll, Brief Nr. 365, 23. Oktober 1942, S. 514.
[58] Heinrich Böll an Annemarie Böll, Brief Nr. 814, 10. Juni 1944, S. 1063.
[59] Heinrich Böll an Annemarie Böll, Brief Nr. 783, 11. Mai 1944, S. 1035.
[60] Vgl. Heinrich Böll an Annemarie Böll, Brief Nr. 839, 21. Juli 1944, S. 1093 und Brief Nr. 840 vom 22. Juli 1944, S. 1094.

Christ, extrem isoliert (»ein 100%ger Fremdkörper«[61]), fand keinen rechten Anschluß und kameradschaftliches Aufgehobensein[62], während Stölten sehr beliebt war und Kameradschaft als Leistungsansporn, bestenfalls sogar als ›Ersatzfamilie‹ empfinden konnte.[63] Stölten war pflichtbewußt bis zum letzten Einsatz, Böll entzog sich, wann immer es möglich war. Stölten war zu Beginn jugendlich draufgängerisch, aber ohne erkennbare eitle Anfälligkeit oder Bewunderung für militärischen Glanz. Böll hingegen war bisweilen sogar deutlich angezogen von dieser Form der Ästhetik, wie etwa folgende Situationsbeschreibung belegt:

> Und dann reitet der Leutnant quer über das Feld auf uns zu, elegant und jung, nordisch und blond und mit seinen Orden; es ist etwas ganz Sonderbares, wenn er so aus dem Licht der Sonne über das Feld reitet, mitten durch die junge Saat, die unter den Hufen des Pferdes zertrampelt wird – wie ein junger Herrscher; oh ich bin kein Soldat und werde keiner, und ich bin ein schlechter, schlechter Gruppenführer, aber es ist etwas ganz Sonderbares, dieser reitende Herrenknabe, der der Herr der Kompanie ist.[64]

---

[61] Heinrich Böll an Annemarie Böll, Brief Nr. 206, 24. Januar 1942, S. 288f.

[62] »Könnte ich Dir nur sagen, wie maßlos ich dieses Leben hasse, hasse, hasse, aus vollster Seele; dieses lächerliche Getue und Theaterspielen und die tägliche und stündliche maßlose Quälerei aller dieser Männer, die in 8 Tagen vielleicht den Heldentod sterben müssen! Ist das nicht eine maßlose Grausamkeit, ist es nicht wirklich absolut menschenunwürdig? Es hat auch mit ›Deutschland‹ nichts zu tun; ich lasse mich von einem Mann, der glaubt, dass es für Deutschland notwendig ist, wirklich gern piesacken, aber dieses ganze Gelichter glaubt doch an nichts, an absolut nichts, und unter diesem Winkel ist es entsetzlich, nicht wahr? Ich habe oft das Gefühl, in einem grauen, dickflüssigen Meer zu schwimmen, ganz gar mit dieser breiigen Masse behaftet, ach, ein ekelhaftes Leben, dauernd in schmutzigen Decken zu liegen in den dunklen, ekelhaften Stuben, eng aneinandergepfercht, immer angebrüllt und dauernd wie in einem Korsett.« Heinrich Böll an Annemarie Böll, Brief Nr. 767, 25. April 1944, S. 1024.

[63] Beschrieb Böll etwa nach einem Urlaub die Rückkehr in die Kaserne, »in dieses Gebäude des nackten Entsetzens« als »ganz grauenvoll schwer« und als »Entsetzlichste(s) […], daß ich so ganz allein unter vielen [Kameraden, A.I.], so wirklich ein völlig Fremder, mit diesen allein hätte ausrücken müssen« (Brief Nr. 206, 24. Januar 1942, S. 288), erfuhr Stölten den Eintritt in den Dienst bisweilen auch als »[…] Heimkehr! Heimkehr ist doch eine der Freuden, die das Leben als größte und stabilste für uns bereit hält. Heimkehr zu einer Kompanie – Du kannst es Dir kaum denken! Und doch schien es mir, als begänne mit den ersten bekannten Leuten von mir wieder das Leben. Aus jedem Gesicht sprach große Freude, manche sprachen sie in irgendeiner Form auch ungewunden aus.« Peter Stölten an Dorothee Ehrensberger, Brief vom 5. August 1944. »Kameradschaft« hieß für Stölten, daß »der eine sich mit dem anderen für den Ernstfall eine sichere Basis zusammenhaut.« Peter Stölten an Dorothee Ehrensberger, Brief vom 23. Dezember 1944.

[64] Heinrich Böll an Annemarie Böll, Brief Nr. 245, 22. Mai 1942, S. 343.

Böll wünschte den deutschen Sieg, obwohl er den Krieg und sein Dienen dafür ablehnte: »Gott gebe, daß dieser wahnsinnige Krieg zu Ende geht und daß Deutschland gewinnt.«[65] Stölten, der Hoffnungen auf einen deutschen Sieg nicht äußert, glaubte unabhängig vom Ausgang des Krieges nicht mehr an eine gute Zukunft nach Kriegsende: »Nach diesem Krieg kommt bald, vielleicht in 20 Jahren, ein nächster, der sich heute schon von fern erkennen läßt.«[66] Auch Böll kannte diese depressive Stimmung, die einen guten Frieden nicht mehr vorstellbar sein ließ[67], immer wieder beschwor er aber auch Zukunftsbilder und Aufgaben für die Zeit nach dem Kriegsende herauf.[68] Hier mag ausschlaggebend sein, daß Böll schon verheiratet war und im Frühjahr 1945 bereits seinen ersten Sohn erwartete (»ich will Kinder haben, und ich möchte, daß unsere Freunde alle viele Kinder haben, damit diese neue, junge Generation nicht so grenzenlos einsam ist in ihrer Generation wie wir«[69]), während Stöltens Hoffnung auf eigene Kinder ungewiß blieb[70]; Böll war außerdem ein tief gläubiger Katholik, dem sich die Sinnfrage nicht so elementar stellte, wie Stölten, der bei aller Sinnsuche etwa in seinem Essay *Gespräch* wohl weniger gewiß als Böll war, nicht tiefer als in Gottes Hand fallen zu können.[71] Beide phantasierten sich von der sie umgebenden

---

[65] Heinrich Böll an Annemarie Böll im Zusammenhang der Kapitulation von Stalingrad, Brief Nr. 433, 29. Januar 1943, S. 599.

[66] Peter Stölten an Dorothee Ehrensberger, Brief vom 21./22. Dezember 1944.

[67] »Den Frieden kann ich mir gar nicht vorstellen, es ist ganz unmöglich [...], ach, das grausamste ist nicht, daß jemand fällt, wer weiß, ob er nicht tausendmal – ach ganz sicher – glücklicher ist in der Ewigkeit als wir, denn er hat doch mit dem Leben alles bezahlt; das ist nicht das Grausamste; gräßlich ist, daß alles andere weitergeht, daß die Straßenbahnen voll gereizter und müder Leute sind, daß die Kinos weiterlaufen, daß die großen Betrüger die kleinen aufhängen lassen, daß die Sonne auf- und untergeht und die Fahrpläne alle pünktlich eingehalten werden – ach, das Leben ist ganz gewiß grausamer als der Tod! Manchmal ist vielleicht sogar der Frieden grausamer als der Krieg!« Heinrich Böll an Annemarie Cech, Brief Nr. 193, 28. Februar 1941, S. 264f.

[68] »Wir werden die große Aufgabe haben, das christliche Gut für Deutschland zu bewahren [...]. Ich glaube, wir gehen Zeiten entgegen, in denen auf eine apokalyptische, absolut offenbare Weise wir für die übrige Welt die Narren sein werden und auch die Feinde.« Heinrich Böll an Annemarie Böll, Brief Nr. 165, 30. Juli 1941, S. 231.

[69] Heinrich Böll an Annemarie Cech, Brief Nr. 112, 20. Dezember 1940, S. 150.

[70] »Ob man mal eigenen Kindern schreiben kann?« Peter Stölten an Dorothee Ehrensberger, Brief vom 3. Dezember 1944.

[71] Aufgehobensein in einer göttlichen Ordnung war Stölten, anders als Böll, keine unumstößliche Gewißheit (»ich bin mir auch völlig darüber im klaren, da mir leider keine große Glaubensfähigkeit angeboren ist«, Peter Stölten an seine Eltern, Brief vom 4. September 1944). Gelegentliche Erfahrungen von Gläubigkeit – wie etwa beim nachfolgend beschriebenen Besuch des Bremer Doms – hat er offenbar dankbar wahrgenommen: »Wir gingen mit der Führung durch den Bleikeller an den lederüberspannten Gerippen vorbei, die

schrecklichen Wirklichkeit in frühere Epochen und beneideten die dort beheimateten Zeitgenossen.[72] Stölten, der schon den Vernichtungskrieg an der Ostfront erlebt hatte, sah in Warschau die Sinnlosigkeit eines auch heldischen Widerstands gegen Überlegenheit an Menschen und Material. Er sah eine ähnliche Unterlegenheit für Deutschland voraus und konnte für sich keine andere Rolle erkennen als todesmutigen Einsatz und Opferbereitschaft.
Von Verbrechen, etwa der Judenvernichtung oder den Greueln an der Zivilbevölkerung im Osten lesen wir auch bei Böll nichts Deutliches; ebenso wie Stölten erwähnt er die Judenvernichtung überhaupt nicht. Mit Ausnahme zweier kritischer Bemerkungen zum Euthanasieprogramm[73] deutete Böll

[72] verstaubt zwischen kraftvollen barocken Aposteln in dem bleischwer gebauten Keller nur jammervoll rührende Reste von etwas, was an Menschen erinnert, waren. Doch immer noch war es aufschlussreich, einen Blick auf die noch sprechenden Mienen zu werfen. Dies wäre sicher der Mittelpunkt dieser Viertelstunde für mich gewesen, hätte ich nicht einmal die Lady – oder war es die schwedische Gräfin? – in den trockenen Oberarm kneifen müssen, in den man hineinsah wie in eine aufgeschlagene Kürbisflasche. Da fühlte ich ein braunes Blätterfiligran, einen Muskel, der wie ein Blatt auf dem Kompost Fleisch und Saft hatte vergären lassen und sah den Blattfetzen: ja, genau so!! – Und dies, das Einfachste und Natürlichste von der Welt, wurde mir zur erschreckenden Erkenntnis, zum Gefühl der übermächtigen Einheit der Natur, der unentrinnbaren Härte ihrer unwandelbaren Gesetze und unserer Nichtigkeit daneben. Unwillkürlich dachte ich der Worte: ›Von Erde bist du genommen…‹, neben dem aber das Schönere steht: ›Leben wir, so leben wir dem Herrn, sterben wir, so sterben wir dem Herrn!‹ (Der Spruch, unter dem mich mein Großvater taufte.) – Es stehen doch überall Worte von unangreifbarer und was noch mehr ist: unzerpflückbarer Größe in der Bibel, unfehlbar tröstlich. Ein Segen jeder Moment, der uns daran erinnert.« Peter Stölten an Dorothee Ehrensberger, Brief in der Neujahrsnacht 1943/44.
»Ich habe mich oft berauscht an dem Gedanken, wie schön es gewesen wäre, wenn wir vor 150 Jahren geboren wären (oder auch drei- oder siebenhundert Jahre früher, jedenfalls in jede andere Zeit hätte ich besser gepaßt). Ich wäre ein Offizier geworden oder ein Schauspieler oder einer der vielen Dichter, und wir wären beide nicht so maßlos einsam und fremd gewesen inmitten unserer Zeit.« Heinrich Böll an Annemarie Cech, Brief Nr. 172, 21. August 1941. Stölten formuliert mit weniger Unsicherheit über seine Existenz in der Gegenwart, aber ebenso träumerisch: »Täglich lese ich noch in den nicht auszuschöpfenden Romantikerbriefen. ›Ins Ungebundene geht eine Sehnsucht…‹ und größere Pläne sind auf der Welt wohl nirgends gemacht worden als bei ihnen. Ich glaube auch, niemals wurde schöner gelebt.« Peter Stölten an Dorothee Ehrensberger, Brief Juli 1944.

[73] »Wir haben uns lange hier unterhalten über Sterilisation und ›Irrenmord‹ und ähnliche Dinge; im großen und ganzen unfruchtbar; es gibt doch unsagbar viele Leute, die nur schwätzen buchstäblich um des Schwätzens allein willen, diese Erkenntnis hat mich maßlos bedrückt und dann kennen doch so viele Leute Christus nicht […]. Heinrich Böll an Annemarie Böll, Brief Nr. 469, 14. März 1943, S. 644f. Das Thema Euthanasie wurde auch in der deutschen Bevölkerung, insbesondere nach den vielerörterten Predigten des Bischofs von Münster, Clemens Graf von Galen im August 1941, in der er die Vorgänge als Mord bezeichnete, kritisch besprochen.

ansonsten genau wie Stölten Schreckliches nur an und benutzte die Sprachstrategien, die in der Feldpost typisch sind: Phraseologisierung, Verschweigen, Poetisierung und Beruhigung der Adressaten, etwa: »Im 5. Kriegsjahr jetzt gibt es der perversen Erscheinungen eine Menge, ich möchte Dir so gern vieles erzählen, aber das Schreiben gelingt mir nicht.«[74]
Ähnlich sind sich Böll und Stölten auch in dem Bemühen, erlebte Stumpfsinnigkeit des Soldatenlebens mit Bildung zu kompensieren. Böll beschreibt, wie dies für ihn aussehen könnte: »Die jeweilige Situation als gegeben hinnehmen und sich an ihr geistig bereichern: Kathedralen besichtigen und Bilder, eine sublime Art von Globetrotter abgeben.«[75]
Auch Stölten ergriff jede Chance zum Bildungstourismus und beschrieb in seinen Briefen eindringlich dessen Wirkung, aber auch den Abstand zu anderen, weniger Kulturverständigen, den auch Böll häufig thematisiert.[76] Die Voraussetzungen bei den beiden jungen Männern sind unterschiedlich, der Rückgriff auf soziales Wissen aber ist der gleiche. Stölten entzog sich

---

[74] Heinrich Böll an Annemarie Böll, Brief Nr. 821, 22. Juni 1944, S. 1071.

[75] Zitiert nach: Schubert: Heinrich Böll, S. 1590. Das Originalzitat findet sich in Bölls Publikation: Zur Verteidigung der Waschküchen.

[76] »Alle Erwartungen, die man in eine Stadt setzen kann, wenn man seit Jahren keine mehr besucht hat, nur um sie zu sehen, hatten sich in mir gesammelt und standen da so reichlich und dicht beieinander wie die Menschen in dem Zug, der uns nach Bremen brachte. Mein Hunger griff in Gedanken nach Kunstausstellungen, Museen, Sehenswürdigkeiten ohne Zahl. Ich sah uns streifen, greifen, genießen, Kritiken formulieren und tausend Wandlungen an tausend Dingen aneinander erleben. Leichtsinn der Hoffnung! Zähflüssig schoben sich graue Menschen ohne Merkmal und Temperament – wie es sich z.B. der Berliner Hast nicht absprechen läßt – an grauen Wänden vorbei. Sie waren mir kaum Menschen. Sie waren ein Etwas, dessen unpersönliche Formulierung ich in dem öden, gleichmachenden Wort ›Parteigenosse‹ am besten finde. Mit einem entsprechenden Stolz prahlten sie geradezu von den Bombenschäden: ›Alles kaputt!‹. War es auch nicht an dem, so fiel doch der Schatten davon verwirrend auf unser Beginnen: der Ratskeller, die Gaststätten, die Eigenheiten der Böttcherstraße, um deren Reiz sich meine Augen umsonst suchend abmühten, die Straßen, alles, alles Fremde – war nur ein trostloser Hintergrund, der dumpfe Schutt des Alltags, aus dem uns das heilige Bild des Domes, in dem unsere Seelen ein Leben fanden, wachsen sollte. Wer glaubt da an eine Heimat, wenn er in die hehre Kühle eines großen Doms tritt und erst nur fühlt, daß da etwas ist, das von einer vergangenen Zeit spricht, ganz unbegreiflich und übermächtig? Wer hätte Mut zu einem Ausbruch des Staunens und der Verehrung, wo er den Hall jeder kleinsten unhörbaren Bewegung irgendwo oben, wo alle Blicke hingenommen werden, schwingen fühlt? Wer fände die schlank, nein, schmal und steil dicht nebeneinander steigenden Säulenrippen einfach hinnehmbar und ganz natürlich wie alles andere in der Welt? – (Der gehörte hinter Gitter, und die Stäbe und das steingraue Dunkel einer Felshöhle sollte man den stumpfen Zähnen seines Geistes als ewigwährenden Kaugummi geben, da ihm alles das Gleiche ist).« Peter Stölten an Dorothee Ehrensberger, Brief aus der Neujahrsnacht 1943/44.

nicht der militärischen Klammer aus Pflicht und Gehorsam, gleichwohl litt er an dem, was von ihm verlangt wurde, elementarer als Böll. Wir haben gesehen, wie sehr Bölls Korrespondenz von Klagen über eigene Nöte (Dreck, schlechtes Essen, quälende Läuse, Heimweh, ungerechte Vorgesetzte) bestimmt wird, während Stölten hierüber fast immer schweigt. Dafür bringt Böll gelegentlich den Umgang mit seinen kleineren persönlichen Schwierigkeiten in Übereinstimmung mit Leid einer anderen Dimension und nationaler Größe:

> Ich denke sehr oft und viel an den Sinn des Krieges, und ich meine, wir müssen ernst bleiben und fest. Es ist unsagbar schwer für uns, für uns ist dieser Krieg so schwer, daß vielleicht niemand in späteren Generationen unserer Kinder und Kindeskinder es noch wird erfassen können; das deutsche Volk hat eine unsagbare Größe und Leidensfähigkeit bewiesen, die nicht einmal von dem propagandistischen Geschwätz unserer Zeitungen und unseres Rundfunkes herabgemindert werden kann.[77]

Auch ein weiterer Brief belegt die Böllsche Vorstellung einer besonders edlen Leidensfähigkeit der deutschen Nation im Vergleich zu den gegnerischen Ländern und eine emphatische Identifikation mit der eigenen Nation, die sich bei Stölten nirgendwo findet:

> Ich möchte wirklich ein Deutscher sein und bleiben, mit allen großen Vorzügen und phantastischen Mängeln unserer Nation, mit unserer Verworrenheit […]; ich glaube nicht, daß irgendeine andere Nation der Welt soviel auf eine harte, unerbittlich phrasenlose Weise ertragen und opfern kann, ohne sich vielleicht in die eigene schwermütige Trauer zu versenken, wie wohl die Russen, oder sich mit Phrasen zu betrinken wie Franzosen […].[78]

Böll war, wie er selbst in einem späteren Interview bekannte, aus dem Krieg

> ohne große persönliche Reue und auch ohne großes persönliches Schuldgefühl zurückgekehrt, aber einvernommen in diese Geschichte, die über uns, mit uns und in uns abgelaufen ist. Und da wird die Frage, ob der eine schuldiger war als der andere, uninteressant, ganz uninteressant. Ich habe mich auch nie besser gefühlt als irgend jemand, auch nicht schlechter, und insofern ist das Bekenntnis zur Bundesrepublik Deutschland sehr wichtig.[79]

Er hat sein Überleben genutzt, um für den Frieden zu schreiben und zu ar-

---

[77] Heinrich Böll an Annemarie Böll, Brief Nr. 625, 8. September 1943, S. 877.
[78] Heinrich Böll an Annemarie Böll, Brief Nr. 327, 9. September 1942, S. 464f.
[79] Bernd Balzer (Hg.): Heinrich Böll. Werke 1947-51, Interviews I, Köln 1977, S. 506.

beiten. Fast sein gesamtes Werk ist geprägt von der Auseinandersetzung mit dem Krieg, der Beschwörung des Friedens und damit dem Klärungsversuch, den kriegsbedingten Deformierungen nachzuspüren. Mit seiner Versehrten-, Heimkehrer- und Trümmerliteratur wollte er durch Aufklärung über die deutsche Geschichte Gewissensregungen bewirken und an der inneren Erneuerung des Landes mitarbeiten.[80] Bölls literarische Hauptfiguren machen meist eine dreifache Erfahrung; die des Gebets, des Bereuens und die einer unverhofften menschlichen Zuwendung.[81]

Böll sollte sein Leben lang der Steuerungsgewalt politischer Gremien mißtrauen und sowohl literarisch als auch realiter die Handlungsspielräume und Wirkungsmacht des Individuums ausloten.[82] Er glaubte an die Zivilgesellschaft und behielt eine gewisse Staatsferne bei, zur Demonstration von Kritik ließ er sich auch schon einmal auf einen Sitzstreik ein und dann – wie etwa beim Protest gegen die geplante Nachrüstung vor dem Militärdepot in Mutlangen im Jahre 1983 – von der Staatsgewalt wegtragen. Der Abrechnung mit der eigenen Vergangenheit wich er nicht aus.[83]

---

[80] In der Erzählung ›Wanderer, kommst Du nach Spa...‹ (1950) kehrt der kurz zuvor im Kriegseinsatz schwer verwundete Ich-Erzähler in sein zum Lazarett umfunktioniertes humanistisches Gymnasium zurück. Er liest den berühmten Ausspruch auf der Tafel, den er selbst noch wenige Wochen vor seiner Verwundung als Schüler dorthin geschrieben hatte, als Metapher für seine eigene Verstümmelung und erkennt sich als Opfer seiner eigenen Vorstellungen. Daß sich niemand von dem, was geschehen ist, frei sprechen kann, wird zur Einsicht des jungen Invaliden.

[81] Vgl. etwa die beiden frühen Romane Bölls ›Der Zug war pünktlich‹ (1949) oder ›Wo warst Du, Adam?‹ (1951).

[82] »Auch Staaten sind immer nur annährend das, was sie zu sein vorgeben, und es kann keinen Staat geben, der nicht diesen Zwischenraum läßt zwischen der Verbalität seiner Verfassung und deren Verkörperung, einem Restraum, im dem Poesie und Widerstand wachsen – und hoffentlich gedeihen.« Zitiert nach: Heinrich Böll: Versuch über die Vernunft der Poesie. Nobelvorlesung, gehalten am 2. Mai 1973 in Stockholm, in: Langenhorst: Nobelpreis Heinrich Böll. Zur literarisch-theologischen Wirkkraft Heinrich Bölls, Literatur – Medien – Religion, Bd. 7, Münster 2002, S. 21.

[83] Noch während seiner Soldatenzeit reflektierte er kritisch über Formen einer politischen ›Vergangenheitsbewältigung‹: »Eben habe ich einen Film gesehen, der in der Zeit des Wiener Kongresses spielte. Ach, es ist natürlich alles unsäglicher Kitsch, aber ein gewisser historischer Schimmer davon ist doch echt; und ich habe im Anblick dieser Tausenden von Uniformen mit den allerhöchsten Orden an nichts anderes denken können als an die Soldaten, die hinter der gewissenlosen Bande haben stehen müssen und die vorher oder nachher dafür gestorben sind oder geblutet haben; es ist doch in Wirklichkeit immer dasselbe Theater; ich könnte mir gut vorstellen, daß es nach diesem Krieg einen ebensolchen Kongreß gibt, der jahrelang die Zeit mit Geschwätz und Betrug totschlägt; dann wird gewiß niemand mehr an die Soldaten denken.« Heinrich Böll an Annemarie Böll, Brief Nr. 827, 30. Juni 1944, S. 1079.

Die hier zitierten Briefe zeigen, daß Böll nicht bereits als Anti-Militarist in den Krieg zog, sondern erst in den ›Stahlgewittern‹ und durch sie zu einem solchen wurde. Gewisse Loyalitäten zum nationalen Projekt des Zweiten Weltkrieges hatte auch ein Mann wie Böll, und er mußte sie irgendwann überwinden, etwa, wenn er im Dezember 1942 den verwundeten deutschen Patriotismus von Versailles als Legitimation für den Zweiten Weltkrieg benennt[84] oder die Möglichkeit der Kolonisierung in der zu besiegenden Sowjetunion durchspielt.[85] Annemarie Bölls Hinweis, »wenn manche politischen und gesellschaftlichen Probleme nicht angesprochen sind, so liegt das daran, daß alle Feldpost eine Zensur durchlief«[86] dürfte insoweit teilweise als Form der Stilisierung zu begreifen sein.[87]

Stölten blieb das Überleben versagt. Böll hat anläßlich des Soldatentodes seines Schwagers rühmende Worte über den Tod auf dem Schlachtfeld gefunden, in dem er offenbar wirklich den Heldentod sah:

> Du weißt, daß ich den Krieg hasse, wirklich, dazu braucht es keine Worte mehr, ganz nüchtern und klar ist das. Aber ich sage es Dir, ganz nüchtern und klar, mit aller Nüchternheit und auch aller Phantasie meines Wesens, daß es nach dem Märtyrertod keine höhere und edlere Art zu sterben gibt als die, zu fallen als Soldat vor dem Feind, irgendwie und irgendwo. Wirklich, das glaube ich. Das ist etwas so Hohes und Schlichtes, daß einfach nur ein ehrfürchtiges Schweigen oder das Wort eines wirklichen Dichters es würdigen kann. Ich glaube, niemandem als Dir könnte ich so etwas schreiben, weil ich fürchten müsste, mißverstanden zu werden; denn solche Dinge sind wirklich einer so hohen Sphäre angehörig, daß nur das ganz einfache und das ganz große Wort sich ihrer bemächtigen darf, und keines von beiden bin ich mächtig; also würde es immer ein Mißverständnis bleiben. Es ist nämlich buchstäblich wahr, daß die Besten fallen, und immer bleibt den Überlebenden das Gefühl, irgendwie schuldig zu sein.[88]

---

[84] »Gott gebe, daß es gut geht, es wäre so schrecklich, wenn das alles wieder umsonst gewesen wäre […]; wir haben doch schon bestimmt 20 bitter arme und elende Jahre nach Versailles hinter uns; und dieser Krieg muß uns doch wirklich einmal eine kleine – wenn auch noch so winzige – Ruhepause bringen.« Heinrich Böll an Annemarie Böll, Brief Nr. 408, 14. Dezember 1942, S. 573.

[85] »Ich sehne mich sehr nach dem Rhein, nach Deutschland, und doch denke ich oft an die Möglichkeit eines kolonialen Daseins im Osten nach dem gewonnenen Krieg.« Heinrich Böll an Eltern und Geschwister, Brief Nr. 711, 31. Dezember 1943, S. 972.

[86] Schubert: Heinrich Böll, S. 10.

[87] Ein Brief Bölls vom 23. Juni 1943 wurde tatsächlich von der Zensur geöffnet. Angesichts der in sieben Kriegsjahren 878 überlieferten Briefe Bölls (und vermutlich hat er noch mehr Briefe geschrieben) hatte er Pech. Die statistische Wahrscheinlichkeit war angesichts der Zahlenverhältnisse zwischen zensierenden Beamten und dem gewaltigen Postaufkommen sehr viel geringer (s. Kapitel II.3).

[88] Heinrich Böll an Annemarie Böll, Brief Nr. 500, 3. April 1943, S. 682.

Die Andeutung eines Schuldbewußtseins bei ihm, dem Überlebenden, dürfte sich aus seinen stetigen Bemühungen speisen, das Schicksal des Heldentodes für sich zu vermeiden. Es ist dies ein menschlicher, ja allzu menschlicher Zug.

Das vorstehende Zitat legt die Vermutung nahe, daß Böll Stölten, wenn er ihn gekannt hätte, neben seinen Schwager gestellt hätte; denn Stöltens Tod entsprach dem von Böll mit so großer Bewunderung gezeichnetem Bild.

Es ist Spekulation, ob Stölten, hätte er den Krieg überlebt, bei den Nachkriegsdiskussionen über die Verstrickungen der Wehrmacht in ein verbrecherisches Regime an der Seite Bölls sein Soldatentum kritischer gesehen hätte. Das Reflexionsniveau, die Empfindsamkeit seiner Briefe sprechen dafür; seine staatstragende Erziehung und Gradlinigkeit hätten ihn diesen Weg aber sicher schwerer gehen lassen als den mit einem gesunden Selbsterhaltungstrieb ausgestatteten Böll, der seinen nicht erfolgten Widerstand im Dritten Reich als Antrieb für seine sozialkritische Protesthaltung in der Bundesrepublik begriff.

Ein Nebeneinanderstellen beider Protagonisten zeigt, wie herb der Verlust des jungen Stölten ist. Während Böll in seinen Briefen das Interesse am Überleben in den Vordergrund stellt und noch keine Ideen erkennen läßt, für die der Briefschreiber selbst sein Leben gäbe, ist Stölten der jugendliche Idealist, der soldatische Zuverlässigkeit zu den Zielen zählt, für die er zum letzten Opfer bereit ist. Wenn man einmal von der Sympathie absieht, die einem jugendlichen Idealisten eher zuteil wird als einem auf sein eigenes Umfeld bedachten Pragmatiker, dann kann man sich auf dem Wege zu einer Würdigung Stöltens die Frage stellen, wie Bölls Kriegsbeitrag zu werten ist; ist es ihm, der in der Nachkriegszeit als Moralist Maßstäbe gesetzt hat, gelungen, etwas wie ein ›richtiges Leben im falschen‹ zu führen? Man wird sagen können, daß Böll der Typ des Landsers war, der, ohne Engagement für überwölbende Kriegsziele, wie Millionen anderer der Einberufung folgte, das unvermeidbare Minimum seiner soldatischen Pflichten erfüllte und im übrigen eine bei ihm liegende Mitverantwortung für das große Ganze wohl nicht gesehen hat. Das schließt nicht aus, daß er in seinem nächsten Umfeld so gehandelt hat, wie es ihm seine christliche Grundhaltung gebot.

Wenn wir vor dieser Folie einen vergleichenden Blick auf Stölten werfen, so hat er vor allem eines mit dem Soldaten Böll gemein: die Vorstellung von einer Begrenzung seines Verantwortungsbereiches durch den vorgegebenen militärischen Rahmen. Böll hilft diese Begrenzung, mit der Einsicht in das

Verbrecherische des Krieges fertig zu werden.[89] Stölten indessen sieht eher das einzelne crimen, dem er im Rahmen seiner engen Möglichkeiten zu begegnen sucht, etwa durch Korrektheit beim Requirieren oder durch Erste Hilfe gegenüber einem russischen Verwundeten. Den Schluß vom Einzelnen auf das Allgemeine scheint er sich nicht gestattet zu haben:

> Ja, das ist der Anfang. Nur glaube ich nicht an die letzten Wochen des Krieges, von denen Vati bereits spricht. Allerdings verlernt man an der Front etwas das Denken im Großen, sieht nur das Morgen und Übermorgen und weiß nüchtern und unpathetisch: Hier muß der Laden unter allen Umständen halten (genau überlegt: wie?, wer?). Aber er muß eben.[90]

Es ist auch diese Fokussierung auf sein Umfeld, die Stölten zum todesmutigen Kämpfer werden läßt.

Böll und Stölten sind beispielhaft für die unterschiedliche Geisteshaltung, aus der heraus der einzelne Soldat sich dem Kriegsgeschehen unterwirft. Aus dieser Nahsicht verliert auch die so monolithisch erscheinende Wehrmacht einiges von ihrer Homogenität.[91]

---

[89] So resümierte Böll nach einer längeren und bedrückten Schilderung der zerstörten Stadt Rotterdam: »Im Anblick solcher Dinge über Recht und Unrecht nachzudenken ist natürlich heller Wahnsinn, überhaupt nachdenken ist fast ein Verbrechen am eigenen Gehirn; ich glaube, man kommt noch so weit, daß man die Tiere beneidet, weil sie nicht mit einem Gehirn belastet sind.« Heinrich Böll an Eltern und Geschwister, Brief Nr. 67, 7. August 1940, S. 94.

[90] Peter Stölten an seine Schwester Uta, Brief vom 16. September 1944, Unterstreichungen im Original.

[91] Zu den sich hieraus ergebenden Fragen, insbesondere in der dramatischen Zeit der Endphase des Krieges, siehe ausführlicher Kunz: Wehrmacht, S. 5f.

D   Ergebnisse

Diese Fallstudie unternimmt den Versuch, ausgehend von der biographischen Methode und einer historischen Quellenexegese, grundlegenden Bewußtseinsstrukturen und Sinnzuschreibungen eines deutschen Soldaten im Zweiten Weltkrieg nachzugehen und sie auf ihre breitere Gültigkeit hin zu untersuchen. Im Spannungsfeld von Herkunft und Umfeld, der Zusammenschau der verschiedenen Briefwechsel und von ›objektiven‹ historischen Fakten war die Rekonstruktion der durch Stölten wahrgenommenen Kriegswirklichkeit und ihrer Ausdeutungen durch ihn Gegenstand der Untersuchung. Des weiteren wurde der Blick auf die Bedingungen gelenkt, unter denen diese Wahrnehmungen und Ausdeutungen zustande kamen. Ziel war es, eine Begründung dafür zu finden, daß unter den schwierigsten Umständen dem Notabiturienten Stölten offenbar die soldatische Einrichtung im Krieg mit weitgehenden Konsequenzen gelang. Peter Stöltens Briefe vermitteln einen Eindruck davon, aus welchem geistigen Fundus er schöpfte, um seine Identität im Ausnahmezustand aufrechtzuerhalten, in ihm leben und handeln zu können.

I.   Zusammenfassung

Wer war Peter Stölten? Er war einziger und geliebter Sohn aus einem hoch gebildeten, christlich und großstädtisch geprägten und prägenden Elternhaus mit einem intakten Familienleben, vielseitig begabt, intelligent, ja intellektuell, hatte ein künstlerisches Talent, besonders zum Malen, das er zum Beruf auszubauen hoffte. Zudem wußte er sein Wort zu machen. Diese reichen Gaben kamen im Verlauf seiner Kriegsbiographie immer weniger zur Anwendung. Den Zugang zu dieser inneren Rüst- und Schatzkammer fand er immer schwieriger. Gleich Trümmern versperrten unverarbeitete schreckliche Erfahrungen mehr und mehr den Weg.[1] Grundsätzlich ließ sein gewinnendes Naturell eine Distanzierung, die gelegentlich aufgrund seines hohen Intellektes hätte naheliegen können, nicht aufkommen. Von

---

[1] »Und ich sehne mich nur nach einem weiten Ausblick von einem Berge – fühle die ewigen engen Wände, in die ich mit Gedanken Löcher bohre, bohre, bohre – und es fällt nur Schutt und bedeckt mich immer mehr.« Peter Stölten an Dr. Victor Meyer-Eckhardt, Brief vom 27. Januar 1943.

der Deutschlehrerin der Mutter[2] bis zum einfachen Werftarbeiter in seiner Einheit in Rußland – stets konnte er Kontakt aufnehmen und sich auf sein Gegenüber einstellen. Auch dies trug dazu bei, ihn bei seiner Umgebung beliebt zu machen.

Aus seinen Briefen spricht eine tiefe Sensibilität, aber auch eine jungenhafte ›Wurstigkeit‹.

Seine künstlerische Sensibilität bildete ein charismatisches Amalgam mit einem kraftvollen und lebensfrohen Draufgängertum. Eine ihm schon vom Vater vermittelte nationale Gesinnung schloß sogenannte männliche Tugenden (wie Tapferkeit, Verantwortung tragen, auch für andere, eine gewisse Härte im Umgang mit sich selbst) ein. Diese sollten später seine Indienstnahme durch das Militär erleichtern. Von einer Begeisterung für den Nationalsozialismus, die bei vielen national denkenden Jugendlichen gegeben war, ist bei Stölten nichts zu spüren. Im Gegenteil: Nationalsozialistisches Gedankengut wurde in den Quellen ebenso wenig thematisiert wie dessen praktische und häufig verbrecherische Anwendung. Überhaupt scheinen weder Ideologie noch tagespolitische Fragen Stölten wirklich interessiert zu haben. Insbesondere ist nirgendwo von einer Zuneigung *zu* oder Abneigung *gegen* Juden die Rede. Soweit die Quellen Einblick gewähren, kamen Juden im Familiendiskurs nicht vor.

Dies könnte dafür sprechen, daß, wie in zahlreichen anderen bürgerlichen Familien, kein Antisemitismus, aber ein praktischer A-Semitismus gelebt wurde, d.h., Juden waren eine ferne und fremde Bevölkerungsgruppe, ungeliebt, ungehasst und abseits der eigenen Lebenswirklichkeit.[3] Stölten war definitiv frei von rassischen Vorurteilen, insbesondere gegenüber Russen und Polen.

---

[2] »Das ist eine Jugendliche mit weißem Haar, die gehetzt von der Unzahl tiefster und schönster Probleme ein ununterbrochenes, von motorisiertem Schwung betriebenes geistiges Dasein führt und auf das charmanteste versteht, einen in diese Welt einzuspannen, so daß ihr Uranstoß einen stetigen Wechsel von geistigem Hochdruck erzeugt, der das Verborgenste auch aus meinem Innern hochlockt, das ich bestaune. Und es rast vor meinen Augen: Probleme der Politik, der Geschichte, der Erziehung, der sokratischen Philosophie, Probleme des Todes und des modernen Zeitalters, – ja, alles in einer üppigen Brandung – ›keine Welle weiß von einer Wiederkehr‹ – alles unfertig und von hohem Leben durchzittert – es ist so herrlich. Ich beneide sie nur um dieses lebendige Alter, um die Gabe, sich selbst öffnen zu können und andere damit zum Gegenspiel zu zwingen.« Peter Stölten an Udo Schulz, vermutlich Mitte Februar 1944.

[3] Sollte es sich hier allerdings um einen Zensurbefund handeln, dann spräche das für eine gewisse Empathie für Juden, denn nur diese hätte nicht geäußert werden dürfen.

Stölten ruhte – wenn auch zunehmend unbequemer – in sich und seinem Umfeld. Letzteres bestand neben seiner Familie aus einem verläßlichen Freundeskreis und der von ihm liebend verehrten Tochter eines in der Nachbarschaft wohnenden höheren Beamten.
Wie hat sich dieser reich ausgestattete junge Mann im Krieg bewährt? Den Übertritt des Schülers in den Soldatenstand hat er gewünscht und forciert. Dabei haben ihn Abenteuerlust, Erlebnishunger und naive Landserromantik mehr geleitet als Feindschaft gegenüber der Sowjetunion oder andere Kriegsziele. Gleichwohl ist er, wie Quellenausschnitte zeigten[4], nicht blind gegenüber den allgegenwärtigen Schrecknissen über die sowjetische Grenze und die nachfolgenden Schlachtfelder gefahren. Es muß daher zunächst überraschen, daß sich Stölten im Lazarett Neuruppin vor anderen Bestimmungsorten die Rückkehr an die Front im Osten wünschte.[5]
Weshalb haben ihn die Greuel des Vernichtungskrieges im Osten, die ihm keinesfalls haben unbekannt bleiben können, nicht zu einer Option für eine andere Front bewogen, als er eine solche Möglichkeit vor sich sah? Wie die zitierten Briefausschnitte erkennen ließen, scheint ihn vor allem, ungeachtet ihrer Schrecken, die Vertrautheit der Umgebung angezogen zu haben. Dieses Vorziehen vertrauter Schrecken gegenüber Unbekanntem belegt, wie weit Stölten eine erste Adaptionsleistung gelungen war. An der Ostfront hatte er zu einer funktionierenden Identität im Ausnahmezustand gefunden. Die Indienstnahme durch das Militär war gelungen.
Als er dann doch 1944 an eine neue Front, die Invasionsfront, und in eine offensichtlich hoffnungslose Lage kam, fand er sich – seine Briefe belegen dies – mit der Todesgewißheit ab und bemühte sich um stoische Ruhe, auch in sicherer Erwartung des Todes, als einzig mögliche Haltung für einen tapferen Soldaten. Insoweit hatte er noch Zugang zu den teilweise philosophischen Schätzen seiner inneren Rüstkammer. Gleichzeitig ließ er mit dieser Haltung im soldatischen Bereich nichts zu wünschen übrig. Jugendliche Furchtlosigkeit wandelte sich in bedachten Todesmut. Um so mehr empfand er es als Schuld, daß ihn ausgerechnet ein leichteres Dienstvergehen davor bewahrt hatte, mit seinen Kameraden zu fallen. Auf der Strecke bleiben seine jungenhaft unbefangene Abenteuerlust und seine Jugendlichkeit; obendrein die Siegeszuversicht, denn er erlebte hautnah die

---

[4] Vgl. etwa Peter Stölten, Tagebucheintrag vom 23. Juni 1941 oder vom 6. September 1941, Kapitel C II.2.
[5] Vgl. etwa Peter Stölten an Udo Schulz, Brief vom 28. Mai 1942, Kapitel C II.2.

amerikanische Überlegenheit an Menschen und Material. Zweifel an der Wünschbarkeit eines deutschen Sieges sind nicht überliefert.
Mit dem Schuldgefühl, infolge einer Disziplinlosigkeit überlebt zu haben, mußte er dann im Warschauer Aufstand seine tiefste, geradezu existentielle Krise durchstehen. Nähe zum, ja Bewunderung für den Feind nötigte ihm bis dahin unartikulierte Gewissensbisse auf. Irritiert begriff er seine polnischen Gegner als seine eigentlichen ideellen Verbündeten und als Vorbild für einen von ihm vorausgesehenen deutschen Endkampf. Die bewundernde Anerkennung des Feindes zeigt, daß er den Weg zum Schatz seiner ethischen Grundsätze noch spontan finden konnte. Das bedeutete aber keinesfalls einen Abstrich davon, was er als Erfüllung seiner soldatischen Pflichten sah, nämlich die Bekämpfung eben jener bewunderten Warschauer Aufständischen mit allen militärischen Mitteln.
Hier liegt wohl ein weiterer Schnittpunkt in seiner Biographie im Krieg: Die zunehmende Außerdienststellung ziviler Qualitäten bei gleichzeitigem Ausbau seines kriegerischen Engagements. Dabei beobachten wir eine Beugung der zivilen Linie in die militärische hinein: das polnische Vorbild sieht er weniger als grandiose, wenn auch aus heutiger Sicht wohl fehlgeleitete Leistung eines Freiheitswillens, denn als Muster für den eigenen vorhergesehenen Endkampf. Aus dem jugendlich stürmenden Angreifer wurde spätestens in Warschau der gefaßt dem Ende ins Auge blickende Verteidiger seiner Heimat.
Und wieder verliert er unter der unberechtigten Annahme einer eigenen Schuld engere Kameraden und darf – für ihn muß – als Zeuge von ihrem Todeskampf überleben. Hier zerbricht seine Selbstgewißheit. Stoische Gelassenheit ist eine Haltung, die er anders als in der Normandie, ab Warschau nicht mehr einnehmen kann. Die Erlebnisse führten, wie seismische Erschütterungen, zu einer Veränderung der Landschaft, zu einer Verkürzung seines Gesichtsfeldes. Diese Regression des Glacis, hinter dem er sich operieren sah, nahm ihm die Neigung zu weitergehender Planung und Hoffnung. Es blieb der Wunsch, »immer ohne Schwanken tapfer zu sein, und tapferer noch in meinem eigensten Leben. Daß ich mich mit der Malerei herumschlage und nicht mit dem gleichen geringen Können dastehe wie nach diesem Jahr, oder wenigstens sonst erfahre, was mir Not tut. Daß ich im Ganzen ernst und treu bin, werde und bleibe.«[6]
Dies und die wiederholt gemachte Erfahrung, im elektrisierenden Frontkampf Schwermut betäuben und Lebensmut wecken zu können, bestimmten

---

[6] Peter Stölten an Dorothee Ehrensberger, Brief vom 1. Januar 1945.

vermutlich auch sein Verhalten am 24. Januar 1945 vor dem ostpreußischen Dorf Jadden. Obwohl auch hier ein rettender Rückzug ehrenhaft möglich gewesen wäre, verlängerte er selbst die Befehlslinie und schlug sein Leben in die Schanze. Todesmut erscheint als unpolitischer, kameradschaftlicher Auftrag: »Gerade die kameradschaftliche Gebundenheit gibt mir den besonderen Willen, im Kampf den fest erwarteten Schneid zu zeigen. So bin ich denn wieder in der Welt, die mit meiner ursprünglichen nur die Grenze gemein hat.«[7]
Peter Stölten war ein für seine Zeit vorbildlicher Soldat.

II. Würdigung

Wie kann Peter Stölten heute gesehen werden?
Die Schwierigkeit seiner, wie der Würdigung eines jeden deutschen Kriegsteilnehmers aus dem Zweiten Weltkrieg liegt darin, daß wir heute, anders als ein Großteil der Zeitzeugen, das Verbrecherische der damaligen deutschen Regierung, der von ihr befohlenen Aggressionen und ihrer Kriegsführung gut erkennen und zweifelsfrei einzuordnen wissen. Das gleiche gilt für das Verhalten nachgeordneter Befehlsempfänger. Die ex-post-Perspektive führt auch bei der Betrachtung von Individuen leicht in die Nähe von Kollektivschuldzuweisung. Für die folgende Würdigung soll der Ausgangspunkt indessen eine abgewogene Feststellung sein, die von einem Unwerturteil oder einem Freispruch absieht, aber eine Beschäftigung mit dieser Frage für nötig hält: »Die Anknüpfung an soldatische Tugenden der Wehrmacht oder einzelner Soldaten kann nicht absehen von der Frage, ob diese Tugenden bewußt oder blind dem Nationalsozialismus und Hitler gewidmet waren.«[8]
Es wurde gezeigt, daß sich Stölten selbst der Frage seiner eigenen Verantwortlichkeit gestellt hat. Mit dem Satz, »Gehorsam, mehr haben wir nicht zu verantworten«[9] gibt er zunächst einmal die seinerzeit übliche Auffassung wieder, nach welcher Gehorsam die oberste Pflicht des Soldaten ist. Es

---

[7] Peter Stölten an Dorothee Ehrensberger, Brief vom 23. Dezember 1944.
[8] Manfred Messerschmidt: Das Verhältnis von Wehrmacht und NS-Staat und die Frage der Traditionsbildung, in: Ders.: Militärgeschichtliche Aspekte des deutschen Nationalstaates, hg. vom Militärgeschichtlichen Forschungsamt, Düsseldorf 1988, S. 233-255, hier: S. 248. Zu den Folgen der kritischen Überlegungen Messerschmidts für den Traditionszusammenhang von Wehrmacht und Bundeswehr siehe Wolfgang Wette: Die Wehrmacht. Feindbilder, Vernichtungskrieg, Legenden, Frankfurt a.M. 2000, S. 245-283.
[9] Peter Stölten an Dorothee Ehrensberger, Brief vom 18. Oktober 1944.

scheint falsch, Stölten auf den Entlastungscharakter dieser Formel festzulegen, denn sonst wäre seine Verzweiflung über die ihm aufgetragene ›Arbeit‹ nicht so sehr spürbar. Wenn auch der gehorsamheischende Befehl von Menschen aus Fleisch und Blut auf der über ihm nach oben steigenden Hierarchie stammte, so hat er doch seine soldatische Existenz und die aus ihr folgenden Pflichten – ohne sie dem verbrecherischen Zugriff damit entziehen zu können – höher festgemacht. Er griff auf Transzendentes wie »Gott«, »die Zeit«, »das Schicksal« zurück. Von ihnen bezog er letztlich seine Maßstäbe. Demnach wäre denkbar, daß er auch einem Befehl gehorcht hätte, den er für ungerecht hielt, sofern er ihn mit den Vorgaben höherer Instanzen rechtfertigen konnte. Aber in der Regel scheint er an ihn ergangene Weisungen mit solchen höheren Vorgaben in Übereinstimmung gesehen zu haben. Ohne sich explizit darauf zu berufen, handelt er gemäß dem in diesem Zusammenhang häufig herangezogenen Befehl des Apostels Paulus im Römerbrief, Kapitel 13, wonach man der »Obrigkeit untertan« sein solle.[10]

Seine Briefe lassen aber die verbleibenden Gewissensnöte deutlich erkennen. Hierzu paßt, daß er in seinem persönlichen Bereich, Freund wie insbesondere Feind gegenüber, auffällig korrekt, ja menschlich, gehandelt hat. So requirierte er nicht ohne Bezahlung, obwohl dies nach der Befehlslage erlaubt gewesen wäre. Erst recht hat er sich in Warschau, wo es im Wortsinn nahe lag, nicht an fremdem Eigentum vergriffen.[11] Überhaupt scheint er seinen eigenen Verhaltenskodex gehabt zu haben. Nirgendwo, insbesondere nicht in den Briefen an seinen vertrauten Freund, wird von Entgleisungen oder Übergriffen berichtet, auch nicht von solchen, wie sie sich Männer

---

[10] »Jedermann sei Untertan der Obrigkeit, die Gewalt über ihn hat. Denn es ist keine Obrigkeit ohne von Gott; wo aber Obrigkeit ist, die ist von Gott verordnet. Wer sich nun der Obrigkeit widersetzt, der widerstrebt Gottes Ordnung; die aber widerstreben, werden über sich ein Urteil empfangen [...]. Darum ist's Not, Untertan zu sein, nicht allein um der Strafe willen, sondern auch um des Gewissens Willen.« Vgl.: Die Bibel oder die ganze heilige Schrift des Alten und Neuen Testamentes in der deutschen Übersetzung Martin Luthers, Stuttgart o.J. Es haben sich in den Nachlässen Stöltens keine Belege finden lassen, daß diese interessante Stelle problematisiert worden wäre, doch ist vor dem familiären Hintergrund davon auszugehen, daß Stölten sie gekannt, möglicherweise sogar in seinen Überlegungen berücksichtigt hat.

[11] »Könnte ich Dir doch etwas Schönes schicken. Aber als Offizier kann ich nicht plündern und bin persönlich besonders empfindlich gegenüber dergleichen. Ich bin in der Kompanie vielleicht der Einzige, der (obwohl er eine Kiste haben darf) das Soldatengepäck von 2 Packtaschen hat. Pelzjacke, Norwegerdolch, Trainingsanzug, 1 mal Unterwäsche, 1 Buch – alles was ich nahm! – obwohl auch das Letzte bald verbrennt.« Peter Stölten an Dorothee Ehrensberger, Brief vom 16. September 1944.

vielleicht gern erzählen. Er scheint sich immer in der Hand gehabt zu haben, jedenfalls insoweit haben die durch das Elternhaus geprägten Gewohnheiten überlebt.

Bei der Erhaltung dieses »Kodex« wie auch der Stabilisierung seiner Persönlichkeit kommt der Feldpostkorrespondenz mit der Heimat eine nicht hoch genug zu bewertende Rolle zu. So wie Stölten absichtsvoll nicht nach Hause berichtete, was dort Besorgnis an seiner Lage wie vor allem Zweifel an seinem Durchhaltevermögen hätte wecken können, so wurde auch ihm von Zuhause stets die Vorstellung wachgehalten, daß in Zehlendorf trotz kriegsbedingter Einschränkungen und Bedrohungen alles beim Alten, d.h. beim Guten sei und nichts und niemand ihm seinen angestammten Platz zuhause streitig mache.

Dies galt für die Eltern wie auch – besonders wichtig – für seine Freundin. Stölten selbst hat die Notwendigkeit dieser wiederholten Bestätigungen gesehen und ihr Ausbleiben denn auch mit einem kaum verhüllten Eingesargtsein[12] verglichen. So wurde von beiden Seiten Normalität mitgeteilt. Damit wurde auch dieser Feldpostaustausch den in der einschlägigen Forschung immer wieder hervorgehobenen Erwartungen der Militärführung gerecht.[13]

Das so geschaffene Bild von »Kriegswirklichkeit« zuhause und an der Front bildete ganz natürlich auch die Basislinie des Nachkriegsweltbildes. Da in der Regel über Verbrechen nicht korrespondiert wurde, fielen diese aus der Nachkriegserinnerung, jedenfalls in Westdeutschland, weitgehend heraus: Für die Grundlegung der Nachkriegszeitgeschichte blieb hier als Fundament eine bei allen materiellen Zerstörungen moralisch weitgehend heile Kriegswelt.

Diese Kontinuität fehlte in der DDR, die bei Leugnung ihrer Ausnahmen sich in ihrem Selbstverständnis weit energischer vom Dritten Reich abgesetzt hatte als die Bundesrepublik. Dieses kam auch zum Ausdruck in dem Verhältnis, das sich die beiden deutschen Staaten zum Dritten Reich zuschrieben. Immerhin betrachtete sich letztere als mit dem Deutschen

---

[12] »Deine Briefe [...] liegen im Moment auf meinen Knien – und sie sind so schön alle, daß ich die Notwendigkeit der Verzweiflungslösung, meinen wenigstens Süßstofftabletten beizulegen, richtig begreife. Ein Hindenburglicht und das Kartenbrett ist alles, was ich zur Verfügung habe. Aber wie alle Armut die Wünsche anreizt oder ohne Hindernis für eine tiefe Versenkung ist, ist es meine augenblickliche auch – und etwas müde zwar, bin ich froh, eben nichts zu haben als Deine Briefe. Wenn ich da hungern müßte – unvorstellbar! Ich käme mir sicher vor wie in eine Kiste vernagelt, dunkel, verstaubt und heutzutage eben entbehrlich.« Peter Stölten an Dorothee Ehrensberger, Brief vom 30. September 1944.

[13] Für viele Humburg: Das andere Gesicht, S. 269f.

Reich staatsrechtlich identisch, während die DDR für sich nur eine Rechtsnachfolge beanspruchte.[14] Als in einem – neuen – totalitären Regime arbeitend hatte es die DDR-Geschichtsschreibung daher vermocht, eine solche Distanz zum Vorgängerregime einzunehmen, daß sie die Verstrickungen der Wehrmacht in die verbrecherische Kriegsführung mit großem Nachdruck von Anfang dargestellt hat.[15]
Demgemäß hat, zumindest in der Bundesrepublik, und zu einem gewissen Umfang auch in der DDR, der Inhalt der milliardenfachen Feldpostsendungen das Selbstverständnis der staatstragenden Eliten bestimmen können und damit über die Kapitulation hinaus Einfluß genommen, wenigstens hinsichtlich eines, in Wirklichkeit recht fragwürdigen, Wehrmachtsbildes. Obwohl Geschichte sich nicht wiederholen soll, kann man hier eine Ausnahme von dieser Regel konstatieren: Schon nach dem Ersten Weltkrieg kommen wir zu dem gleichen Befund.
Die Feldpost liefert das Verständnis für den unverdient verlorenen Krieg (»Dolchstoß«) und für die Herabsetzung der Kräfte, die sich von diesem Krieg distanziert hatten. Die Verwundung des deutschen Patriotismus, die dann ihre Heilung im Dritten Reich suchte, schuldet sich teilweise auch der fortwährenden Wirkung der feldpostalen Schönfärberei.

---

[14] Im Staats- und Völkerrecht spielt immer wieder die Frage eine große Rolle, ob ein Staat durch Umwälzungen sich vom früheren Zustand so weit entfernt hat, daß er mit diesem früheren Zustand nicht mehr identisch ist, sondern sich als neues Völkerrechtssubjekt versteht. In letzterem Falle betrachtet er sich in der Regel nur als Rechtsnachfolger, so wie im Leben natürlicher Personen der Erbe dem verstorbenen Erblasser nachfolgt. Die Bundesrepublik hat bei aller moralischen und rechtlichen Abkehr von den Charakteristika des Dritten Reiches eine solch tiefe Zäsur zwischen dem Dritten Reich und ihr selbst nicht legen wollen. Sie hat vielmehr ihre Identität mit dem Deutschen Reich einschließlich seiner verbrecherischen Schlußphase behauptet und im internationalen Verkehr auch durchgesetzt. Andernfalls wären etwa die Verhandlungen über die Übernahme alter Reichsschulden nicht so geführt worden wie sie geführt worden sind. Demgegenüber hat die DDR nie eine Kontinuität zwischen dem Dritten Reich und ihr behauptet, sondern sich stets »nur« – wie oben ausgeführt – als Rechtsnachfolger betrachtet. Vgl. hierzu Entscheidungen des Bundesverfassungsgerichtes, Bd. 36 (1974), S. 1ff. sowie Bd. 77 (1988), S. 137ff. Siehe auch Tono Eitel: Die überzonale Rechtsmacht deutscher Verwaltungsakte, Hamburg 1961, S. 29ff.

[15] Siehe etwa Nationalrat der nationalen Front des demokratischen Deutschland. Dokumentationszentrum der staatlichen Archivverwaltung der DDR (Hg.): Braunbuch. Kriegs- und Naziverbrecher in der Bundesrepublik und in Westberlin. Staat, Wirtschaft, Verwaltung, Armee, Justiz, Wissenschaft, Berlin ³1965. Zu den verdrängten Traditionen und personellen Kontinuitäten der Wehrmacht vgl. Daniel Niemetz: Das feldgraue Erbe. Die Wehrmachtseinflüsse im Militär der SBZ/DDR, Berlin 2006.

Doch zurück zu Peter Stölten. Wir verdanken ihm ein einzigartiges Kompendium von Äußerungen und Reaktionen über das unerschöpfliche Drama des letzten Weltkrieges und dem Sinn von Leben und Tod.

> Ein Problem, das mir in dem geistig geweckten Dasein erwuchs: Es ist das Eine von beiden – nicht das vom Sinn des Lebens, sondern das vom Leben nach dem Tode und in dieser Form eine Neuerscheinung in meiner Problemkiste.
> Das Leben ist ein Bogen, (müsste man an eine graphische Darstellung gehen!) und der Mensch ist ein Bruchstück, immer begonnen und nie vollendet. Der enge Horizont der reinen Kinderjahre, der durch Bildung und Erfahrung, Saft und Kraft geweitet wird, schrumpft wieder und zerfällt, und es gibt für das Leben wohl keinen besseren Vergleich als die Jahreszeiten.
> Der Mensch ist nichts Festes! Er ist in stetem Wandel. Du hast kein gleiches Ich. Lebst Du überhaupt, so müssen Dir in bestimmten Momenten bestimmte vergangene Taten von Dir selbst fremd sein.
> Stirbst Du – Welche Gestalt von Dir lebt weiter, die 20jährige oder die 90jährige [...]? Soll die Disharmonie der Jugend, die vom Tode in einer flachen oder glühend verwirrten Stunde ihren letzten Schnitt bekommt weiterleben, wie sie zuletzt war? Kaum! Sicher bleibt nur ein absolutes Maß geistiger Kraft, das dies und jenes bewirkt, – und dies entsteht aus dem Stoff, der wieder verfault. Gibt es ein Weiterleben nicht nur dort, wo man seines Geistes Glanz an andere veratmet oder ....? Einem Büchner könnte ich mit meinen Zweifeln, die der Grundstoff meiner Natur sind, Stoff für viele Dramen geben.[16]

Die kontinuierliche Dichte von Stöltens Korrespondenz mit fünf – wenn wir sein Tagebuch mitrechnen – sechs Adressaten zur gleichen Zeit löst jeden seiner von ihm beschriebenen Gegenstände wie ein Lichtstrahl im Prisma in unterschiedlich gefärbte Signale auf. So bekommen seine Mitteilungen eine geradezu kubistische Mehrdimensionalität. Diese multiple Ansicht der Gegenstände zeigt vielleicht zu einer Seite hin Erschreckendes, zur anderen die daraus resultierende düstere Gemütslage, zu einer dritten aber beruhigend Tröstliches, während eine vierte Seite leer bleibt. Die prismatische Streuung wurde dargestellt, dann aber vor allem auf ihren gemeinsamen Ursprung in Peter Stöltens Wahrnehmung zurückgeführt.

Diese prismatische Berichterstattung deckt die fünf Jahre ab, in denen der deutsche Vormarsch funktionierte, langsamer wurde, sich in Rückzug und schließlich in eine Art letzten Gefechts verwandelte. Die äußere Entwicklung findet ihre Entsprechung in Stöltens innerer Welt. Frontabschnitte wurden zu Lebensabschnitten.

---

[16] Peter Stölten an Udo Schulz, Brief ohne Datum, vermutlich Mitte Februar 1944.

Peter Stölten und seine Briefpartner führen ihre Korrespondenz auf einer hohen sprachlichen und reflektierenden Ebene, was zur Faszination der Lektüre beiträgt. Korrespondenz, auf diesem Niveau durchgehalten, dürfte selten, aber insofern exemplarisch für dieses Milieu sein, als Stölten und seine Partner keine Atypizität erkennen lassen. Die Typizität Stöltens und seines Milieus gilt für das oben beschriebene bildungsbürgerliche, tätigem Christentum verpflichtete und großstädtische Umfeld. Dieses war wohl durchweg national gesinnt, schichtspezifisch staatstragend und im zitierten Paulinischen Sinne »der Obrigkeit untertan.« Es entsprach dem Selbstverständnis dieses Umfeldes, dem Staat, wie auch immer dieser sich präsentieren mochte, auch bei Zweifeln, zu dienen.[17] Einer Staatsnähe, etwa durch Mitgliedschaft in der NSDAP, bedurfte es nicht. Die Familie Stölten machte hier wohl keine Ausnahme.

Durch die Beschäftigung mit den Zeugnissen Peter Stöltens können wir einen Eindruck davon gewinnen, wie eine solch differenzierte Persönlichkeit sich in den Dienst eines derart monomanen Regimes hat nehmen lassen. Wenn wir zum Schluß noch einmal zu dem eingangs zitierten Dictum Adornos zurückkehren – wie war Stöltens Leben im eindeutig »falschen«, das sein Dasein bestimmte? Und wenn man zögert, es ohne weiteres als »richtiges« zu bezeichnen, weshalb?

Vermutlich, weil er sich freiwillig und mit Begeisterung – ohne irgendeine Sympathie zum Nationalsozialismus – von dem »falschen« Regime hat in Anspruch nehmen lassen und sich seinem Dienst auch dann nicht zu entziehen bemühte, als er die schrecklichen Ausläufer und Verfehlungen des Regimes im Felde erlebte.

Sucht man hierfür nach Erklärungen, so wird man zunächst sagen können, daß Stölten alles andere als ein politischer Mensch, ein »zoon politikon«, war. Er war zum Künstler berufen, mit hohen literarischen und philosophischen Neigungen. Hinzu kam ein jungenhaftes Draufgängertum, das in den langen Jahren an der Front zur Todesverachtung reifte. Aus der Gefahrengemeinschaft erwuchs ihm das Bedürfnis nach Kameradschaft. Anders etwa als

---

[17] In diesem Zusammenhang sei noch einmal an Wilm Hosenfeld erinnert. Auch ein Mann wie Hauptmann Hosenfeld läßt sich wohl in diesem Milieu ansiedeln. Hosenfeld, der sich wagemutig Befehlen seiner politischen Obrigkeit widersetzte, wenn er sie mit seinem Gewissen unvereinbar fand und sein Leben für die Rettung von Menschen riskierte, die seine Gegner sein sollten, verwarf dennoch in der aussichtslosen Endphase des Krieges die Chance auf Desertion, selbst dann, als ihm polnische Freunde ein sicheres Versteck boten. Hosenfeld geriet statt dessen in der Uniform der Wehrmacht in die tödlich endende Kriegsgefangenschaft. Vgl. Heinrichs: Hosenfeld, S. 81.

Heinrich Böll zog er der Sicherheit in der Etappe die Gemeinsamkeit mit den Kameraden auch und gerade in der Gefahr vor. So verwarf er jede Chance, eine größere Distanz zum Kriegsgeschehen zu gewinnen.

Wie er uns aus seinen Briefen entgegentritt, kann man ihn sich schlecht als jemanden vorstellen, der sich in einem höheren Stabe mit strategischen Optionen beschäftigt oder gar politische Alternativen wägt. Es ist auch keinerlei Interesse an einer solchen Position erkennbar. Stölten erscheint eher als ein Mann des Hier und Jetzt, als tatkräftiger Arbeiter am Nächstliegenden. Ganz im Sinne des oben zitierten paulinischen Römerbriefs war er ohne »Wenn« und »Aber« der Obrigkeit untertan und dürfte kaum auf die Idee gekommen sein, sie in Frage zu stellen.

Stöltens Ausbeutung seitens dieser Obrigkeit wurde noch gehörig erleichtert durch eine tiefempfundene Liebe zum Vaterland, personifiziert gewiß nicht im »Führer«, sondern in den Seinen zuhause. Zu ihrem Schutz auch in einer aussichtslosen Lage beizutragen, setzte er sein Leben ein. Gerade die Umstände seines Todes zeigen, daß ihm nicht die Courage zur Alleinstellung fehlte, sondern allenfalls das Vermögen, seinen Standpunkt auf die hohe Ebene des politischen Großen und Ganzen zu erheben. Eine solche, zumindest gelegentliche Standpunkterhöhung wird heute gern allgemein praktiziert; für die Einsicht in ihre Notwendigkeit ist mit dem Unheil gezahlt worden, dem mit Millionen anderen auch Peter Stölten zum Opfer fiel. In seinen Briefen hat er uns mitgenommen in das ethische Labyrinth, in dem er seinen schweren Weg gegangen ist. Dankbar wandern wir Nachgeborenen auf einfacheren Pfaden.

E   Anhang

I.   Abkürzungsverzeichnis

Kurzbezeichnungen für Abteilungen in den Führungsstäben des Heeres

Ia	1. Generalstabsoffizier, Führungs-Abteilung
Ib	Quartiermeister-Abteilung
Ic	3. Generalstabsoffizier, Feindaufklärung und Abwehr, geistige Betreuung
Id	Ausbildung
IIa	1. Adjutant (Offiziers-Personalien)
IIb	2. Adjutant (Unteroffiziere und Mannschaften)
III	Gericht
IVa	Intendant (Rechungswesen, allgemeine Verwaltung)
IVb	Arzt
IVc	Veterinär
IVd	Geistlicher

AA	Auswärtiges Amt
A.H.Qu.	Armeehauptquartier
Abt./Abtlg.	Abteilung
Abw	Abwehr
A.I.	Astrid Irrgang
AK	Armia Krajowa
AK	Armeekorps
AL	Armia Ludowa
allg.	allgemein
AOK	Armeeoberkommando
Art.	Artikel
BA	Bundesarchiv, Koblenz bzw. Berlin
BA-MA	Bundesarchiv-Militärarchiv Freiburg i.Br.
Siglen:	
NL	Nachlaß
RH	Reich Heer
RW	Reich Wehrmacht
Bd., Bde	Band, Bände

BDM	Bund Deutscher Mädel
betr.	betreffend
Btl.	Bataillon
Burza	(pol.: „Sturm") Deckname des Warschauer Aufstandes 1944
DAZ	Deutsche Allgemeine Zeitung
D-Day	Dooms-Day
DDR	Deutsche Demokratische Republik
Ders./Dies.	Derselbe/Dieselbe/Dieselben
d.h.	das heißt
Div.	Division
Div.Gef.Std.	Divisionsgefechtsstand
Dok.	Dokument
DRK	Deutsches Rotes Kreuz
Ebd., ebd.	Ebenda, ebenda
EK	Eisernes Kreuz
feindl.	feindliche
f./ff.	folgende/fortlaufend folgende
Fkl	Fernlenkpanzer
FN	Fußnote
Fs.	Festschrift
geh.	geheim
Gen.	General
Gen.Lt.	Generalleutnant
GenQu	Generalquartiermeister
GenSt.	Generalstab
GenStdH	Generalstab des Heeres
Gestapo	Geheime Staatspolizei
gKdos.	Geheime Kommandosache
h	Stunde
H	Heer
H.Gr.	Heeresgruppe
HHI	Heinrich-Heine-Institut, Düsseldorf
HJ	Hitlerjugend
Hptm.	Hauptmann
HQu	Hauptquartier
Hg.	Herausgeber

Inf.	Infanterie
Inf.Div.	Infanteriedivision
Jabo	Jagdbomber
Jg.	Jahrgang
Kdo	Kommando
K.O.B.	Kriegsoffiziersbewerber
Kp.	Kompanie
KTB	Kriegstagebuch
KZ	Konzentrationslager
Lfd. Nr.	Laufende Nummer
Ltn/Lt.	Leutnant
Lkw	Lastkraftwagen
MG	Maschinengewehr
MGFA	Militärgeschichtliches Forschungsamt
Mio.	Millionen
MTW	Mannschaftswagen
nachr.	nachrichtlich
NATO	North Atlantic Treaty Organisation
Nr.	Nummer
NSDAP	Nationalsozialistische Deutsche Arbeiterpartei
NS	Nationalsozialismus, nationalsozialistisch
NSFO	Nationalsozialistischer Führungsoffizier
NSKK	Nationalsozialistisches Kraftfahr-Korps
NSV	Nationalsozialistische Volkswohlfahrt
OB/Ob	Oberbefehlshaber
ObdH	Oberbefehlshaber des Heeres
ObHGr	Oberkommando, Heeresgruppe Süd/Nord/Mitte
ObKdo.	Oberkommando
Offz.	Offizier(e)
OHL	Oberste Heeresleitung
o.J.	ohne Jahr
OKH	Oberkommando des Heeres
OKW	Oberkommando der Wehrmacht
o.O.	ohne Ort
Op.Abt.	Operationsabteilung (des Generalstabes des Heeres)
Org.Abt.	Organisationsabteilung (des Generalstabes des Heeres)

Pak	Panzerabwehrkanone
PK	Propagandakompanie(n)
PKW	Personenkraftwagen
Pz	Panzer
Pz.A.A.	Panzerarmeeabteilung
Pz.A.O.K	Panzer-Armeeoberkommando
Pz.Div.	Panzerdivision
Pz.Gr.	Panzergruppe
Pz.Gr.Div.	Panzergrenadierdivision
Pz.Rgt.	Panzerregiment
RAD	Reichsarbeitsdienst
Rgt.	Regiment
RM	Reichsmark
RSHA	Reichssicherheitshauptamt
S.	Seite
SA	Sturmabteilung
SD	Sicherheitsdienst (des Reichsführers SS)
SS	Schutzstaffel
St.	Saint
StA	Staatsarchiv
Tiger	Deutscher Panzertyp
u.a.	unter anderem
UdSSR	Union der Sozialistischen Sowjetrepubliken
Uffz.	Unteroffizier(e)
UFA	Universum-Film AG
UKW	Ultrakurzwelle
V1	Vergeltungswaffe
Vgl.	Vergleiche
WFSt.	Wehrmachtführungsstab (des OKW)
Wg.F.	Wehrgeistige Führung
WK I.	Erster Weltkrieg
WK II.	Zweiter Weltkrieg
z.B.	zum Beispiel
z.T.	zum Teil

II. Literaturverzeichnis

II.1. Unveröffentlichte Quellen

Peter Stölten 1922-1945, Nachlaß
Privatarchive Kessler, Horben; Ehrensberger, Traunstein

Dr. Wilhelm und Margarete Stölten, Nachlaß
Privatarchiv Kessler, Horben

Dr. Victor Meyer-Eckhardt, Nachlaß
Heinrich-Heine-Archiv, Düsseldorf

Bundesarchiv-Militärarchiv, Freiburg (BA-MA)

RH 2/331a	Himmler an Fegelein, 23.1.1945
RH 2/569	7.6.1944, OKH/H.GenStdH./Op.Abt.
RH 2/8471	Bericht vom 6.5. 1944 sowie Anschreiben des Armeearztes 6.6.1944
RH 4/v.265	Zwischenbericht der Feldpostprüfstelle beim Pz.A.O.K4 über die letzten Feldpostbriefe aus Stalingrad
RH 10/172	Zustandsbericht der Panzer-Lehr-Division 1944-1945
RH 19/IV/44	Ob West, KTB, 24.7.1944
RH 19/IV/48	Ob Heeresgruppe D, Ia Nr. 5050/44, H.Qu., 20.6.1944
RH 19/IV/250	Mitteilungen für den NSFO, 7.1.1945
RH 19/XV/3	
RH 20-4/611	
RH 20-4/612	Befehle der 4. Armee, 17.11.1944-26.1.1945
RH 20-4/617	Notizen über Ferngespräche, 30.12.1944-25.1.1945
RH 20-4/623	
RH 20-4/625	Tagesmeldungen 16.1.1945-21.1.1945
RH 20-4/626	Tagesmeldungen 22.1.1945-26.1.1945
RH 20-7/129	AOK 7, KTB, 6.3.1944
RH 20-9/53	2.1.1942 (AOK 9, Ia, Nr. 6/42 g.Kdos)
RH 20-9/210	11.7.44-31.10.44, Tagesmeldungen des AOK
RH 20-9/225	Zusammenfassende Darstellung
RH 20-9/229	11.7.44-31.12.44, Feindbeurteilung, Banden-Tagesmeldungen
RH 20-9/233	11.7.44-31.12.44, Weisungen für die Vorbereitung der Abwehrschlacht an der Weichsel, Beurteilung des inneren Kampfwertes der Division, Befehle, Meldungen

RH 20-16/163	17.6.42-10.12.42, Erfahrungen und Ausbildung
RH 20-16/165	21.6.42-27.12.42, Besondere Meldungen und Berichte der Generalkommandos
RH 20-16/171	Allgemeines
RH 20-16/507	2.7.42-31.10.42, Feindbeurteilungen
RH 20-16/814	20.7.42-20.8.42, Tagesmeldungen, Versorgungslage, Befehle, Meldungen
RH 20-16/815	21.8.42-11.9.42, dergleichen
RH 21-3/40	Besprechung durch Führer am 30.3.1941 in Reichskanzlei (Aufzeichnung Hoth)
RH 27-3/115	Bd. XXXXV: s.o. 30.6.1942-16.7.1942
RH 27-3/15	Kriegstagebuch Nr. 3, Teil 2, 18.9.41-6.2.1941
RH 27-3/181	Bd. 1: Erfahrungsberichte, Propaganda in den Feind, Erschiessung von Gefangenen, Aussagen über russ. Kampfstoffe ›Lebeda‹, Meldungen 9.1.1942-24.12.1942
RH 27-3/211	Abteilung IIa (Personal), Tätigkeitsbericht IIa, 11.7.1940-6.2.1942
RH 27-3/28	Bd. XIII: Ausbildung, Gliederung, Disziplin, Führerbefehle, Feindeinwirkung 1.8.1941-2.2.1942
RH 27-3/29	Erfahrungsbericht Ostfeldzug 9.7.1941-24.5.1942
RH 27-3/50	Bd. XXXV: Funksprüche, Meldungen 9.9.1941-11.9.1941
RH 27-3/69	Kriegstagebuch Nr. 4, Teil 1, 7.2.1942-15.9.1942
RH N/10/6	Lüttwitz, Kampf der 9. Armee in Warschau 1944
RW 4/312:	Dienstanweisung des OKW vom 12. März 1940 (betrifft: Zensur der Feldpost)
RW 4/357:	Mitteilungen für die Truppe
RW 6/404:	Vorträge während des 5. NSFO-Lehrgangs vom 5.-17. Juni 1944, Rede des Obersten Hübner
RW 4/v.709	Chef OKW/WR (I/3), Nr. 101/45g

Bundesarchiv, Abteilung Reich, Berlin (BA)

Völkischer Beobachter, Berliner Ausgabe, 26. Januar 1943
Völkischer Beobachter, Berliner Ausgabe, 30. Januar 1943
Völkischer Beobachter, Berliner Ausgabe, 31. Januar 1943
Völkischer Beobachter, Berliner Ausgabe, 7. Juni 1944
Völkischer Beobachter, Berliner Ausgabe, 6. Oktober 1944
Deutsche Allgemeine Zeitung, 27. Juni 1944, Nr. 178
Deutsche Allgemeine Zeitung, 10. September 1944, Nr. 250

NS 19/4017	Heinrich Himmler, Redeauszug vom 3. November 1944

Bundesarchiv, Koblenz

ZSg 109/51 Reichspressechef, 8. September 1944
ZSg 122:   Sammlung zur NS-Besatzungspolitik im Osten

Deutsches Rundfunkarchiv, Frankfurt a.M.

Mitschnitt der Thermopylen-Rede Görings, 31. Januar 1943, Nr. 52/8920

II.2. Veröffentlichte Quellen, Memoralia

Bähr, Walter/Bähr, Hans (Hg.): Kriegsbriefe gefallener Studenten 1939-1945, Stuttgart 1952.
Boberach, Heinz (Hg.): Meldungen aus dem Reich 1938-1945. Die geheimen Lageberichte des Sicherheitsdienstes der SS, 17 Bände, Herrsching 1984.
Boberach, Heinz (Hg.): Meldungen aus dem Reich. Auswahl aus den geheimen Lageberichten des Sicherheitsdienstes der SS 1939-1944, München 1965.
Buchbender, Ortwin/Sterz, Reinhold (Hg.): Das andere Gesicht des Krieges. Deutsche Feldpostbriefe 1939-1945, München 1982.
Burckhardt, Carl J.: Meine Danziger Mission 1937-1945, München 1960.
Czapski, Josef: Unmenschliche Erde, Berlin 1967.
Dierwege, Wolfgang: Feldpostbriefe aus dem Osten. Deutsche Soldaten sehen die Sowjetunion, Berlin 1941.
Documents on International Law, Bd. I, 1939-1946.
Domarus, Max: Hitler. Reden und Proklamationen 1932-1945. Kommentiert von einem deutschen Zeitgenossen, München 1965.
Dönhoff, Marion Gräfin von: Namen, die keiner mehr nennt. Ostpreußen – Menschen und Geschichte, München 1977.
Entscheidungen des Bundesverfassungsgerichts, Bd. 36 (1974), Bd. 77 (1988).
Ewenz, Gabriele Lieselotte (Hg.): »In den eigenen Umriß gebannt«: Kriegsaufzeichnungen, literarische Fragmente und Briefe aus den Jahren 1939-1945/ Felix Hartlaub, Frankfurt a.M. 2002.
Fröhlich, Elke (Hg.): Die Tagebücher von Joseph Goebbels, 15 Bde, München 1993-1996.
Gaertringen, Friedrich Freiherr Hiller von (Hg.): Ulrich von Hassell. Aufzeichnungen, Berlin 1989.
Golovchanski, Anatol u.a. (Hg.): »Ich will raus aus diesem Wahnsinn.« Deutsche Briefe von der Ostfront 1941-1945. Aus sowjetischen Archiven, Wuppertal 1991.

Haffner, Sebastian: Geschichte eines Deutschen. Die Erinnerungen 1914-1933, München 2002.
Halder, Franz: Kriegstagebuch. Tägliche Aufzeichnungen des Chefs des Generalstabes des Heeres 1939 bis 1945, bearb. von Hans-Adolf Jacobsen, Bd. I-III, Stuttgart 1962-1964.
Hammer, Inge/Zur Nieden, Susanne (Hg.): Sehr selten habe ich geweint, Zürich 1992.
Hartnagel, Thomas (Hg.): Sophie Scholl. Fritz Hartnagel. Damit wir uns nicht verlieren. Briefwechsel 1937-1943, Frankfurt a.M. 2005.
Heiber, Helmut (Hg.): Goebbels-Reden, 2 Bde, Düsseldorf 1971/72.
Hilberg, Raul: Unerbetene Erinnerung. Der Weg eines Holocaust-Forschers, Frankfurt a.M. 1994.
Hilfsgemeinschaft der ehemaligen 3. Panzer-Division (Hg.): Mitteilungsblatt der Vereinigung Bärenfreunde e.V. Berlin, 3. Jg., Nr. 5/6, Berlin Nov./Dez. 1954; 4. Jg., Nr. 3, Berlin Mai/Juni 1955.
Hosenfeld, Wilm »Ich versuche jeden zu retten, der zu retten ist.« Das Leben eines deutschen Offiziers in Briefen und Tagebüchern, in: Vogel, Thomas (Hg. im Auftrag des Militärgeschichtlichen Forschungsamtes), München 2004.
Hoßbach, Friedrich: Aus den Kämpfen der 4. deutschen Armee um Ostpreußen in der Zeit vom 15.8.1944 bis 28.1.1945, in: Allgemeine Schweizerische Militärzeitschrift, 116, (1950), S. 138-351ff.
Hoven, Herbert (Hg.): »Die Hoffnung ist wie ein wildes Tier.« Der Briefwechsel zwischen Heinrich Böll und Ernst-Adolf Kunz 1945-1953, Köln 1994.
Hubatsch, Walther (Hg.): Hitlers Weisungen für die Kriegführung 1939-1945. Dokumente des Oberkommandos der Wehrmacht, München 1965.
Internationaler Militärgerichtshof Nürnberg (Hg.): Der Prozeß gegen die Hauptkriegsverbrecher vor dem Internationalen Militärgerichtshof, XX Bde, Nürnberg 1947.
Jochmann, Werner (Hg.): Adolf Hitler. Monologe im Führerhauptquartier 1941-1944. Die Aufzeichnungen Heinrich Heims, Hamburg 1980.
Justiz und NS-Verbrechen. Sammlung deutscher Strafurteile wegen nationalsozialistischer Tötungsverbrechen 1945-1966, Bd. I, Amsterdam 1968ff.
Jünger, Ernst: Der Kampf als inneres Erlebnis, Berlin 1922.
Jünger, Ernst: In Stahlgewittern. Aus dem Tagebuch eines Stoßtruppführers, Stuttgart 1995.
Kaczynski, Lech: Raport o stratach wojnnych Warszawy (Bericht über die Warschauer Kriegsverluste), Warszawa 2004.
Kanz-Gieles, Agnes/ Kanz Heinrich (Hg.): Josef Gieles. Studentenbriefe 1939-1942, Frankfurt a.M. 1992.
Kardorff, Ursula v.: Berliner Aufzeichnungen. Aus den Jahren 1942-1945, München 1964.

Krobe, Gerd: Pflicht und Gewissen. Smilo Freiherr von Lüttwitz. Lebensbild eines Soldaten, Mainz 1988.

Lucke, Fritz (Ltn. und Mithg.): Panzerkeil im Osten. Gedenkbuch der Berlin-märkischen Panzerdivision, Berlin 1942.

Mohrmann, Wolf-Dieter (Hg.): Der Krieg ist hart und grausam! Feldpostbriefe an den Osnabrücker Regierungspräsidenten 1941-1944, Osnabrück 1984.

Murawski, Erich: Der deutsche Wehrmachtbericht 1939-1945. Ein Beitrag zur Untersuchung der geistigen Kriegführung. Mit einer Dokumentation der Wehrmachtberichte vom 1.7.1944 bis zum 9.5.1945, Boppart a. Rhein 1962.

Neitzel, Sönke: Abgehört. Deutsche Generäle in britischer Kriegsgefangenschaft 1942-1945, Berlin 2005.

Panzerkeil im Osten. Gedenkbuch der Berlin-märkischen Panzerdivision, Berlin 1942.

Sakkers, Hans (Hg.): Normandie 6. Juni 1944 im Spiegel der deutschen Kriegstagebücher. Der Großangriff auf den Atlantikwall, Osnabrück 1998.

Schmid, Carlo: Erinnerungen, Bern 1979.

Schmitz, Stefan (Hg.): Mir selber seltsam fremd. Die Unmenschlichkeit des Krieges. Russland 1941-44, München 2003.

Schramm, Percy Ernst (Hg.): Kriegstagebuch des Oberkommandos der Wehrmacht, Frankfurt a.M. 1965.

Schramm, Percy Ernst (Hg.): Die Invasion 1944. Aus dem Tagebuch des Oberkommandos der Wehrmacht (Wehrmachtführungsstab), München 1963.

Schubert, Jochen (Hg.): Heinrich Böll. Briefe aus dem Krieg 1939-1945, Köln 2001.

Stehmann, Siegbert: Die Bitternis verschweigen wir. Feldpostbriefe 1940-1945, Hannover 1992.

Traditionsgemeinschaft Panzerkorps Großdeutschland (Hg.): Die Geschichte des Panzerkorps Großdeutschland, Bielefeld 1958.

Traditionsverband der Division (Hg.): Geschichte der 3. Panzer-Division. Berlin-Brandenburg 1935-1945, Berlin 1967.

Ulrich, Bernd u.a. (Hg.): Untertan in Uniform. Militär und Militarismus im Kaiserreich 1871-1914. Quellen und Dokumente, Frankfurt a.M. 2001.

Witkop, Philipp (Hg.): Kriegsbriefe gefallener Studenten, München 1928.

Ziegler, Karl: Erinnerungen an die Feldpost im Kriege 1939-1945, Rundbrief 20 der Arbeitsgemeinschaft Feldpost, Mai 1980.

II.3. Literatur

Archiv für Postgeschichte
European Review of History
Frankfurter Allgemeine Zeitung (FAZ)
Frankfurter Rundschau (FR)
Freiburger Universitätsblätter
Gazeta Wyborcza
Geschichte und Gesellschaft (GuG)
Geschichtsdidaktik
Geschichtswerkstatt
Historische Zeitschrift (HZ)
Militärgeschichtliche Mitteilungen (MGM)
Neue politische Literatur
Schweizerisches Archiv für Volkskunde
Spiegel
Vierteljahreshefte für Zeitgeschichte (VfZ)
Zeit
Zeitschrift für Biographieforschung und
  Oral History (BIOS)
Zeitschrift für Geschichtswissenschaft

Absolon, Rudolf: Das Wehrmachtstrafrecht im Zweiten Weltkrieg, Kornelimünster 1958.
Adorno, Theodor W.: Minima Moralia. Reflexionen aus dem beschädigten Leben, Berlin 2001.
Allheit, Peter: Wirklichkeitsrekonstruktion und Wirklichkeitskonstitution in biographischen Verläufen, in: Ders.: Alltag und Biographie. Studien zur gesellschaftlichen Konstitution biographischer Perspektiven, Bremen 1984, S. 231-251.
Allport, Gordon W./Postman, Leo (Hg.): The psychology of Rumor, New York 1965.
Aly, Götz: Hitlers Volksstaat. Raub, Rassenkrieg und nationaler Sozialismus, Frankfurt a.M. 2005.
Arnold, Klaus Jochen: Die Wehrmacht und Besatzungspolitik in den besetzten Gebieten der Sowjetunion. Kriegführung und Radikalisierung im »Unternehmen Barbarossa«, Berlin 2004.
Auerbach, Helmut: Die Einheit Dirlewanger, in: VfZ, 10, (1962), S. 250-263.
Balzer, Bernd (Hg.): Heinrich Böll. Werke 1947-51, Interviews I, Köln 1977.
Bahrdt, Hans-Paul: Autobiographische Methoden, Lebenslaufforschung und Soziologie, in: Voges, Wolfgang (Hg.): Methoden der Biographie- und Lebenslaufforschung, Opladen 1987.

Bahrdt, Hans-Paul: Die Gesellschaft und ihre Soldaten. Zur Soziologie des Militärs, München 1987.
Bartov, Omer: Hitlers Wehrmacht. Soldaten, Faschismus und die Brutalisierung des Krieges, Hamburg 1995.
Becker, Sabina/Weiß, Christoph (Hg.): Neue Sachlichkeit im Roman. Neue Interpretationen zum Roman der Weimarer Republik, Stuttgart 1995.
Benn, Gottfried: Lyrik. Auswahl erster Hand. Mit einem Vorwort von Max Rychner, Zürich 1975.
Benz, Ute (Hg.): Frauen im Nationalsozialismus, München 1993.
Benz, Ute: Generationenkonflikte im Nationalsozialismus. Briefwechsel mit Soldatenvätern im Zweiten Weltkrieg, in: Zeitschrift für Geschichtswissenschaft, 2004, Jg. 52, Nr. 6, S. 545-554.
Berger, Georg: Die beratenden Psychiater des deutschen Heeres 1939-1945, Frankfurt a.M. 1998.
Berger, Peter/Luckmann, Thomas: Die gesellschaftliche Konstruktion der Wirklichkeit. Eine Theorie der Wissenssoziologie, Frankfurt a.M. 1980.
Beyer, Klaus/ Täubrich, Hans-Christian (Hg.): Der Brief. Eine Kulturgeschichte der schriftlichen Kommunikation, Frankfurt a.M. 1996.
Blasius, Rainer: Wieviel Held braucht der Mensch? Fallschirmspringer und Fliegerasse: Potsdamer Traditionssuche für die deutschen Streitkräfte, FAZ vom 13. April 2005, S. 12.
Borowsky, Peter: Deutsche Ukrainepolitik 1918 unter besonderer Berücksichtigung der Wirtschaftsfragen, Lübeck 1970.
Boog, Horst u.a. (Hg.): Der globale Krieg. Die Ausweitung zum Weltkrieg und der Wechsel der Initiative 1941-1943, in: Militärgeschichtliches Forschungsamt (Hg.): Das Deutsche Reich und der Zweite Weltkrieg, Bd. 6, Stuttgart 1990.
Borodziej, Wlodzimiez: Politische und soziale Konturen des polnischen Widerstands, in: Kleßmann, Christoph (Hg.): September 1939. Krieg, Besatzung, Widerstand in Polen, Göttingen 1989.
Borodziej, Wlodzimiersz: Der Warschauer Aufstand 1944, Frankfurt a.M. 2001.
Bourdieu, Pierre: Die biographische Illusion, in: BIOS. Zeitschrift für Biographieforschung und Oral History 3, 1990, S. 75-81.
Browning, Christopher: Ganz normale Männer. Das Reserve-Polizeibataillon 101 und die »Endlösung« in Polen, Hamburg 1996.
Broszat, Martin: Nationalsozialistische Polenpolitik, Frankfurt a.M. 1965.
Bude, Heinz: Deutsche Karrieren. Lebenskonstruktionen sozialer Aufsteiger aus der Flakhelfer-Generation, Frankfurt a.M. 1987.
Böll, Heinrich: Werke. 26 Bde und ein Registerband, Köln 2002ff. (kommentierte Ausgabe; erscheint mit jährlich drei Bden ab 2002).

Böll, Heinrich: Versuch über die Vernunft der Poesie. Nobelpreisvorlesung, gehalten am 2. Mai 1973 in Stockholm, in: Langenhorst, Georg (Hg.): 30 Jahre Nobelpreis Heinrich Böll. Zur literarisch-theologischen Wirkkraft Heinrich Bölls, Literatur – Medien – Religion, Bd. 7, Münster 2002, S. 17-31.

Camus, Albert: Der Mythos von Sisyphos. Ein Versuch über das Absurde, Reinbek bei Hamburg 1978.

Chiari, Bernhard: Die polnische Heimatarmee. Geschichte oder Mythos der Armia Krajowa seit dem Zweiten Weltkrieg, München 2003.

Ciechanowski, Jan: Powstanie Warszawskie 1944, Cambridge 1974.

Clausewitz, Claus von: Vom Kriege, München 2003.

Collins, John Davis: ›My country, My country.‹ A Misread Toast from America of War with Tripoli, o.O. 1997.

Deist, Wilhelm: Der deutsche Angriff auf die Sowjetunion, in: Ders.: Militär, Staat und Gesellschaft. Studien zur preußisch-deutschen Militärgeschichte, München 1991, S. 369-385.

Demeter, Karl: Das deutsche Offizierskorps in Gesellschaft und Staat: 1550-1945, Frankfurt a.M. 1962.

Diner, Dan: Zwischen Aporie und Apologie. Über Grenzen und Historisierbarkeit des Nationalsozialismus, in: Ders. (Hg.): Ist der Nationalsozialismus Geschichte?, Frankfurt a.M. 1987, S. 62-74.

Dlugoborski, Waclaw: Die deutsche Besatzungspolitik gegenüber Polen, in: Bracher, Karl-Dietrich (Hg.): Deutschland 1933-1945. Neue Studien zur nationalsozialistischen Herrschaft, Bonn 1992, S. 572-590.

Doerry, Martin: Übergangsmenschen. Die Mentalität der Wilhelminer und die Krise des Kaiserreiches, München 1986.

Dollwet, Joachim: Menschen im Krieg, Bejahung – und Widerstand? Eindrücke und Auszüge aus der Sammlung von Feldpostbriefen des Zweiten Weltkrieges im Landeshauptarchiv Koblenz, in: Jahrbuch für westdeutsche Landesgeschichte 13, 1987, S. 279-322.

Dostojewskij, Fjodor: Der Idiot, München 1992.

Dülffer, Jost: Vom Bündnispartner zum Erfüllungsgehilfen im totalen Krieg. Militär und Gesellschaft in Deutschland 1933 bis 1945, in: Michalka, Wolfgang (Hg.): Der Zweite Weltkrieg. Analysen, Grundzüge, Forschungsbilanz, München 1989, S. 286-300.

Ebbinghaus, Angelika (Hg.): Opfer und Täterinnen. Frauenbiographien des Nationalsozialismus, Frankfurt a.M. 1997.

Eitel, Tono: Die überzonale Rechtsmacht deutscher Verwaltungsakte, Hamburg 1961.

Engelking, Barbara: »Szanowny panie gestapo.« Donosy do wladz niemieckich w Warszawie i okolicach w latach 1940-41, Warszawa 2003.

Evans, Richard J.: Fakten und Fiktionen. Über die Grundlagen historischer Erkenntnis. Aus dem Englischen von Ulrich Speck, Frankfurt a.M./New York 1999.

Falin, Valentin: Die Zweite Front. Die Interessenkonflikte der Anti-Hitler-Koalition, München 1997.
Fallada, Hans: Kleiner Mann, was nun?, München 1974.
Fest, Joachim: Staatsstreich. Der lange Weg zum 20. Juli, Berlin 1994.
Fischer, Hans (Hg.): Ethnologie. Einführung und Überblick, Berlin 1992.
Fischer, Wolfgang/Kohli, Martin: Biographieforschung, in: Voges, Wolfgang (Hg.): Methoden der Biographie- und Lebenslaufforschung, Opladen 1987, S. 25-51.
Fleming, Gerald: Hitler und die Endlösung. »Es ist des Führers Wunsch...«, Wiesbaden 1982.
Frei, Norbert: Der Führerstaat. Nationalsozialistische Herrschaft 1933-1945, München 1987.
Frei, Norbert: Der totale Krieg und die deutsche ›Heimatfront‹, in: Bischof, Günter u.a. (Hg.): Die Invasion in der Normandie. Internationale Perspektiven, Innsbrucker Forschungen zur Zeitgeschichte, Bd. 16, Innsbruck 2001, S. 17-32.
Freud, Sigmund: Der Wahn und die Träume, in: W. Jensens ›Gradiva‹, Frankfurt a.M. 1995.
Freud, Sigmund: Die Traumdeutung, Frankfurt a.M. 2005.
Frevert, Ute: »Gab es ein goldenes Zeitalter der deutschen Bürgerlichkeit? Bürgertum und Bürgersinn: Historische Annäherung aus aktuellem Anlaß«, in: FR, 10. Februar 1998, Nr. 34, S. 20.
Frey, Dieter (Hg.): Kognitive Theorien, Toronto 1993.
Friedrich, Jörg: »Die Wohnungsschlüssel sind beim Hausverwalter abzugeben.« Die Ausschlachtung der jüdischen Hinterlassenschaft, in: Wollenberg, Jörg (Hg.): »Niemand war da und keiner hat's gewußt.« Die deutsche Öffentlichkeit und die Judenverfolgung 1933-1945, München 1989, S. 188-203.
Fritsche, Gerd-Walter: Bedingungen des individuellen Kriegserlebens, in: Knoch, Peter (Hg.): Kriegsalltag: die Rekonstruktion des Kriegsalltages als Aufgabe der historischen Friedenserziehung, Stuttgart 1989, S. 114-151.
Fuchs, Werner: Biographische Forschung, Opladen 1984.
Funck, Marcus: In den Tod gehen. Bilder des Sterbens im 19. und 20. Jahrhundert, in: Breymayer, Ursula u.a. (Hg.): Willensmenschen. Über deutsche Offiziere, Frankfurt a.M. 2000, S. 227-235.
Gamm, Hans-Jochen: Der Flüsterwitz im Dritten Reich, München 1993.
Ganzenmüller, Jörg: Das belagerte Leningrad 1941-1944. Die Stadt in den Strategien von Angreifern und Verteidigern, Paderborn 2005.
Geertz, Clifford: Dichte Beschreibung. Beiträge zum Verstehen kultureller Systeme, Frankfurt a.M. 1987.
Gedenkstätte deutscher Widerstand (Hg.): Warschau – Hauptstadt der Freiheit. Der Warschauer Aufstand August 1944 bis Oktober 1944, (Ausstellungskatalog) Berlin 2004.

Gehrke, Hans-Joachim: Die Thermopylenrede Hermann Görings zur Kapitulation Stalingrads. Antike Geschichtsbilder im Wandel von Heroenkult zum Europadiskurs, in: Martin, Bernd: Der Zweite Weltkrieg in historischen Reflexionen, Freiburg i.Br. 2006, S. 13-29.

Gericke, Bodo: Die deutsche Feldpost im Zweiten Weltkrieg. Eine Dokumentation über Einrichtung, Einsatz und Dienste, in: Archiv für Postgeschichte, Heft 1, 1971.

Geyer, Michael: Das Stigma der Gewalt und das Problem der nationalen Identität in Deutschland, in: Jansen, Christian (Hg.): Von der Aufgabe der Freiheit. Politische Verantwortung und bürgerliche Gesellschaft im 19. und 20. Jahrhundert. Fs. für Hans Mommsen zum 5. November 1995, Berlin 1995, S. 673-698.

Goethe, Johann Wolfgang v.: Faust I, Frankfurt a.M. 1990.

Goldhagen: Daniel: Hitlers willige Vollstrecker. Ganz gewöhnliche Deutsche und der Holocaust, Berlin 1996.

Gödden, Walter: Westfälisches Autorenlexikon, 3 Bde, Paderborn 1997.

Grünbaum, Durs: In den eigenen Umriß gebannt, FAZ vom 18. März 2002, Feuilleton.

Gründel, Günter: Die Sendung der jungen Generation. Versuch einer umfassenden revolutionären Sinndeutung der Krise, München 1932.

Gschnitzler, Fritz (Hg.): Volk, Nation, in: Geschichtliche Grundbegriffe, Bd. 7, Stuttgart 1993, S. 141-436.

Gumbrecht, Hans Ulrich: Der Holzweggenosse. Völkisch und ragend: Heideggers Nähe zum Nationalsozialismus, FAZ vom 31. August 2005, S. N3.

Habermas, Jürgen: Strukturwandel der Öffentlichkeit. Untersuchungen zu einer Kategorie der bürgerlichen Gesellschaft, Frankfurt a.M. 1990.

Heinemann, Ulrich: Die verdrängte Niederlage. Politische Öffentlichkeit und Kriegsschuldfrage in der Weimarer Republik, Göttingen 1983.

Heinrichs, Dirk: Hauptmann d.R. Wilm Hosenfeld. Retter in Warschau, in: Wette, Wolfram (Hg.): Retter in Uniform. Handlungsspielräume im Vernichtungskrieg der Wehrmacht, Frankfurt a.M. 2002, S. 69-86.

Herbert, Ulrich: Best. Biographische Studien über Radikalismus, Weltanschauung und Vernunft. 1903-1989, Bonn 1996.

Herbert, Ulrich (Hg.): Nationalsozialistische Vernichtungspolitik 1939-1945. Neue Forschungen und Kontroversen, Frankfurt a.M. 1998.

Herbert, Ulrich: Zwischen Beschaulichkeit und Massenmord. Die Kriegswende 1943 aus der Perspektive des Alltags, in: Neue politische Literatur, 40, (1995), S. 185-189.

Herbst, Ludolf: Das nationalsozialistische Deutschland 1933-1945. Die Entfesselung der Gewalt. Rassismus und Krieg, Frankfurt a.M. 1996.

Hildebrand, Klaus: Das Dritte Reich, München 1987.

Hillebrand, Bruno (Hg.): Gottfried Benn. Gedichte in der Fassung der Erstdrucke, Frankfurt a.M. 2001.
Hillgruber, Andreas: Der Zweite Weltkrieg 1939-1945. Kriegsziele und Strategien der großen Mächte, Stuttgart 1996.
Hillgruber, Andreas/Hümmelchen, Gerhard: Chronik des Zweiten Weltkrieges, Frankfurt a.M. 1966.
Hinze, Rolf: Das Ostfront-Drama 1944. Rückzugskämpfe Heeresgruppe Mitte, Stuttgart 1987.
Hölderlin, Friedrich: Der Tod des Empedokles, in: Knaupp, Michael (Hg.): Sämtliche Werke und Briefe, Bd. 1, München 1993, S. 251.
Hölderlin, Friedrich: Hyperion oder Der Eremit in Griechenland, Frankfurt a.M. 1979.
Hölscher, Lucian: Geschichte und Vergessen, in: HZ 246, (1989), S. 1-17.
Hölsken, Heinz Dieter: Die V-Waffen. Entstehung – Propaganda – Kriegseinsatz, Stuttgart 1984.
Hubatsch, Walther: Flüchtlingstransporte aus dem Osten über See. Die letzten Geleitaufgaben der deutschen Kriegsmarine, in: Jahrbuch des ostdeutschen Kulturrates, 9, (1962), S. 404-427.
Humburg, Martin: Das Gesicht des Krieges. Feldpostbriefe von Wehrmachtssoldaten aus der Sowjetunion 1941-1944, Opladen/Wiesbaden 1998.
Humburg, Martin: Deutsche Feldpost im Zweiten Weltkrieg. Eine Bestandsaufnahme, in: Wette, Wolfram/Vogel, Detlev: Andere Helme – Andere Menschen? Heimaterfahrung und Frontalltag im Zweiten Weltkrieg, Essen 1995, S. 13-36
Humburg, Martin: Die Bedeutung der Feldpost für die Soldaten von Stalingrad, in: Wette, Wolfram/Ueberschär, Gerd (Hg.): Stalingrad. Mythos und Wirklichkeit einer Schlacht, Frankfurt a.M. 1992, S. 68-79.
Hürter, Johannes: Hitlers Heerführer. Die deutschen Oberbefehlshaber im Krieg gegen die Sowjetunion 1941/1942, München 2006.
Ipsen, Knut: Einstimmung auf Vernichtungskrieg durch Rechtsverdrängung, in: Frohwein, Jochen u.a. (Hg.): Verhandeln für den Frieden. Negotiating for Peace. Liber amicorum Tono Eitel, Heidelberg 2003, S. 335-355.
Jäckel, Eberhardt u.a. (Hg.): Die Enzyklopädie des Holocaust. Die Verfolgung und Vernichtung der europäischen Juden, Bd. I-III, Berlin 1990-1993.
Jaeger, Hans: Generationen in der Geschichte. Überlegungen zu einer umstrittenen Konzeption, in: Geschichte und Gesellschaft, 3, 1977, S. 429-452.
Jeismann, Michael: Das Vaterland der Feinde. Studien zum nationalen Feindbegriff und Selbstverständnis in Deutschland und Frankreich 1792-1918, Stuttgart 1992.
Jeschek, Hans-Heinrich: Nuremberg Trials, in: Bernhardt, Rudolf (Hg.): Encyklopedia of Public International Law, 3 Bde, Amsterdam 1997, S. 747-754.

Jolly, Margareta: Brief, Moral und Geschlecht. Britische und amerikanische Diskurse über das Briefeschreiben im Zweiten Weltkrieg, in: Wette, Wolfram/Vogel, Detlev: Andere Helme – Andere Menschen? Heimaterfahrung und Frontalltag im Zweiten Weltkrieg. Ein internationaler Vergleich, Essen 1995, S. 173-203.

Kannapin, Norbert: Die deutsche Feldpostbriefübersicht 1939-1945, Bd. I-III, Osnabrück 1982.

Kästner, Erich: Fabian, Berlin 1967.

Keegan, John: Die Schlacht. Azincourt 1415, Waterloo 1815, Somme 1915, München 1981.

Kershaw, Ian: Der Hitler-Mythos. Volksmeinung und Propaganda im Dritten Reich, Stuttgart 1980.

Kershaw, Ian: Hitlers Popularität. Mythos und Realität im Dritten Reich, in: Mommsen, Hans/Willems, Susanne: Herrschaftsalltag im Dritten Reich. Studien und Texte, Düsseldorf 1988, S. 24-96.

Kershaw, Ian: Widerstand ohne Volk? Dissens und Widerstand im Dritten Reich, in: Schmädecke, Jürgen u.a. (Hg.): Der Widerstand gegen den Nationalsozialismus. Die deutsche Gesellschaft und der Widerstand gegen Hitler. Im Auftrag der Historischen Kommission zu Berlin in Zusammenarbeit mit der Gedenkstätte Deutscher Widerstand, Zürich 1985.

Kettenacker, Lothar: »Unconditional surrender« als Grundlage der angelsächsischen Nachkriegsplanung, in: Michalka, Wolfgang (Hg.): Der Zweite Weltkrieg. Analysen, Grundzüge, Forschungsbilanz, München 1989, S. 174-188.

Kielmansegg, Adolf Graf von: Gedanken eines Soldaten zum Widerstand, in: Vogel, Thomas (Hg.): Aufstand des Gewissens. Militärischer Widerstand gegen Hitler und das NS-Regime 1933-1945, Hamburg 2000, S. 249-261.

Kindt, Werner (Hg.): Dokumentation der Jugendbewegung 3. Die deutsche Jugendbewegung 1920-1933. Die bündische Zeit. Quellenschriften, Düsseldorf 1974.

Klönne, Arno: Hitlerjugend. Die Jugend und ihre Organisation im Dritten Reich, Hannover 1960.

Knaupp, Michael (Hg.): Friedrich Hölderlin. Sämtliche Werke und Briefe, Bd. I-III, München 1993.

Knittel, Hartmut: Panzerfertigung im Zweiten Weltkrieg. Industrieproduktion für die Wehrmacht, Bonn 1988.

Knoch, Peter: Feldpost – eine unentdeckte historische Quellengattung, in: Geschichtsdidaktik, 2, (1986), S. 154-171.

Knoch, Peter: Gewalt wird zur Routine. Zwei Weltkriege in der Erfahrung einfacher Soldaten, in: Geschichtswerkstatt, Heft 16, (1988), S. 17-23.

Knoch, Peter: Kriegserlebnis als biographische Krise, in: Gestrich, Andreas u.a. (Hg.): Biographie – sozialgeschichtlich, Göttingen 1988, S. 86-108.

Koch, Hannsjoachim: Geschichte der Hitlerjugend. Ihre Ursprünge und Entwicklung 1922-1945, Percha 1979.
Kohli, Martin (Hg.): Soziologie des Lebenslaufes, Darmstadt 1978.
Kohli, Martin/Robert, Günther (Hg.): Biographie und soziale Wirklichkeit, Stuttgart 1984, S. 5-28.
Kohut, Thomas/Reulecke, Jürgen (Hg.): »Sterben wie eine Ratte, die der Bauer ertappt.« Letzte Briefe aus Stalingrad, in: Förster, Jürgen (Hg.): Stalingrad. Ereignis-Wirkung-Symbol, München 1993, S. 456-471.
Koselleck, Reinhardt: Darstellung, Ereignis und Struktur, in: Ders. (Hg.): Vergangene Zukunft. Zur Semantik geschichtlicher Zeichen, Frankfurt a.M. 1989, S. 144-157.
Kosmala, Beate: Polen. Lange Schatten der Erinnerung. Der Zweite Weltkrieg im kollektiven Gedächtnis, in: Flacke, Monika (Hg.): Mythen der Nationen. 1945 – Arena der Erinnerungen, 2 Bde, Mainz 2004, S. 509-541.
Krannhals, Hans v.: Warschauer Aufstand 1944, Frankfurt a.M. 1962.
Krannhals, Hans v.: Zum Aufstand in Warschau 1944, in: Ostdeutsche Wissenschaft, Bd. 3-4, München 1958.
Kunicki, Mikolaj: Unwanted Collaborators: Leon Koslowski, Wladyslaw Studnicki and the Problem of Collaboration among Polish Conservative Politicians in World War II, in: European Review of History 8, (2001), S. 203-220.
Kunz, Andreas: Wehrmacht und Niederlage. Die bewaffnete Macht in der Endphase der nationalsozialistischen Herrschaft 1944-1945, München 2005.
Kurowski, Franz: Die Panzer-Lehr-Division. Die größte deutsche Panzerdivision und ihre Aufgabe: die Invasion zerschlagen – die Ardennenschlacht entscheiden, Bad Nauheim 1964.
Kurowski, Franz: Die Heeresgruppe Mitte: 28 deutsche Divisionen im Feuerhagel der sowjetischen Sommeroffensive 1944: Witebsk – Bobruisk – Minsk, Wölfersheim-Berstadt 2001.
Kühne, Thomas: Der Soldat, in: Frevert, Ute/Heinz-Gerhard Haupt (Hg.): Der Mensch des 20. Jahrhunderts, Frankfurt a.M. 1999, S. 347-351.
Kühne, Thomas: ›Kameradschaft –, das Beste im Leben des Mannes.‹ Die deutschen Soldaten des Zweiten Weltkrieges in erfahrungs- und geschlechtergeschichtlicher Perspektive, in: Geschichte und Gesellschaft 22 (1996), S. 504-529.
Lamprecht, Gerald: Feldpost und Kriegserlebnis. Briefe als historisch-biographische Quelle, Innsbruck 2001.
Latzel, Klaus: Die Zumutungen des Krieges und der Liebe – zwei Annäherungen an Feldpostbriefe, in: Knoch, Peter (Hg.): Kriegsalltag: die Rekonstruktion des Kriegsalltages als Aufgabe der historischen Forschung und der Friedenserziehung, Stuttgart 1989, S. 204-221.

Latzel, Klaus: »Schlachtbank« oder »Feld der Ehre«? Der Beginn des Einstellungswandels gegenüber Krieg und Tod 1756-1815, in: Wette, Wolfram (Hg.): Der Krieg des kleinen Mannes: eine Militärgeschichte von unten, München 1992, S. 76-92.

Latzel, Klaus: Deutsche Soldaten – nationalsozialistischer Krieg? Kriegserlebnis – Kriegserfahrung 1939-1945, Paderborn 2000.

Latzel, Klaus: Tourismus und Gewalt. Kriegswahrnehmungen in Feldpostbriefen, in: Heer, Hannes/Naumann, Klaus (Hg.): Vernichtungskrieg. Verbrechen der Wehrmacht 1941-1944, Hamburg 1997, S. 447-459.

Latzel, Klaus: Vom Kriegserlebnis zur Kriegserfahrung. Theoretische und methodische Überlegungen zur erfahrungsgeschichtlichen Untersuchung von Feldpostbriefen, in: MGM, 56, 1997, S. 1-30.

Latzel, Klaus: Vom Sterben im Krieg. Wandlungen in der Einstellung zum Soldatentod vom Siebenjährigen Krieg bis zum Zweiten Weltkrieg, Warendorf 1988.

Lehmann, Albrecht: Gefangenschaft und Heimkehr. Deutsche Kriegsgefangene in der Sowjetunion, München 1986.

Levallois, Anne: Biographie, Psychohistory, Psychoanalyse. Der Stand der Forschung in Frankreich, in: Röckelein, Hedwig (Hg.): Biographie als Geschichte, Tübingen 1993, S. 39-62.

Löffler, Klara: Aufgehoben. Soldatenbriefe aus dem Zweiten Weltkrieg. Eine Studie zur subjektiven Wirklichkeit des Krieges, Bamberg 1992.

Löffler, Klara: Zurechtgerückt. Der Zweite Weltkrieg als biographischer Stoff, Berlin 1999.

Lüdke, Alf (Hg.): Alltagsgeschichte. Zur Rekonstruktion historischer Erfahrungen und Lebensweisen, Frankfurt a.M. 1989.

Madajczyk, Czeslaw: Polityka III Rzeszy w okupowanej Polce, 2 Bde, Warszawa 1970.

Mannheim, Karl: Das Problem der Generationen, in: Kohli, Martin (Hg.): Soziologie des Lebenslaufes, Darmstadt 1978, S. 38-53.

Martin, Bernd: Das außenpolitische Versagen des Widerstands 1943/44, in: Schmädeke, Jürgen u.a. (Hg.): Der Widerstand gegen den Nationalsozialismus. Die deutsche Gesellschaft und der Widerstand gegen Hitler, München 1986, S. 1037-1070.

Martin, Bernd/Stempin, Arkadiusz (Hg.): Deutschland und Polen in schweren Zeiten 1933-1990, Poznan 2004.

Martin, Bernd/Lewandowska, Stanislawa (Hg.): Der Warschauer Aufstand 1944. Referate eines deutsch-polnischen Symposiums in Karwica (Masuren) vom 27. Juni bis 2. Juli 1996, Rheingach/Warschau 1998.

Martin, Bernd: The Warsaw Uprising 1944. A German Reassessment after 60 Years, Gazeta Wyborcza, 1. August 1999 (Original in polnischer Sprache).

Martin, Bernd: Weltmacht oder Niedergang. Deutsche Großmachtpolitik im 20. Jahrhundert, Darmstadt 1989.

Maurer, Michael: Die Biographie des Bürgers. Lebensformen und Denkweisen in der formativen Phase des deutschen Bürgertums (1680 bis 1815), Göttingen 1996.

Messerschmidt, Manfred: Das Heer als Faktor der arbeitsteiligen Täterschaft, in: Loewy, Hanno (Hg.): Holocaust. Die Grenzen des Verstehens. Eine Debatte über die Besetzung der Geschichte, Reinbek bei Hamburg 1992, S. 166-190.

Messerschmidt, Manfred: Die Wehrmacht im NS-Staat, in: Bracher, Karl Dietrich (Hg.): Deutschland 1933-1945. Neue Studien zur nationalsozialistischen Herrschaft, Bonn 1992, S. 377-403.

Messerschmidt, Manfred: Das Verhältnis von Wehrmacht und NS-Staat und die Frage der Traditionsbildung, in: Ders.: Militärgeschichtliche Aspekte des deutschen Nationalstaates, hg. vom Militärgeschichtlichen Forschungsamt, Düsseldorf 1988.

Messerschmidt, Manfred: Die Wehrmacht im NS-Staat. Zeit der Indoktrination, Hamburg 1969.

Messerschmidt, Manfred: Militärgeschichtliche Aspekte der Entwicklung des deutschen Nationalstaates, Düsseldorf 1988.

Mitscherlich, Alexander und Margarete: Die Unfähigkeit zu trauern. Grundlagen kollektiven Verhaltens, Frankfurt a.M. 2004.

Mohrmann, Wolf-Dieter: Die Sammlung von Feldpostbriefen im Niedersächsischen Staatsarchiv in Osnabrück. Gedanken zu Genese, Quellenwert und Struktur, in: Knoch, Peter (Hg.): Kriegsalltag: die Rekonstruktion des Kriegsalltages als Aufgabe der historischen Forschung und der Friedenserziehung, Stuttgart 1989, S. 25-29.

Mönch, Winfried: Entscheidungsschlacht ›Invasion‹ 1944, Stuttgart 2001.

Müller, Rolf-Dieter/Ueberschär, Gerd (Hg.): Hitlers Krieg im Osten 1941-1945, Darmstadt 2000.

Müller, Sven Oliver: Kriegsmentalität. Zur Kommunikation zwischen Front und Heimat, in: Echternkamp, Jörn (Hg.): Die deutsche Kriegsgesellschaft 1939-1945. Ausbeutung, Deutungen, Ausgrenzung, Bd. 9/2, München 2005, S. 70-89.

Nationalrat der nationalen Front des demokratischen Deutschland. Dokumentationszentrum der staatlichen Archivverwaltung der DDR (Hg.): Braunbuch. Kriegs- und Naziverbrecher in der Bundesrepublik und in Westberlin. Staat, Wirtschaft, Verwaltung, Armee, Justiz, Wissenschaft, Berlin 1965.

Neudeck, Rupert (Hg.). »Gott verläßt uns doch nicht« – Sechs Jahre Krieg – gespiegelt in den Briefen Heinrich Bölls, in: Langenhorst, Georg (Hg.): 30 Jahre Nobelpreis Heinrich Böll. Zur literarisch-theologischen Wirkkraft Heinrich Bölls, Literatur – Medien – Religion, Bd. 7, Münster 2002, S. 239-250.

Niemetz, Daniel: Das feldgraue Erbe. Die Wehrmachtseinflüsse im Militär der SBZ/DDR, Berlin 2006.

Niethammer, Lutz: Fragen – Antworten – Fragen, in: Ders. (Hg.): ›Wir kriegen jetzt andere Zeiten.‹ Auf der Suche nach der Erfahrung des Volkes in nachfaschistischen Ländern, Berlin/Bonn 1985, S. 392-445.

Niethammer, Lutz: Heimat und Front. Versuch, zehn Kriegserinnerungen aus der Arbeiterklasse des Ruhrgebietes zu verstehen, in: Ders. (Hg.): »Die Jahre weiß man nicht, wo man die heute hinsetzen soll.« Faschismuserfahrung im Ruhrgebiet (Lusir Bd. I), Berlin 1983, S. 163-232.

Niethammer, Lutz: Kommentar zu Pierre Bourdieu: Die biographische Illusion, in: BIOS, 3, 1990, S. 91-93.

Niethammer, Lutz: Lebenserfahrung und kollektives Gedächtnis. Die Praxis der ›Oral History‹, Frankfurt a.M. 1985.

Nietzsche, Friedrich: Jenseits von Gut und Böse, Sämtliche Werke in 12 Bden, hg. von Karl Schlechta, Stuttgart 1964.

Overmans, Rüdiger: Deutsche militärische Verluste im Zweiten Weltkrieg, München 1999.

Overmans, Rüdiger: Die Kriegsgefangenenpolitik des Deutschen Reiches 1939-1945, in: Echternkamp, Jörn (Hg.): Die deutsche Kriegsgesellschaft 1939-1945. Ausbeutung, Deutungen, Ausgrenzung, Bd. 9/2, München 2005, S. 729-875.

Overmans, Rüdiger: Die Toten des Zweiten Weltkrieges. Bilanz der Forschung unter besonderer Berücksichtigung der Wehrmacht- und Vertreibungsverluste, in: Michalka, Wolfgang (Hg.): Der Zweite Weltkrieg. Analysen, Grundzüge, Forschungsbilanz, München 1989, S. 858-873.

Petersen, Julius: Die Wissenschaft der Deutung. System- und Methodenlehre der Literaturwissenschaft, Berlin 1944.

Peukert, Detlev: Die Weimarer Republik. Krisenjahre der klassischen Moderne, Frankfurt a.M. 1987.

Piekalkiewicz, Janusz: Der Zweite Weltkrieg, Düsseldorf 1985.

Pietrow-Ennker, Bianka: Deutschland im Juni 1941 – ein Opfer sowjetischer Aggression?, in: Michalka, Wolfgang (Hg.): Der Zweite Weltkrieg. Analysen, Grundzüge, Forschungsbilanz, München 1989, S. 586-607.

Pohl, Dieter: Die Holocaust-Forschung und Goldhagens Thesen, in: VfZ, 1, 1997, S. 1-48.

Rath, Claus-Dieter: Der Lebenslauf als Produktion imaginärer Kontinuität, in: Schweizerisches Archiv für Volkskunde, Jg. 84, (1988), Heft 3-4, S. 167-188.

Rautenberg, Hans-Werner: Vierzig Jahre Warschauer Aufstand im Spiegel der polnischen Publizistik, in: Dokumentation Osteuropa, 12, 1986, S. 44ff.

Reid, James H.: Heinrich Böll. Ein Zeuge seiner Zeit, München 1991.

Reifenberg, Jan: Was unausweichlich kommen mußte. Vier deutsche Kriegsteilnehmer erinnern sich an die Invasion der Alliierten in der Normandie, in: FAZ, Nr. 122, 1994.
Remarque, Erich Maria: Im Westen nichts Neues, Berlin 1960.
Renner, Rolf: Grundzüge und Voraussetzungen deutscher literarischer Rußlandbilder im Dritten Reich, in: Volkmann, Hans-Erich (Hg.): Das Rußlandbild im Dritten Reich, Weimar 1994, S. 387-419.
Reynolds, David: Großbritannien am Vorabend der Invasion, in: Bischof, Günter u.a. (Hg.): Die Invasion in der Normandie. Internationale Perspektiven, Innsbrucker Forschungen zur Zeitgeschichte, Bd. 16, Innsbruck 2001, S. 115-128.
Ritgen, Helmut: Die Geschichte der Panzer-Lehr-Division im Westen 1944-1945, Stuttgart 1979.
Rosenberg, Alfred: Der Mythus des 20. Jahrhunderts. Eine Wertung der seelisch-geistigen Gestaltungskämpfe unserer Zeit, München 1935.
Rosenthal, Gabriele: Biographische Verarbeitung von Kriegserlebnissen, in: Dies. (Hg.): »Als der Krieg kam, hatte ich mit Hitler nichts mehr zu tun«. Zur Gegenwärtigkeit des »Dritten Reiches« in Biographien, Opladen 1990, S. 7-26.
Rosenthal, Gabriele: Die erzählte Lebensgeschichte als historisch-soziale Realität, in: Berliner Geschichtswerkstatt (Hg.): Alltagskultur, Subjektivität und Geschichte, Berlin 1994, S. 125-138.
Rosenthal, Gabriele: Die erzählte Lebensgeschichte: Eine zuverlässige historische Quelle?, in: Wolfgang Weber (Hg.): Spurensuche: Dokumentation zur Internationalen Tagung über die Rolle der »Neuen« Historischen Methoden in der Regionalgeschichte, Regensburg 1992.
Rosenthal, Gabriele: Die Hitlerjungen-Generation. Biographische Verarbeitung als Vergangenheitsbewältigung, Essen 1986.
Rosenthal, Gabriele: »Wenn alles in Scherben fällt...« Von Leben und Sinnwelt der Kriegsgeneration. Typen biographischer Wandlung, Opladen 1987.
Roth, Joseph: Radetzkymarsch, Köln 1989.
Rother, Rainer (Hg.): UFA-Magazin, Nr. 20 »Kolberg«, Berlin 1992.
Rösing, Gerhard: 1250 Jahre Gerstungen. Ein Heimatbuch, Ringgau-Datterode, 1993.
Rürup, Reinhard (Hg.): Arbeiter- und Soldatenräte im rheinisch-westfälischen Industriegebiet. Studien zur Geschichte der Revolution 1918/1919, Wuppertal 1975.
Rzepniewski, Andrzej: Der Warschauer Aufstand 1944. Verlauf der Kampfhandlungen, in: Hauptkommission zur Untersuchung der Verbrechen gegen die polnische Nation. Institut des Nationalen Gedenkens; Niedersächsische Landeszentrale für politische Bildung (Hg.): Der Warschauer Aufstand 1944. 1. August bis 2. Oktober 1944. Ursachen – Verlauf – Folgen, Warszawa/Hannover 1996, S. 49-66.

Salewski, Michael: Deutschland und der Zweite Weltkrieg, Paderborn 2005.
Salomonowitz, Stanislaw: Powstanie Warszawskie. Prowda uporzadkowania proszemu genesy i oveny ogolej, Thorun 1990.
Schaumann, Gerhard: Tautenburg bei Jena. Kulturgeschichte einer thüringischen Sommerfrische, Bucha bei Jena, 1998.
Scherrible, Joachim: »Der letzte Schliff«. Deutsche Feldpostbriefe 1940-1944 und Strukturelle Biographie, Esslingen 1990.
Scheuner, Helmut: Biographie: Studien zur Funktion und zum Wandel einer literarischen Gattung vom 18. Jahrhundert bis zur Gegenwart, Stuttgart 1979.
Schikorski, Isa: Kommunikation über das Unbeschreibbare. Beobachtungen zum Sprachstil von Kriegsbriefen, in: Wirkendes Wort. Deutsche Sprache und Literatur in Forschung und Lehre, Heft 2, 1992, S. 295-315.
Schmitt, Bruno/Gericke, Bodo (Hg.): Die deutsche Feldpost im Osten und der Luftfeldpostdienst im Zweiten Weltkrieg, Archiv für deutsche Postgeschichte, Heft 1, 1969.
Schracke, Karl: Geschichte der deutschen Feldpost im Kriege 1914/18, Berlin 1921.
Schröder, Hans-Joachim: Das Kriegserlebnis als individuell-biographische und kollektiv-historische Erfahrung. Ehemalige Mannschaftssoldaten erzählen vom Zweiten Weltkrieg, in: BIOS, 1988, Heft 2, S. 39-48.
Schröder, Hans-Joachim: Die gestohlenen Jahre. Erzählgeschichten und Geschichtserzählung im Interview. Der Zweite Weltkrieg aus der Sicht ehemaliger Mannschaftssoldaten, Tübingen 1992.
Schwerin, Detlev Graf von: Die Jungen des 20. Juli 1944. Brücklmeier, Kessel, Schulenburg, Schwerin, Wussow, Yorck, Berlin 1991.
Schwendemann, Heinrich: ›Deutsche Menschen vor der Vernichtung durch den Bolschewismus zu retten.‹ Das Programm der Regierung Dönitz und der Beginn der Legendenbildung, in: Hillmann, Jörg/Zimmermann, John (Hg.): Kriegsende 1945 in Deutschland. Beiträge zur Militärgeschichte, 44, München 2002, S. 9-33.
Schwendemann, Heinrich: Endkampf und Zusammenbruch im Osten, in: Freiburger Universitätsblätter, 130, (1995), S. 9-27.
Schwendemann, Heinrich: Professionalität und militärische Verantwortlichkeit im Endkampf um das Dritte Reich. Strategie der Selbstvernichtung: die Wehrmachtführung in der Endphase des Krieges, Freiburg i.Br. 1997.
Schwendemann, Heinrich: Stalins Fehlkalkül: Die deutsch-sowjetischen Beziehungen 1939-1941, in: Institut für Deutsche Geschichte Universität Tel Aviv (Hg.): Tel Aviver Jahrbuch für deutsche Geschichte, XXIV, 1995, S. 217-254.
Schwendemann, Heinrich: Strategie der Selbstvernichtung. Die Wehrmachtführung im ›Endkampf‹ um das Dritte Reich, in: Müller, Rolf Dieter/Volkmann

Hans-Erich (Hg.): Die Wehrmacht. Mythos und Realität, München 1999, S. 224-244.
Seel, Martin: Das Richtige im Falschen, in: Die Zeit vom 22. August 2005.
Seifert, Ruth: Militär, Kultur, Identität, Individualisierung, Geschlechterverhältnisse und die soziale Konstruktion des Soldaten, Bremen 1996.
Sloterdijk, Peter: Literatur und Organisation von Lebenserfahrung. Autobiographien der zwanziger Jahre, München 1978.
Spiegel, 23, 1994, »Verspätet am Ziel. Alliierter Durchbruch im August 1944«, S. 168.
Stambolis, Barbara: Der Mythos der jungen Generation. Ein Beitrag zur politischen Kultur der Weimarer Republik, Bochum 1982.
Stang, Werner: Organe und Mittel der militärischen Führung des faschistischen Deutschlands zur Meinungsmanipulierung besonders der Soldaten des Heeres 1939-1945, in: Militärgeschichte, V. 19, 1980, Nr. 1, S. 53-66.
Steinert, Marlis: Hitlers Krieg und die Deutschen. Stimmung und Haltung der deutschen Bevölkerung im Zweiten Weltkrieg, Düsseldorf 1970.
Steinhausen, Georg: Geschichte des deutschen Briefes. Zur Kulturgeschichte des deutschen Volkes, 2 Bde, Berlin 1889-1891.
Stephan, Anke: »Banditen« oder »Helden«? Der Warschauer Aufstand in der Wahrnehmung deutscher Mannschaftssoldaten, in: Chiari, Bernhard: Die polnische Heimatarmee. Geschichte oder Mythos der Armia Krajowa seit dem Zweiten Weltkrieg, München 2003, S. 473-496.
Streit, Christian: Keine Kameraden. Die Wehrmacht und die sowjetischen Kriegsgefangenen, Bonn 1991.
Strube, Gerhard: Autobiographisches Gedächtnis: Mentale Repräsentation der individuellen Biographie, in: Jüttemann, Gerd (Hg.): Biographie und Psychologie, Berlin 1987, S. 151-168.
Stuhlmann, Friedrich: Die deutsche Feldpost in Geschichte und Tätigkeit, Berlin 1939.
Sulzer-Reichel, Martin (Hg.): Heinrich Böll. Von Viktor und Jochen Schubert, München 2002.
Tessin, Georg: Verbände und Truppen der deutschen Wehrmacht und Waffen-SS im Zweiten Weltkrieg 1939-1945, Osnabrück 1973.
Thamer, Hans-Ulrich: Das Prinzip Vernichtung, FAZ vom 25. Januar 2007, S. 7.
Thiele, Hans-Günter (Hg.): Die Wehrmachtsausstellung. Dokumentation einer Kontroverse, Bremen 1997.
Tschopp, Silvia Serena: Das Unsichtbare begreifen. Die Rekonstruktion historischer Wahrnehmungsmodi als methodische Herausforderung der Kulturgeschichte, in: Historische Zeitung, Bd. 280, Heft 1, 2/2005, S. 39-81.
Ueberschär, Gerd: Die Deutsche Reichspost im Zweiten Weltkrieg, in: Lotz,

Wolfgang (Hg.): 400 Jahre deutsche Postgeschichte, Berlin 1989, S. 289-320.

Ueberschär, Gerd/Vogel, Winfried (Hg.): Dienen und Verdienen. Hitlers Geschenke an seine Eliten, Frankfurt a.M. 2000.

Ueberschär, Gerd/Wette, Wolfram: Unternehmen Barbarossa. Der deutsche Überfall auf die Sowjetunion 1941, Paderborn 1984.

Ulrich, Bernd: Die Augenzeugen. Deutsche Feldpostbriefe in Kriegs- und Nachkriegszeit 1914-1933, Essen 1997.

Vogel, Detlev: »… aber man muß halt gehen, und wenn es in den Tod ist.« Kleine Leute und der deutsche Kriegsalltag im Spiegel von Feldpostbriefen, in: Wette, Wolfram/Vogel, Detlev (Hg.): Andere Helme – Andere Menschen? Heimaterfahrung und Frontalltag im Zweiten Weltkrieg. Ein internationaler Vergleich, Essen 1995, S. 37-58.

Voges, Wolfgang (Hg.): Methoden der Biographie- und Lebenslaufforschung, Opladen 1987, S. 77-85.

Weinberg, Gerhard: Adolf Hitler und der NS-Führungsoffizier (NSFO), in: VfZ, 12, (1964), S. 443-456.

Weinberg, Gerhard: Die militärische Planung der Alliierten für die Invasion, in: Bischof, Günter u.a. (Hg.): Die Invasion in der Normandie. Internationale Perspektiven, Innsbrucker Forschungen zur Zeitgeschichte, Bd. 16, Innsbruck 2001, S. 77-88.

Weinberg, Gerhard: Eine Welt in Waffen. Die globale Geschichte des Zweiten Weltkrieges, Stuttgart 1995.

Wette, Wolfram: Deutsche Erfahrungen mit der Wehrpflicht 1918-1945. Abschaffung in der Republik und Wiedereinführung durch die Diktatur, in: Foerster, Roland (Hg.): Die Wehrpflicht. Entstehung, Erscheinungsformen und politisch-militärische Wirkung, München 1994, S. 91-106.

Wette, Wolfram: Die Wehrmacht. Feindbilder, Vernichtungskrieg, Legenden, Frankfurt a.M. 2000.

Wette, Wolfram: Erobern, zerstören, auslöschen. Die verdrängte Schuld von 1941, in: Zeit-Punkte. Gehorsam bis zum Mord. Der verschwiegene Krieg der deutschen Wehrmacht, Fakten, Analysen, Debatte, Nr. 3, 1995, S. 13-25.

Wette, Wolfram: Zum Rußland-Bild in der NS-Propaganda. Ein Problemaufriß, in: Volkmann, Hans-Erich (Hg.): Das Rußlandbild im Dritten Reich, Köln 1994, S. 55-78.

Wunderle, Georg: Das Seelenleben unter dem Einfluß des Krieges. Eine psychologische Skizze, Eichstätt 1914.

Zagovec, Rafael A.: Gespräche mit der »Volksgemeinschaft«. Die deutsche Kriegsgesellschaft im Spiegel westalliierter Frontverhöre, in: Echternkamp, Jörn (Hg.): Die deutsche Kriegsgesellschaft 1939-1945. Ausbeutung, Deutungen, Ausgrenzung, Bd. 9/2, München 2005, S. 289-381.

Ziemann, Benjamin: Lebenszeichen. Feldpostbriefe und ihre Zensur in den zwei Weltkriegen, in: Beyer, Klaus/Täubrich, Hans-Christian (Hg.): Der Brief. Eine Kulturgeschichte der schriftlichen Kommunikation, Frankfurt a.M. 1996, S. 163-172.

Zoepf, Arne: Wehrmacht zwischen Tradition und Ideologie. Der NS-Führungsoffizier im Zweiten Weltkrieg, Frankfurt a.M. 1988.

Zur Nieden, Susanne: »Ach, ich möchte eine tapfere deutsche Frau werden«. Tagebücher als Quelle zur Erforschung des Nationalsozialismus, in: Berliner Geschichtswerkstatt (Hg.): Alltagskultur, Subjektivität und Geschichte. Zur Praxis und Theorie von Alltagsgeschichte, Münster 1994, S. 174-186.

Zweig, Arnold: Der Streit um den Sergeanten Grischa, Frankfurt a.M. 1992.

Zweig, Arnold: Erziehung vor Verdun, (Amsterdam 1935), Berlin 1996.

III. Text- und Bilddokumente

III.1. Briefbeispiel (Peter Sölten an seine Mutter, Juni 1943)

[illegible handwriting]

III.2. Photographien

Peter Stölten, 1943

Peter Stölten, 1944

III.3. ›Gespräch‹ (Peter Stölten, 1944)

Peter Stölten

G E S P R Ä C H
================

Geschrieben in Le Mans, Juli 1944

Dort unter der Linde, wo vor vielen Jahren schon der Kalkstein weggeschlagen worden war, der nun von einigen anspruchslosen Pflanzen und ganz kleinblättrigem anmutigen Efeu verschattet wird, steht die dunkelrote tiefgeschwungene Bank, auf der man mehr hockt als sitzt. Die Fünf, die dort beisammen sind, haben sich nicht auf ihr zusammengezwängt. Im Spiel oder Spaziergang scheinen sie dort zu verweilen - wie vom Zufall in diese dunkelste Ecke des Gartens gestreut. Zwei sitzen wohl auf der Bank, doch einer lehnt an der Linde, einer sitzt auf der hohen Kante des Bruchs. Unter seinen Armen liegt ein Lindenast und hält ihn mit einem Druck gegen die Brust auf den überhängenden Batzen von Rasen und Mauerpfeffer. Eines der beiden Mädchen hockt gegenüber der Linde und doch noch unter ihren weitgreifenden Armen auf einer Wurzel, die dort wie ein fauchender schwarzgrüner Kater aus dem Erdreich gekrochen ist. Ihr Kinn ist auf ihre Hände gestützt, und der Blick scheint irgendwo auf dem niedrigen verwitterten Steintisch zu ruhen, auf dem ein Windlicht bereitsteht. Doch noch ist die Dunkelheit mit ihren Schatten nicht über dem Garten. Man könnte noch erkennen, daß drüben Rotbuchen stehen und rechts ein völlig verwachsenes kleines Haus mit einem großen halbbehauenen Holzklotz davor. Da mag auch ein kleiner Teich mit Schwertlilien und zwei weißen Schwänen sein, blühende Sträucher vielleicht und Kaiserkronen um hellblaue Apfelstämme. Doch wer sieht es? Mancher Blick deutet wohl dahin, doch ohne zu fassen.

Da waren ein paar Worte über den Krieg gefallen - die drei Jungen oder Männer waren Soldaten, die froh waren, in Sommeranzügen ein besonderes Gefühl der Freiheit zu genießen - und der an der Linde, genannt Karl, hatte gemeint, das Furchtbarste aber sei nicht das physische Leiden oder das Bewußtsein, für eine verlorene Sache zu kämpfen und dabei wahrscheinlich umkommen zu müssen. Wie viele Unzählige in unserer Geschichte hätten ein gleiches Los gehabt - und doch kein gleiches. Denn ein sehr großer Teil sei eben im Glauben gestorben, in dem

Bewußtsein, daß es Gottes Wille war, ohne den für sie ja kein
Spatz vom Dache fiel, vor allem aber in dem Glauben an ein
ewiges Leben als Individuum und die Auferstehung des Fleisches.
Doch dies hätte eben gepaßt zu der bunten Uniform, Säbel-
blitzen, Reitermarsch und Husarenlaune, zu allem, was nun mit-
begraben sei. "Amen", fügte er noch bissig hinzu und mit ge-
zwungenem Lächeln nach einer kleinen Pause: "--- Nun verheh-
len wir längst nicht mehr unsere Verwandtschaft mit jeder küm-
merlichen Kreatur, kriechen wie graue Würmer in der Erde rum
und verrecken zu Tausenden wie die Läuse in der Glut des Ent-
lausungsofens in Bombenteppich oder Trommelfeuer. Abgerissen
wird unser kümmerliches Leben an einer lächerlichen nichts-
sagenden Stelle wie das zahlloser Fliegen unter einer Klappe -
wir merken es nicht einmal, und von diesem ist dann garnichts,
von dem vielleicht noch eine Hand, von dem ein lächerlicher
Kloß von Rumpf, von einem nur ein paar blutige Unterhosen,
die wie eine Fahne der Freiheit von einem abgeschälten zer-
bissenen Baume wehen, von einem andern vielleicht noch alles
scheinbar unversehrt übrig - Rest gleich null. Im nächsten
Jahr ist das alles Erde wie gefallenes Herbstlaub auch. Man
hätte nicht allen die Auflösung des Menschen in eine schwarze
Pulverwolke so freundlich demonstrieren müssen. Aber woran es
auch liegt, - gnadenlos wütet ein blindes Schicksal unter Ge-
rechten und Ungerechten, mit trübem Auge sehen wir es näher
und näher kommen wie eine riesenhafte eiserne Walze. Wir warten mit unvergleichlichem Stumpfsinn - wozu auch Angst haben,
wozu überlegen, hoffen? - Dahinter kommt ja doch nichts, -
doch: DAS NICHTS." Geradezu erholt legte er selig den Kopf
an den Lindenstamm, schluckte ein paarmal, holte wieder tief
Atem und sah in den Garten.

Der blieb ruhig wie die Linde, der Wurzelkater und die um den
Tisch, deren Mienen von dem reinsten Abendgolde nachgezeich-
net wurden.

Nun war es gesagt, furchtbarer als es die Meisten je zu denken gewagt hatten, und nun war es jedem wie Blei eingegossen,

und das quoll hoch in den Blick, mit dem jeder nun in die kleine oder große ewige, wildwuchernde Wunde seines Hirns und seiner Seele sah, die ja unaufhörlich überall schmerzte und eiterte: "Wozu?" -

Da ließ das Mädchen auf der Wurzel seine Arme unter dem Kinn schwer nach vorn fallen, und unveränderten Blicks, aber mit einer Stimme, die das Aufbäumen ihrer Seele verriet, das diesen allzu schweren Reiter werfen wollte, begann sie: "Ich verstehe dich schon, Karl, und weil ich deinen Trotz in allen Dingen kenne, verstehe ich auch das wilde Dunkel, das über allen deinen Worten liegt. Du bist es gewohnt, mit einem Griff, einem Hieb aus dir zu werfen, was in dir kocht, - und in deiner Freude an der unbedingten Gebärde ist etwas Sadismus - dir selbst und uns gegenüber, die du in der Tat geschlagen siehst. Da du scheinbar alles, was uns in der Welt noch Halt ist, leugnen willst, möchte ich dir bloß sagen", und ihr Ton wurde noch sanfter und bittender als bei den letzten Worten, - "kannst du nicht wenigstens mit etwas mehr Liebe fühlen und sehen? Ich weiß, daß dazu raten irgendwie sinnlos ist, doch hast du ja Augen. Kannst du nicht alles Herrliche in der Natur, in diesem Garten zum Beispiel, als einmalige Schöpfung sehen, und so als einen Garten Gottes oder auch eines verstorbenen Herrn empfinden? Denke dich als eine Blume, die blüht, reift und aussät, welkt und zur Erde zurückfällt. Tausend Blumen aber sind in dem Garten, tausend werden immer wieder da sein, tausende von Jahren, - wolltest du eine häßliche sein, garnicht blühen vielleicht? Die leuchtendste unter allen Lilien zu sein wäre sicher dein Wunsch, auch wenn du eines Tages nichts mehr wärst als Erde, glaube ich."

Halb beglückt, halb aber noch besserwissend lächelte da Karl: "So mußt du es sehen, Mädchen Angelika." Güte schien nun wieder überall gegenwärtig zu sein und Franziska auf der Bank, die Jüngste unter allen, atmete auf: "Komm, Theo, hol den Wein, ich bring die Gläser."

Doch da bewegte sich die Linde, denn Micha, der Blonde, hatte ihren Arm fester zu sich genommen und rief: "Keinen Wein! - Heute muß uns etwas bleiben, was Gefühl und Erinnerung an einen unserer wein- und sommerduftenden Abende, alle herrlichen, die wir zusammen erlebten, übersteigt: Wissen - . Haben wir den Mut und bleiben in diesem Geiste, nicht nur im Fluchen und leisen Beruhigen, - reden wir über Gott und Religion, gehen wir einmal den Weg ab, sagen ja oder nein. Etwas muß bleiben, und das wollen wir nicht aus den Fingern lassen. Wer kein Mittel hat, einer Heuschreckenplage im Handumdrehen Herr zu werden, der muß das Viehzeug einzeln erschlagen - bis er erkennt, daß es nichts hilft. Aber zum Wegwerfen ist immer noch Zeit. Freilich ist Denken und Wissen ein Schwanken, aber wenn wir uns nicht betrügen, weder im Einreißen dessen, was wir überkommen finden, noch im allzu flüchtigen Nehmen dessen, was Wünsche und flüchtige Gefühle uns raten wollen, wird etwas bleiben. Viel oder wenig? Wir werden es nicht aus den Händen lassen, bis es mehr und mehr geworden ist."

"Ja, du hast recht, Michael," rief da Angelika, - "aber wie kommt es, daß gerade wir uns so schwimmend empfinden, daß ausgerechnet wir ein jahrhundertelang im Wesentlichen kaum Angetastetes bezweifeln müssen?"

"Schon Adam und Eva wurden aus dem Paradies getrieben, als sie vom Baum der Erkenntnis aßen - doch vielleicht gehört das nicht hierher. Jedenfalls haben wir zuviel gelernt und von allem zu viel gelesen, Dichter und Philosophen, Naturwissenschaftler und andere, die eine eigene Ansicht in diesen Dingen äußern. Das war alles verschieden, und meistens war ein Recht darin, tauchte hier und da auf oder schien bei einem anderen das ganze Werk zu füllen, - immer schien aber ein Widerspruch zur Lehre der Kirche zu sein. Das ist durch uns hindurch geflossen, und das Gröbste blieb hängen, setzte sich und ist jetzt Land, Masse, geworden, die alles verdeckt, und wenn wir nun graben, wissen wir, ob das Freizulegende je fruchtbar werden kann?"

"Dies nicht allein," rief Karl, "geh doch einmal in die Kirche. Was siehst du? Lauter leere Bänke, und wenn du ganz scharfe Augen hast, ein paar alte Weiber. Wenn sie mit der Liebe nicht

mehr zu Rande kommen, bleibt ihnen in ihrer Zahnlosigkeit der
Herr Pastor, Gesangbuch und ein paar Tränen auf der Betbank.
Die können Gott ohnehin nicht denken. Kindermärchen und blöde
Romane sind ihre rührende Welt. Doch laßt euch von einer Alten
einmal von Gott und den Heiligen erzählen! - Ich sehe euch
lächeln und auf ein Urteil verzichten."

"Karl karrikiert wie gewöhnlich," hörte man Theo lachen. "Was
mich betrifft, so stört mich die intolerante Anmaßung der Kirche, - und ich denke immer: die Ordnung der Welt muß etwas Gegebenes sein, so daß es ohne Bedeutung bleiben muß, ob wir sie
sündig glauben oder rechtschaffen nicht zu erkennen vermögen.
Und wenn ich täglich Gute und Schlechte, Alte und Junge sehe,
keinen, der glaubt, - wenn ich abends in mein Bücherbrett greife und vielleicht Villon vom Bordell erwische, dann vielleicht
den Empedokles von Hölderlin und die letzten herrlichen Szenen
lese: soll ich dann traurig über mich und den ganzen Tag die
Bettdecke ziehen, weil sie alle den Weg zum Vater (oder nicht)
nicht über das NT wählten? - Nein!" stieß er scharf heraus.

"Ich mußte in der Konfirmationsstunde einmal auf den Flur,"
meinte Franziska, "weil ich gesagt hatte, daß der Auferstehungstag bestimmt ein unerträglicheres Gedrängel geben würde als
der Reichsparteitag in Nürnberg. Ich habe mich auch gleich wahnsinnig geschämt, aber - ich konnte mich vor dem komischen Gedanken nicht retten."

Da lachten alle, und Michael sagte wieder ernst aus der raschelnden Blätterfülle: "Wenn wir auch alles bestreiten: die
Bibelstelle, wo Christus gegen die Spötter vom Leder zieht,
müssen wir uns wohl gefallen lassen, und sie bleibt unantastbar. Ich vermisse - Gott sei Dank - noch den Pfaffenspiegel
und ein paar Pastorenkarrikaturen, mit denen die Dümmsten ihre billigen Siege einholen, und denke, daß ihr mir in meiner
Meinung beistimmt, daß kümmerliche Kreaturen eher die Größe
einer Sache beweisen, der sie nicht gewachsen sind. Daß ihr
die billigsten Einwände gegen letztlich nebensächliche Stellen des Dogmas wie zum Beispiel die Unbefleckte Empfängnis

unterläßt, ist selbstverständlich. Aber gerade da i s t
noch so viel. - Ich denke noch eins: die Kirche ist eine irdische Organisation. "Alles fließt" - doch die Kirche behielt
ein in 2ooo Jahren kaum verändertes Gesicht. Ja, kann sie anders? Darf das Unantastbare alle Menschenalter umgeschmolzen
werden wie irgendein Kluger es will? Nur in großen Zeitabständen darf ein vom heiligen Geist erfülltes großes Herz den erfrischenden Luftzug einer neuen Wahrheit bringen. - Freilich
können wir es uns nicht anders vorstellen, als daß es nur
eine unverrückbare göttliche Wahrheit gibt. Jeder kann aber
nur in seiner Art daran teilhaben, und die wird bedingt durch
seine individuelle Natur und ihre Prägung durch den Zeitgeist.
Faßt man den letzten Begriff tief genug, meint man in ihm den
tiefen geistigen Willen zur Lösung des Lebensrätsels, der durch
keine Eitelkeit und Rechthaberei, durch keinen Sophismus und
keine Bosheit eingeschränkt ist, so sollte meines Erachtens
ein Zugeständnis kein Fehler sein, denn es muß nicht Verzicht
und kann auch Bereicherung sein!"

"Wenige Zweifel nur, aber wie schwer," begann nach einer Weile
des Schweigens Angelika, "- - und Michael, was würde aus uns
hier ohne dich? - Es bliebe wohl kaum noch etwas Gutes, und
man könnte zuweilen Angst bekommen, daß Gott selbst bestritten wird, besonders bei Karl. Aber wer Gott nicht glauben
will und das letzte ehrfürchtige Gefühl erstickt, ist böswillig oder jämmerlich schwach. Wagt denn ein geistiger Mensch
die herrlichen Kräfte, die die Schöpfung täglich allein in
der Kunst bereichern, wagt einer die Musik, die völlig zweckfremd und ohne Vorbild in der Natur aus dem Menschen hervorgegangen ist, anders zu nennen als göttlich? Jeder spürt in
schönen Stunden doch einmal die Kraft Gottes in sich, die
Angelus Silesius in seinen Sprüchen so wunderbar bezeichnet!"

"Nein, Angelika", warf Karl ein, "dies zu bestreiten würde ich
nie wagen. Ich würde mir damit ja auch den letzten Trost und
die letzte Freude am Leben nehmen. Doch meine ich, daß das in
uns mitstirbt oder zerreißt."

"Wenn du meinst, Karl, daß Gottes Grenzen die Grenzen unseres Lebens wären oder die Zahl der Menschen und Kreaturen in ihrem Leben Gottes Leben beschlössen, so nimm doch einmal an und denk zu Ende: eine wüste Katastrophe rottet die Menschheit aus - die Berge verstummter Leiber wären Gottes Ende. Sieh doch dieses Irrsinnsbild und denk an die Welt und fühle das Sinnlose!"

Alle waren sie vollwach und mit aller geistigen Wärme in diesen Gedanken, doch fand keiner eine Entgegnung. Langsam nur hob Karl, der schwerer als anfangs am Lindenstamm lehnte, den Kopf, und als er die Lider aufschlug, verriet ein voller, dunkler Blick, in dem ein kleines Lächeln war, daß er sich geschlagen gab. Angelika hatte das "Ja" gesehen, und beglückt fuhr sie fort: "Wollen wir nicht einmal versuchen, den christlichen Glauben in seinem Wert zu sehen, nachdem wir von seinen Fragwürdigkeiten, der Lehre der Alleinseligmachung, von der Auferstehung des Fleisches und was ihr noch ins Feld führtet, genügend sprachen? - Ich weiß allerdings nicht, wie ich es anfangen soll," lächelte sie zögernd, lachte aber im selben Moment einladend in die Blätterfülle: "doch du, Michael, wirst es schon können!"

Der rauschte einmal mit dem ganzen Ast, sodaß der Duft noch stärker über den Tisch wehte, verkniff sich noch gerade eine launige Entgegnung und ließ aus seiner Miene spüren, daß er sich ein klein wenig unbehaglich fühlte, wie in einen neuen Anzug gesteckt und unter das gaffende Volk gestellt; und wie in einen solchen stieg er vorsichtig in die neuen Gedanken, von denen er noch nicht wußte, wie sie gleich vor allen stehen würden. - "Ja, der Wert - für uns -- gut, daß Angelika uns gleich hierauf verweist, denn wer mag bestreiten, daß, wenn wir von Religion reden, doch nur das Christentum, unserem Empfinden die nächste und beste Verkündigung, gemeint ist! Allein die Bibel ist heute noch das Buch, in dem wir das meiste und das Schönste von Gott gesagt finden. Denkt doch nur an die zahllosen wundervollen Sprüche - vergeßt dabei die Umgebung, in der ihr sie manchmal hörtet! Wir müßten sicher viel später geboren sein, um das leidlich gerecht übersehen zu

können, denn noch ist das ganze Abendland in erster Linie das
Gebilde des Christentums. Ruhen heute nicht noch die Gesetze
der Welt auf den Gesetzen der christlichen Bibel, wenn auch
hier und da von einem zeitlichen Zweckdenken leicht verstümmelt? Bemüht sich nicht bis heute jeder Staat geradezu lächerlich, jede seiner noch so üblen Taten im Sinne eines christlichen Rechts und Menschlichkeitsgefühls vor der Welt zu rechtfertigen? Ist nicht unsere ganze Ordnung, unsere gesamte Ethik
undenkbar ohne die eine Tatsache, daß bis heute jedem Kinde
die Zehn Gebote in Fleisch und Blut übergingen und das Gewissen, ein biegsames Instrument, an ihnen wurde und wuchs? Klarer als sie sagte bis heute niemand und nichts, was gut und
recht ist! Seht doch eure Kindheit, Weihnachten, eure schöne
Liebe zum Kinde, zum heiligen Paar, zu Hirten und Engeln -
niemand braucht hier noch mühsames Zureden. Denkt auch an die
Kunst, die hier im Vergleich zum sichersten Wertmesser wird.
Seht die großen Werke, die im Schutze und in der Zeit des Glaubens wurden, und seht die Dummheit, ihre Plattheit, ihr Suchen
und das oft krampfhaft Herbeigezogene ihres Inhalts heute, -
denkt an die Erfüllung, von der noch Briefe und Schriften tausendfältig zeugen, an den Sinn, den noch das scheinbar Sinnlose
erhielt und alle Helligkeit der guten Botschaft! - Doch bleibt
dies alles eine Aufzählung von Dingen, die ein normaler Mensch,
wenn er sie auch nicht insgesamt bedenkt, kaum bestreitet, und
nichts von allem, was gesagt wurde, wird bis hierher dadurch
widerlegt. Aber bedenkt ihr bei aller Einfalt und Kindernähe,
bei aller dogmatischen Genauigkeit, die verschiedenen Dingen
des Glaubens anhaften mag, die unerhörte Tiefe des Geistes?
Zwischen diesen extremsten Möglichkeiten kann jeder einen Platz
finden! Der Einfache darf sich seinen Gott in bärtiger Weisheit vorstellen, darf sich von den Heiligen, den großen menschlich verkörperten Idealen hinaufziehen lassen; und dem, der
ganz im Geiste lebt, bleibt Gottes Verbot der Bilder, - ihm
bleiben die gewaltigen Johannesworte und d a s Wort über
Gott: "Gott ist Geist, und wer ihn anbetet, der soll ihn im
Geist und in der Wahrheit anbeten." Alles, jeder, kann hier

auf der Suche nach Gott das Seine finden, und ein Volk, das aus keinem Munde und in keiner Form Gottes Gesetz und Wille erfährt, nie von Sinn und Ziel seines Daseins weiß und Recht und Gesetz durch keine letzte notwendige Einsicht verbunden ist, geht an dem Chaos der sich übertrumpfenden und befehdenden Irrtümer zugrunde. - Mit dem Blick auf das Ganze, in dem Wissen um die Spannweite der Form, in der wir den Glauben halten können, und in der klaren Erkenntnis seiner Unentbehrlichkeit für die Gemeinschaft sage ich: JA!"

"Und vergißt in deinem Eifer, daß dich morgen schon die trotzigen Worte dieses Dichters begeistern, die logischen Gebäude jenes Philosophen verzweifeln machen, daß dich übermorgen ein großes Bild für die freie Idee des Schönen gewinnt und eine andere Religion in irgendeinem Punkte geneigt stimmen wird, vergißt ganz allen Reichtum der Welt, der dich immer wieder entführen wird - ob du willst oder nicht!" setzte Theo, ohne der Wirkung der Worte eine Pause zu lassen, entgegen.

"Ja, er entführt mich, der unbeschreibliche Reichtum, doch nicht, um mich, wie du annimmst, schließlich wie ein Kind in einer unbekannten Großstadt zurückzulassen. Ich gebe zu, daß diese ständig neu zu genießende und neu zu bewältigende Fülle mich noch häufiger schwanken machen kann, und die Freiheit, jede neue Frage zu nehmen und auch das verführerisch Schöne zu genießen, werde ich immer für mich behalten. So wird sich in meiner Anschauung noch manches wandeln, und das ist gut und lebendig, denn: Panta rhei! Die Dichter werden mir bleiben wie immer, enträtseln und ermessen lebend den Menschen, suchen auf ihre Weise das Gesetz und lassen das Gute im Schönen sichtbar werden, erweitern in edlem Wollen die Schöpfung und halten Sinn und Ahnung für das Wunder wach. Jedes Werk, das diese Beziehungen nicht hat oder nur danach schreit, ist sinnlos, ohne Wert und verliert. Weniger vom Erlebten, Geschauten, mehr vom Verstande kämpfen die Philosophen um die gleichen Lösungen, und ihr Bestes ordnet sich als Bestätigung in unser Bild ein. Freilich hat die urkräftige Welt viele Gewalten, die in Gottes schaffenden und zerstörenden, in seinen ordnenden Händen ruhen. Entwirrt, gebannt und gehalten sind sie in den Göttern, die uns unsere Phantasie, die jeden Gedanken mit einer Komposition aus den Bildfetzen unserer Erinnerung umkleiden möchte, schuf - wie die Heroen und Heiligen. Doch wo die Vorstellung überwiegt und erstarrt und unserem Gefühl die Kraft, die in der Gestalt gemeint ist, verloren geht, beginnt der Mensch von vorn. Die Kraft aber, der Geist ist da von Anbeginn und ist ewig. Alles, was Menschen dachten, ist da im Geiste und wurde schon gedacht, und wir bewegen uns in kleinen Kreisen. Die großen Ideen gehen ihren Weg durch Länder und Völker, entwickeln sich, wandeln sich und verrinnen wieder scheinbar im Nichts. Auch das Christentum wird diesem Schicksal unterliegen. Doch die großen Gedanken und die Elemente des Glaubens werden in anderer Form erhalten bleiben. Diesen endlosen überschäumenden Fluß des Geistes und seinen ständig etwas wechselnden Schimmer erspüren und die Summe des Geistes der geschichtlichen Zeit nur dunkel erahnen zu können, ist größtes Glück und tiefstes Staunen,- Staunen vor der unendlichen Weite, die sich über unseren engen Bereichen spannt, und tiefe Erkenntis der Wahrheit: "Meine Wege sind nicht eure Wege, denn so hoch der Himmel über der Erde ist, so hoch sind meine Gedanken über euren Gedanken." Alles, was wir finden und sagen, trägt den Stempel unserer Beschränkung, ist vom Menschen her gesagt. Das heilige Staunen aber ist der erste Schritt über die schmerzlich empfundene Grenze des Menschen: das Unendliche erkennen zu wollen - aber nur das Endliche erkennen zu können. Denn Staunen heißt, sich, den Menschen, verlieren."

"In dem Staunen liegt Begeisterung, Demut und Bitte - ist es nicht das vollendete Gebet? So ist es doch gut, sich in das Gebet zu beugen, den großen Himmel wieder erstehen zu lassen und wachsen zu lassen, was aus dem Menschen Gott entgegen will. Spricht nicht auch jeder noch so glaubenslose Aesthet vom "Geschenk" einer Stunde? Wie sieht sein Dank aus?" fragte Karl fremd, weich und ganz ohne eine Antwort zu erwarten. Er erwartete allein die Stille, die nun folgte, - die Stille des gemeinsamen Wissens, in die sich das Dunkel des Abends immer weiter schob. Das besondere Gefühl der Gemeinsamkeit kleidete Angelika für die ganze Runde in Worte:

"Daß wir darüber überhaupt so ruhig reden konnten - (denn so selbstverständlich nach allem Wirren und Gegensätzlichen alles scheint, durch niederschmetternde logische Beweise wurde kaum etwas zu diesem Ende für uns alle geführt) - beweist, daß dies alles irgendwo bei uns allen verborgen lag, daß wir eines Geistes sind. Unter Fremden ist das Sagen des Unbeweisbaren und Unaussprechlichen eine Gefahr. Aber wo wir dort mit Verletzung und Zerstörung dieser Kostbarkeiten rechnen, wissen wir hier um ihre Bewahrung und Mehrung. Fruchtbare Gemeinschaft kann nur unter wenigen Gleichen sein (doch die sind gerade heute unsichtbar verbunden mit all den anderen). Wenn auch ein von Massen gezeigtes Gefühl dem Einzelnen darunter ein multipliziertes Gefühl scheinen muß, so kennen wir die Gefahr und wissen, was nottut!"

Und wieder begann Karl: "Manches haben wir heute unter uns umhergehen lassen allein auf ein paar verzweifelte Worte über das Sterben hin. Ich könnte sie nun nicht mehr s o sprechen. Doch war dieser gewaltige Umweg zu einer Antwort nötig?"

Die Antwort hätte sich jedem ergeben, selbst Karl, doch schien er noch nach einem Abschluß zu suchen. Da war das Wort an Michael: "Sie war notwendig, denn man muß wissen, daß es eins nicht gibt: das Nichts! Wie stark im Moment des Todes der Leib zerstört wird, kann von keiner Bedeutung sein, da schon unter den Lebenden Krüppel weilen. Wir gehen eben dahin. Die Schöpfungsgeschichte bezeichnet den Menschen am schönsten: Erde um Gottes Hauch. Aus diesem Gegensatz, diesem Zwiespalt, lebt der Mensch als Sehnsucht nach Erlösung und Vollkommenheit. Dem wachsen wir entgegen und kämpfen so für das Reich Gottes. Trugbild und Lüge wären alle großen Stunden der inneren Weite im Reich des Geistes, wäre dies nicht Wahrheit, und wir könnten nicht einmal mit Goethe glauben, was er vielleicht aus einfacher physikalischer Einsicht, aber mit einem tieferen Wissen sagt: "Kein Wesen kann zu nichts zerfallen,
        Das Ewige regt sich fort in allem!"

Ich sprach von unserer Sehnsucht, - warum sollten wir uns also davor grauen, nicht fleischlich, nicht einmal als geistiges Individuum aufzuerstehen, Nur unserer Beschränkung fällt ein solcher Gedanke schwer, und die Anhänger der Religion, die die Seelenwanderung verkündet, sind darin einen kaum merklichen Schritt weiter. Doch die gewaltige Grenze, die ihre wie unsere Gedanken nicht überschreiten mögen, sprengt unser göttlichstes Gefühl: die Liebe! Sie ist die Sehnsucht nach der Vereinigung mit dem Besseren und der Wille zum Verschmelzen mit dem Schönen. In diesem Gefühl und Willen wollen wir die Erde überwinden lernen wie Empedokles!"

Und während er sein Gesicht, das im Blätterdunkel fast völlig verborgen gewesen war, auf den breiten Ast schob, wo der Glanz des nächtlichen Himmels gerade die große Form seines Gesichtes enthüllte, begann er dunkel und fest, scheinbar von fernher:

> "Vergehn? Ist doch
> Das Bleiben gleich dem Strome, den der Frost
> Gefesselt. Töricht Wesen! schläft und hält
> Der heilge Lebensgeist denn irgendwo,
> Daß du ihn binden möchtest, du, den Reinen?
> Es ängstiget der Immerfreudige
> Dir niemals in Gefängnissen sich ab
> Und zaudert hoffnungslos auf einer Stelle!
> Frägst du, wohin? die Wonnen einer Welt
> Muß er durchwandern und er endet nicht."

Jubel war das Ende! Und wie der Jubel unaufhaltsam wie auf großen Wogen in den Jungen emporstieg, erhob sich Angelika unbemerkt und entzündete das Windlicht, das den Kreis noch enger und fester schloß.

Ohne einen Laut blieben sie noch länger zusammen und sahen auf die Unruhe des Lichts, das auf der grobbehauenen Platte sprang, sahen sich immer wieder mit größeren Augen in die vom Kerzenschein merkwürdig entrückten und doch lebendig glühenden Gesichter, wußten von der Liebe und das vor allem: daß die Wunderbare wohl am ersten von der Bereitschaft der Augen und vom hungrigen Genuß des Augenerlebens wächst - in die Welt!